나는 죽고 예수로 사는 로마서

일러두기

- 이 책에서는 로마서강해 성경 본문은 새번역을, 다른 성경은 개역개정을 따랐습니다.
- 스마트폰으로 QR코드를 찍으시면 유기성 목사님의 로마서강해 설교 영상을 보실 수 있습니다.

나 는 죽 고
예수로사는
로 마 서

유기성 지음

규장

우리의 삶을 근본적으로
뒤바꾸는 복음

25년 전 처음 주일예배 때 로마서강해 설교를 하였을 때, 한 번은 설교해야 할 성경이라고 생각하였습니다. 그것이 제 신앙과 삶에 얼마만 한 영향을 미치게 될지, 솔직히 그때는 알지 못하였습니다.

처음에는 너무 힘들어서 로마서를 강해하기로 한 것을 후회하기도 했는데, 로마서 6장에 이르러서 엄청난 충격을 받았습니다. 주 예수님을 구주로 영접한 이들은 십자가에서 그리스도 예수와 연합하여 죽었다는 것입니다.

무릇 그리스도 예수와 합하여 세례를 받은 우리는 그의 죽으심과 합하여 세례를 받은 줄을 알지 못하느냐 그러므로 우리가 그의 죽으심과 합하여 세례를 받음으로 그와 함께 장사되었나니 이는 아버지의 영광으로 말미암아 그리스도를 죽은 자 가운데서 살리심과 같이 우리로 또한 새 생명 가운데서 행하게 하려 함이라 롬 6:3,4

"세례를 받은 자는 예수님과 함께 연합하여 십자가에서 죽었다!"

이것이 예수님을 믿는 것이라는 놀라운 사실 앞에서 저는 말할 수 없는 충격과 함께 두려움마저 느꼈습니다. 이전에 이런 말을 들어본 적이 있었던 것 같기는 했지만 제가 이 부분을 설교해야 한다는 것은 전혀 다른 문제였습니다. 우선 제가 정말 십자가 복음을 바로 깨달았는지 의심스럽기도 했습니다.

'그렇다면 왜 많은 목사님들이 이 복음을 전하지 않는 것일까?'

그러나 말씀을 묵상하고 또 여러 주석을 참고하여 살펴볼수록 진리는 분명해졌습니다. 분명히 그리스도인들은 주 예수님과 십자가에서 함께 죽었으며, 부활하신 주님과 함께 새 생명으로 사는 자들이라는 것입니다. 이것이 세례받는 믿음입니다.

이 말씀은 저의 영적인 눈을 완전히 새롭게 열어주었습니다. 그동안 제가 믿었던 복음에 부족함이 있었음을 알게 되었고, 어려서부터 보아온 교회와 교인들의 변화되지 않는 삶의 문제가 어디서부터 잘못된 것인지 깨달아졌습니다. 그리고 이어서 택한 갈라디아서강해 중 갈라디아서 2장 20절을 통하여 이 복음이 자신의 복음으로 고백되어야 함이 깨달아졌습니다. 로마서 6장 3,4절에서는 '우리'라고 했지만 갈라디아서 2장 20절에서는 '내가'라고 했습니다.

내가 그리스도와 함께 십자가에 못 박혔나니 그런즉 이제는 내가 사는 것이 아니요 오직 내 안에 그리스도께서 사시는 것이라 이제 내가 육체

가운데 사는 것은 나를 사랑하사 나를 위하여 자기 자신을 버리신 하나님의 아들을 믿는 믿음 안에서 사는 것이라 갈 2:20

'나는 죽고 예수로 사는 복음', 이것은 저의 신앙생활과 목회를 근본부터 뒤바꾸는 엄청난 일이었습니다. 그 후 교인들을 주님의 제자로 세우는 핵심을 이 말씀에 두었으며, 결국《나는 죽고 예수로 사는 사람》과《예수님의 사람》제자훈련 교재를 출간하게 되었습니다.

이후 로마서를 한 번 더 설교했는데, 많은 분들이 인터넷으로 그 설교를 듣고 받은 은혜를 제게 메일로 보내오셨습니다. 그러다가 어느 순간부터 다시 한번 로마서를 강해해야 하겠다는 부담이 생겼습니다. 최근 몇 년 동안 주님께서 제게 열어주신 은혜가 너무 크고 놀라웠기 때문입니다. 그래서 2015년 주일예배 설교 때 로마서를 강해하기로 했습니다. 그리고 한 해 동안 로마서를 묵상하며 살았습니다. 이것은 그해 제게 가장 큰 은혜였습니다.

로마서강해 설교를 다시 시작했을 때, 솔직히 그렇게 힘들 것이라고 생각하지 않았습니다. 이미 두 번이나 설교했고 무엇보다 주님께서 전할 말씀을 주시리라는 믿음이 있었기 때문입니다. 24시간 주님을 바라보려고 애쓰면서 생긴 믿음입니다. 그러나 한 주 한 주 로마서강해 설교를 준비하는 것은 정말 힘든 일이었습니다. 결국 주님께서 전할 말씀을 주셨지만, 그 과정은 만만치 않은 영적 산통이었습니다.

토요일 밤까지 '주님이 주셨다'는 확신이 없는 설교문만 붙잡고 있을 때가 여러 번 있었습니다. 말씀을 주시겠다는 주님의 약속은 붙잡았지만, '이것이 그 말씀인가?' 몇 번이고 갈등하였습니다.

설교할 때마다 항상 반복되는 후회가 있었습니다.

'차라리 더 기도할 것을!'

주 예수님께서 우리와 교회를 향해 더 많은 걸 원하시는 것이 느껴졌지만, 그것이 정확히 무엇인지, 그리고 그것을 어떻게 교인들에게 전해야 할지 도통 감이 잡히지 않는 순간이 많았습니다.

한 주 한 주 그렇게 힘들었지만, 이번 강해를 통하여 얻은 말할 수 없는 유익이 있었습니다. '나는 죽고 예수로 사는 복음'과 함께 '믿음으로 주님과 동행하는 삶'에 대한 눈이 뜨인 것입니다. 이것이 사도 바울이 로마서를 통하여 말씀하려는 핵심 메시지입니다. 예수 그리스도 안에서의 새 생명의 삶, 그것은 "변화된 삶을 살라"가 아니라 "예수 그리스도 안에 있으면 변화된 삶을 살게 된다"는 것입니다. 이것이야말로 복음입니다.

로마서강해 설교를 마치며 회개했던 것이 설교가 힘들다는 철없는 생각을 했다는 것입니다. 로마서를 강해하면서 다시 한번 깨달은 것이 있습니다. 설교를 준비하면서 설교자 자신이 가장 큰 은혜를 받는다는 것입니다. 가장 먼저 은혜받는 자가 되고, 가장 풍성한 은혜를 받는 것입니다. 무엇보다 늘 함께하시고 역사하시는 주님을 체험하게 해주셨습니다.

　설교하지 않았다면 깨달을 수 없는 은혜를 받으면서, 사람들이 적게 모였어도, 성도들의 반응이 미지근해도, 심지어 돌을 던진다 해도 상관없이 "이런 은혜를 깨닫게 해주시니 충분합니다. 설교하지 않았다면 얻을 수 없었을 은혜를 받았습니다. 이미 충분히 감사합니다" 하고 고백하게 해주셨습니다.

　어느 주일에 썼던 저의 영성일기입니다.

"제목만 선포하고 내려와야 하나, 고민하다가 토요일 밤 시간이 늦어 자리에 누웠습니다. 누워서 혼잣말처럼 설교를 했습니다. 설교문은 거의 다 외운 상태였는데, 입을 여니 전혀 준비하지 않은 내용이 제 입에서 나오기 시작하였습니다.

자리에서 벌떡 일어나 급히 메모를 했습니다.

"그래, 그 말씀이었어!"

행복한 마음으로 잠이 들었습니다.

설교자에게 전할 말씀을 받는 것처럼 행복한 일은 없을 것입니다.

새벽에 일어나 설교 준비를 마무리하면서 주님의 마음이 너무나 간절하여 눈물이 났습니다. 우리가 믿음 안에서 성장하지 못하고 있는 것에 대한 주님의 애통함이 밀려왔습니다. 울며 기도하다가 주님이 주시는 그 마음을 제 설교에 제대로 담아내지 못하는 제 자신에 대하여 더 애통하였습니다. '그저 강단에서 울다가 내려와야 하는 것일까? 이 마음을 주초에 가질 수 있었다면 얼마나 좋았을까?' 하는 아쉬움이 너무나 컸습니다. 예배 전, 예배와 말씀 증거를 위하여 기도하는데, 감사기도가 되었습니다. 설교문을 정리하는 과정이 몹시 힘들었지만, 주신 말씀에 너무 감사했습니다. 말씀하시는 것에 새롭게 눈이 뜨인 것이 정말 감사했습니다. 설교를 준비한 자만이 누리는 은혜가 있었습니다."

이 책은 로마서를 통하여 제 영혼이 살았던 것을 교인들에게 증거하고, 제 삶에서 적용하였던 말씀을 나눈 설교를 모아 엮은 책입니다. 막상 책으로 출판하려고 설교 원고를 읽어보니 아쉬움이 많습니다. 그러나 주일예배 때 교인들과 함께 나누었던 은혜의 분위기를 그대로 살리는 것도 의미가 있겠다고 여겨져서, 가능한 한 내용을 첨가하지 않고 설교문의 형태 그대로 출판하기로 했습니다.

성령께서 이 책을 읽는 분들에게도 동일하게 역사해주시기만을 위해 기도할 뿐입니다.

유기성

그러므로 율법의 행위로
그의 앞에 의롭다 하심을 얻을 육체가 없나니
율법으로는 죄를 깨달음이니라

롬 3:20

말할 수 없는 죄인입니까?

01

세상에서 가장 위대한 것

롬 1:1-17

1 그리스도 예수의 종인 나 바울은 부르심을 받아 사도가 되었습니다. 나는 하나님의 복음을 전하기 위하여 따로 세우심을 받았습니다. 2 이 복음은 하나님께서 예언자들을 통하여 성경에 미리 약속하신 것으로 3 그의 아들을 두고 하신 말씀입니다. 이 아들은, 육신으로는 다윗의 후손으로 태어나셨으며, 4 성령으로는 죽은 사람들 가운데서 부활하심으로 나타내신 권능으로 하나님의 아들로 확정되신 분이십니다. 그는 곧 우리 주 예수 그리스도이십니다. 5 우리는 그를 통하여 은혜를 입어 사도의 직분을 받았습니다. 그것은 우리가 그 이름을 전하여 모든 민족이 믿고 순종하게 하려는 것입니다. 6 여러분도 그들 가운데 들어 있어서, 예수 그리스도의 부르심을 받은 사람이 되었습니다. 7 나는 로마에 있는 모든 신도에게 이 편지를 씁니다. 하나님께서 여러분을 사랑하셔서, 그의 거룩한 백성으로 부르셨습니다. 하나님 우리 아버지와 주 예수 그리스도께서 내려주시는 은혜와 평화가 여러분에게 있기를 빕니다. 8 나는 먼저 여러분 모두의 일로, 예수 그리스도를 통하여 나의 하나님께 감사를 드립니다. 그것은 여러분의 믿음에 대한 소문이 온 세상에 퍼지고 있기 때문입니다. 9 하나님은, 내가 그 아들의 복음을 전하는 일로 충심으로 섬기는 분이시기에, 내 마음속을 알고 계십니다. 나는 기도할 때마다, 언제나 여러분을 생각하며, 10 어떻게 해서든지 하나님의 뜻으로 여러분에게로 갈 수 있는 좋은 길이 열리기를 간구하고 있습니다. 11 내가 여러분을 간절히 보고 싶어 하는 것은, 여러분에게 신령한 은사를 좀 나누어주어, 여러분을 굳세게 하려고 하는 것입니다. 12 이것은, 내가 여러분과 함께 지내면서, 여러분과 내가 서로의 믿음으로 서로 격려를 받고자 하는 것입니다. 13 형제자매 여러분, 여러분은 이것을 아

시기 바랍니다. 나는 여러분에게 가려고 여러 번 마음을 먹었으나, 지금까지 길이 막혀서 뜻을 이루지 못하였습니다. 나는 다른 이방 사람들 가운데서도 열매를 거둔 것과 같이, 여러분 가운데서도 그것을 좀 거두려고 했던 것입니다. 14 나는 그리스 사람에게나 미개한 사람에게나, 지혜가 있는 사람에게나 어리석은 사람에게나, 다 빚을 진 사람입니다. 15 그러므로 나의 간절한 소원은, 로마에 있는 여러분에게도 복음을 전하는 일입니다. 16 나는 복음을 부끄러워하지 않습니다. 이 복음은 유대 사람을 비롯하여 그리스 사람에게 이르기까지, 모든 믿는 사람을 구원하는 하나님의 능력입니다. 17 하나님의 의가 복음 속에 나타납니다. 이 일은 오로지 믿음에 근거하여 일어납니다. 이것은 성경에 기록한 바 "의인은 믿음으로 살 것이다" 한 것과 같습니다.

성경 66권 중에 로마서는 특별한 책입니다. 하나님께서 로마서를 통해 얼마나 많은 사람을 바꾸셨는지 모릅니다. 우리가 잘 아는 어거스틴, 마르틴 루터, 존 칼빈, 존 웨슬리를 변화시킨 성경으로도 유명합니다. 로마서는 한 사람의 인생과 가정과 가문과 나라와 민족과 세계 교회 역사를 바꾼 놀라운 책입니다. 그래서 성경을 하나의 반지로 비유하면 로마서를 그 반지에 박힌 보석이라고 말하기도 합니다. 로마서가 이처럼 사람을 변화시키고 역사를 만들어온 것은 복음을 가장 정확하게, 가장 탁월하게 증거해주는 성경이기 때문입니다.

로마서는 로마 교회에 보낸 사도 바울의 편지입니다. 그런데 '로마 교회' 하면 어떤 느낌이 드십니까? 그 당시 전 세계의 수도와도 같던 로마에 교회가 있었습니다. 그런 의미에서 보면 로마 교회는 대단한 교회일 것 같습니다. 그러나 로마 교회는 역사상 가장 비참한 고난을 당했던 교회입니다. 로마 교회는 그야말로 지하 무덤입니다. 313년 기독교가 공인될 때까지 무서운 박해를 피해 카타콤이라는 지하 무덤에서 300년을 숨어 지내야 했던 교회입니다. 300년 동안 지하 무덤에서 살아야 했던 고난은 역사상 유례가 없는 고난일 것입니다.

그런데 그 고난을 이겨냈습니다. 어떻게 그 고난을 견뎌냈겠습니까? 주후 57년경 사도 바울이 로마 교회에 보낸 이 편지 때문이었다고 생각합니다. 이 편지 안에 고난을 이길 수 있는 복음이 있었던 것입니다. 로마 교회는 진정한 복음으로 무서운 핍박을 이겨냈고 결국 로마는 기독교 국가가 된 것입니다.

사도 바울이 부끄러워하지 않은 복음

그리스도인에게는 엄청난 하나님의 복이 주어졌습니다. 그러나 안타까운 것은 우리 모두 하나님의 복을 가지고 있으면서도 그 가치를 모른다는 것입니다. 이 복은 어느 누구도 부럽지 않고 어떤 형편에서도 감사하며 모든 사람들에게 나누어주고 싶은 것입니다. 그것은 '복음'입니다.

순회선교단 김용의 선교사님의 전매특허와 같은 메시지가 있습니다. "복음이면 다냐?"

"다다."

김용의 선교사님은 이렇게 설명합니다.

"만약 이 말이 사실이 아니라면 하나님은 사기 치신 것입니다."

여러분에게도 복음에 대한 이런 담대함이 있습니까? "복음이면 다"라고 하는 감격과 확신이 있습니까? 그렇지 못한 분들이 꽤 있으실 것입니다.

제가 군목으로 임관하여 부대에 부임하여 갔을 때 지휘관인 연대장이 교회 집사였습니다. 연대장에게 신고한 날, 그는 저에게 교회에서만 설교하지 말고 내무반을 돌아다니면서 하나님의 말씀을 전해달라고 요청하셨습니다. 그래서 저녁에 병사들이 있는 내무반에 찾아갔습니다. '인격지도'라는 과목으로 군목이 와서 특별히 말씀을 전한다고 하니 당직사관이 병사들을 다 집합시켜 주었지만, 한두 군데 다녀보고 저는 너무나 스트레스를 받았습니다. 병사들이 저를 기뻐하지 않는다는 것을 깨달았기 때문입니다. 다들 아주 귀찮아했고 노골적으로 적대감을 드러내기도 했습니다. 눈을 감고 앉아 있기도 하고 대부분 아무 생각이 없는 것처럼 보였습니다. 저도 차츰 알게 되었습니다. 그 시간은 병사들이 빨래도 하고 청소도 하고 TV도 보고 책도 보고 편지도 쓰는 그런 시간이었던 것입니다.

그러나 더욱 심각한 것이 있었습니다. "나에게는 병사들에게 전할 진정한 기쁜 소식이 없다!"는 것을 깨달은 것입니다. 제가 알고 있는 복음은 병사들에게 기쁜 소식이 아니었습니다. 그것이 저에게 엄청난 충격이었습니다. 솔직히 저는 "여러분에게 전할 기쁜 소식이 있습니다! 여러분이 들으면 정말 좋아할 겁니다. 이 소식을 들으면 모두 변화될 거예요!" 하고 감격스럽고도 담대하게 복음을 전하지 못하였습니다. 복음에 대한 감격이 없으니 내무반을 찾아가는 것이 정말 힘들었습니다.

사도 바울은 복음이 부끄럽지 않다고 했습니다.

나는 복음을 부끄러워하지 않습니다. … 롬 1:16

저는 이것이 얼마나 놀라운 고백인지 잘 압니다. 사도 바울이 복음을 부끄러워하지 않았던 것은 형편과 여건이 좋아서 그런 것이 아닙니다. 그의 형편은 제가 겪었던 것보다 훨씬 더 어려웠습니다. 로마는 당시 전 세계 정치, 경제, 문화, 군사의 중심지입니다. 로마제국에서는 당대 최고의 영화와 권력을 가진 황제가 신(神)으로 숭배를 받았습니다.

그에 비하면 십자가에서 죽은 예수의 복음은 너무나 초라했습니다. 로마 교회는 완전히 무시당하고 나중에는 엄청난 핍박을 받은 교회였습니다. 예수를 믿는 사람들은 지하 무덤에서 살아야 했습니다. 모두 빼앗기고, 아무 저항도 없이 비참하게 죽어가고, 십자가에 못 박히고, 경기장에서 짐승의 먹이가 되었습니다. 그런데 어느 누가 예수를 믿고 싶어 했겠습니까? 예수를 믿는 것은 부끄러운 일이었고, 복음은 조롱받았습니다. 어리석은 자들이나 믿었습니다.

그런 로마 교회 교인들에게 사도 바울은 복음을 부끄러워하지 않는다고 선언하였습니다. 사도 바울도 복음을 전하다가 빌립보에서 감옥에 갇혔고, 데살로니가에서 추방당했고, 베뢰아에서 몰래 탈출하였고, 아덴에서 조롱당하였고, 헬라인에게는 무식한 사람 취급을 받았고, 유대인에게는 거치는 돌이 되었습니다. 그러나 사도 바울은 복음을 부끄러워하지 않았습니다. 그래서 복음을 전하고 또 전했던 것입니다.

복음은 교리가 아니다

그런데 저는 복음이 부끄러웠습니다.

'안 들을 텐데, 싫어할 텐데, 귀찮아할 텐데….'

차라리 인격지도를 하러 가지 않는 것이 병사들을 위하는 일이라는 생각까지 들 정도였습니다. 그것은 결국 군인 형제들의 문제가 아니라 저의 문제였습니다. 당시 저는 목사였지만 복음을 교리로만 알았지 진정한 복음을 몰랐던 것입니다. 군목으로서 저는 엄청난 좌절에 빠졌습니다. 결국 하나님 앞에 무릎을 꿇었습니다.

"하나님, 저는 병사들 앞에서 말씀을 전할 자신이 없습니다. 제가 복음을 잘 모르는 것 같습니다."

그런데 기도 중에 하나님께서 저에게, 이들이 군(軍)에 오지 않았다면 평생 한 번도 복음을 제대로 들을 기회가 없을 형제들이 많다는 것을 알게 해주셨습니다. 그들이 듣기 싫어해도 복음을 전해야 할 이유는 분명해졌습니다.

저는 복음이 정말 기쁜 소식인지, 불신자의 입장에서 복음을 다시 보기 시작했습니다. 그때 하나님께서 저에게 하나하나 깨우쳐주셨고 그렇게 깨달아지고 누려지는 복음을 저녁에 병사들에게 전하였습니다.

그런데 처음에 반응이 없다가도 말씀이 끝날 때쯤에는 모두 저를 주목하였고, 기도해드리겠다고 할 때에도 모두 간절히 기도하였습니다. 정말 감사한 일입니다. 그렇게 3년간 군목생활을 했습니다. 나중에 군단장 표창까지 받았습니다. 그때 하나님께서 저에게 복음이 무엇인가에 대한 눈을 새롭게 열어주셨고 그것이 제 설교 사역의 기초가 되었습니다.

제가 복음을 부끄러워했던 이유는 복음을 단순히 "예수 믿으면 죄 사함 받고 천국에 간다"는 속죄 교리로만 알고 있었기 때문입니다. 복음은 교리가 아니었습니다. 복음이 교리로 그치면 아무 능력이 없습니다. 사람들이 들으려고 하지 않습니다. 복음은 예수 그리스도, 그분으로 사는 것입니다. 예수님이 우리를 위해 죽으셔서 우리가 속죄함을 받았다는 데서 그치는 것이 아니라, 우리를 위해 십자가에서 죽으심으로 우리를 속죄해주신 부활의 주 예수님이 지금 내 안에 살아 계신다는 것입니다. 나는 예수님과 함께 죽었고 이제 나는 예수님으로 살게 되었다는 것이 복음입니다.

그 눈이 열리지 않았을 때는 제가 군목으로서 복음을 전해도 답답하기만 하였습니다. 그러나 복음의 눈이 뜨이면서부터는 제 삶과 목회가 완전히 변화되었습니다.

복음은 예수 그리스도

사도 바울은 자신을 '그리스도 예수의 종'이라고 소개합니다.

그리스도 예수의 종인 나 바울은… 롬 1:1

종은 주인이 있다는 말입니다. 누구의 종이라면서 주인이 없다면 그 사람이 어떻게 종이겠습니까? 일을 시키는 주인이 있으니 종이 있는 것입니다. 사도 바울에게는 주 예수님이 살아 계시고 늘 함께하시는 생명의 주님이셨습니다. 사도 바울은 복음 그 자체를 살아내고 있었던 것입니다.

사도 바울은 복음이 무엇인지 2절부터 4절까지 명확히 이야기합니다.

이 복음은… 그의 아들을 두고 하신 말씀입니다. …그는 곧 우리 주 예수 그리스도이십니다. 롬 1:2-4

복음은 예수 그리스도입니다. 예수님이 생명이요, 주님이요, 왕이 되신다는 것입니다. 이 사실을 안다면 우리는 복음의 감격으로 살게 마련입니다.

예수 그리스도에는 두 이름이 있습니다. 예수와 임마누엘입니다.

"아들을 낳으리니 이름을 '예수'라 하라 이는 그가 자기 백성을 그들의 죄에서 구원할 자이심이라 하니라… 보라 처녀가 잉태하여 아들을 낳을 것이요 그의 이름은 '임마누엘'이라 하리라 하셨으니 이를 번역한즉 하나님이 우리와 함께 계시다 함이라"(마 1:21,23).

예수님은 우리의 죄를 사하신 분이며 또한 언제나 우리와 함께 계시는 하나님이십니다. 이것이 정확히 예수님을 믿고 복음을 아는 것입니다.

삶의 복음

우리가 예수를 믿으면 우리 죄가 사함을 받고, 그래서 하나님의 의 (義)가 드러납니다.

하나님의 의가 복음 속에 나타납니다. … 롬 1:17

우리는 의롭지 않지만 예수님이 우리를 위해 죽으셨기 때문에 하나 님께서 우리를 의롭다고 인정해주십니다. 하나님의 의를 우리에게 덧 입혀주신 것이지요. 그런데 하나님의 의를 덧입혀주실 뿐만 아니라 우 리를 의롭게 사는 자로 만들어주셨습니다. 거기까지 이르러야 비로소 복음이 우리 가운데 온전히 이루어진 것입니다. 복음은 절대로 죄를 용서받는 것으로 끝나지 않습니다. 죄를 이기고 살게 되어져야 비로 소 복음을 정확히 아는 것입니다. '하나님의 의'가 온전히 드러나 실제 로 의롭게 살게 되는 것, 삶이 완전히 변화되는 것입니다.

살인강도죄를 저지른 사람이 사형선고를 받았다고 합시다. 그런데 그가 사면을 받게 되었습니다. 죽을 수밖에 없었는데 용서를 받고 살 았으니 얼마나 큰 은혜입니까? 그런데 죄 사함을 받은 그 사람이 성품 이나 인격이 변하지 않고 삶이 변화되지 않아서 풀려난 다음 또 죄를 지었다면 그를 사면해준 것이 잘한 일일까요? 용서할 가치가 있는 걸 까요? 우리가 십자가에서 죄 용서를 받은 것은 이런 용서가 아닙니다.

우리의 모든 죄가 사함을 받았다는 것은 정말 큰 은혜입니다. 그런 데 안타깝게도 많은 그리스도인들이 용서받은 것, 모든 죄가 사함 받은 것 자체만 복음이라고 생각합니다. 우리의 성품 하나, 성질 하나 안 변하고 계속해서 죄를 짓고 산다면 하나님이 그런 용서를 왜 하셔야 합니까? 하나님께서 우리 죄를 용서하신 것은 우리가 변하여 새 사람이 되게 하시려고 하신 것입니다. '하나님의 의'를 살아가는 사람이 되게 하시려고 우리를 용서해주셨습니다.

그런데 우리가 어떻게 변하여 새 사람이 됩니까? 죄 용서받은 것을 믿으면 될까요? 우리는 우리 죄 용서받은 것을 다 믿습니다. 그런데도 여전히 부부 싸움 하고, 아이들에게 성질부리고, 은밀한 죄를 짓고 삽니다. 우리가 죄 용서받은 것을 믿지 못해서 그렇게 사는 것이 아니지요. 이렇게 교리 지식으로만 아는 복음은 우리의 성질 하나 바꾸지 못하는 것입니다.

그러면 어떻게 사람이 변합니까? 우리 안에 예수 그리스도가 오셔서 예수님을 바라보고 살게 될 때 사람이 변하는 것입니다. 때때로 화가 나도, 유혹을 받아도, 옛 성질이 올라와도, 주 예수님이 나와 함께 계시는 것을 분명히 알고 그 주님을 바라본다면 어떻게 육신대로 살겠습니까? 복음은 임마누엘이신 주님을 정말 믿게 될 때, '나는 죽고 예수로 살 때' 복음 되는 것입니다.

로마 교회 교인들이 어떻게 복음을 부끄러워하지 않고 300년 동안 지하 무덤에서 살 수 있었겠습니까? 예수 그리스도께서 자신의 죄 때문에 십자가에서 죽으셨고 나의 모든 죄가 사함 받았다는 교리를 가지고 그렇게 할 수 있었을까요? 주 예수님이 함께하시고, 주 예수님이 함께하시는 것을 알고, 그 주 예수님을 바라보았기 때문에 지하 무덤에서도 하루하루를 기쁨과 감사로 살았던 것입니다. 그래서 그렇게 300년을 견딜 수 있었고, 마침내 로마가 뒤집어진 것입니다. 이것이 복음입니다.

모든 믿는 사람의 복음

또 하나의 놀라운 사실이 복음 안에 있습니다.

> …이 복음은… 모든 믿는 사람을 구원하는 하나님의 능력입니다. 롬 1:16

사도 바울이 '모든'이라고 쓴 데는 큰 의미가 있습니다. 바울은 "유대 사람을 비롯하여 그리스 사람에게 이르기까지, 모든 믿는 사람"이라고 설명합니다. 이제는 유대인만 구원받는 것이 아니라 모든 이방인들이 다 구원을 받게 되었다는 것입니다. 사도 바울은 이 사실에 크게 감격했습니다. 이것은 당시로서는 상상할 수 없는 일이었습니다. 구원은 유대인만 받는 것이었고 유대인들 역시 그렇게 확신했습니다. 예수님의 수제자 베드로조차 로마 백부장 고넬료의 집 사람들에게 성령이 부어지는 것을 보고 얼마나 당황했는지 모릅니다. 이제는 모든 민족에게 구원의 길이 열린 것입니다.

하나님의 계획은 5절 말씀대로 "모든 민족이 믿고 순종하게 하려는 것"입니다. 그래서 하나님께서 모든 이방 민족에게도 구원의 문이 열렸다는 이 복음을 전하게 하려고 택하신 사도가 바로 사도 바울입니다. 이방 민족에게 구원의 문이 열렸지만 아무도 아는 사람이 없었습니다.

누군가 가서 그 사실을 전해주어야 하는 것이지요. 전해주어야 비로소 그들이 듣고 믿게 될 테니 말입니다.

그래서 사도 바울은 당시 땅 끝이라고 생각되었던 스페인까지 가서 복음을 전해야겠다고 생각한 것입니다. 사도 바울은 이 구원의 복음을 전하고 싶은 마음이 간절했습니다. 전하지 않으면 그들은 다 멸망하게 되고, 가서 전해주면 그들이 다 구원받을 것이기 때문입니다. 이것이 빚진 마음입니다. 그래서 자신을 복음에 빚진 자라고 한 것입니다.

나는 그리스 사람에게나 미개한 사람에게나, 지혜가 있는 사람에게나 어리석은 사람에게나, 다 빚을 진 사람입니다. 롬 1:14

그런데 어느 날 로마에 예수님을 믿는 사람들이 생겼다는 소식을 듣게 되자 사도 바울은 매우 흥분했습니다.

여러분도 그들 가운데 들어 있어서, 예수 그리스도의 부르심을 받은 사람이 되었습니다. 나는 로마에 있는 모든 신도에게 이 편지를 씁니다. 하나님께서 여러분을 사랑하셔서, 그의 거룩한 백성으로 부르셨습니다. …나는 먼저 여러분 모두의 일로, 예수 그리스도를 통하여 나의 하나님께 감사를 드립니다. 그것은 여러분의 믿음에 대한 소문이 온 세상에 퍼지고 있기 때문입니다. …나는 기도할 때마다, 언제나 여러분을 생각하며, 어떻게 해서든지 하나님의 뜻으로 여러분에게로 갈 수 있는 좋은 길이 열리기를 간구하고 있습니다. …그러므로 나의 간절한 소원은, 로마

에 있는 여러분에게도 복음을 전하는 일입니다. 롬 1:6-10,15

사도 바울이 얼마나 복음의 감격에 사로잡혔는지 느낌이 오십니까?

믿음으로 받는 구원의 복음

복음이 놀라운 것은 구원의 조건이 '믿음'뿐이라는 것입니다.

…모든 믿는 사람을 구원하는 하나님의 능력입니다. 롬 1:16

오직 믿기만 하면 된다는 것입니다. 이것은 모든 종교가 해결하지 못한 문제를 한번에 해결한 것입니다. 일반적으로 모든 종교는 착하게 살면 구원받고 악하게 살면 지옥 간다는 것입니다. 신은 착하고 계명을 잘 지키는 사람을 사랑하고, 악하고 계명을 안 지키는 사람을 저주한다는 권선징악(勸善懲惡)입니다.

그런데 복음은 착하게 살고 계명을 지키는 것과 상관없이 그냥 믿기만 하라고 합니다. 하나님은 죄인을 사랑하셔서 죄인을 위하여 자신의 독생자를 보내셨고, 그 예수님이 우리의 모든 죄를 다 지시고 십자가에 죽으셨다가 부활하셨다는 것입니다. 이것을 믿기만 하면 다 구원받는다는 것입니다. 오직 자신의 죄를 회개하고 예수님께서 십자가에서 이루신 구원을 믿기만 하라는 것입니다.

…이것은 성경에 기록한 바 "의인은 믿음으로 살 것이다" 한 것과 같습

니다. 롬 1:17

사도 바울이 이 복음을 가지고 전율하지 않았겠습니까? 왜냐하면 이 복음을 모르고 죽어가는 사람들이 너무 많았으니까요.

"나는 죄인이야, 나는 도무지 신 앞에 갈 수가 없어."

"나 같은 사람은 지옥 아랫목이야."

"나는 나를 포기했어. 내가 어떻게 구원을 받아?"

"내가 어떻게 천국에 갈 수 있어? 나 같은 속물에게는 구원의 길이 없어."

이런 사람들에게 복음을 전해주어야 하지 않겠습니까? 그렇기 때문에 사도 바울은 자신이 이 복음을 위해 종으로 부름받은 것을 기뻐했습니다. 정말 기쁜 소식이기 때문입니다. 이것이 복음입니다. 이 복음이야말로 세상에서 가장 위대한 것입니다.

전하지 않을 수 없는 복음

사도 바울은 이 복음을 알고 나서 복음 외에 부(富)와 건강, 명예, 친구, 안전을 다 배설물처럼 버렸습니다. 평생 복음을 위한 '종'이 되었지만 그것이 그의 기쁨이었습니다. 복음을 전하기 위해서라면 어떤 고난도 마다하지 않았고, 생명조차 귀한 것으로 여기지 않았습니다.

"내가 달려갈 길과 주 예수께 받은 사명 곧 하나님의 은혜의 복음을 증언하는 일을 마치려 함에는 나의 생명조차 조금도 귀한 것으로 여기지 아니하노라"(행 20:24).

사도 바울은 육신의 생명과 비교할 수 없는 영생(永生)을 바라보았습니다. 그 하나님의 나라를 바라보게 되고, 부활의 주 예수님이 내 안에 계시고, 그분이 내 생명이고 주님이 되시고 나자, 이 복음을 모르는 사람들에게 전하는 일은 말할 수 없는 감격이자 축복이었습니다.

그러나 복음은 오늘날도 부끄러운 것 취급을 받습니다. 우리가 나가서 복음을 전하려고 할 때 들으려고 하는 사람이 없습니다.

"우리는 모두 죄인입니다."

우리는 모두 지옥에 갈 수밖에 없는 죄인이라는 고백은 자신이 남들보다 더 고상하다고 여기는 많은 사람들을 불쾌하게 만듭니다.

"난 다른 사람보다 더 나은데, 왜 나보고 지옥 갈 수밖에 없는 죄인이래?"

"예수님을 믿어야 구원받습니다."

오직 예수님을 통해서만 구원받을 수 있다는 이 말도 불쾌하게 생각합니다.

"기독교는 그래서 편협하다는 거야! 왜 꼭 예수님 믿어야만 구원받는다고 그래? 하나님을 찾을 만한 길이 얼마든지 많은데. 그럼 다른 종교는 아무것도 아니라는 말이야?"

현대의 관념과 맞지 않는다는 것입니다. 복음이라는 말만 해도 벌떼처럼 일어나서 비난합니다. 우리가 교리로만 복음을 안다면 우리는 평생 입을 다물고 살아가야 할 것입니다. 그러므로 우리는 복음을 정확히 알아야 합니다. 단순히 교리로만 아는 복음이 아니라 '나는 죽고 예수로 사는' 것이 복음임을 알아야 합니다. 그것이 진짜 복음입니다.

우리의 마음이 완전히 뒤집어지는 진정한 속죄함입니다.

삶을 뒤바꾸는 복음

우리의 삶이 바뀌는 데는 두 가지 유형이 있습니다. 우리 주변의 환경과 여건과 사람이 바뀌면 삶이 바뀝니다. 다른 하나는 우리 마음이 완전히 뒤집어질 때 삶이 바뀌는 것입니다. 복음은 우리의 내면을 완전히 변화시킵니다. 예수님이 마음에 임하시기 때문입니다.

한 젊은이가 스승에게 늘 세상에 대한 불만과 불평을 늘어놓았습니다. 그러자 스승이 그 제자에게 소금 한 사발과 물 한 컵을 가져오라고 했습니다. 그리고 소금 한 줌을 컵 속에 넣고 저은 뒤 그 물을 마시게 했습니다. 제자는 얼굴을 찡그리며 짜디짠 소금물을 마셨습니다.

스승이 물었습니다.

"맛이 어떠냐?"

제자는 잔뜩 화가 난 목소리로 대답했습니다.

"짭니다."

그러자 스승은 제자를 맑은 호숫가로 데려갔습니다. 그리고 사발에 담긴 소금을 호수에 붓고 제자에게 그 호수의 물을 떠서 마시게 했습니다.

그리고 다시 제자에게 물었습니다.

"이 물도 짜냐?"

"안 짭니다."

스승이 말했습니다.

"같은 소금이라도 짠 맛의 정도는 담는 그릇에 따라 달라진다. 인생의 고통도 마찬가지이다. 네 속에 고통이 있다면, 네가 컵이 되지 말고 호수가 되어라."

고난이 큽니까? 고통이 심합니까? 삶이 어렵습니까? 미운 사람이 있습니까? 그러면 먼저 자신의 마음이 어느 정도 크기인지 점검해보십시오. 내 마음이 간장 종지처럼 작다면 힘들고 짜증나서 견딜 수 없을 것입니다. 그런데 그 마음이 호수 같은 사람이라면 전혀 느낌이 다릅니다.

복음은 나는 죽고 예수로 사는 것입니다.

"너희 안에 이 마음을 품으라 곧 그리스도 예수의 마음이니"(빌 2:5).

예수님의 마음을 품고 사는 것입니다. 예수님의 마음이 간장 종지 같을까요? 호수 같을까요? 우리가 복음을 알면 우리의 마음이 이렇게 바뀌는 것입니다. 그렇기 때문에 똑같은 문제, 똑같은 고통, 똑같은 사람이라도 마음이 전혀 달라지는 것입니다.

항상 기뻐하고 범사에 감사하고 모든 사람을 사랑하는 것, 이것이 가능합니까? 바로 복음이 가능하게 하는 것입니다. 그렇게 되니까 주위 사람들과 세상까지 변화시키는 것입니다. 무엇이 우리의 마음을 바꿀 수 있습니까? 돈입니까? 권력입니까? 지식입니까? 나는 죽고 예수로 사는 십자가 복음밖에 없습니다. 그래서 십자가 복음이 세상에서 가장 위대한 것입니다.

그동안 복음을 교리로는 알았지만 그 복음의 감격을 몰라 복음을 전하기에 부담스러웠던 분이 있다면 저랑 친구합시다. 저도 그랬기 때문입니다. 복음을 정확히 몰랐습니다. 교리를 복음이라고 알고 한동안 헤맸습니다. 저 역시 로마서를 읽으면서 복음을 알았고 완전히 뒤집어지는 역사를 체험했습니다. 로마서를 읽으며 복음에 귀를 기울여 보십시오. 복음을 정확히 깨닫고, 예수 그리스도를 말씀으로 분명히 만나시기 바랍니다. 그러면 복음의 영광을 경험하게 되고 세상에서 가장 귀한 것에 눈이 뜨일 것입니다.

복음이 삶을 뒤바꿉니다. 나라와 민족과 기독교의 역사를 바꾸었습니다. 그 복음의 능력이 우리의 것이 되기를 바랍니다. 교리로 듣지 말고 주 예수님을 바라보시기 바랍니다. 진정으로 예수 믿고 변화되었다는 사실을 증거하는 자가 되시기 바랍니다. 복음이신 주 예수 그리스도, 그분과 온전히 연합하여 하나가 되는 놀라운 은혜를 받으시기 바랍니다.

02

알고도 짓는 죄

롬 1:18-32

18 하나님의 진노가, 불의한 행동으로 진리를 가로막는 사람의 온갖 불경건함과 불의함을 겨냥하여, 하늘로부터 나타납니다. 19 하나님을 알 만한 일이 사람에게 환히 드러나 있습니다. 하나님께서 그것을 환히 드러내주셨습니다. 20 이 세상 창조 때로부터, 하나님의 보이지 않는 속성, 곧 그분의 영원하신 능력과 신성은, 사람이 그 지으신 만물을 보고서 깨닫게 되어 있습니다. 그러므로 사람들은 핑계를 댈 수가 없습니다. 21 사람들은 하나님을 알면서도, 하나님을 하나님으로 영화롭게 해드리거나 감사를 드리기는커녕, 오히려 생각이 허망해져서, 그들의 지각없는 마음이 어두워졌습니다. 22 사람들은 스스로 지혜가 있다고 주장하지만, 실상은 어리석은 사람이 되었습니다. 23 그들은 썩지 않는 하나님의 영광을, 썩어 없어질 사람이나 새나 네 발 짐승이나 기어다니는 동물의 형상으로 바꾸어 놓았습니다. 24 그러므로 하나님께서는, 사람들이 마음의 욕정대로 하도록 더러움에 그대로 내버려두시니, 서로의 몸을 욕되게 하였습니다. 25 사람들은 하나님의 진리를 거짓으로 바꾸고, 창조주 대신에 피조물을 숭배하고 섬겼습니다. 하나님은 영원히 찬송을 받으실 분이십니다. 아멘. 26 이런 까닭에, 하나님께서는 사람들을 무끄러운 성욕에 내버려두셨습니다. 여자들은 남자와의 바른 관계를 바르지 못한 관계로 바꾸고, 27 또한 남자들도 이와 같이, 여자와의 바른 관계를 버리고 서로 욕정에 불탔으며, 남자가 남자와 더불어 부끄러운 짓을 하게 되었습니다. 그래서 그들은 그 잘못에 마땅한 대가를 스스로 받았습니다. 28 사람들이 하나님을 인정하기를 싫어하므로, 하나님께서는 사람들을 타락한 마음 자리에 내버려두셔서, 해서는 안 될 일을 하도록 놓아두셨습니다. 29 사람들은 온갖 불의와 악행과 탐욕과 악의

로 가득 차 있으며, 시기와 살의와 분쟁과 사기와 적의로 가득 차 있으며, 수군거리는 자요, **30** 중상하는 자요, 하나님을 미워하는 자요, 불손한 자요, 오만한 자요, 자랑하는 자요, 악을 꾸미는 모략꾼이요, 부모를 거역하는 자요, **31** 우매한 자요, 신의가 없는 자요, 무정한 자요, 무자비한 자입니다. **32** 그들은, 이와 같은 일을 하는 자들은 죽어야 마땅하다는 하나님의 공정한 법도를 알면서도, 자기들만 이런 일을 하는 것이 아니라, 이런 일을 저지르는 사람을 두둔하기까지 합니다.

사도 바울이 복음을 구체적으로 설명하면서, 제일 먼저 하나님의 진노하심에 대해서 말씀합니다.

> 하나님의 진노가, 불의한 행동으로 진리를 가로막는 사람의 온갖 불경건함과 불의함을 겨냥하여, 하늘로부터 나타납니다. 롬 1:18

바로 여기에 복음이 기쁜 소식이고 구원의 능력인 이유가 있습니다. 우리가 어디서부터 구원을 받았는지 알아야 복음이 왜 그토록 기쁜 소식인지 설명이 되는 것입니다. 복음이 기쁜 소식인 것은 우리가 하나님의 진노에서 구원받았기 때문입니다. 하나님은 사랑의 하나님이신데, 그런 그분이 진노하시는 이유가 뭘까요? 진리를 가로막는 자가 있기 때문이라고 했습니다. 그렇다면 '진리를 가로막는 자'는 어떤 사람을 말하는 것입니까?

일본 정부는 독도가 자기네 땅이라고 주장하고, 일본군 '위안부'가 스스로 매춘을 하러 간 여성들이라고 주장합니다. 이런 일본 정부의 태도에 대해 대한민국 국민이라면 어떤 마음이 드는 것이 정상입니까? 6.25 전쟁이 북침이라고 하는 북한의 주장에 대해 대한민국 국민이라면 어떤 마음이 드는 것이 정상입니까? 당연히 분노해야 할 것입니다. 사실이 아닌 이야기를 하는 것, 곧 진리를 가로막는 일이기 때문입니다.

사랑의 하나님께서 왜 진노하실까요? 우리는 국가 간에 있는 일, 민족 사이에 일어난 문제를 가지고도 이렇게 분노합니다. 그런데 역사 왜곡과 비교할 수 없이 심각하고 두려운 일이 지금 전 세계적으로 광범위하게 일어나고 있습니다. 하나님이 천지를 창조하시고 온 우주와 사람의 인생을 다스리고 계시는데도 하나님을 부인하는 일이 노골적으로 공개적으로 진행되고 있는 것입니다. 이것이 진리를 가로막는 일입니다.

하나님은 하나님을 부인하는 일에 진노하십니다. 하나님을 부인하는 일은 무서운 결과를 가져옵니다. 심판이고 파멸입니다. 우리는 하나님의 진노에 대하여 잘 알아야 합니다.

하나님을 부인하는 죄

그들은 썩지 않는 하나님의 영광을, 썩어 없어질 사람이나 새나 네 발 짐승이나 기어다니는 동물의 형상으로 바꾸어 놓았습니다. …사람들은

하나님의 진리를 거짓으로 바꾸고, 창조주 대신에 피조물을 숭배하고 섬겼습니다. … 롬 1:23,25

하나님이 안 계신다고 노골적으로 말하는 사람들을 볼 때, 사람이나 뱀이나 소, 독수리, 코끼리 등 짐승을 신으로 섬기는 이들을 볼 때 우리는 하나님의 진노하심을 느낄 수 있어야 합니다. 피조물을 하나님으로 섬기고 있기 때문입니다. 그러면 그 사람들이 하나님이 계신 줄 몰라서 그러는 것입니까? 성경은 그렇지 않다고 말씀합니다. 누구나 하나님을 알 수 있다고 합니다.

하나님을 알 만한 일이 사람에게 환히 드러나 있습니다. 하나님께서 그것을 환히 드러내주셨습니다. 이 세상 창조 때로부터, 하나님의 보이지 않는 속성, 곧 그분의 영원하신 능력과 신성은, 사람이 그 지으신 만물을 보고서 깨닫게 되어 있습니다. 그러므로 사람들은 핑계를 댈 수가 없습니다. 롬 1:19,20

사람이라면 누구나 하나님은 계시고, 하나님이 천지를 창조하셨다는 것을 알게 되어 있습니다. 사람은 동물들과 완전히 다릅니다. 사람은 태어날 때부터 선과 악, 정의와 불의를 구분하는 양심을 가지고 있습니다. 오직 사람만이 자신을 인식할 수 있는 놀라운 지성을 가지고 있고, 독창적이고, 아름다움을 추구하고, 복잡한 여러 가지 언어로 말하며, 죄를 인식하고, 죄책감을 느끼며, 하나님에 대한 갈망이 있고,

하나님과 교제하려는 종교성을 가지고 있습니다. 왜냐하면 하나님이 그렇게 만드셨기 때문입니다.

"사람의 속에는 영이 있고 전능자의 숨결이 사람에게 깨달음을 주시나니"(욥 32:8).

우리는 우리 자신이나 옆에 있는 사람들을 보면서 하나님이 계신 것을 알게 되어 있습니다. 자연 속에도 하나님을 알 수 있는 증거들이 분명히 보입니다. 자연에는 하나님의 위대한 능력과 놀라운 지혜, 아름다움과 질서에 대한 사랑, 하나님의 신실하심과 주권이 드러나 있습니다. 망원경으로 우주를 보고 현미경으로 물 한 방울만 자세히 들여다보아도 놀라지 않을 수 없습니다. 우리가 더럽다고 하는 파리의 다리나 눈이나 날개를 현미경으로 관찰해보면 이보다 더 아름다운 예술 작품이 없습니다. 이것은 탁월하신 하나님의 손으로 창조되었기 때문에 가능한 일입니다. 창조의 놀라움을 전부 말하기에는 시간이 부족하지요. 창조는 너무나 당연한 진리입니다. 우리는 하나님을 부인할 수 없습니다.

하나님을 부정하는 악한 의도성

그런데 문제는 이처럼 하나님을 알 수 있는데도 사람들이 하나님을 믿지 않는 것입니다. 하나님이 안 계신다고 하는 사람들이 너무 많습니다.

사람들은 하나님을 알면서도, 하나님을 하나님으로 영화롭게 해드리거나 감사를 드리기는커녕, 오히려 생각이 허망해져서, 그들의 지각없는 마음이 어두워졌습니다. **롬 1:21**

이 말씀은 알고도 그랬다는 것입니다. 한마디로 의도적인 배신이라는 것입니다. 이것이 하나님을 진노하게 하는 무서운 죄입니다. 하나님을 부인하는 사람들은 하나님이 계신지 안 계신지 객관적으로 알고 싶어서 순수한 마음으로 정직하게 조사하고 연구해보고 하나님이 안 계신다는 결론에 도달해서 그렇게 말하는 것이 아니라는 것입니다. 마음에 어떤 의도가 있습니다. 하나님이 안 계셨으면 좋겠다고 하는 전제가 있다는 말입니다. 하나님을 부인하고자 하는 의지를 가지고 있습니다. 그리고 하나님이 안 계신다고 주장하고 하나님을 부인하는 것입니다. 고의적으로 하나님을 부정하고자 하는 그 악한 의도가 무서운 것입니다. 그것은 하나님을 대적하는 것이기 때문입니다.

영국의 무신론자들이 런던의 시내버스에 이런 광고문을 붙였다고 합니다.

"하나님은 안 계시니 염려하지 말고 당신의 인생을 즐기십시오."

이 광고의 내용을 한번 보십시오. 하나님이 계시면 인생을 즐길 수 없다는 것입니까? 도대체 하나님이 계실 때 즐길 수 없는 인생이란 무엇입니까? 하나님이 안 계시니까 염려하지 말고 인생을 즐기라는 것은 무엇을 즐기라는 것입니까? 바로 죄입니다. 죄가 아니면 하나님이 계실 때 즐길 수 없는 것이 뭐가 있겠습니까? 하나님이 계시니 도무지 할 수 없는 일은 죄입니다. 하나님이 안 계시니 염려하지 말라는 것은 무엇을 염려하지 말라는 것입니까? 심판받을 것을 염려하지 말라는 것입니다.

그러니까 무신론은 전제가 있습니다. 그것은 마음대로 하고 싶은 것입니다. 그 누구의 통제도 받고 싶지 않아 합니다. 그가 하나님일지라도 말입니다. 하라 말라 할 존재 없이 살고 싶은 것입니다. 자신이 하고 싶으면 다 하고자 하는 것입니다. 그렇게 살고 싶은 욕망 때문에 하나님의 존재를 왜곡합니다.

일본 정부는 독도가 진짜 자기네 땅이라고 생각할까요? 일본군 위안부가 강제 동원된 일이 없다고 정말 그렇게 알기 때문에 그렇게 주장하는 걸까요? 저는 그들이 우리보다 더 많은 증거를 가지고 있다고 생각합니다. 그러면 왜 그렇게 거짓 증거를 하는 걸까요? 국가 이익이라는 의도성 때문입니다.

북한 당국은 자기들의 체제가 정말 우월하다고 생각할까요? 저는 북한에 있는 최고 지도층에 있는 사람들은 자기들의 체제가 얼마나 문제가 많은지 다 안다고 믿습니다. 그렇지 않다면 저토록 폐쇄적인 정책을 고수하지 않을 것입니다. 그런데도 자기들이 우월하다고 주장하는 것은 의도성이 있는 것입니다. 자기들의 기득권을 지키고 정권을 유지하려는 목적으로 거짓 선전을 일삼는 것입니다.

우리가 정치인들을 좀처럼 신뢰하기 어려운 이유가 무엇입니까? 무슨 사안이든지 여당과 야당은 서로 다른 이야기를 합니다. 항상 자기들 입장에 유리한 쪽으로 해석하기 때문이지요. 있는 그대로 말하지 않는다는 것입니다. 이익이 된다면 거짓말도 합니다. 그러니까 신뢰가

가지 않는 것입니다.

어떤 의도를 가지고 사실을 사실대로 말하지 않는 이 죄성이 무서운 것입니다. 알고도 짓는 죄입니다. 이것이 인간의 죄성이요 멸망하는 이유입니다.

알고도 짓는 죄

하나님을 부인하는 것이 가장 큰 죄입니다. 그러나 하나님을 정말 몰라서 부인하는 것이면 하나님께서 하나님이 계신 것을 깨우쳐주시면 됩니다. 사도 바울의 경우가 그렇습니다. 그는 예수 믿는 사람들을 핍박했고 그것이 하나님이 기뻐하시는 일이라고 정말 믿었습니다. 그렇기 때문에 심지어 스데반을 죽이는 일에 앞장섰던 사람인데도 하나님께서 그를 만나주셨습니다. 예수님이 그리스도이심을 확실히 깨닫게 되니까 사도 바울은 그 열심으로 순교하기까지 복음을 전했습니다. 정말 하나님을 몰라서 하나님을 부인한다면, 하나님께서는 얼마든지 하나님을 믿을 수 있는 길을 마련해두셨습니다. 성경이 그렇습니다. 그런데 알고도 부인하면 방법이 없습니다. 알고도 부인하는 죄가 그래서 무서운 죄입니다.

어느 집사님이 담배를 피우다가 저를 만났습니다. 저도 어지간하면 모르는 척, 안 본 척하고 지나가겠는데 너무 정면으로 만나 안 본 척할 수가 없었습니다. 집사님은 제 얼굴을 보고 얼마나 당황하셨던지, 피우고 있던 불붙은 담배를 손으로 움켜쥐었습니다. 제가 급히 집사님이 손에 쥐고 있던 담배를 떨어내드렸습니다.

집사님이 이렇게 고백하셨습니다.

"목사님, 도무지 못 끊겠어요."

몸에 안 좋다는데, 아내도 끊으라고 성화하고, 교회 갈 때마다 마음에 가책이 되지만, 담배를 끊어야겠다는 생각을 하면서도 스트레스가 쌓이고 힘들 때 담배 한 대 피우면 그렇게 편안해지고 좋다는 것입니다. 중독인 것이지요. 그 집사님의 문제는 알고도 짓는 죄입니다. 그 분은 담배를 피우지 말아야 한다는 것을 분명히 압니다. 아마 아들에게는 담배 피우지 말라고 할 겁니다. 그런데도 자기는 담배를 계속 피우는 것입니다. 우리가 죄를 몰라서 짓습니까? 아닙니다. 그 점이 우리를 불편하게 하는 것입니다.

인기작가이자 국회의원이었던 김홍신 씨도 37년 6개월이나 피우던 담배를 끊었습니다. 죽는 날에도 담배를 입에 물고 죽겠다는 글까지 썼던 그가 담배를 끊게 된 것은 스승이 던진 말 한마디 때문이었습니다.

"쥐도 독약인 줄 알면 먹지 않는데, 사람은 독약인 줄 알면서도 먹는다."

그는 충격을 받았습니다. 그래도 자신이 많은 사람들을 바른길로 이끄는 지도자의 위치에 있다고 자부했는데 "세상을 끌고 가도 시원찮은데, 담배한테 끌려 다니겠는가?"라는 말에 결단하고 담배를 끊은 것입니다. 그가 담배를 끊었다는 말을 듣자 지인(知人)들이 그를 가리켜 '참 독한 사람'이라고 말했습니다.

그러나 김홍신 씨는 이렇게 말합니다.

"독극물을 삼키는 사람이 독하지 어찌 버린 사람이 독하겠는가?"

이것이 만물의 영장이라고 하는 사람의 솔직한 모습이자 우리 자신의 실상입니다.

마귀에게 사로잡힌 마음

무신론자들도 똑같습니다. 똑똑한 사람들이 어째서 하나님이 계신 것을 알고도 부인하는 걸까요? 이유는 마음에 문제가 생겼기 때문입니다.

…오히려 생각이 허망해져서, 그들의 지각없는 마음이 어두워졌습니다. 사람들은 스스로 지혜가 있다고 주장하지만, 실상은 어리석은 사람이 되었습니다. 롬 1:21,22

도대체 우리 마음에 무슨 일이 생긴 것입니까? 왜 사람의 생각이 허망해지고 마음이 어두워지고 어리석은 사람이 되었습니까?

"그들의 경우를 두고 말하면, 이 세상의 신이 믿지 않는 자들의 마음을 어둡게 하여서, 하나님의 형상이신 그리스도의 영광을 선포하는 복음의 빛을 보지 못하게 한 것입니다"(고후 4:4 새번역).

하나님을 부인하는 사람의 마음에 무슨 일이 벌어지고 있느냐 하면, 이 세상 신(神)이 그 마음을 사로잡아서 마음을 혼미하게 만들어 버렸습니다. 마음이 혼미해지면 분별하는 감각이 없어집니다. 자신을 보든지, 우주 만물과 자연을 보든지, 역사를 보든지 하나님이 충만하시고 하나님이 아니면 설명이 안 되는데도 하나님이 전혀 안 보이는 것처럼 그렇게 말하고 살아갑니다. 마귀가 그 마음을 장악하고 있으니 하나님이 살아 계신 증거를 보고도 믿지 못하는 것입니다. 마음이 혼미해졌기 때문입니다.

아담과 하와가 마귀가 하자는 대로 선악과를 따 먹을 때, 아담과 하와는 마귀에게 사로잡히게 된 것입니다. 그러면 사람이 왜 마귀에게 마음을 내어줄까요? 하나님의 말씀대로 사는 것은 싫고 죄짓고 살고 싶기 때문입니다. 마음대로 살고 싶고 육신대로 살고 싶기 때문입니다. 그래서 하나님보다는 마귀가 하자는 대로 하는 것입니다. 죄를 사랑하기 때문입니다.

"그 정죄는 이것이니 곧 빛이 세상에 왔으되 사람들이 자기 행위가 악하므로 빛보다 어둠을 더 사랑한 것이니라 악을 행하는 자마다 빛을 미워하여 빛으로 오지 아니하나니 이는 그 행위가 드러날까 함이요"(요 3:19, 20).

여러분은 혹시 어둠을 더 사랑하지 않습니까? 숨고 싶고, 가리고 싶고, 솔직한 자신의 모습을 다 보여주는 것을 싫어하지 않습니까? 그러면 도대체 보여주기 싫은 것이 뭡니까? 스스로도 부끄러운 것 아닙니까? 벌거벗고 돌아다닐 사람은 아무도 없습니다. 있다면 정신병원에 데리고 가야 할 것입니다. 그러므로 어둠을 더 사랑한다는 말의 의미는 은밀하게 짓는 죄가 있다는 말입니다. 알면서도 짓는 죄이기에 부끄러운 것입니다. 자기가 하는 것이 죄인 줄 모르면 그것이 뭐가 부끄럽겠습니까? 이것이 심각한 것입니다.

하나님을 믿는다는 우리도 마음에 죄를 품으면 그 순간 하나님이 안 보입니다. 하나님이 안 계시는 것처럼, 하나님을 부인하는 사람같이 행동합니다. 아나니아와 삽비라가 대표적인 예입니다. 아나니아와 삽비라는 소유를 팔아서 교회에 바치고자 할 만큼 믿음이 좋았습니다. 그런데 땅을 팔고 그 값을 바치려고 할 때 아까운 생각이 들어서 일부를 감추었습니다. 사실 거기까지는 아무 문제가 없습니다. 땅을 팔았고 그중에 일부를 바친다고 말하였다면 무슨 문제가 되겠습니까? 문제는 그것이 땅값의 전부라고 거짓말하고 바친 것입니다. 그때 베드로가 성령의 눈으로 아나니아의 마음을 꿰뚫어 보았습니다.

"베드로가 이르되 아나니아야 어찌하여 사탄이 네 마음에 가득하여 네가 성령을 속이고 땅값 얼마를 감추었느냐 땅이 그대로 있을 때에는 네 땅이 아니며 판 후에도 네 마음대로 할 수가 없더냐 어찌하여 이 일을 네 마음에 두었느냐 사람에게 거짓말한 것이 아니요 하나님께로다"(행 5:3, 4).

갑자기 탐심이 생긴 것입니다. 하나님께 거짓말한다는 생각을 하지 못하고 그저 아는 사람이 없을 거라고 생각해서 거짓말을 한 것입니다. 아나니아와 삽비라는 하나님을 믿는다고 했지만 행위로는 하나님을 부인하는 자입니다. 우리도 그렇게 될 수 있습니다. 하나님을 믿는 것 같아도 자기도 모르게 말과 행동으로 하나님을 부인할 수 있는 것입니다.

"그들이 하나님을 시인하나 행위로는 부인하니 가증한 자요…"(딛 1:16).

마음에 죄를 품으면 하나님이 안 보입니다. 이것이 우리가 마음을 조심해야만 하는 이유입니다. 아나니아와 삽비라처럼 마음은 마귀에게 빼앗겨버리고 겉으로만 예수 믿는 사람이 될 수 있기 때문입니다.

죄의 종노릇

우리가 짓는 죄는 대부분 알면서 짓는 죄입니다. 알고도 죄를 짓고 있다면 시급히 깨달아야 합니다. 입으로는 예수님을 "주여 주여"라고 부르지만 실제로는 죄의 종노릇하고 있는 것입니다. 우리가 주 예수님을 믿으면 다시는 죄의 종노릇하지 않게 된다고 했습니다. 그런데 어찌 된 일입니까?

"우리가 알거니와 우리의 옛사람이 예수와 함께 십자가에 못 박힌 것은 죄의 몸이 죽어 다시는 우리가 죄에게 종노릇하지 아니하려 함이니"(롬 6:6).

우리가 예수와 함께 십자가에서 죽었음을 알지 못하고, 우리 마음에 주님이 임하셨음을 믿지 못하여 마음을 방치하고 살았기 때문입니다.

우리가 살고 있는 세상은 무섭게 침몰하고 있습니다. 그 증거는 하나님을 부인하는 사람들이 엄청나게 많아졌다는 것입니다. 노골적으로 하나님을 부인하는 사람들이 얼마나 많아졌는지 다들 느끼실 것입니다. 우리나라만의 문제가 아닙니다. 하나님을 부인하는 현상이 전 세계적으로 퍼져 있습니다. 우리 다음 세대들은 교과서에서 진화론을 정론(定論)으로 가르치기 시작할 때부터 하나님이 안 계신다는 것을 상식으로 여기게 되었습니다.

뿐만 아니라 하나님이 안 계신다는 생각을 서로서로 퍼뜨립니다.

그들은, 이와 같은 일을 하는 자들은 죽어야 마땅하다는 하나님의 공정한 법도를 알면서도, 자기들만 이런 일을 하는 것이 아니라, 이런 일을 저지르는 사람을 두둔하기까지 합니다. 롬 1:32

지금 이 시대는 하나님이 안 계신다는 것이 견고한 세계관으로 형성되어 있습니다. 이런 시대를 포스트모던 시대라고 합니다. 하나님을 부인하고 절대자를 부인합니다. 무신론이 상식이요 교양입니다. 인류 역사상 이토록 무신론이 세상에 퍼졌던 적이 없었습니다. 그러면 어떻게 될까요? 망하는 것입니다. 그래서 성경이 심판을 이야기하는 것입니다. 노아 홍수 때와 같을 것입니다. 하나님을 부인하는 사람들이 너무 많습니다. 급속도로 하나님을 부인하는 생각들이 퍼져가고 있습니다.

우리는 이미 공산주의를 겪었습니다. 공산주의는 사람이 만들어낸 정치사상 중에 가장 사람을 위한다는 사상입니다. 모든 인류는 공평하고 평등하게 살아야 한다는 이 생각에 얼마나 많은 사람들이 매료되었는지 모릅니다. 그러나 공산주의의 근본 뿌리는 하나님을 노골적으로 부인하는 사상입니다. 그 결과가 무엇입니까? 인류 역사상 공산주의 치하에서만큼이나 사람이 비참해진 적이 없습니다. 목적을 위해서라면 사람의 존엄성이 완전히 무시되는 무서운 사상입니다. 악마 사상입니다. 하나님을 부인하기 때문입니다.

내버려두심

그런데 지금 또 다른 무신론이 엄청나게 퍼지고 있습니다. 앞으로 어떤 일이 벌어질지 기도하지 않을 수가 없습니다. 인류를 파멸시키려고 하는 마귀의 전략은 하나님을 부인하게 만드는 것입니다. 아담과 하와가 에덴동산에서 그 마귀에게 넘어갔던 것처럼 말입니다. 그러면 하나님은 왜 가만히 계시는 것입니까? 사람들이 그렇게 살지 못하도록 왜 막지 않으실까요? 아무리 세상에 하나님을 부인하는 사상이 만연해 있다 하더라도, 하나님께서 한 번만 역사해주시면 모든 인류가 금방 정신 차리지 않겠습니까?

그런데 24절부터 28절까지 보면 하나님께서 그런 사람들을 내버려두셨다고 합니다.

> 그러므로 하나님께서는, 사람들이 마음의 욕정대로 하도록 더러움에 그대로 내버려두시니, 서로의 몸을 욕되게 하였습니다. …하나님께서는 사람들을 부끄러운 정욕에 내버려두셨습니다. …사람들이 하나님을 인정하기를 싫어하므로, 하나님께서는 사람들을 타락한 마음 자리에 내버려두셔서, 해서는 안 될 일을 하도록 놓아두셨습니다. 롬 1:24,26,28

하나님께서 그대로 내버려둔 사람들이 타락하여 짓는 죄 중에 대표적인 예로 26,27절에서 동성애를 꼽고 있습니다. 동성애는 하나님을 부인할 때 나타나는 독특한 죄입니다. 동성애는 결국 마음의 정욕대로 사는 것입니다. 하나님의 다스림을 부정하는 것입니다. 성적인 취향이 아닙니다. 하나님을 부인하는 태도입니다. 하나님을 부인하면, 이성을 사랑하든 동성을 사랑하든 자기의 성적인 취향이라고 할 수 있습니다. 그러나 하나님은 동성애를 죄라고 분명히 말씀하십니다.

성적인 취향일 뿐이고 개인의 문제이니 허용해도 된다, 소수라도 존중해주어야 한다는 의견이 있는데, 그러면 어린아이와 성적인 관계를 갖는 것이 자신의 성적인 취향이라고 하는 사람을 존중해주어야 합니까? 동물과 성적인 관계를 갖는 것이 자신의 성적 취향이라고 해도 허용해야 할까요? 무슨 기준으로 어떤 것은 되고 어떤 것은 안 되는 것입니까? 하나님을 부인하기 시작하면 모든 것이 무너져버립니다.

하나님을 부인하는 자들이 짓는 죄가 어떤 것인지 보십시오.

사람들은 온갖 불의와 악행과 탐욕과 악의로 가득 차 있으며, 시기와 살의와 분쟁과 사기와 적의로 가득 차 있으며, 수군거리는 자요, 중상하는 자요, 하나님을 미워하는 자요, 불손한 자요, 오만한 자요, 자랑하는 자요, 악을 꾸미는 모략꾼이요, 부모를 거역하는 자요, 우매한 자요, 신의가 없는 자요, 무정한 자요, 무자비한 자입니다. 롬 1:29-31

하나님을 부인하게 되면 이런 죄악들이 더 이상 죄가 아니게 됩니다. 하나님께서 이런 죄를 짓는 사람들은 다 죽음이라고 판결하셨는데도 말입니다.

마음을 지켜라

그런데 하나님은 왜 이런 사람들을 내버려두시는 것입니까?
28절에 그 답이 나옵니다.

사람들이 하나님을 인정하기를 싫어하므로, … 롬 1:28

하나님이 마음대로 못하시는 것이 하나 있습니다. 그것은 우리의
마음을 조종하시는 것입니다. 우리가 마음으로 하나님을 받아들이면
하나님은 모든 것을 하십니다. 그러나 우리가 마음으로 하나님을 거
부하면 하나님은 내버려두실 수밖에 없습니다. 우리를 하나님의 형상
대로 만드셨기 때문입니다. 하나님은 우리 스스로 하나님을 따를지,
마귀를 택할지 선택할 수 있게 하셨습니다.

가룟 유다가 마음이 왔다 갔다 할 때 예수님은 가룟 유다를 여러
번 간섭하셨습니다. 그러나 가룟 유다가 그 마음에 사탄이 주는 생각
을 품고 사탄이 그의 속에 들어가버리자 예수님은 "네가 할 일을 어서
하여라"(요 13:27)라고 하셨습니다. 가룟 유다가 그의 마음을 사탄에
게 내어주었기 때문에 이제는 내버려두실 수밖에 없으셨던 것입니다.

"모든 지킬 만한 것 중에 더욱 네 마음을 지키라 생명의 근원이 이에
서 남이니라"(잠 4:23).

우리는 마음을 지키는 것이 얼마나 중요한지 명심해야 합니다. 살
아 계신 하나님을 바라보는 눈이 뜨일지, 하나님이 안 계신 것처럼 생
각하게 될지는 마음을 누구에게 주느냐에 따라 결정되는 것입니다.

29절부터 31절까지에서 하나님이 사형에 해당하는 죄로 정하신 항목을 잘 살펴보면 깜짝 놀랄 것입니다. 거기에 우리도 쉽게 마음에 품곤 하는 죄들이 나오기 때문입니다. 시기, 분쟁, 수군거리는 자, 오만한 자, 자랑하는 자, 부모를 거역하는 자, 우매한 자, 신의가 없는 자, 무정한 자, 무자비한 자…. 여러분은 이와 같은 일들에 마음이 사로잡힌 적이 없습니까? 이것이 죽을죄에 해당한다는 것을 분별하지 못하면, 우리는 이런 것들이 마음에 자리 잡을 때 그냥 방치해둘 것입니다. 그러면 우리의 영이 죽습니다. 반면 우리가 그것을 분별한다면 마음에 그런 생각이 떠오를 때 정신을 똑바로 차리게 될 것입니다.

마음에 염려와 근심이 가득합니까? 미움과 원망이 일어납니까? 욕심과 정욕에 사로잡혔습니까? 지금 마음이 그렇다면 정말 다급한 상황에 처해 있는 것입니다. 결국 주님을 바라보는 눈이 멀게 될 것입니다. 정말 무서운 일이 벌어지고 있다는 것을 깨달아야 합니다. 마음을 마귀에게 내어주면 바로 죄의 종노릇하게 된다는 것을 명심하시기 바랍니다.

인종차별 철폐운동을 벌인 넬슨 만델라는 종신형을 받고 27년을 복역하다가 풀려났습니다. 흑인 정부가 들어서고 그는 남아프리카공화국의 대통령이 되었습니다. 그리고 자신을 감옥에 넣은 백인 정부의 모든 악행을 다 용서했습니다. 어떻게 그렇게 할 수 있는지 전 세계가 깜짝 놀랐습니다. 그 이유는 마음이었습니다.

넬슨 만델라는 이렇게 말했습니다.

"어느 날 채석장에서 바위를 깨다가, 문득 그들이 내 모든 것을 빼앗아 갔지만 내 정신과 마음만큼은 아직도 빼앗아가지 못했다는 것을 깨달았습니다. 그래서 나는 이것만은 절대 내주지 않기로 결심했습니다. … 이 사람들이 나를 27년이나 감옥에 가뒀는데, 내가 그들을 아직까지 증오한다면 나는 여전히 갇혀 있는 것이나 다름없지 않습니까. 이제 나는 자유한 사람이 되었으니 더 이상 갇혀 지내지 않기로 했습니다. 그래서 그 증오를 털어버리기로 했습니다."

그는 마음이 얼마나 중요한지 알았던 사람입니다.

삶으로 증거하라

지금 이 세상에는 하나님을 부인하는 사람들이 너무 많아졌습니다. 이제는 어디 가서 자신의 믿음을 고백하는 일이 어색할 정도입니다. 그러나 그런 가운데서도 얼마든지 믿음을 지킬 수 있습니다. 주 예수님을 마음의 왕으로 모시고 살면 말입니다. 24시간 주 예수님을 바라보는 자는 믿음을 지킬 수 있습니다.

손양원 목사님은 48세에 순교하셨습니다. 손양원 목사님이 옥고를 치르던 중, 사모님이 병이 났다는 소식을 듣고 편지를 하였습니다.

"동인 어머니에게, 이 같은 뜨거운 여름날에 병으로 열까지 심하니 설상가상의 어려움이겠습니다. 그러나 하나님의 사랑과 진리는 기후와 환경을 초월한 것이니 마음을 평안히 가지시기 바랍니다. 꽃 피고 새 우는 양춘가절(陽春佳節)에만 하나님의 사랑이 있을 뿐 아니라, 백설이 분분한 엄동혹한 중에도 하나님의 사랑은 여전하며, 오곡백과가 성숙하는 가을에만 하나님의 사랑이 있을 뿐 아니라, 가만히 있어도 땀이 줄줄 흐르는 이 같은 뙤약볕에서도 하나님의 사랑은 여전하며, 온갖 귀한 그릇에 담긴 산해진미를 먹을 때 하나님의 사랑을 찬미할 뿐 아니라, 초라한 집에서 굶주리고 병든 처지에서도 하나님의 사랑을 찬양할지니, 항상 기뻐하시고 범사에 감사하시기를 기도합니다."

사실 감옥에 있는 손양원 목사님의 처지가 병난 사모님보다 더 힘듭니다. 그런데 그 목사님이 사모님에게 항상 기뻐하고 늘 감사하기를 바란다고 편지를 보내셨습니다. 그것은 손양원 목사님 안에 주님이 함께 계신 것이 분명했기 때문입니다. 늘 주님을 바라보셨기 때문에 믿음을 지킬 수 있었던 것입니다.

지금 하나님은 하나님이 살아 계심을 삶으로 증거할 자들을 찾고 계십니다. 하나님께 온전히 마음을 드리십시오. 항상 주님을 바라보는 사람을 통해 주님은 놀랍게 역사하실 것입니다. 마음에 예수님을 왕으로 영접한 성도들이 연합해야 합니다. 그렇지 않으면 한 사람 한 사람 다 무너지고 맙니다. 주 예수님을 24시간 바라보는 삶, 매일 영성일기를 쓰고, 서로 나누고, 서로 격려하고, 서로 돕고, 서로 기도하는 관계가 얼마나 중요한지 모릅니다.

하나님을 부인하는 이들이 많아지고 어둠과 빛의 싸움이 치열하게 벌어지지만, 어둠이 빛을 이길 수는 없습니다. 하나님을 믿지 않는 사람, 죄의 방탕에 빠져 있는 사람을 정죄하는 자리에 있지 않고 주님의 진정한 빛과 사랑을 증거하는 삶을 사시기 바랍니다. 우리 안에 충만한 기쁨과 감사를 사람들 앞에 드러내어 사십시오. 시대의 어둠과 세상의 죄악을 탓하는 것이 아니라 오직 주님을 더욱 바라봄으로 주를 바라보는 눈이 더욱 열리시기 바랍니다.

03

너, 남을 심판하는 자여!

롬 2:1-11

1 그러므로 남을 심판하는 사람이여, 그대가 누구이든지, 죄가 없다고 변명할 수 없습니다. 그대는 남을 심판하는 일로 결국 자기를 정죄하는 셈입니다. 남을 심판하는 그대도 똑같은 일을 하고 있기 때문입니다. 2 하나님의 심판이 이런 일을 하는 사람들에게 공정하게 내린다는 것을 우리는 압니다. 3 이런 일을 하는 사람들을 심판하면서, 스스로 그런 일을 하는 사람이여, 그대는 하나님의 심판을 피할 수 있을 줄로 생각합니까? 4 아니면, 하나님께서 인자하심을 베푸셔서 그대를 인도하여 회개하게 하신다는 것을 알지 못하고, 오히려 하나님의 풍성하신 인자하심과 너그러우심과 오래 참으심을 업신여기는 것입니까? 5 그대는 완고하여 회개할 마음이 없으니, 하나님의 공정한 심판이 나타날 진노의 날에 자기가 받을 진노를 스스로 쌓아 올리고 있는 것입니다. 6 하나님께서는 "각 사람에게 그가 한 대로 갚아주실 것입니다." 7 참으면서 선한 일을 하여 영광과 존귀와 불멸의 것을 구하는 사람에게는 영원한 생명을 주시고, 8 이기심에 사로잡혀서 진리를 거스르고 불의를 따르는 사람에게는 진노와 분노를 쏟으실 것입니다. 9 악한 일을 하는 모든 사람에게는, 먼저 유대 사람을 비롯하여 그리스 사람에게 이르기까지, 환난과 고통을 주실 것이요, 10 선한 일을 하는 모든 사람에게는, 먼저 유대 사람을 비롯하여 그리스 사람에게 이르기까지, 영광과 존귀와 평강을 내리실 것입니다. 11 하나님께서는 사람을 차별함이 없이 대하시기 때문입니다.

사도 바울은 하나님을 노골적으로 부인하고 마음대로 죄를 짓고 사는 것이 하나님의 진노의 대상이며, 또한 그런 이방인들에게 하나님의 심판이 있을 것에 대해서 말씀하였습니다. 그러면 하나님을 잘 믿는다는 유대인들은 괜찮은 것입니까? 아닙니다. 사도 바울은 이방인들보다 유대인들에게 더 큰 죄가 있다고 했습니다.

하나님을 잘 믿는 유대인들에게 하나님을 믿지 않는 이방인들보다 더 큰 죄가 있으면 어떤 죄가 있는 걸까요? 바로 남을 판단하고 정죄하는 죄입니다.

남을 심판하는 사람이여

로마서 1장 18절부터 32절까지에서 사도 바울은 하나님을 부인하고 불경건과 불의를 행하는 이들의 죄를 조목조목 열거하며 이런 일을 하는 이방인들이 사형에 해당한다고 지적했습니다. 그때 이 지적에 대하여 두 손 들고 "아멘" 하는 이들이 있었습니다. 그들은 하나님을 믿고 율법을 지키며 산다고 자부하는 유대인들이었습니다. 그들은 선민의식(選民意識)이 대단히 강했습니다. 그들은 자신들이 하나님을 알지 못하는 이방인들과 질적으로 다르다고 생각했습니다. 그래서 사도 바울의 말에 찬성했습니다.

"옳습니다. 하나님을 믿지 않는 저 불의한 이방인들은 다 죽어 마땅합니다."

그런데 사도 바울이 바로 이 사람들에게 찬물을 끼얹는 선언을 합니다.

"남을 심판하는 사람이여!"

충격이라고 할 만한 선언입니다. 여러분도 이 구절을 평생 마음에 새겨두어야 합니다. 소위 믿음이 좋다는 그리스도인들 중에 남을 판단하고 정죄하는 사람이 상당히 많습니다. 우리가 남을 판단하고 정죄하는 것이 죄라는 사실을 몰라서 그런 것이 아닙니다. 이 말씀을 들어보았지만 이 말씀이 마음에 새겨지지 않으니까 계속해서 남을 판단하고 정죄하는 것입니다. 여러분은 하나님을 믿지 않고 온갖 죄를 저지르는 방탕한 사람을 보면 어떤 마음이 드십니까? 은근히 판단하고 정죄하게 되지 않습니까? 그렇다면 그들과 여러분 중에 누가 더 죄인 같습니까? 여전히 불경건한 세상 사람들이 더 큰 죄인이라고 여겨진다면 말씀이 마음에 새겨지지 않았다는 증거입니다. 마음에 말씀이 없으니 남을 심판하는 마음을 해결받지 못하는 것입니다.

인터넷에 올라온 글 중에 '진짜 무서운 사람'이라는 글이 있습니다.

"새벽기도에 한 번도 빠지지 않는 집사님의 눈길이 무섭습니다. 십일조를 정확하게 꼬박꼬박히는 신지의 눈길이 무섭습니다. 40일 금식기도를 다녀온 권사님의 눈길이 무섭습니다. 크고 건강한 교회를 다니는 성도가 무섭습니다. 신학 박사 학위를 받은 신학자가 무섭습니다. 성도수가 제법 되는 교회의 목사들이 무섭습니다."

왜 무섭습니까? 속으로 '나는 잘하고 있고, 나는 수준이 높고, 이만큼 열심인데…' 하는 생각이 가득하여 다른 사람들을 판단하고 정죄하고 있기 때문입니다. 이런 사람은 신앙생활을 열심히 할수록 더욱 남을 판단하고 정죄하는 영적 함정에 빠져들게 됩니다.

뿌리부터 죄인

바리새인들의 모습이 바로 이런 모습입니다. 그들은 율법을 지키는 것도 모자라 부가적인 율법을 더 만들어놓고 신앙생활을 했습니다. 〈탈무드〉의 많은 부분이 그런 내용들입니다. 심지어 음식에 넣는 양념의 십일조까지 바칠 정도로 그렇게 철저히 율법을 지키며 살고자 했던 사람들입니다. 그런데 그것이 자기과시로 변질되었습니다. 그들의 경건과 열심이 광기가 되어 죄짓는 사람들을 돌로 쳐 죽이는 사람들이 되었습니다.

유대인들은 '선민'(選民)이라는 자부심이 대단했습니다. 그들에게는 하나님께서 직접 주신 율법이 있으며, 자신들은 우상숭배도 하지 않는다는 자부심이 하늘을 찌를 듯합니다. 그들은 하나님께서 이방인들을 지옥의 불쏘시개로 쓰기 위해 만드셨다고 믿었습니다.

그런데 사도 바울은 말합니다.

…그대는 남을 심판하는 일로 결국 자기를 정죄하는 셈입니다. 남을 심판하는 그대도 똑같은 일을 하고 있기 때문입니다. 롬 2:1

유대인들은 충격을 받았습니다.

이런 일을 하는 사람들을 심판하면서, 스스로 그런 일을 하는 사람이여, … 롬 2:3

그러나 이 말씀을 인정할 수 없었을 것입니다.

"세상의 방탕한 사람, 하나님을 믿지 않으면서 온갖 죄를 저지르는 사람이 나와 같다고? 내가 그런 죄를 짓고 있다고?"

남을 심판하는 사람들은 이것을 쉽게 인정하지 못합니다.

실제로 제가 성경공부를 인도할 때였습니다.

"우리는 모두 지옥에 갈 수밖에 없는 죄인입니다. 끔찍한 죄수나 교양이 매우 높은 사람이나 뿌리는 다 똑같은 죄인입니다."

그때 한 분이 이렇게 항변을 하였습니다.

"목사님, 저도 제 속에 죄가 있다는 것은 인정합니다. 완전하다고 주장하지는 않습니다. 그러나 제가 저 술주정뱅이나 폭력배, 살인범, 끔찍한 가정파괴범과 같다고요? 저는 인정할 수 없습니다. 저는 그런 사람이 아닙니다."

너무나 당황스러웠습니다. 그렇게 노골적으로 강하게 반발하실 줄은 몰랐기 때문입니다. 예수를 믿으면서도 심정적으로 이렇게 생각하는 사람이 있습니다. 스스로 "지옥에 갈 수밖에 없는 죄인이다", "벌레만도 못한 자다", "말할 수 없는 죄인이다" 하고 고백하지만 이것은 그저 교리 지식일 뿐, 실제로 '난 괜찮은 사람이야'라고 생각합니다.

바로 제가 그랬습니다. 저도 교리로는 지옥에 갈 수밖에 없는 죄인이라는 것을 알았지만, 세상에 나쁜 사람이 너무 많다고 생각하며 살았습니다. 그 말은 세상에는 나쁜 사람이 많지만 저는 나쁜 사람이 아니라는 말입니다. 주님이 제 눈을 열어서 저의 실상을 보여주시기 전까지는 정말 그랬습니다. 주님이 제 자신을 보게 하시고, 제가 얼마만한 죄인인지 깨닫게 되자 비로소 저는 저보다 더 악질인 사람이 없다는 것을 알았습니다.

이렇게 한번 묻고 싶습니다. 솔직히 대답해보시기 바랍니다.

"지금까지 살면서 자신보다 더 악질인 사람을 보신 적 있습니까?"

이 질문에 금방 떠오르는 생각이 '악질인 사람, 많지!'였다면, 본인이 아직 진짜 예수님을 만난 것이 아닙니다. 그래서 자기 자신이 얼마나 큰 죄인인지 깨닫지 못하는 것입니다.

심판하고 판단한 대로, 용서하고 축복한 대로

물론 남을 심판하지 말라는 말씀이 죄를 덮어버리라는 말은 아닙니다. 뻔히 죄를 짓고 잘못해놓고 "우리 서로 비판하지 맙시다! 서로 용서하고 사랑합시다"라고 하는 사람이 있다면, 그는 하나님의 은혜를 심각하게 악용하는 것입니다. 하나님은 우리가 죄를 짓지 않도록 하시려고 우리를 구원하셨습니다. 우리에게 죄가 있으면 그것을 반드시 해결하기 원하십니다. 그러나 죄지은 사람에 대하여 "나는 의인인데 너는 죄인이야!"라는 태도를 가진다면 죄지은 사람보다 더 큰 죄가 된다는 것입니다. 이것이 심판하는 죄, 판단하는 죄입니다.

그렇다면 그대는 남은 가르치면서도, 왜 자기 자신은 가르치지 않습니까? 도둑질을 하지 말라고 설교하면서도, 왜 도둑질을 합니까? 간음을 하지 말라고 하면서도, 왜 간음을 합니까? 우상을 미워하면서도, 왜 신전의 물건을 훔칩니까? 율법을 자랑하면서도, 왜 율법을 어겨서 하나님을 욕되게 합니까? 성경에 기록한 바 "너희 때문에 하나님의 이름이 이방 사람들 가운데서 모독을 받는다" 한 것과 같습니다. 롬 2:21-24

주님은 마음으로 형제를 비판하고 화를 내면 실제로 그 형제를 죽인 것과 같다고 말씀하셨습니다.

"형제에게 노하는 자마다 심판을 받게 되고…"(마 5:22).

이것은 형제에게 화내는 자에게 살인죄와 똑같은 죄를 적용하신다는 말씀입니다.

"음욕을 품고 여자를 보는 자마다 마음에 이미 간음하였느니라"(마 5:28).

실제로 간음한 것이나 마음으로 음욕을 품은 것이나 하나님이 보시기에 같다는 것입니다. 그러니 다른 사람의 죄에 대해서 "나는 의로운데 너는 죄인이야"라고 말할 수 있는 사람이 누가 있겠습니까? 그래서 남을 비판하면 그 비판이 자신을 향하게 되어 자신이 자신을 심판하는 꼴이 된다는 것입니다.

"비판하지 말라 그리하면 너희가 비판을 받지 않을 것이요 정죄하지 말라 그리하면 너희가 정죄를 받지 않을 것이요 용서하라 그리하면 너희가 용서를 받을 것이요"(눅 6:37).

우리가 어떤 사람의 죄를 비판하면서 자신도 그 죄를 짓는다면 우리는 우리 자신의 비판으로 인해 심판을 받습니다. 그런데 다른 사람의 죄를 용서하면 내게 그 죄가 있다 할지라도 하나님께서 그 죄를 용서하십니다. 그럴 때 돌아오는 것이 더 큽니다. 내가 다른 사람을 비판하면 더 큰 비판을 받게 되고, 내가 다른 사람을 용서하면 더 큰 용서를 받되 풍성히 받을 것이라고 말씀합니다.

"주라 그리하면 너희에게 줄 것이니 곧 후히 되어 누르고 흔들어 넘치도록 하여 너희에게 안겨주리라 너희가 헤아리는 그 헤아림으로 너희도 헤아림을 도로 받을 것이니라"(눅 6:38).

프랜시스 쉐퍼 박사는 이 말씀을 적용하여 '보이지 않는 녹음기'라고 설명했습니다. 우리는 모두 보이지 않는 녹음기를 달고 다닙니다. 우리가 하는 말이 모두 그대로 녹음되어 우리가 하나님의 심판대 앞에 섰을 때 우리가 했던 그 말을 고스란히 듣게 된다는 것입니다. 그리고 우리가 "이것은 잘못됐어!", "그건 죄야!"라고 한 말 그대로 우리가 심판을 받게 된다는 것입니다. 정말 두려운 일이지요. 그러므로 우리가 어떤 사람을 용서하는 말을 하고 긍휼히 여기는 것은 우리에게 엄청난 축복입니다. 하나님 앞에 갔을 때 우리가 용서하고 축복한 대로 누르고 흔들어 넘치도록 하여 돌려받게 되기 때문입니다.

오래 참으시는 하나님처럼

하나님께서 유대인들을 택하신 것은 그들이 잘나서가 아닙니다. 하나님의 은혜가 얼마나 큰지 모든 민족에게 증거하려 하신 것입니다. 그래서 세상에서 가장 작은 민족을 택하신 것입니다.

"여호와께서 너희를 기뻐하시고 너희를 택하심은 너희가 다른 민족보다 수효가 많기 때문이 아니라 너희는 오히려 모든 민족 중에 가장 적으니라"(신 7:7).

그런데 유대인들은 스스로 선민임을 자랑하고, 다른 민족을 지옥의 불쏘시개라고 멸시하고 정죄하고 심판했으니, 하나님께서 얼마나 마음이 아프셨겠습니까? 하나님께서는 유대인들이 그 죄를 회개하기를 오래 기다리고 계셨습니다. 그런데 회개는 하지 않고 이방인들을 더욱 심판하니 그것은 오래 참으시는 하나님을 업신여기는 것이라고 말씀합니다.

아니면, 하나님께서 인자하심을 베푸셔서 그대를 인도하여 회개하게 하신다는 것을 알지 못하고, 오히려 하나님의 풍성하신 인자하심과 너그러우심과 오래 참으심을 업신여기는 것입니까? 롬 2:4

여기서 우리는 죄지은 사람을 어떻게 대해야 하는지 알 수 있습니다. 우선 나도 똑같은 죄인이라는 것을 인정해야 합니다. 그 사람만 죄인이고 나는 의인이라는 태도를 갖는 것은 더 무서운 죄입니다. 우리는 죄지은 사람을 대할 때, 우리의 죄를 다루시는 하나님의 마음으로 대해야 합니다.

"하나님은 인자하심을 베푸셔서 그대를 인도하여 회개하게 하십니다."

"하나님은 풍성하신 인자하심과 너그러우심으로 오래 참으십니다."

정죄하고 심판하지 말고 그가 스스로 회개하고 돌아오기를 기다려야 합니다. 풍성하신 인자하심과 너그러우심으로 오래 참으시는 하나님처럼 우리도 그렇게 해야 합니다.

대만 제자훈련 세미나 마지막 시간에 질문이 하나 올라왔습니다.

"교회는 적합하지 않은 목회자에 대하여 어떤 태도를 취해야 하나요?(공개적인 답변이 불편하시면 강요하지는 않겠습니다)"

제가 이렇게 답해드렸습니다.

"그가 아버지나 형이나 동생이라면 어떻게 대할지 생각해보십시오. 가족의 죄는 눈감아주라는 말이 아닙니다. 죄는 해결해야 되고 문제는 고쳐야지요. 그런데 이중적인 태도를 갖지는 말아야 한다는 것입니다. 만일 그 분이 아버지나 형이라면 그가 문제가 많다고 소문내겠습니까? 가족이라면 말을 해도 부드럽게 충고하고, 진심으로 돌이키기를 바라면서 좀 더 오래 기다려주지 않겠습니까? 그런데 가족이 아니라고 해서 어떻게 그럴 수 있느냐고 따지고, 엄격하고 단호하게 처리하려고 한다면, 아무리 옳고 바르게 처리했다고 주장할지라도 같은 문제에 대하여 이중 기준을 가진 죄를 지은 것입니다. 그리고 목사님의 잘못도 따져야 하지만 자신은 그 목사님에게 어떤 교인인지 생각해보십시오. 그러면 하나님께서 문제를 풀어가는 방법을 가르치시고 그 목회자에게 친히 역사하실 수 있습니다."

큰 아들입니까?

로마서 1장과 2장은 예수님께서 누가복음 15장에서 말씀하신 탕자의 비유와 같은 말씀입니다. 예수님의 말씀은 아버지의 재산을 탕진한 둘째 아들이나 동생을 정죄하는 큰 아들이나 다 아버지의 마음을 알지 못하는 탕자라는 것이고 큰 아들이 더 큰 죄인이라는 것입니다. 둘 다 구원이 필요한 아들이라는 것이 비유의 핵심입니다. 사도 바울은 이 비유와 똑같은 의미로 말하는 것입니다. 로마서 1장 18-32절이 탕자인 동생에 대한 말씀이라면, 로마서 2장 1-11절은 동생을 정죄하는 형에 대한 말씀입니다.

우리는 대부분 큰 아들에 속합니다. 이미 예수를 믿고 주일에 교회에 나와 예배도 드리는데 탕자는 아니지요. 다들 반듯하고 경건하십니다. 그런데 문제는 우리가 큰 아들 같아지는 경향이 있다는 것입니다. 방탕한 사람을 보면 어떻습니까? 즉시 마음에 판단이 되고 정죄감이 일어납니까? 그런 사람이 가까이 오면 어떤 느낌이 드십니까? 큰 아들 같아지지 않나요?

'어떻게 저런 사람이 다 있지? 나는 저런 사람과 얽히기 싫어.'

그대는 완고하여 회개할 마음이 없으니, 하나님의 공정한 심판이 나타날 진노의 날에 자기가 받을 진노를 스스로 쌓아 올리고 있는 것입니다.

롬 2:5

5절에 완고하여 회개할 마음이 없는 이 사람은 죄인이 아닙니다. 심판하는 사람입니다. 죄를 지은 사람은 처음에는 발뺌하면서 변명하고 버팁니다. 그러나 죄가 밝혀지면 눈물을 흘리고 두려워 떨면서 용서해달라고 합니다. 죄를 지은 사람은 죄가 드러나면 꺾입니다. 이런 사람은 오히려 회개할 기회가 있습니다.

그러나 남을 정죄하고 심판하는 사람은 좀처럼 회개하지 못합니다. 자기가 잘못했다고 깨닫지 못하기 때문입니다. 오히려 잘못한 사람을 잘못했다고 말하는 것이 뭐가 잘못이냐고 합니다. 그러다가 하나님 앞에 가서 자기 말과 행동, 마음에 품었던 것이 다 드러날 때 비명을 지르게 될 것입니다.

'아, 내가 나를 정죄하고 살았구나!'

꼼짝없이 하나님의 무서운 심판에 들어갑니다.

비판을 잘하는 사람에게 당신은 왜 그렇게 부정적이고 비판적이냐고 질문하면 그는 자신의 성품이 너무 솔직하기 때문이라고 변명합니다. 그러나 그렇지 않습니다. 자기 죄를 모르기 때문입니다. 특히 남의 죄를 비판하고 정죄하는 것이 얼마나 큰 죄인지 모르기 때문입니다.

철야기도 시간에 기도는 하지 않고 다들 자는 것을 본 한 집사가 이렇게 기도했습니다.

"장로 권사 할 것 없이 이렇게 다 자니, 하나님이 보시기에 얼마나 민망하시겠습니까?"

그러자 하나님께서 말씀하셨습니다.

"그렇게 깨어서 남 흉이나 볼 거면 너도 얼른 자거라."

조크(joke)이지만 깊이 새겨들을 이야기입니다.

"나는 잘했어."

"난 잘못한 것이 없어."

"아무개는 뭐가 잘못이야."

"아무개에게는 어떤 문제가 있어."

이것이 얼마나 큰 죄인지 깨달아야 합니다.

아시시의 프랜시스가 제자들과 함께 40일 금식을 하다가 마지막 하루를 남겨놓은 39일째 되는 날이었습니다. 허기를 이기지 못한 한 젊은 제자가 수프 냄새에 이끌려서 그만 수프 한 숟가락을 떠먹고 말았습니다. 그 순간 함께 금식하던 제자들이 눈을 부릅뜨고 그 제자를 노려보았습니다. 그가 금식을 깨뜨렸기 때문입니다. 그때 프랜시스는 말없이 수저를 집어 들더니 젊은 제자가 먹던 수프를 천천히 떠먹기 시작했습니다. 놀라서 스승을 쳐다보는 제자들을 향해 프랜시스가 말했습니다.

"우리가 금식하며 기도를 드리는 것은 모두가 예수님처럼 살자는 것인데, 굶으면서 이렇게 서로 미워하는 것보다는 실컷 먹고 사랑하는 것이 더 낫습니다."

여러분, 죄를 분별하는 기준을 분명히 하시기 바랍니다. 남들보다 더 바르게 살고 의롭게 사셨습니까? 그러나 아무리 신앙생활을 잘하고 열심히 예수를 믿는다고 해도 남을 판단하고 정죄하고 은근히 자기를 자랑스럽게 여겼다면 더 큰 죄인입니다. 우리가 예수님을 제대로 믿었다면 용서하고 사랑하는 사람이 되어가야 하는 것입니다.

하나님의 공평한 심판

믿음은 사랑으로 열매 맺어야 진짜입니다.

6절 말씀은 충격적입니다.

하나님께서는 "각 사람에게 그가 한 대로 갚아주실 것입니다." 롬 2:6

마지막 날 심판 때, 하나님은 우리의 행위에 근거하여 심판하신다는 것입니다. 우리는 로마서가 믿음으로만 구원받는다는 복음을 증거한 책이라고 알고 있습니다. 물론 로마서는 믿음으로 구원받는다는 놀라운 복음을 전하고 있습니다. 그러나 동시에 우리가 행한 대로 심판받는다고 분명히 말씀합니다. 유대인이나 이방인이나 동일합니다. 이중 기준이 없습니다.

참으면서 선한 일을 하여 영광과 존귀와 불멸의 것을 구하는 사람에게는 영원한 생명을 주시고, 이기심에 사로잡혀서 진리를 거스르고 불의를 따르는 사람에게는 진노와 분노를 쏟으실 것입니다. 악한 일을 하는 모든 사람에게는, 먼저 유대 사람을 비롯하여 그리스 사람에게 이르기까지, 환난과 고통을 주실 것이요, 선한 일을 하는 모든 사람에게는, 먼저 유대 사람을 비롯하여 그리스 사람에게 이르기까지, 영광과 존귀와 평강을 내리실 것입니다. 롬 2:7-10

그런데 유대인들은 자신들은 무조건 용서받고 하나님께서 심판하지 않고 사랑해주시는 줄로 알았습니다. 그러나 아닙니다. 하나님의 심판은 공평합니다.

하나님께서는 사람을 차별함이 없이 대하시기 때문입니다. 롬 2:11

구원은 믿음으로 받습니다. 그러나 그 믿음에는 반드시 합당한 행함이 따라오게 되어 있습니다. 하나님이 우리를 믿음으로 구원하시는 것은, 어떤 죄를 짓고 살아도 믿으니까 구원해주시겠다는 뜻이 아닙니다. 믿으니까 이제 구원받은 자의 삶을 살게 되는 것입니다. 우리가 구원받으려면 믿음에 행위를 더해야 한다는 말입니까? 아닙니다. 구원은 믿음으로 받는 것입니다. 그러나 정말 믿은 사람은 사랑의 열매가 맺어지게 되어 있습니다. 사과나무에 사과 열매가 맺히니까 그 나무가 사과나무인 줄 아는 것입니다.

그렇지만 사과 열매가 사과나무를 살리는 것은 아닙니다. 사과나무가 사는 것은 뿌리가 살아 있기 때문입니다. 이 뿌리의 역할을 하는 것이 믿음입니다. 그런데 사과나무인 줄 알았는데 돌복숭아가 맺힌다면 이 나무는 사과나무가 아닌 것입니다. 이렇게 우리는 나무와 뿌리를 점검해야 합니다.

우리가 예수님의 십자가를 통해 한없는 하나님의 용서와 사랑을 받았음을 믿고, 우리 죄를 지시고 십자가에서 죽으신 주 예수님이 우리 마음에 임하셨음을 믿는다면 우리는 반드시 용서와 사랑을 하게 된다는 것입니다. 어떻게 십자가의 은혜를 믿고 주 예수님을 바라보면서 용서와 사랑의 삶을 살지 않을 수 있겠습니까? 그렇기 때문에 구원받았다고 믿으면서 남을 심판한다면 그것은 거짓 믿음이요, 죽은 믿음입니다.

옳고 그름을 뛰어넘어라

사람은 성숙하는 과정에서 판단과 행동의 기준이 변합니다. 어릴 때는 오직 자기가 좋고 싫은 것이 기준입니다. 좀 더 자라면 유익한 것이 무엇인지 알게 됩니다. 자기에게 이익이 되는지 손해가 되는지 계산할 줄 압니다. 더 나아가서 내 편이냐 아니냐 하는 것이 중요한 기준이 됩니다. 좀 더 성숙하면 옳으냐 그르냐가 기준이 됩니다. 이 기준으로 문제를 본다면 대단히 성숙한 것입니다. 그러나 예수를 믿으면 더 나아가야 합니다. 주님은 옳고 그른 것도 뛰어넘어야 한다고 말씀하십니다. 바로 하나님의 뜻이냐 아니냐가 기준이 되어야 합니다. 그런데 옳으냐 그르냐 하는 기준을 넘어서는 일은 매우 어렵습니다. 옳으냐 그르냐 하는 기준을 넘어서라는 도전은 대단히 불편한 진실입니다.

어떻게 옳은 것을 포기할 수 있을까요? 옳고 그름에 매여 있으면 공동체 전체를 큰 고통 속에 빠뜨리는 경우가 많습니다. 다툼과 분열이 여기에 해당됩니다. 완벽주의, 율법주의, 자기의가 강한 경우, 이것이 다 자기가 생각하기에 옳은 것이 우상이 된 경우입니다. 옳으냐 그르냐의 기준으로 관계도 깨어집니다. 부부싸움도 결국 누가 잘했나 잘못했나 하는 싸움입니다. 왜 하나님의 천국 같은 교회에서 싸움이 일어납니까? 바로 이 문제 때문입니다.

옳으냐 그르냐 하는 것은 우리를 살리지 못합니다. 그것을 넘어서서 하나님의 뜻이냐 아니냐를 생각해야 합니다. 온 인류를 구원한 예수님의 십자가 사건이야말로 옳고 그름을 뛰어넘어 하나님의 뜻을 구한 일입니다.

"제 뜻대로 마시고 아버지의 뜻대로 해주십시오."

손양원 목사님은 두 아들을 죽인 원수를 양자 삼았습니다. 옳고 그른 것을 뛰어넘은 것입니다. 예수님이 나를 위해 죽으셨음을 믿고, 주예수님이 마음에 계시니, 그 주님을 항상 바라보고 살면 내 안에 변화가 일어납니다. 용서하고 또 용서하고, 사랑하고 또 사랑하게 됩니다. 하지만 예수님을 바라보는 믿음이 없으면 정죄하고 판단하고 또정죄하고 판단합니다.

이것은 꾸미거나 흉내 낼 수 있는 것이 아닙니다. 예수님을 진정으로 영접했는지 아닌지는 용서와 사랑을 하는지, 아니면 정죄와 심판을 하는지를 보면 금방 드러납니다. 남을 비판하는 마음은 의지나 결단으로 극복할 수 있는 것이 아닙니다. 우리의 깊은 죄성이기 때문입니다. 오직 나는 죽고 예수로 살며 주 예수님을 바라볼 때만 극복할수 있습니다.

지난 월요일, 저는 누군가에게 꼭 지적을 해서 그 문제를 고치도록 잘못을 알게 해줘야겠다는 생각을 하고 있었습니다. 그런데 마음이 편치 않았습니다. 저는 하나님의 뜻을 분별할 때 마음이 편하지 않으면 기도를 좀 더 하라는 뜻으로 받아들이기 때문에, 기도를 더 하고 말을 해줘야겠다고 생각하고 그 마음을 접었습니다. 그리고 주일 설교를 준비하기 위해 말씀을 읽는데, 첫 말씀이 "남을 심판하는 사람이여"였습니다. 저는 기절하는 줄 알았습니다.

'아 주여, 지금 제가 그렇게 하고 있군요!'

제가 그의 문제를 지적하는 것이 하나님의 뜻을 이루는 것이 아니라 오히려 그를 시험에 들게 하고 낙심케 하는 것임을 알게 되었습니다. 마음에 깊이 새기시기 바랍니다. 남을 심판하고 정죄하는 것은 우리의 의지나 결단으로 극복되지 않습니다. 주 예수님을 바라보는 눈이 뜨이지 않으면 해결되지 않습니다.

용서하고 사랑하는 기적

저는 매우 비판적인 성격을 가지고 있었습니다. 분노도 많습니다. 문제 있는 사람이나 잘못하는 사람이 너무 잘 보입니다. 그런데 제가 성찬의 은혜에 눈이 뜨인 후에 이 성격이 바뀌었습니다. 어느 날 성찬을 받기 위해 참회의 기도를 하는데, 마음이 힘들었습니다. 성찬을 받기에 제 마음이 합당하지 못하다는 생각이 들었습니다. 그러나 이미 성찬식은 시작되었고 떡을 받아서 먹는데 마음이 울컥했습니다. 저야 성찬을 받으니까 은혜를 받지만, '나와 한 몸이 되시는 주님은 내가 얼마나 불편하실까? 이런 나를 품으셔야 하니, 주님께 내가 얼마나 고통이 될까?' 하는 생각이 들었습니다. 그 생각을 하니 눈물이 났습니다.

그날 성찬을 받고 나서 저에게 다른 사람이 전혀 다르게 보이기 시작했습니다. 저는 그동안 제가 주님과 한 몸이 되는 것만 기뻐하고 감사했지, 주님의 고통은 생각하지 못했습니다. 그때 제 마음이 열리는 것이 느껴졌습니다. 다른 사람을 내 몸처럼 받아들이는 것이 고통스럽다는 생각이 사라졌습니다. '나는 그 사람을 품을 수가 없어. 그 사람하고 얽히기가 싫어' 하던 생각이 완전히 달라졌습니다. '어떻게 이런 사람이 다 있나?' 했던 제가 '내가 그렇구나!' 하고 회개하게 되었습니다. 성찬을 받으며 나를 품으신 주님, 나와 한 몸이 되신 주님의 고통을 절절히 경험하고 나니 다른 사람을 향한 마음이 바뀌었습니다. 허물이 많은 교회와 우리 민족을 사랑하는 법을 배웠습니다.

주 예수님을 바라볼 때 이 기적이 일어납니다. 남을 판단하고 정죄하던 사람이 용서하고 사랑하는 사람으로 바뀝니다. 이것은 기적입니다. 진짜 거듭난 것입니다. 예수님을 바라보는 믿음의 눈이 열리지 않으면 신앙생활을 오래 할수록 더 많이 판단하게 됩니다. 다른 사람을 심각하게 정죄합니다. 완전히 율법주의에 빠진 것입니다.

이 말씀을 영원히 마음에 새겨두시기 바랍니다.

"'방탕한 죄'보다 '판단하는 죄'가 더 크다!"

방탕한 사람보다 그를 판단하고 정죄하는 죄가 더 크다는 것을 잊지 마십시오. 모든 죄가 다 두렵지만 사람을 판단하고 정죄하는 죄는 더 무서운 죄라는 것을 명심하시기 바랍니다. 이것을 잊지 않으면 가족 관계에 기적이 일어납니다. 직장생활, 교회생활에 기적이 일어납니다. 하나님을 모르고 방탕하게 사는 사람이 있습니까? 정말 큰일입니다. 하나님의 심판이 있기 때문입니다. 그러나 그런 사람을 보면서 정죄하고 판단하는 사람은 더 큰일입니다. 이미 은혜를 받은 사람이 다른 사람을 정죄하고 판단하고 있으니 이 일을 어떻게 합니까? 예수님을 정말 제대로 믿으셨습니까? 그렇다면 용서하고 사랑해야 진짜입니다.

그동안 판단하고 정죄한 죄가 있다면 회개하셔야 합니다. 주 예수님을 바라보시기 바랍니다. 주 예수님을 바라봄으로 우리 자신을 보고 다른 사람을 주(主)의 눈으로 보게 되시기 바랍니다. 그럴 때 진정한 용서와 사랑이 우리 속에서 흘러가는 기적을 경험하시기를 바랍니다.

04

마음에 할례를 받으라!

롬 2:12-29

12 율법을 모르고 범죄한 사람은 율법과 상관없이 망할 것이요, 율법을 알고 범죄한 사람은 율법을 따라 심판을 받을 것입니다. **13** 하나님 앞에서는 율법을 듣는 사람이 의로운 사람이 아닙니다. 오직 율법을 실천하는 사람이라야 의롭게 될 것이기 때문입니다. **14** 율법을 가지지 않은 이방 사람이, 사람의 본성을 따라 율법이 명하는 바를 행하면, 그들은 율법을 가지고 있지 않아도, 자기 자신이 자기에게 율법입니다. **15** 그런 사람은, 율법이 요구하는 일이 자기의 마음에 적혀 있음을 드러내 보입니다. 그들의 양심도 이 사실을 증언합니다. 그들의 생각들이 서로 고발하기도 하고, 변호하기도 합니다. **16** 이런 일은, 내가 전하는 복음대로, 하나님께서 그리스도를 내세우셔서 사람들이 감추고 있는 비밀들을 심판하실 그 날에 드러날 것입니다. **17** 그런데, 그대가 유대 사람이라고 자처한다고 합시다. 그래서 그대는 율법을 의지하며, 하나님을 자랑하며, **18** 율법의 가르침을 받아서 하나님의 뜻을 알고 가장 선한 일을 분간할 줄 알며, **19** 눈먼 사람의 길잡이요 어둠 속에 있는 사람의 빛이라고 생각하며, **20** 지식과 진리가 율법에 구체화된 모습으로 들어 있다고 하면서, 스스로 어리석은 사람의 스승이요 어린아이의 교사로 확신한다고 합시다. **21** 그렇다면 그대는 남은 가르치면서도, 왜 자기 자신은 가르치지 않습니까? 도둑질을 하지 말라고 설교하면서도, 왜 도둑질을 합니까? **22** 간음을 하지 말라고 하면서도, 왜 간음을 합니까? 우상을 미워하면서도, 왜 신전의 물건을 훔칩니까? **23** 율법을 자랑하면서도, 왜 율법을 어겨서 하나님을 욕되게 합니까? **24** 성경에 기록한 바 "너희 때문에 하나님의 이름이 이방 사람들 가운데서 모독을 받는다" 한 것과 같습니다. **25** 율법을 지키면 할례를 받은 것이 유익하지만, 율

법을 어기면 그대가 받은 할례는 할례를 받지 않은 것으로 되어버립니다. 26 그러므로 할례를 받지 않은 사람이 율법의 규정을 지키면, 그 사람은 할례를 받지 않았더라도 할례를 받은 것으로 여겨질 것이 아니겠습니까? 27 그리고 본래 할례를 받지 않았더라도 율법을 온전히 지키는 사람이, 율법의 조문을 가지고 있고 할례를 받았으면서도 율법을 범하는 사람인 그대를 정죄할 것입니다. 28 겉모양으로 유대 사람이라고 해서 유대 사람이 아니요, 겉모양으로 살갗에 할례를 받았다고 해서 할례가 아닙니다. 29 오히려 속 사람으로 유대 사람인 이가 유대 사람이며, 율법의 조문을 따라서 받는 할례가 아니라 성령으로 마음에 받는 할례가 참 할례입니다. 이런 사람은, 사람에게서가 아니라, 하나님에게서 칭찬을 받습니다.

만일 여러분의 영적 상태가 어떤지 하나님 앞에서 진찰을 받는다면 어떻겠습니까? 좋은 결과가 나온다고 자신하십니까? 우리는 늘 자신의 영적 상태를 점검하며 살아야 합니다. 몸에 암이 생겼다는 진단을 받은 것처럼, 영적 상태에 있어서 좋지 않은 결과는 "율법주의에 빠졌다"라는 것입니다. 이처럼 예수를 믿는 우리에게 정말 두려운 일이 율법주의 신앙에 빠지는 것입니다. 한국 교회의 어려움 또한 이 문제이기도 합니다.

율법주의 신앙 vs 복음 신앙

율법주의란 한마디로 하나님의 말씀대로 살면 구원받고 하나님의 말씀대로 살지 않으면 심판받는다는 믿음입니다. 그러면 십자가 복음은 무엇입니까? 누구든지 예수님을 구주로 영접하기만 하면 하나님의 은혜로 구원을 받으며 그 후 성령이 임하시게 되고 성령의 도우심으로 하나님의 말씀대로 살게 된다는 것입니다.

율법주의 신앙이나 복음의 신앙이나 하나님의 말씀대로 산다는 것은 비슷해 보입니다. 그러나 이 둘은 너무나 큰 차이가 있습니다. 율법주의는 '열심'과 '충성'을 강조합니다. 죽을 때까지 열심과 충성을 다하지만 그런데도 만족이나 해결함이 없습니다. 왜냐하면 열심과 충성으로는 하나님의 말씀을 온전히 지킬 수 없기 때문입니다. 그러나 복음적인 신앙은 '감사'와 '사랑'이 초점입니다. 이미 하나님이 우리를 구원해주셨고 성령께서 우리 마음에 오셔서 우리를 도와주시기 때문에 하나님의 말씀대로 '살아지게' 된다는 것입니다. 그러므로 우리는 감사할 것밖에 없고 사랑만 하면 되는 것입니다. 여러분은 어느 쪽인 것 같습니까? 율법주의 신앙에 빠져 있습니까? 아니면 복음을 믿는 신앙에 서 있습니까?

사도 바울은 로마서 1장부터 3장까지 유대인들을 향해 매우 중요한 메시지를 던지고 있습니다. 예수님의 십자가 복음을 떠나서는 누구나 다 하나님의 진노 아래 있다는 것입니다. 거기에 유대인도 예외가 아니라는 것입니다. 당연히 유대인은 반발합니다. 왜냐하면 유대인들은 자신들이 하나님의 특별한 사랑을 받았으며 당연히 구원받을 것이라는 확신과 자부심을 가지고 있었기 때문입니다.

그렇다면 사도 바울은 왜 유대인들도 하나님의 진노 아래에 있다고 말하는 것입니까? 유대인들이 하나님의 율법을 가지고 있었지만 율법주의에 빠져 있었기 때문입니다. 율법주의에 빠진다는 것은 이처럼 두려운 일입니다. 예수를 믿는 것이 복음인 것은 율법주의에서 벗어나기 때문입니다. 그러나 안타까운 일은 예수를 믿고도 여전히 율법주의에 빠져 있는 이들이 많다는 것입니다.

율법주의 우상숭배

…그대가 유대 사람이라고 자처한다고 합시다. … 롬 2:17

사도 바울의 표현은 상당히 선동적입니다. 뉘앙스를 살려서 말해보면, "당신이 그 대단한 유대인입니까? 그렇다면 한번 따져봅시다" 이런 의미입니다. 유대인 대신 '그리스도인'을 넣어서 읽어보면 이 구절이 좀 더 실감나게 느껴질 것입니다. 불신자가 신자에게 "당신이 그 잘난 그리스도인입니까? 그럼 어디 한번 물어봅시다"라는 식의 빈정거리는 말입니다.

17절부터 20절까지의 말씀을 보면 유대인들이 하나님으로부터 직접 율법을 받았다는 사실을 큰 자랑으로 여겼다는 것을 알 수 있습니다. 바울은 유대인이 자랑하는 것들을 죽 열거합니다. 그러다가 21절에서 다음과 같은 도전적인 질문을 합니다.

그렇다면 그대는 남은 가르치면서도, 왜 자기 자신은 가르치지 않습니까? ··· 롬 2:21

그리고 계속해서 이렇게 질문합니다.

"그렇게 하나님의 율법을 잘 알면서 당신들은 도둑질하고 간음하고 신전의 물건을 훔치고, 스스로 율법을 어겨 하나님을 욕되게 하다니 말이나 됩니까?"

한마디로 위선자라는 것입니다. 몰라서 지키지 못하는 불신자보다 알면서 율법을 어기는 유대인, 당신들이 더 나쁜 사람이라고 말하는 것입니다.

유대인들은 우상숭배를 큰 죄로 여깁니다. 그들은 새긴 우상에 절대 절하지 않고 그래서 우상숭배를 하지 않는다고 말합니다. 그러나 사도 바울은 그들의 마음을 지적합니다. 우상숭배자들의 마음의 동기는 우상으로부터 부자가 되는 복을 받고 싶고, 권력을 얻는 복을 받고 싶고, 쾌락을 누리고 싶은 욕심에 있습니다. 그런데 유대인들이 비록 우상에 절은 하지 않아도 그들의 마음의 욕심은 우상숭배자들과 똑같습니다. 권력욕, 소유욕, 명예욕, 지배욕, 쾌락을 사랑하는 마음이 가득합니다. 마음으로는 그들도 우상숭배자라는 것입니다.

사도 바울이 이것을 지적하는 것입니다. 알면서 죄를 짓고, 남에게 하지 말라고 하면서 자기는 은근히 죄를 짓는 것, 그것이 율법주의 신앙입니다.

이 율법주의 신앙은 매우 보편적이어서 항상 우리 곁에 있었습니다.

오늘날 전 세계적으로 가장 거대한 종교가 율법주의라고 할 수 있습니다.

"종교가 문제야!"

"전쟁은 모두 종교 때문에 일어났어."

"나는 종교라는 말만 들어도 진저리가 나."

사람들이 이렇게 말하는 것이 바로 율법주의적인 종교를 두고 하는 말입니다. 그런 의미에서 기독교는 종교가 아닙니다. 그런데 안타깝게도 기독교인들이 믿음을 제대로 지키지 못하고 타락하니까 기독교가 율법주의적인 종교가 되어버리는 것입니다.

할례를 자랑하는 유대인

유대인들이 율법주의에 빠진 대표적인 증상 중에 하나가 할례받은 것을 자랑하는 것입니다. 유대인들은 할례받은 것을 하나님의 백성이 되었다는 증거라고 생각합니다. 그리고 할례받지 않은 이방인들을 개처럼 여겼습니다. 그런데 사도 바울은 유대인들이 개 취급을 하는 무할례자들이 할례받은 그들보다 하나님의 율법을 더 잘 지킬 수 있다고 말씀합니다.

율법을 지키면 할례를 받은 것이 유익하지만, 율법을 어기면 그대가 받은 할례는 할례를 받지 않은 것으로 되어버립니다. 그러므로 할례를 받지 않은 사람이 율법의 규정을 지키면, 그 사람은 할례를 받지 않았더라도 할례를 받은 것으로 여겨질 것이 아니겠습니까? 롬 2:25,26

이 말은 유대인들에게 엄청난 충격입니다. 율법을 다 지키면서 할례를 받았다면 할례가 유익하지만, 할례를 받았는데 율법을 지키지 않았다면 할례가 소용이 없다는 것입니다. 그러면서 할례를 받지 않은 사람이 하나님의 율법을 잘 지키면 그 사람이 할례를 받은 것이나 마찬가지라고 했습니다. 할례받지 않은 이방인들이 할례받은 자신들보다 율법을 더 잘 지킬 수 있다는 것은 유대인들로서는 상상할 수 없는 일입니다. 충격적인 언급이지요.

할례받은 것은 그들을 하나님의 백성으로 삼아주셨다는 증거로 감사할 일입니다. 할례받지 못한 이들 앞에서 자랑하라고 주신 것이 아닙니다. 심지어 할례받았다고 해서 할례받지 못한 이들을 멸시하는 것은 하나님을 진노하시게 하는 일입니다. 그런데 우리도 이와 같은 함정에 빠질 수 있습니다. 유대인들이 할례받은 것과 우리가 세례를 받는 것이 영적인 뿌리가 같습니다. 많은 그리스도인들도 세례받은 것을 그처럼 중요하게 여깁니다.

"너, 세례받았어? 난 세례받았어. 난 세례 신자라고."

우리 속에 은근한 자랑과 자부심이 있습니다. 물론 세례는 매우 중요합니다. 하나님의 자녀가 되는 놀라운 축복으로 여겨야 합니다. 그러나 세례 역시 할례와 마찬가지로 자랑하거나 남을 판단하라고 받는 것이 아님을 알아야 합니다. 할례나 세례 모두 하나님의 전적인 은혜의 선물입니다. 따라서 우리는 오직 감사할 뿐입니다.

"이는 아무 육체도 하나님 앞에서 자랑하지 못하게 하려 하심이라"(고전 1:29).

"…사랑은 자랑하지 아니하며 교만하지 아니하며"(고전 13:4).

하나님은 자랑하는 것을 정말 싫어하십니다. 그런데 세례받은 것을 마치 다른 사람을 판단하는 큰 권세를 얻은 것처럼 자랑한다면 하나님의 마음을 아프시게 하는 것입니다. 세례는 그런 뜻으로 준 것이 아닙니다. 하나님의 사랑을 받았으니 감사하고 다른 사람을 사랑하라고 주신 것입니다. 따라서 사도 바울의 말씀에 비추어볼 때, 우리는 세례받지 않았지만 세례받은 사람보다 감사와 사랑으로 더 성숙한 삶을 사는 사람도 있을 수 있다는 것을 인정해야 합니다.

율법주의자의 얼굴

사람은 타락한 이후에 율법을 온전히 지켜서 의롭게 될 가능성이 사라졌습니다. 그런데 율법주의자들은 율법을 다 지켜서 의롭게 되려고 고집합니다. 그러니까 율법주의자들은 신앙생활이 힘듭니다. 무거운 짐을 지고 가는 것과 같습니다. 안 되는 것을 해보려고 하니 당연합니다. 그래서 열심히 신앙생활 하지만 끊임없이 좌절합니다. 그 마음에 항상 '안 된다', '못한다'라는 생각이 있습니다.

그래서 위선적으로 변하는 것입니다. 실제로 그렇게 못 살지만 겉으로라도 잘 사는 것처럼 보이고 싶기 때문입니다. 그러면서 다른 사람들을 판단하고 정죄합니다. 이렇게 살다보니 두려움이 많습니다. 자기 실상이 드러나면 자신도 똑같이 비판받게 되기 때문입니다. 그래서 열심히 살고 충성하지만 얼굴이 항상 어둡습니다.

지난 안식년 기간 중 이스라엘에서 40일을 지내는 동안, 율법을 철저히 지키며 살기로 소문난 종교인들이 사는 지역에 가본 적이 있습니다. 그 사람들은 지금도 철저히 율법대로 삽니다. 나라에 세금도 내지 않습니다. 오히려 나라에서 그 사람들을 먹여 살립니다. 저는 그들이 얼마나 행복하게 살지 큰 기대를 안고 갔다가 정말 실망했습니다. 우선 지역이 지저분합니다. 그리고 얼굴이 어둡습니다. 항상 긴장된 얼굴입니다. 심지어 무섭다는 느낌도 들었습니다. 하나님의 율법을 그대로 지키며 산다는 그들이 행복해 보이지 않았습니다. 이것이 율법을 철저히 지켜서 의로워지려고 하는 사람들의 전형적인 특징입니다.

미국에서 목회 하시던 어느 목사님은 교회의 초청을 받아 말씀을 전하러 갔을 때 만나는 교인들의 얼굴이 대부분 근엄하고 권위적이면 '이 교회도 골치깨나 아프겠구나' 하고 생각한답니다. 그리고 그것이 정확하다는 것입니다. 기쁨이 있고 감사가 있고 사랑이 넘치는 사람은 얼굴이 권위적이고 딱딱할 수가 없습니다. 반면 율법주의적인 신앙생활을 하는 사람은 믿음이 좋다는 사람일수록, 직분이 높을수록 권위적이고 딱딱하고 굳어 있기 마련입니다.

마음의 할례

율법주의와 정반대인 십자가 복음은 우리를 감사와 사랑으로 살게 합니다. 그것은 성령께서 우리 마음에 들어오심으로 마음이 완전히 달라지기 때문입니다.

…성령으로 마음에 받는 할례가 참 할례입니다. … 롬 2:29

예수를 믿으면 우리 마음이 할례를 받습니다. 그 말은 성령께서 마음에 임하시고, 항상 성령을 의식하고 산다는 것입니다. 마음에 가장 귀한 분이 오셨습니다. 그 열매가 기쁨이고 감사이고 사랑입니다. 성경은 이 마음을 '부드러운 마음'이라고 했습니다.

"또 새 영을 너희 속에 두고 새 마음을 너희에게 주되 너희 육신에서 굳은 마음을 제거하고 부드러운 마음을 줄 것이며 또 내 영을 너희 속에 두어 너희로 내 율례를 행하게 하리니 너희가 내 규례를 지켜 행할지라"(겔 36:26,27).

그러므로 자신이 율법주의 신앙에 빠졌는지 아닌지 스스로 분별할 수 있는 기준은 "마음에 성령께서 임하신 것을 느끼는가", "마음이 부드러운가" 하는 것입니다. 마음에 기쁨과 감사와 사랑이 있으면 은혜 생활을 하는 것입니다. 그러나 마음이 딱딱하게 굳어 있고, 남을 비판하고, 두려움과 염려가 있으면 율법주의에 빠져 있는 것입니다.

페이스북에 올라온 짧은 간증입니다.

"15년 전, 주님이 제 안에 들어오셔서 제가 변화되기 시작했을 때 어머니께서 하신 말씀이 기억납니다. '주님이 분명 살아 계시는구나! 너 같은 사람이 변화되다니….' 부끄럽지만, 아멘입니다!"

성령께서 마음에 오셨다면 주변 사람들이 다 알게 되어 있습니다. 기쁨과 감사와 사랑의 사람이 되기 때문입니다.

할례란 남자 성기의 포피를 잘라내는 것입니다. 아브라함 때로부터 그의 후손인 유대인들은 모두 할례를 받았습니다. 이것은 "이제부터 너는 내 것이다"라고 하나님께서 인(印) 치신 것을 상징한 증거입니다. 세상과 완전히 구별된 삶을 사는 사람이라는 표시입니다. 우리가 지금 육체의 할례를 받을 필요는 없습니다. 그러나 십자가 복음을 믿고 예수님을 영접하면 성령으로 마음에 할례가 임합니다. 하나님께서 우리 마음의 주님으로, 왕으로 임하시기 때문입니다.

"또 그 안에서 너희가 손으로 하지 아니한 할례를 받았으니 곧 육의 몸을 벗는 것이요 그리스도의 할례니라"(골 2:11).

모독 or 칭찬

우리는 열심을 기준으로 신앙생활을 진단해서는 안 됩니다. 열심만 가지고서는 신앙생활을 잘하는지 아닌지 절대 알 수가 없습니다. 율법주의자들도 그렇기 때문입니다. 그들은 대단히 충성스럽습니다. 열심에 목숨을 겁니다. 유대인은 할례뿐 아니라 월삭, 각종 절기, 대회, 성회 등 온갖 종교 의식을 동원합니다. 의식은 점점 더 화려하고 장엄해졌습니다. 이유는 율법을 온전히 지킬 자신이 없으니까 화려한 의식으로 포장하여 마음의 위안을 삼으려는 것입니다.

그리스도인들 중에서도 신앙이 성숙하지 못한 분들이 겉만 포장하고 쓸데없는 것을 자랑합니다. 교단을 자랑하고, 정통 신앙을 자랑하고, 은사를 자랑하고, 하나님의 기적이 많이 일어난다고 자랑하고, 담임목사를 자랑하고, 예배당이 크다고 자랑합니다. 그러나 정말 중요한 것은 믿지 않는 사람들이 자신을 보고 하나님이 좋으신 분이라는 것을 믿게 되는 것입니다. 사람들이 자신을 보면 하나님을 믿고 싶고, 하나님께 영광을 돌리게 되는 것입니다.

유대인들의 문제는 율법을 지키고 열심히 신앙생활을 하지만 그런 그들을 보는 이방인들이 하나님이 좋으신 분인지 모른다는 것입니다. 율법주의 신앙은 예외 없이 혐오스럽습니다. 하나님의 영광이 나타나기는커녕 그들을 볼 때 하나님이 싫어지게 만듭니다.

> 성경에 기록한 바 "너희 때문에 하나님의 이름이 이방 사람들 가운데서 모독을 받는다" 한 것과 같습니다. 롬 2:24

유대인들은 역사적으로 수많은 나라와 사람들로부터 미움을 받았습니다. 사람들은 그들이 믿는 하나님을 싫어했습니다. 물론 신학적인 문제도 있겠지만, 사람들이 보기에 유대인들의 삶이 좋아 보이지 않은 것입니다. 이방인들을 가리켜 개라고 말하는데 어느 누가 그들을 좋아하겠습니까? 그들이 율법주의에 빠졌기 때문입니다.

지금 한국 교회의 문제도 여기에 있습니다. 한국 갤럽에서 1984년부터 2014년까지 30년간 한국인의 종교와 종교 의식 변화를 비교한 '한국인의 종교 실태' 조사 결과를 발표했는데, 그 결과 종교생활에 가장 열심을 내는 종교가 기독교로 조사되었다고 합니다. 그런데 선호하는 종교는 불교(25%), 천주교(18%), 기독교(10%) 순으로 나타나 기독교가 최하위를 기록했습니다. 10명 중 1명만 기독교에 호감을 나타냈다는 말입니다.

이것은 한국 교회가 전형적인 율법주의에 빠져 있다는 증거입니다. 율법에서 해방되어 이제는 십자가 복음으로 은혜생활을 한다는 우리가 유대인들처럼 되고 있다는 것입니다. 그러나 본래 기독교는 그렇지 않았습니다. 사도행전을 읽어보십시오. 성령이 임하시고 예수 믿는 사람의 모습을 보고 모든 사람들이 칭찬했고 그들도 예수를 믿고 싶어서 몰려왔다고 했습니다. 사람들이 나를 보고 하나님이 좋다고 느끼는지, 나를 보고 예수 믿을 마음이 생기는지 한번 정직하게 물어보십시오.

부끄럽고 슬픈 자화상

연세가 많으신 한 여자 목사님이 한국 교회가 자랑하는 신학자이신 자신의 아버지에 대한 책을 써서 논란이 된 적이 있었습니다. 한국 교회에 그 분의 제자가 참으로 많고, 지금 훌륭하게 목회하는 분도 많고, 신학교 교수도 많습니다. 그 분은 뛰어난 주의 종입니다.

그런데 안타까운 것은 많은 분들의 존경을 받았던 신학자이자 목사님이지만 그의 딸이 본 아버지는 달랐다는 것입니다. 딸이 본 아버지는 충격적이게도 유교적이고 가부장적인 권위주의에 사로잡힌 철저한 율법주의자였다는 것입니다. 아내에게 매정하게 대했고, 자녀들에게도 아버지의 사랑을 보여주지 않았고, 가정을 돌보는 일은 세속적인 일이라고 생각하고, 오직 연구하고 책을 쓰는 일, 교회의 일에만 매달렸던 분으로 자녀들에게 말할 수 없는 상처를 주었다는 것입니다.

이런 영향 때문에 그녀는 하나님이 살아 계신 것과 하나님이 자기를 지으셨다는 것을 의심한 적은 없었지만, 하나님은 언제나 무서운 하나님, 벌 주시는 하나님으로 느껴져서, 항상 하나님 앞에 죄를 지을 까 봐 두려워 떨며 살았다고 합니다. 자기 자신은 물론이고 다른 사 람을 볼 때 장점을 먼저 보기보다 단점과 죄를 보는 예리한 눈을 갖게 되었다고 했습니다. 다른 자녀들 역시 아버지로부터 받은 상처가 많 아 신앙생활을 제대로 못했다고 합니다.

그녀는 아버지가 돌아가시기 전에 자녀들과 진정으로 화해했으면 하는 간절한 마음으로 장문의 편지를 보냈습니다. 아버지가 잘못 이 해한 것과 가족에게 상처 주었던 일들에 대해서 마지막으로 잘못한 것은 잘못했다고 해주시고, "용서해라, 사랑한다"는 말 한마디만 해 달라는 솔직한 마음을 전한 것입니다. 그랬을 때 그 목사님이 미국에 있는 딸을 찾아와 한 말은 다음 성경구절을 보여주며 "회개하라"는 한마디였다고 합니다.

"자기의 아버지나 어머니를 저주하는 자는 반드시 죽일지니라"(출 21:17).

이 부분을 읽고 제 마음이 참으로 먹먹했습니다. 저는 그 목사님의 심정을 충분히 이해할 것 같습니다. 그 분은 그 분 나름대로 딸을 사 랑했고, 그 딸이 부모를 저주한 죄로 죽을까 봐 아버지로서 딸을 위해 서 그렇게 한 것입니다. 그러나 그것이 자녀들에게 더 큰 상처가 되었 습니다. "내가 잘못했다. 너희들을 사랑한다", 왜 그 한마디를 할 수 없었을까 너무나 안타까웠습니다. 율법주의자들은 "내가 잘못했습니 다"라는 고백을 잘 못합니다. 고백을 해도 꼭 토를 답니다. "나도 잘

못했다. 그러나 너도 잘못했잖아!" 이렇게 말해서 더 상처를 줍니다. 율법주의가 이렇게 무섭습니다.

이 책은 분명히 논란거리가 될 만합니다. 아무리 그래도 어떻게 딸이 아버지에 대하여 이렇게까지 책을 쓸 수 있느냐고 하는 이들도 있을 것입니다. 그러나 그 목사님의 나이는 75세입니다. 철부지가 아버지에게 대들 듯이 쓴 것도 아니고, 이미 돌아가신 아버지 들으라고 쓴 것도 아닙니다. 아픈 가족사를 들추어내면서까지 하고 싶은 말이 있는 것입니다.

이제는 한국 교회가 율법주의적인 전통에서 벗어나야 한다는 것입니다. 한국 교회가 존경하고 우러러보는 많은 목사님과 장로님들 중에서 이 목사님과 비슷한 삶을 사신 분들이 많았고 지금도 그런 삶을 살고 있는 분들이 많은 것이 현실입니다. 그 자녀들 역시 그 목사님이 겪었던 고통을 똑같이 겪고 있다는 것입니다. 저도 두 딸에게 늘 미안한 마음을 갖는 것이 바로 이 점입니다.

사랑으로 확인하라

한국 교회는 지금 심각한 문제에 빠져 있습니다. 예수를 열심히 믿으면 믿을수록 더 무서운 사람이 되고, 교회 분위기가 더 무서워지는 현상, 교인들끼리 서로 비판하고 비난하고, 좀 더 자랑하고 과시하고 내세우려고 하는 현상…. 예수님은 우리가 이렇게 하라고 십자가에 죽으신 분이 아닙니다. 우리는 예수 믿을 때 마음에 할례를 받은 사람들입니다. 성령께서 마음에 임재하신 증거가 사랑입니다. 우리가 진짜 예수를 잘 믿으면 사랑으로 소문이 나야 합니다. 우리가 주일을 잘 지키고, 십일조를 잘하고, 전도를 많이 하고, 성경공부를 많이 했다고 해서 진짜 예수를 잘 믿는지 아닌지 속단할 수는 없습니다. 열심이 아닌 사랑으로 확인해보아야 합니다.

"나는 옳고 그른 것을 바로잡아야 하기 때문에 사랑으로 소문날 수가 없었습니다."

이렇게 핑계 대면 안 됩니다. 이것은 스스로 속는 것입니다. 사랑으로 소문나면서도 얼마든지 옳고 그른 것을 바로잡을 수 있습니다. '십자가'가 바로 그 증거입니다. 십자가는 온 인류의 죄를 바로잡은 것입니다. 예수님의 십자가 때문에 죄에서 구원받은 사람이 얼마나 많습니까?

그러나 십자가는 또한 사랑의 십자가입니다. 간음하다가 현장에서 잡혀온 여인이 돌에 맞아 죽게 되었을 때 주님도 돌로 치라고 하셨습니다. 그러나 먼저 "너희 중에 죄 없는 자가 먼저 돌로 치라"(요 8:7)고 하셨습니다. 한 사람도 여인을 돌로 치지 못하고 돌아가자 예수님이 그 여인에게 "나도 너를 정죄하지 아니하노니 가서 다시는 죄를 범하지 말라"(요 8:11)고 하셨습니다. 옳고 그른 것을 따지고 정죄해서 죄를 그치게 할 수 있는 것이 아닙니다. 오히려 진정한 사랑만이 죄를 그치게 하는 것입니다.

존 비비어 목사의 《임재》(터치북스)라는 책에 사모님의 이야기가 나옵니다. 사모님이 신혼 초 남편 존 비비어 목사님 때문에 너무 힘이 들었다고 합니다. 아마 그 당시만 해도 목사님이 실수가 많고 삶이 엉망이었던 모양입니다. 그때마다 목사님이 사모님에게 사과했지만 사모님의 마음은 닫혀버리고 말았습니다.

"당신이 정말 변화되면, 그때 사과하세요. 그러면 내가 당신을 믿겠어요."

그 후로도 남편이 실수할 때마다 사모님은 폭언을 퍼부었습니다.

"이젠 사과도 하지 마세요. 사과하는 모습도 꼴 보기 싫어요."

화가 난 사모님이 하나님께 남편 좀 변화시켜달라고 기도했습니다. 그러면 하나님께서 남편을 엄히 다루시거나 꿈이나 환상을 통해서라도 그에게 깨달음을 주시리라 기대했는데, 하나님은 전혀 의외의 대답을 하셨습니다.

"네가 남편을 용서해주지 않으면 네 남편은 변화되지 않을 것이다."

사모님은 항변하였습니다.

"왜 항상 제가 먼저 변화되어야 하는 건가요? 매번 억울한 사람은 저잖아요!"

그러나 하나님은 단호하셨습니다.

"존에게 가서 그가 변화될 것을 네가 믿는다고 말하고, 그동안의 잘못을 모두 용서한다고 말해라."

사모님은 고민에 빠졌습니다.

'남편을 용서하고 놓아줄 것인가? 아니면 그의 잘못을 꼭 붙잡고 있을 것인가?'

그러나 하나님의 뜻은 너무나 분명했기 때문에 결국 남편을 찾아가서 하나님께서 주신 말씀을 나누었고 그동안 그를 용서하지 않았던 것을 사과했습니다. 이렇게 사모님이 하나님의 말씀에 순종하자 그 즉시 하나님의 능력이 터져 나와 사모님의 마음이 녹아질 뿐만 아니라 비비어 목사님 안에 그토록 극복되지 않던 문제가 해결되는 놀라운 치유와 회복이 일어났습니다. 그래서 지금의 존 비비어 목사님의 사역이 있는 것입니다.

사람은 어떻게 변합니까? 오직 우리 마음에 오신 성령님으로 인해 변화되는 것입니다.

성령으로 할례받으라

지난 두바이 여행 중 아부다비에 들러서 아부다비 한인교회 예배당 건축 현장을 둘러보았습니다. 이슬람 국가인 아랍에미리트의 수도 아부다비에 세계적인 규모의 예배당을 건축하는 기적 같은 역사가 한국인 목사님을 통해 일어나고 있었습니다. 아부다비에 들어서니 사막 도시인데도 도로변에 나무가 정말 많았습니다.

그때 강희진 목사님이 한 나무를 가리키며 말했습니다.

"목사님, 저 나무는 꼭 버드나무 같지 않습니까?"

"네."

그러고 보니 정말 가지마다 잎이 무성하여 버드나무처럼 늘어진 나무가 있었습니다.

"그런데 가까이 다가가서 나무를 만져보고 깜짝 놀랐습니다. 줄기마다 가시가 너무 많이 돋쳐 있었습니다."

보기에 부드러운 버드나무 같아도 사실은 가시가 많은 나무라는 것입니다.

"이곳이 사막 기후라 잎이 무성한 나무라도 가시가 많이 나는 모양입니다."

나무만 그렇습니까? 믿음이 좋아 보여도 가까이 가보면 가시가 있는 사람들이 있습니다. 생수의 근원이신 예수님을 마음에 모시고 살지 않는 사람은 아무리 열심히 신앙생활을 해도 말과 행동에 가시가 돋쳐 있습니다. 그 가시는 가까운 사람들이 압니다. 가족이나 가까운 직장 동료들이 압니다. 성령 하나님이 우리 안에 오시는 이유는 우리 안에 생수의 강이 터지게 하기 위해서입니다. 성령님을 모시고 살면 사람이 변합니다. 가시가 없어집니다. 가까운 사람이 그것을 알게 됩니다. 이 것이 율법주의에서 벗어난 성도의 축복입니다.

저는 우리 교회가 율법주의의 함정에 빠지지 않기를 소원합니다. 모든 분들이 감사하고 사랑만 하며 사시기를 바랍니다. 그렇지만 감사와 사랑조차 노력으로 하려고 하는 함정에 빠지지는 마십시오. 그것은 또 다른 율법주의에 빠지는 것입니다. 어떻게 감사와 사랑으로만 살 수 있는지 답답하십니까? 감사와 사랑은 성령님이 하시는 일입니다. 우리가 할 일은 성령께서 마음에 계신 것을 믿는 것입니다. 그리고 우리의 마음을 바꾸어주실 주님만 바라보는 것입니다. 그러면 성령께서 감사와 사랑만 하도록 우리를 변화시켜 주십니다.

놀라운 은혜 안에서 오직 감사만 하고 사랑만 하며 사시기 바랍니다. 그래서 만나는 모든 사람들로부터 "예수 믿는 것이 좋구나", "너희가 믿는 하나님이 좋은 분이구나"라는 말을 듣게 되시기 바랍니다.

얼마든지 그렇게 하실 수 있습니다. 그렇다고 감사하고 사랑하려고 애쓰지 마십시오. 그저 우리 안에 성령님이 와 계신 것을 믿으십시오. 그리고 그분을 늘 의식하세요. 항상 주님을 바라보세요. 주님이 주신 마음이면 꼭 순종하세요. 그러면 스스로 놀라게 될 것입니다. 이것이 진정으로 구원받은 자의 새 삶입니다.

여러분 모두 성령으로 할례를 받아 성령충만하여 성령님이 이끄시는 대로 기쁨과 감사와 사랑만 하며 사는 놀라운 은혜의 삶을 살게 되기를 축복합니다. 그래서 여러분이 살고 가정이 살고 교회가 살고 가는 곳곳마다 하나님의 은혜가 생수의 강처럼 흘러넘치게 되기를 바랍니다.

05

정말 의인은 하나도 없을까?

롬 3:1-20

1 그러면 유대 사람의 특권은 무엇이며, 할례의 이로움은 무엇입니까? 2 모든 면에서 많이 있습니다. 첫째는, 그들이 하나님의 말씀을 맡았다는 것입니다. 3 그런데 그들 가운데서 얼마가 신실하지 못했다고 해서 무슨 일이라도 일어납니까? 그들이 신실하지 못했다고 해서, 하나님의 신실하심이 없어지겠습니까? 4 그럴 수 없습니다. 사람은 다 거짓말쟁이이지만, 하나님은 참되십니다. 성경에 기록한 바 "주님께서는 말씀하실 때에 의로우시다 인정을 받으시고 재판을 받으실 때에 주님께서 이기시려는 것입니다" 한 것과 같습니다. 5 그런데 우리의 불의가 하나님의 의를 드러나게 한다면, 무엇이라고 말하겠습니까? 우리에게 진노를 내리시는 하나님이 불의하시다는 말입니까? (이것은 사람들이 말하는 방식으로 내가 말해본 것입니다.) 6 절대로 그럴 수 없습니다. 만일 그렇다면 하나님께서 어떻게 세상을 심판하실 수 있겠습니까? 7 다음과 같이 반박하는 사람도 있을 것입니다. "나의 거짓됨 때문에 하나님의 참되심이 더욱 분명하게 드러나서 하나님께 영광이 돌아간다면, 왜 나도 역시 여전히 죄인으로 판정을 받습니까?" 8 더욱이 "좋은 일이 생기게 하기 위하여, 악한 일을 하자" 하고 말할 수 있겠습니까? 사실, 어떤 사람들은 우리가 그런 말을 한다고 비방합니다. 그런 사람들은 심판을 받아야 마땅합니다. 9 그러면 무엇을 말해야 하겠습니까? 우리 유대 사람이 이방 사람보다 낫습니까? 전혀 그렇지 않습니다. 유대 사람이나 그리스 사람이나, 다같이 죄 아래에 있음을 우리가 이미 지적하였습니다. 10 성경에 이렇게 기록되어 있습니다. "의인은 없다. 한 사람도 없다. 11 깨닫는 사람도 없고, 하나님을 찾는 사람도 없다. 12 모두가 곁길로 빠져서, 쓸모가 없게 되었다. 선한 일을 하는 사람은 없다. 한 사람도 없

다." **13** "그들의 목구멍은 열린 무덤이다. 혀는 사람을 속인다." "입술에는 독사의 독이 있다." **14** "입에는 저주와 독설이 가득 찼다." **15** "발은 피를 흘리는 일에 빠르며, **16** 그들이 가는 길에는 파멸과 비참함이 있다. **17** 그들은 평화의 길을 알지 못한다." **18** "그들의 눈에는 하나님을 두려워하는 빛이 없다." **19** 율법에 있는 모든 말씀이 율법 아래 사는 사람에게 말한 것임을 우리는 압니다. 그것은 모든 입을 막고, 온 세상을 하나님 앞에서 유죄로 드러내려는 것입니다. **20** 그러므로 율법의 행위로는 하나님 앞에서 의롭다고 인정받을 사람이 아무도 없습니다. 율법으로는 죄를 인식할 뿐입니다.

로마서 3장 10절에서 "의인은 없다. 한 사람도 없다"라고 말합니다. 우리 모두 죄인이라는 말씀입니다. 제가 만나본 수많은 그리스도인들 중에 자신은 죄인이 아니라고 하는 사람을 한 사람도 보지 못했습니다. 그런 의미에서 보면 그리스도인들은 대부분 이 원죄(原罪)에 대한 교리를 믿는 것 같고, 자신이 죄인이라는 사실을 인정하는 것 같습니다. 그러나 자신이 죄인임을 교리로 아는 것과 실제로 자신이 죄인임을 아는 것은 완전히 다릅니다.

전부 완전한 죄인
많은 그리스도인들이 자신이 죄인이라고 고백하지만 실제로 자신을 죄인이라고 아는 것 같지는 않습니다. 용서하지 못하는 모습을 봐도 그렇고 다른 사람을 대할 때 은혜롭지 않은 것을 보면 더 그런 것 같습니다. 자기가 죄인이라는 사실을 깨달은 사람은 다른 사람에게 은혜롭습니다. 자신이 어떤 죄인인지 알면 다른 사람에게 까다롭지 않습니다. 그러나 우리의 경험에 의하면 교회 안에서 성도들 사이에 갈등과 다툼이 많고 정죄하거나 판단하는 일도 흔히 일어납니다. 이것은 자기가 죄인임을 아직도 분명히 깨닫지 못했다는 증거입니다.

'복음학교'에 다녀온 어느 목사님이 소감을 나누며, "가장 기억에 남는 은혜를 한 가지만 말한다면 내가 얼마나 큰 죄인인가 하는 것을 분명히 깨달은 것입니다"라고 했습니다. 정말 귀한 것을 깨달으셨습니다. 그런데 이 말은 그동안 자신이 그렇게 큰 죄인이라는 것을 몰랐다는 말이기도 합니다. 알고 있었지만 마음으로 동의가 되지 않았다는 것이지요. 이것은 우리의 이야기이기도 합니다. 우리도 죄인이라고 고백은 하지만 실제로 자신이 죄인임을 진정으로 인정하지는 않은 채 예수를 믿고 있다는 것입니다.

사도 바울이 "의인은 없다, 우리가 다 죄인이다"라고 한 말은 로마서 1장에서 말한 것처럼 우리가 다 "하나님의 진노 아래 있다", 다시 말해서 지옥에 간다는 의미로 말씀하신 것입니다. 우리는 구제불능이며 지옥밖에 갈 데가 없는 완전한 죄인이라는 의미입니다. 그런데 이런 의미라면 자신이 죄인이라는 사실을 받아들이기 힘들어하는 교인들이 많습니다.

대부분의 사람들은 자신이 죄인이라는 것을 거짓말도 했고, 남의 것에 손을 댄 적도 있고, 부모님 말씀도 안 들었고, 음란한 죄에 빠지기도 했고, 누구와 싸운 적도 있다는 정도로 이해합니다. 이런 사람은 자신이 가정 파괴범이나 살인범이나 사이코패스 같은 사람과 동일한 죄인이라고 인정하기 힘들어합니다. 중죄인(重罪人)이라면 당연히 지옥에 갈지 몰라도, 자기처럼 조금 싸우거나 거짓말 정도 한 사람이 지옥에 가야 하는 것은 불공평하다고 생각합니다.

그래서 우리는 성경에 없는 개념을 만들어냅니다. '괜찮은 죄인', '중간쯤 되는 죄인'이 있다는 것입니다. 한마디로 큰 죄인은 아니고 작은 죄인이라는 것입니다. 그러나 이것은 죄의 본질을 바로 알지 못하기 때문에 갖는 오해입니다. 우리는 의인과 죄인을 드러난 죄의 양으로 구분하려고 합니다. 죄를 많이 짓거나 끔찍한 죄를 지은 사람은 악한 사람으로, 죄를 짓기는 해도 작거나 드러나지 않으면 괜찮은 사람으로 나눕니다. 그러나 성경은 죄의 양으로 사람을 분류하지 않습니다.

인간은 죄인이기 때문에 죄를 짓는다

성경은 본성(本性)으로 죄를 말합니다. 사과나무가 있는데 어느 해에는 사과가 많이 열렸고 어느 해에는 사과가 거의 열리지 않았습니다. 그러나 열매가 많이 열리든 열매를 맺지 못하든, 사과나무는 사과나무입니다. 마찬가지로 죄를 많이 지은 죄인이든 죄를 거의 짓지 않은 것처럼 보이는 죄인이든, 죄인이기는 마찬가지입니다. 우리의 본성이 죄인이기 때문에 죄가 나오는 것입니다. 그런 의미에서 보면 죄는 무엇을 하고 안 하는 문제가 아닙니다.

사도 바울은 로마서 1장에서 모든 사람이 하나님의 진노 아래 있다고 했고, 하나님을 믿지 않는 이방인들의 죄악을 폭로했습니다. 2장에서는 하나님을 믿는다고 하는 유대인들의 죄악을 고발했습니다. 하나님을 잘 믿든 믿지 않든 모든 사람이 하나님 앞에서 죄인이라는 것입니다. 그런데 3장에서 유대인들의 죄악에 대해서 더 구체적으로 말씀합니다. 왜냐하면 자신들도 이방인과 같은 죄인임을 좀처럼 인정하지 않기 때문입니다. 유대인들은 자신들이 이방인들과는 다르며 하나님께서 율법을 주신 점을 계속 내세웁니다.

그 점은 사도 바울도 인정했습니다.

그러면 유대 사람의 특권은 무엇이며, 할례의 이로움은 무엇입니까? 모든 면에서 많이 있습니다. 첫째는, 그들이 하나님의 말씀을 맡았다는 것입니다. 롬 3:1,2

그러나 사도 바울은 하나님의 말씀을 맡았다고 해서 죄를 안 짓거나 의인이라는 말은 아니라고 했습니다. 아빠가 여러 아이들 중 대표로 큰아이를 불러서 아빠가 하는 말을 듣고 전하라고 했다면 그것은 큰아이가 갖는 특권입니다. 그렇지만 아빠가 하는 말을 들었다고 해서 큰아이가 아빠의 말을 더 잘 듣는다는 보장은 없습니다. 하나님께서 유대인들을 택하셨고 하나님의 말씀을 맡겼지만, 그렇다고 그것이 유대인들이 하나님의 뜻대로 잘 살았다는 증거는 되지 않는다는 것입니다.

사도 바울은 이렇게 자문자답합니다.

…우리 유대 사람이 이방 사람보다 낫습니까? 전혀 그렇지 않습니다. …
롬 3:9

하나님의 율법을 가졌든 아니든 똑같이 죄인입니다. 유대인들은 그
점에 대해서 지금도 동의하지 않습니다. 그러나 죄는 근본적으로 율법
을 아느냐 모르느냐, 율법을 지켰느냐 지키지 못했느냐로 따질 문제
가 아닙니다. 사도 바울이 말하는 핵심은 사람의 본성입니다. 유대인이
나 이방인이나 그 본성은 지옥에 갈 수밖에 없는 죄인이라는 것입니다.

인간의 본성

꽤 오래전 국민일보 칼럼에 실린 내용입니다.

칼럼을 쓴 필자가 서울대학병원 특실에 입원하신 연세가 높은 어른
의 문병을 갔을 때였습니다. 그는 외교관 출신으로 평소 점잖고 예절
이 깍듯한 분이었습니다. 그런데 병실에 들어서자마자 그의 부인이 아
주 민망한 말씀을 하셨습니다. 대사님이 쌍욕을 하더라도 놀라지 마
시고 양해해달라는 것입니다. 상대가 누구든지 덮어놓고 욕부터 한다
는 것입니다. 평생 욕이라고는 모르고 남이 욕하는 것조차 질색하던
분이 입에 담기 민망한 욕을 하니 남부끄럽고 죄송하다고 탄식을 하
셨다는 것입니다. 그러자 간병인 여성이 대학병원 특실의 상류층 환자
들, 나이가 지긋하시고 사회적으로 명망 있던 분들의 간병을 오래 했

는데, 이렇게 정신줄을 놓은 환자 중에 별별 해괴한 일을 하는 환자가 많다는 것입니다. 욕을 하는 것은 양반이고 어떤 분은 아무나 물어뜯기도 한다는 것입니다.

사람은 어떤 존재일까요? 칼럼의 필자는 "사람이란 본성이 다 똑같은 모양이다. 욕하고 싶고 물어뜯고 싶은 본성을 평생 억제하며 사는 것뿐이지 그 속에 있는 본성은 똑같다" 이렇게 썼습니다. 하나님은 우리가 얼마나 죄의 열매를 많이 맺었는지를 따지시는 것이 아니라 우리의 본성을 말씀하시는 것입니다.

사도 바울은 11절부터 17절에서 인간의 죄인 됨을 구체적으로 언급합니다.

깨닫는 사람도 없고, 하나님을 찾는 사람도 없다. 모두가 곁길로 빠져서, 쓸모가 없게 되었다. 선한 일을 하는 사람은 없다. 한 사람도 없다. "그들의 목구멍은 열린 무덤이다. 혀는 사람을 속인다." "입술에는 독사의 독이 있다." "입에는 저주와 독설이 가득 찼다." "발은 피를 흘리는 일에 빠르며, 그들이 가는 길에는 파멸과 비참함이 있다. 그들은 평화의 길을 알지 못한다." 롬 3:11-17

여러분 중에도 이 말씀에 쉽게 수긍하지 못하는 사람들이 많을 것입니다. 진짜 하나도 없을까요? 지금까지 사는 동안 정말 선한 사람을 한 사람도 못 봤습니까? 평범한 사람들은 감히 범접하기 어려울 만한 의롭고 훌륭한 위인들이 있지 않습니까? 그런데 사도 바울은 어째서 이처럼 단호하게 의인은 하나도 없다고 말하는 것입니까? 그는 겉으로 드러난 모습이 아닌 인간의 본성을 말하는 것입니다.

"그들의 눈에는 하나님을 두려워하는 빛이 없다." 롬 3:18

여기서부터 사람의 죄가 나옵니다. 죄의 본질은 하나님을 두려워하지 않는 것입니다. 이 말은 하나님과의 관계가 끊어졌다는 것입니다. 하나님과의 관계가 끊어지니 하나님을 모를 수밖에 없고 하나님을 모르니 하나님을 두려워하지도 않는 것입니다.

왕을 내쫓는 반역

아담과 하와가 선악과를 따 먹은 죄가 온 인류의 원죄라고 합니다. 그런데 선악과를 따 먹은 죄가 그렇게 큰 죄입니까? 극악하고 끔찍한 죄부터 선의로 하는 거짓말에 이르기까지 사람이 짓는 죄에는 여러 가지가 있습니다. 그러면 선악과를 따 먹은 죄는 어느 정도에 해당하는 죄일까요? 형법에 따르면 몇 년 형에 해당될까요? 윤리 도덕적으로 생각하면 그렇게 큰 죄처럼 생각되지 않습니다. 죄 중에서도 정말 작은 죄처럼 보입니다. 그런데 이 죄가 온 인류의 원죄라니, 이것을 어떻게 이해해야 할까요?

선악과를 따 먹은 것은 하나님을 자신의 마음에서부터 내쫓은 죄입니다. 우리의 마음은 비록 작은 영역 같아도 하나의 왕국입니다. 아담과 하와의 마음에 하나님은 왕이셨습니다. 그때 그들은 에덴동산에서 살았습니다. 하나님께서 단 하나 금지하신 것이 있었는데, 선악과를 따 먹지 말라는 것이었습니다. 그들이 그것을 지키는 동안에 하나님은 그들의 왕이십니다.

그런데 어느 날 마음에 유혹이 들어왔습니다.

'하나님이 정말 선하신가? 진짜 좋으신 하나님이면 다 먹으라고 하시지, 왜 하나를 먹지 말라고 하셨을까? 저걸 먹으면 눈이 밝아져서 하나님처럼 된대.'

이렇게 마귀가 하나님에 대한 의심을 마음에 자꾸 심어줍니다. 그런데 하와가 이 유혹을 마음에 받아들이기 시작하였습니다. 그때부터 하나님이 왕 되심은 무너진 것입니다.

'아 그런가? 정말 그런가?'

그리고 보니 선악과가 다르게 보입니다. "먹음직도 하고 보암직도 하고 지혜롭게 할 만큼 탐스럽기도"(창 3:6) 해 보이기 시작합니다.

'하나님은 왜 저렇게 맛있어 보이는 걸 먹지 말라고 하셨을까? 선하시지 않은가 봐. 하나님은 내가 하나님처럼 되는 걸 싫어하시나 봐.'

이렇게 마귀가 주는 마음을 품습니다. 하나님을 마음에서 내쫓은 것입니다. 결국 하와가 선악과를 따 먹습니다. 선악과를 따 먹었다는 것은 하나님을 하나님으로 인정하지 않은 사건입니다. 하와가 선악과를 따 먹는 그 순간, 하나님은 하와에게 더 이상 하나님이 아니셨습니다. 하와의 하나님은 자기 자신입니다. 실제로는 마귀인 것이지요.

아담의 마음에도 같은 일이 일어났습니다. 아담은 하나님의 말씀과 아내의 말 사이에서 잠시 갈등했지만 결국 하나님의 말씀을 버리고 아내의 말을 받아들입니다. 그래서 선악과를 먹은 것입니다. 선악과를 따 먹은 죄는 하나님에 대한 반역입니다. 자신의 마음에 하나님이 왕 되심을 거절하는 것입니다. 이것이 죄인의 마음의 본성입니다. 이것이 원죄입니다. 이것은 작아 보이는 아담과 하와의 마음 안에서 일어났지만 분명히 왕을 내쫓는 반역이었습니다.

자기가 하나님이라는 선언

죄는 사람들이 마음에 하나님 두기를 싫어하는 것입니다.

"또한 그들이 마음에 하나님 두기를 싫어하매…"(롬 1:28).

성경은 우리가 마음에 하나님 두기를 싫어한다고 했습니다. 왜냐하면 마음대로 못 살기 때문입니다. 하나님이 마음에 왕으로 계시는 것이 싫고 부담스러워서 하나님 없이 살려는 것, 마음대로 살고 싶은 욕망이 죄의 실상입니다. 이것은 모든 사람들이 갖는 공통적인 속성입니다.

자녀를 기르다보면 어쩔 수 없이 "이것은 하라, 저것은 하지 마라" 이런 말을 하게 됩니다. 아무리 부드럽게 말하고 자녀들의 입장에서 말해준다고 해도 결국 그렇게 말할 수밖에 없습니다. 그런데 어릴 때는 곧잘 말을 듣더니 아이가 자라면서 서서히 반항을 하기 시작합니다. 부모 말에 토를 달고 따지고 거부하고 말을 안 듣습니다. 급기야 소리를 지릅니다.

"엄마 아빠는 마음대로 다 하면서, 왜 나는 하고 싶은 것을 아무것도 못하게 해요!"

부모 입장에서는 너무나 억울합니다. 아무것도 못하게 한 것이 아니라 몇 가지는 하지 말라고 한 것이기 때문입니다. 그런데 '아무것도 못하게 했다'고 말합니다. 실제로는 그렇게 느끼고 있는 것입니다. 이럴 경우 논쟁은 허사입니다. 자녀가 "이제는 내 마음대로 살고 싶으니 간섭하지 마세요"라고 독립 선언을 한 것이기 때문입니다. 자기를 가장 사랑하고 아끼는 분이 부모님인데, 부모에게 그렇게 합니다. 우리가 하나님께 이와 같이 하는 것입니다.

"하나님은 사랑의 하나님이시니, 이것도 도와주시고 저것도 응답해주세요. 잘 살게 해주시고 편안하게 해주시고 성공하게 해주세요", 이런 기도를 하고 있다면 그는 아직 하나님을 믿는 것이 아닙니다. 하나님을 믿는다고 말은 하지만 여전히 자기가 하나님인 사람입니다. 자신이 생각하는 대로, 원하는 대로 안 되면 하나님을 저주하고 부인하고 떠납니다. 자기가 하나님이기 때문입니다. 선악과를 따 먹은 죄는 자기가 하나님이라는 선언입니다.

"내게 하나님은 나 자신이야!"

마귀가 그렇게 부추긴 것입니다. 이것이 죄의 본성입니다. 이런 사람이 지옥에 가는 것입니다. 하나님과의 관계가 끊어졌기 때문입니다. 하나님과 관계가 끊어진 사람은 결국 갈 데가 지옥밖에 없습니다. 죄의 열매가 많든 적든 상관없습니다. 다 같습니다. 하나님이 마음에 왕이 아닌 것은 같기 때문입니다. 그는 이미 지옥 갈 자입니다.

네 마음의 왕이 누구냐?

누가복음 18장에는 부자요 관원인 한 청년의 이야기가 나옵니다. "내가 무엇을 하여야 영생을 얻으리이까"(눅 18:18).

그는 영생 얻는 방법을 가르쳐달라고 예수님을 찾아왔습니다. 그는 어려서부터 율법을 다 지켰다고 했습니다. 율법을 지키느냐 안 지키느냐로 의인과 죄인을 따진다면 이 청년은 영생 얻을 자격이 충분한 의인입니다. 그러나 주님은 그에게 한 가지 부족한 것이 있다고 하셨습니다. 가진 것을 다 팔아 가난한 자들에게 나누어주고 와서 주님을 따르라고 하셨습니다. 하지만 이것은 영생을 얻으려면 재물을 다 팔아서 가난한 사람들에게 나눠주면 된다는 말씀이 아닙니다. 재물을 가지고 있으면 영생을 얻지 못한다는 의미도 아닙니다. 주님은 영생을 얻는 조건에 대해 말씀하신 것이 아닙니다.

"네가 부자요, 관원이요, 청년으로 율법을 잘 지켰고 영생을 얻기 원한다고 하니 한 가지 물어보고 싶다. 네 마음의 주인이 누구냐?"

주님이 마음의 왕인 사람에게는 "가진 것을 다 나누어주고 나를 따르라"는 예수님의 말씀이 아무 문제가 되지 않습니다. 재물을 버리고 영생을 얻는 것은 두 번 생각할 필요도 없을 만큼 수지맞는 일입니다. 육신의 생명을 몇 년 더 연장해보겠다고 전 재산도 모자라 빚까지 지는데, 전 재산을 주고 영생을 살 수 있다면 보통 수지맞는 일이 아니지 않습니까? 그러나 그 말씀에 부자 관원 청년은 온몸이 굳어버리고 말았습니다. 그가 영생을 갈망한다고 했지만 그의 마음의 왕이 재물이었기 때문입니다. 그래서 가진 것을 나눠주고 예수님을 따르라는 말씀에 근심하고 돌아가고 만 것입니다. 영생을 잃어버리는 한이 있어도 돈을 잃어버릴 수 없었던 부자 청년은 결국 영생을 얻지 못했습니다.

율법을 지키지 않은 것이 아닙니다. 어려서부터 율법을 다 지켰다고 했습니다. 이 청년의 경우가 사람이 율법을 지켜서 의로워지지 않는다는 확실한 증거입니다. 돈을 주인 삼고 사는 사람도 겉으로는 율법을 잘 지키며 살 수 있습니다. 오히려 온갖 율법을 잘 지키는 것으로 자신을 포장하여 사람들의 환심을 삽니다. 스스로도 그렇다고 착각했을 것입니다. 그렇습니다. 명예심, 자존심, 의지력으로도 얼마든지 율법을 잘 지킬 수 있고 자기 속마음을 감추고 영생을 얻은 자처럼 꾸밀 수 있습니다.

그러나 여기에 속으면 안 됩니다. 진짜 천국에 갈 사람인지, 지옥에 갈 사람인지는 마음의 왕이 주님이시냐에 달려 있습니다. 마음의 왕이 예수님이 아니면 구원받을 수 없습니다. 이것이 곧 율법으로는 구원을 얻지 못한다는 말입니다. 그래서 사도 바울이 율법을 자랑하는 유대인들에게 율법으로는 의롭다 함을 받을 수 없다고 한 것입니다. 율법은 우리의 마음을 뒤바꾸지 못합니다. 율법은 단지 우리가 죄인임을 드러내는 역할만 할 뿐입니다.

그러므로 율법의 행위로는 하나님 앞에서 의롭다고 인정받을 사람이 아무도 없습니다. 율법으로는 죄를 인식할 뿐입니다. 롬 3:20

마음에 하나님 두기를 싫어함

이제 자신이 진짜 지옥에 갈 수밖에 없는 죄인이라는 것을 깨달았습니까? 마음으로 하나님을 기뻐하지 않는 사람, 마음에 하나님을 왕으로 모시고 사는 것이 부담스러운 사람, 하기 싫은 것은 하라고 하시고 하고 싶은 것은 하지 말라고 하시는 하나님을 왕으로 모시고 사는 것이 끔찍한 일이라고 생각하는 사람, 그는 뿌리 깊은 지옥의 자식입니다. 마음에 하나님 두기를 싫어하는 것 자체가 지옥입니다. 스스로 하나님을 거절하고 배척하고 부인하는 것입니다. 이것이 얼마나 큰 죄인지 알아야 합니다. 마음에 하나님 두기를 싫어하니 결국 가는 곳이 지옥입니다.

그런데 자신이 지옥에 갈 수밖에 없는 죄인임을 깨달았다면, 역설적이게도 큰 은혜를 받은 사람입니다. 대부분의 사람들은 자신이 지옥에 갈 수밖에 없는 자인데도 그것을 모르기 때문입니다. 자기가 지옥에 갈 수밖에 없는 죄인임을 상상도 하지 못합니다. 교양 있는 사람일수록, 많이 배운 사람일수록 더 모릅니다. 죄의 열매가 상대적으로 적다고 생각하기 때문입니다.

"나는 살인범, 사이코패스, 가정파괴범이 아니야. 그런 사람들과는 질적으로 달라!"

이것은 정말 무서운 착각입니다. 윤리적인 죄보다 더 큰 죄가 영적인 죄임을 알아야 합니다. 교만이 얼마나 큰 죄인지 알아야 합니다. 교양 있고 경건한 바리새인이 세리보다 더 죄인인 이유가 여기에 있습니다. 차라리 교도소에 있는 죄수들은 자신이 죄인임을 금방 인정합니다. 그러나 수준 높은 사람, 교양 있는 사람, 많이 배운 사람일수록 자기가 죄인인 것을 인정하지 않습니다. 마음에 하나님 두기를 싫어 하고 하나님과의 관계가 다 끊어져 있으면서도 교묘하게 사람들이 보는 앞에서는 괜찮은 사람인 척합니다. 혼자 있을 때는 끔찍한 죄를 짓고 살면서도 자신이 지옥에 갈 죄인인 것을 모릅니다. 그것을 알게 하시는 분은 성령님밖에 없습니다. 그러므로 자신이 지옥에 갈 죄인임을 깨달았다면 그것은 엄청난 은혜입니다. 구원의 시작입니다.

엄청난 은혜, 구원의 시작

LA 한길교회 노진준 목사님이 고등학생일 때 주님을 영접하고 아버지를 교회로 인도하고 싶어 했습니다. 그래서 아버지께 교회에 가자고 말씀드렸지만 아버지는 단번에 거절하셨습니다. 그러자 좀 더 적극적으로 복음을 전해야겠다는 생각으로 아버지께 말씀을 드렸습니다.

"아버지, 아버지는 죄인입니다. 그런데 예수님은 그 죄인들의 죄를 용서하기 위해 십자가에서 죽으셨습니다. 아버지도 예수님을 믿어야 죄 사함을 받고 천국에 갈 수 있습니다."

그러자 아버지는 "내가 왜 죄인이냐? 살인을 했냐? 도둑질을 했냐? 내게 죄가 있다면 너희들 키우느라 고생한 죄밖에 없다"고 하셨고, 이에 목사님은 아버지가 얼마나 큰 죄인인지 증명해드려야겠다는 거룩한 사명감이 일어났다고 합니다. 그래서 초등학교 5학년 때 술에 취한 아버지가 이유 없이 자기를 때린 일부터 자기가 기억하는 아버지의 죄를 조목조목 알려드린 뒤 "이래도 아버지가 죄인이 아니라고 말씀하실 수 있어요?"라고 했다가 아버지께 엄청나게 혼이 났다고 합니다.

사람의 힘으로는, 그 어떤 방법으로도 그 사람이 죄인이라는 것을 깨우쳐줄 수 없습니다. 성령님이 역사하셔야 합니다. 자신이 어떤 죄인인지 깨달았다면 그것은 기적입니다. 이미 마음속에 생명의 역사가 시작된 것입니다. 성령께서 오시니 비로소 자신의 실상을 알게 되는 것입니다. 오직 성령님만이 우리의 죄를 깨닫게 해주십니다.

WEC(Worldwide Evangelization for Christ) 유병국 선교사님이 '다시 복음 앞에' 집회에서 나눠주신 간증입니다. 선교사님이 아프리카 감비아에서 사역하실 때였는데, 어느 날 무슬림 고등학교 교사 한 사람이 성경을 배우겠다고 찾아왔다고 합니다. 깜짝 놀랐지만 성경을 가르쳐달라는데 선교사가 성경을 안 가르칠 수는 없었습니다. 나중에 그가 무슬림 교리에 정통한 사람으로 선교사에게 시비를 걸어서 선교사를 내쫓을 목적으로 찾아왔다는 것을 알게 되었지만, 성경을 배우겠다고 온 사람이니 가르치기로 결심하고 하나님께 지혜를 구했습니다. 그때 한 가지 지혜가 떠올랐습니다.

"당신은 학생이고 나는 선생이니 제가 가르치는 동안 제가 하라는 대로 하셔야 됩니다. 질문하라고 하기 전에는 질문하지 마십시오. 제가 질문할 시간을 따로 드리겠습니다."

그렇게 해서 사영리로 성경을 가르치기 시작했는데, 첫날부터 그의 얼굴이 몇 번이나 일그러졌다고 합니다. 그러나 질문할 시간을 주지 않았습니다. 그랬더니 안절부절못하더랍니다. 두 번째 시간에도 진땀을 흘리며 질문해도 되는지 물었지만 질문할 시간을 주지 않았다고 합니다. 결국 함께 성경을 공부하는 마지막 날, 공부를 마치고 기도한 다음 질문할 시간을 드리겠다고 하자 그가 이렇게 말했습니다.

"오늘 제가 기도하면 안 되겠습니까?"

선교사님은 당황스러웠지만 그렇게 하시도록 했을 때 그가 "주 예수님, 나는 죄인입니다"라고 땀을 비 오듯이 흘리며 회개 기도를 하였다는 것입니다. 기도를 마치고 나서 그 분에게 예수님을 영접하셨느냐고 물으니 선교사님을 통해 하나님의 말씀을 듣던 중에 자신이 죄인인 것을 깨닫게 되었고 예수님이 구주이신 것을 알게 되었다고 고백했다는 것입니다. 하나님의 역사는 참으로 놀랍습니다. 마음을 열고 복음을 들을 때 무엇이 죄인지, 자신이 왜 죄인인지 알게 되기 때문입니다.

사람들이 아무리 훌륭하다, 경건하다, 교양 있다, 법 없어도 살 것 같다고 하여도 자기의 중심이 얼마나 흉악한 죄인인지 깨달아지고 인정이 된 사람은 마음에 예수님을 영접하게 됩니다. 자신이 지옥에 갈 수밖에 없는 죄인이라는 사실을 깨닫는 것이 괴로운 일이기는 해도 동시에 정말 감사한 일입니다. 이제 예수 믿는 진정한 구원의 삶이 시작되었기 때문입니다. 예수님이 마음에 오시니까 마음이 뒤집어지고, 마음이 바뀌니까 하나님의 말씀대로 살고 싶어지고, 그러면 그는 반드시 변화된 삶을 살게 됩니다. 율법은 도무지 이 역사를 이루지 못합니다. 율법을 지키고 싶은 마음을 만들어주지 못합니다.

죄인 괴수에게 주시는 은혜

제가 죄인임을 깨달았던 정말 고통스러웠던 그 밤, 저에게 일어난 변화는 제게 소원이 하나밖에 남지 않았다는 것이었습니다. 하나님 앞에 섰을 때 "수고했다. 내 종아!"라는 말을 듣는 것뿐, 다른 아무 소원이 없었습니다. 기적이었습니다.

여러분은 자신이 지옥에 갈 죄인이라는 것을 언제 알게 되었나요? 이것을 알게 되면 모든 상황이 감사하고 모든 사람이 사랑스럽습니다. 그래서 감사만 하고 사랑만 하며 사는 것입니다. 누구나 그럴 것입니다. 그때부터 은혜생활이 시작되는 것입니다. 그런 사람들이 모인 교회야말로 은혜로운 교회입니다.

러시아가 개방될 때, 다시 문을 열게 되는 교회가 많았습니다. 한 목사님이 예배당을 수리하고 있는데, 교회 밖에 여자 4명이 서 있었습니다. 예배당 안으로 들어오지도 못하는 그들이 목사님에게 물었습니다.

"우리는 창녀입니다. 우리도 용서받을 수 있습니까?"

그들에게 예수님의 값없는 복음을 전하자 그들이 예수님을 영접하고 기뻐하면서 교회 안으로 들어왔다고 합니다. 이것이 은혜입니다. 자신이 죄인인 것을 진짜 깨달은 사람은 다른 사람들에게 은혜롭습니다. 자신이 지옥에 갈 수밖에 없는 죄인이었던 것을 깨달은 사람은 어떤 사람에게도 은혜롭습니다.

필립 얀시가 "세상 어디에서도 얻을 수 없는, 교회만이 줄 수 있는 한 가지가 무엇인가?"라고 질문했습니다. 그 대답은 '은혜'입니다. 교회가 아니면 어디에서 은혜를 발견할 수 있을까요? 교회가 아니면 어디에서 진정으로 마음이 변화된 사람을 찾아볼 수 있겠습니까? 지옥에 갈 수밖에 없는 죄인이었음을 깨달은 사람, 그리고 그 죄에서 구원받은 간증을 가지고 모인 사람들의 모임이 교회이기 때문입니다.

우리는 자기 자신을 보는 눈이 뜨여야 합니다.

"나는 지옥에 갈 죄인입니다. 마음으로 하나님을 거부한 사람입니다. 하나님이 싫었습니다. 하나님이 내 삶의 왕 되시는 것이 부담스럽고 하나님이 안 보시는 곳에서 살고 싶었습니다. 그런데 하나님은 그런 나를 끝까지 찾아오셨습니다. 내 마음을 두드리시고 내 안에 오셨습니다."

이것이 은혜입니다. 이것이 예수 믿는 삶입니다. 우리 마음속에 주 예수님이 왕 되시는 은혜가 분명하게 되시기를 축복합니다. 이것이 죄 아래 있는 인간이 살길이요, 기적과 같은 은혜입니다.

모든 사람이 죄를 범하였으매
하나님의 영광에 이르지 못하더니
그리스도 예수 안에 있는 속량으로 말미암아
하나님의 은혜로 값 없이 의롭다 하심을 얻은 자 되었느니라

롬 3:23,24

외롭게 되었습니까?

06

정말 믿기만 하면 의롭게 될까?

롬 3:21-31

21 그러나 이제는 율법과는 상관없이 하나님의 의가 나타났습니다. 그것은 율법과 예언자들이 증언한 것입니다. **22** 그런데 하나님의 의는 예수 그리스도를 믿는 믿음을 통하여 오는 것인데, 모든 믿는 사람에게 미칩니다. 거기에는 아무 차별이 없습니다. **23** 모든 사람이 죄를 범하였습니다. 그래서 사람은 하나님의 영광에 못 미치는 처지에 놓여 있습니다. **24** 그러나 사람은, 그리스도 예수 안에서 얻는 구원으로 말미암아, 하나님의 은혜로 값없이 의롭다는 선고를 받습니다. **25** 하나님께서는 이 예수를 속죄 제물로 내주셨습니다. 그것은 그의 피를 믿을 때에 유효합니다. 하나님께서 이렇게 하신 것은, 사람들이 이제까지 지은 죄를 너그럽게 보아주심으로써 자기의 의를 나타내시려는 것이었습니다. **26** 하나님께서 오래 참으시다가 지금 이때에 자기의 의로우심을 나타내신 것은, 하나님은 의로우신 분이시라는 것과 예수를 믿는 사람은 누구나 의롭다고 하신다는 것을 보여주시려는 것입니다. **27** 그렇다면 사람이 자랑할 것이 어디에 있습니까? 전혀 없습니다. 무슨 법으로 의롭게 됩니까? 행위의 법으로 됩니까? 아닙니다. 믿음의 법으로 됩니다. **28** 사람이 율법의 행위와는 상관없이 믿음으로 의롭다고 인정을 받는다고 우리는 생각합니다. **29** 하나님은 유대 사람만의 하나님이십니까? 이방 사람의 하나님도 되시지 않습니까? 그렇습니다. 이방 사람의 하나님도 되십니다. **30** 참으로 하나님은 오직 한 분뿐이십니다. 그러므로 하나님께서는 할례를 받은 사람도 믿음을 보시고 의롭다고 하시고, 할례를 받지 않은 사람도 믿음을 보시고 의롭다고 하십니다. **31** 그러면 믿음으로 말미암아 우리가 율법을 폐합니까? 그럴 수 없습니다. 도리어 율법을 굳게 세웁니다.

저는 어릴 때부터 행복은 성적순이라고 생각했습니다. 실제로 고등학교 때 선생님들이 "3년 죽어라 고생하면 30년이 편안하다"라고 하는 말이 사실인 줄 알았습니다. 그런데 아니었습니다. 3년 동안 열심히 공부한 아이나 3년 동안 열심히 놀았던 아이나 삶이 힘들기는 마찬가지였습니다.

저는 착한 사람부터 나쁜 사람까지 줄을 세울 수 있는 줄 알았습니다. 천국에 갈 수 있는 선한 사람이나 지옥에 갈 수밖에 없는 악한 사람이 있다고 생각했습니다. 그러나 예수님을 영접하고 이런 생각이 완전히 무너졌습니다. 하나님 앞에서 죄인 아닌 사람이 없음을 알았기 때문입니다.

2015년 2월, 한국에서 간통죄가 폐지되었습니다. 참으로 안타까운 일입니다. 물론 간통이 죄라고 인정한다고 해서 간음이 막아지는 것은 아닙니다. 그렇지만 엄연히 배우자가 있는 사람이 다른 사람과 간음한 것이 더 이상 죄가 아니라고 하는 것은 다른 문제입니다. 죄를 죄가 아니라고 말하려는 경향은 두려운 일입니다.

어떤 분이 "예수님도 간음이 죄가 아니라고 하셨다"고 주장을 하여 깜짝 놀랐습니다. 예수님께서 간음하다가 현장에서 붙잡혀온 여인을 놓아주지 않으셨느냐는 것입니다. 그러나 그것은 교만의 죄, 다른 사람에게 돌을 던지며 정죄하는 죄가 더 큰 죄라고 하신 것입니다. 예수님은 간음이 죄라고 분명히 지적하셨습니다. 예수님께서 교양 있고 경건한 바리새인들이 세리보다 더 죄인이라고 말씀하신 것도 세리가 괜찮다고 말씀하신 것이 아닙니다. 윤리적인 죄보다 교만의 죄가 더 크다는 말씀을 하시려는 것입니다. 고상하고 교양 있는 사람이 세상의 파렴치하고 방탕한 사람보다 더 죄인일 수 있다는 것입니다.

예수 그리스도를 믿는 믿음으로

사람은 율법을 잘 지켜서 의로워질 수 없습니다.
팀 켈러 목사가 그것을 이런 비유로 설명했습니다.

"율법을 지켜서 의로워지려는 것은 태평양을 헤엄쳐 건너가려는 것과 같은 것입니다. 세 부류의 사람이 있습니다. 한 사람은 수영을 못합니다. 또 한 사람은 수영을 좋아하고 수영 실력도 좋습니다. 또 한 사람은 국가대표 수영선수입니다. 그러나 결과는 마찬가지입니다. 첫 번째 사람은 바다에 들어가자마자 익사했습니다. 두 번째 사람은 처음에는 꽤 나가더니 얼마 못 가 허우적거리다가 바다에 가라앉았습니다. 국가대표 수영선수는 4.8킬로미터 지점에서 지치기 시작하고 6.4킬로미터에서 힘이 빠지더니 8킬로미터 지점에서 익사했습니다. 수영 실력은 다르지만 태평양을 건널 수 없다는 점에서는 똑같은 사람들입니다. 이것이 율법을 지켜서 의로워질 수 없다는 의미입니다."

헤엄쳐서 태평양을 건너가려는 시도 자체가 말이 안 되는 것처럼, 율법을 지켜서 의로워지려는 것도 말이 안 되는 것입니다. 하나님 앞에서 똑같은 죄인인 우리가 다른 사람을 정죄하고 차별한다면 그 자체가 죄입니다. 그런데 하나님께서 우리에게 율법과 상관없이 의롭다 함을 받는 놀라운 은혜를 허락하셨습니다. 그것은 속죄의 십자가 복음을 듣고 주 예수님을 믿는 길입니다.

그러나 이제는 율법과는 상관없이 하나님의 의가 나타났습니다. …하나님의 의는 예수 그리스도를 믿는 믿음을 통하여 오는 것인데, 모든 믿는 사람에게 미칩니다. 거기에는 아무 차별이 없습니다. 롬 3:21,22

예수님을 믿음으로 의롭다 함을 받는 길은 율법을 지키는 것에 비하면 말할 수 없이 쉬운 길입니다. 거저 주신 것입니다. 그래서 은혜라고 합니다.

모든 사람이 죄를 범하였습니다. 그래서 사람은 하나님의 영광에 못 미치는 처지에 놓여 있습니다. 그러나 사람은, 그리스도 예수 안에서 얻는 구원으로 말미암아, 하나님의 은혜로 값없이 의롭다는 선고를 받습니다. 롬 3:23,24

이처럼 예수님을 믿기만 하면 의로워지는 놀라운 구원의 축복은 갑자기 나타난 것이 아닙니다. 이미 구약에서 보여주셨습니다.

…그것은 율법과 예언자들이 증언한 것입니다. 롬 3:21

구약의 제사가 그것입니다. 그 핵심은 제사를 드리는 사람이 자기 죄를 제물에 전가(轉嫁)한 다음 그 제물을 죽이는 일입니다. 이때 하나님께서는 제사를 드리는 사람과 희생 제물을 동일시하기로 약속하셨고, 제물이 피 흘려 죽으면 제사 드리는 사람이 죽은 것으로 간주해주셨습니다. 죄인은 그것을 믿기만 하면 됩니다. 그리고 다시 하나님과 화해가 이루어진 삶을 살아가는 것입니다. 이것이 구약의 속죄 제사입니다.

그런데 이 제사는 모형이며 그 원형은 예수 그리스도의 십자가입니다.

하나님께서는 이 예수를 속죄 제물로 내주셨습니다. 그것은 그의 피를 믿을 때에 유효합니다. … 롬 3:25

예수 그리스도께서 우리의 영원한 속죄 제물이 되셔서 십자가에서 피 흘려 죽으셨습니다. 속죄 제물이 되신 예수님이 십자가에서 죽으셨으면 죄인인 우리도 죽은 것입니다. 이것을 믿을 때 우리는 모든 죄에서 사함을 받습니다. 이것이 "그의 피를 믿을 때에 유효합니다"라고 하는 말씀입니다.

"예수님이 십자가에서 피 흘려 죽으셨습니다. 나는 그것을 믿습니다."

그러면 하나님께서 우리가 죽은 것으로 받아주십니다. 그렇게 해서 우리의 죄가 깨끗해진 것입니다. 하나님께서 이제 우리가 의롭다고 인정해주시는 것입니다. 이 놀라운 은혜가 모든 사람에게 허락되었습니다. 율법을 가진 사람이든 아니든 동일합니다. 하나님께서 우리에게 예수님을 믿음으로 의롭다 함을 받는 구원의 길을 열어주셨습니다. 할례받은 유대인도 할례받지 않은 사람도 다 마찬가지입니다.

…하나님께서는 할례를 받은 사람도 믿음을 보시고 의롭다고 하시고, 할례를 받지 않은 사람도 믿음을 보시고 의롭다고 하십니다. 롬 3:30

자랑할 것이 없는 믿음

이처럼 믿음으로 의롭다 함을 받은 사람의 특징은 의로움을 자랑하지 않는다는 것입니다.

그렇다면 사람이 자랑할 것이 어디에 있습니까? 전혀 없습니다. … 롬 3:27

율법생활과 은혜생활의 대표적인 차이가 자랑하는 것입니다. 아무리 교회생활, 신앙생활을 열심히 하는 것 같아도 믿음을 자랑하고 경건함을 자랑하고 직분을 자랑하면서 다른 사람을 판단하고 무시한다면, 그는 율법생활을 하는 것입니다. 우리에게는 자랑할 것이 아무것도 없습니다. 전적으로 하나님의 은혜이기 때문입니다.

믿음으로 구원받았다는 사람들 중에 믿음을 자랑하고 믿음으로 다른 사람을 판단하는 이들이 있는 것은 정말 안타까운 일입니다. 그들은 믿음으로 구원을 받는다고 주장합니다. 틀린 말이 아닙니다. 그러나 믿음은 예수님과 구분되는 어떤 것이 아닙니다. 하나님이 우리에게 허락하신 새로운 은혜는 예수님을 믿는 것입니다. 우리를 구원하실 분은 오직 예수님이십니다. 믿음 따로 예수님 따로 있는 것이 아닙니다.

그런데도 마치 믿음이 자신을 구원해주는 것처럼 오해하는 사람들이 있습니다. 이처럼 믿음을 강조하는 극단이 구원파 이단입니다. 믿음이란 마음에 예수님을 영접하고, 예수님을 바라보고, 예수님만 의지하는 것입니다. 예수님과 분리된 믿음이 따로 있는 것이 아닙니다.

아는 것과 믿는 것

믿음에 대한 또 하나의 오해는 믿는 사람은 하나님의 말씀을 지키지 않아도 된다는 것입니다. 믿음을 하나님의 말씀과 별개로 여기는 것입니다.

그래서 사도 바울이 안타깝게 반문합니다.

그러면 믿음으로 말미암아 우리가 율법을 폐합니까? … 롬 3:31

여기서 사도 바울은 깜짝 놀랄 말씀을 합니다.

…그럴 수 없습니다. 도리어 율법을 굳게 세웁니다. 롬 3:31

율법을 지켜서 의로워지는 것이 아니라 오직 주 예수님을 믿기만 하면 의롭다 함을 받는다고 했는데 어떻게 믿음이 율법을 굳게 세웁니까? 믿음을 잘못 이해하면 이런 질문이 생깁니다.

어떤 사람에게 그가 죄인임을 믿게 하려고 설득을 한다고 합시다.

"당신은 거짓말을 한 번도 안 했습니까?"

"여러 번 했습니다."

"그러면 당신도 죄인이군요."

"그렇군요. 맞네요."

그가 자신이 죄인임을 인정했습니다. 하지만 자신이 죄인임을 정말 믿은 것일까요? 아닙니다. 그런 믿음으로는 예수님을 영접하지 않습니다. 왜냐하면 자신이 죄인임을 진정으로 깨달은 자에게 있는 애통함이 없기 때문입니다.

전도할 때에도 상대에게 믿음을 설득하려고 할 때가 있습니다.

"당신이 지금 죽으면 지옥에 갑니다. 우리가 다 죄인이기 때문입니다. 그러나 당신이 지금 예수님이 당신을 위해서 모든 죄를 짊어지고 십자가에서 죽으셨다는 것을 믿고 예수님을 주님으로 시인하면 모든 죄를 용서받고 하나님의 자녀가 되고 천국에 갑니다. 어떻게 하시겠습니까?"

"그렇습니까? 그렇다면 나도 믿겠소!"

그러면 나를 보면서 축하합니다.

"이제 당신은 구원받았습니다. 하나님의 자녀가 되었습니다."

이렇게 인사합니다. 하지만 당사자는 약간 어리둥절합니다.

'정말 이렇게 구원받은 것인가? 이제 정말 지옥에 가지 않고 천국에 간다는 말인가?'

그러면 이 사람이 예수님을 믿고 구원받은 것일까요? 아직 모르는 것입니다. 그 사람이 예수님을 믿는다고 했지 삶이 뒤바뀌는 변화가 생긴 것은 아니기 때문입니다. 복음을 아는 것과 실제로 믿는 것은 다릅니다.

구원받을 믿음

성경에는 우리가 믿음으로 구원받는다는 구절이 많이 나옵니다.

"네가 만일 네 입으로 예수를 주로 시인하며 또 하나님께서 그를 죽은 자 가운데서 살리신 것을 네 마음에 믿으면 구원을 받으리라"(롬 10:9).

이 말씀에 따르면 분명히 입으로 예수님을 주님으로 시인하고 마음으로 믿기만 하면 구원받는다고 했습니다. 이렇게 되면 예수 안 믿을 사람, 구원 못 받을 사람이 없을 것 같습니다. 그러나 이것은 대단히 심각한 결단을 요구하는 말씀입니다. 그 당시 시대적 배경은 로마 제국이었습니다. 따라서 예수님을 주님으로 시인한다는 것은 "예수가 왕인가? 로마 황제가 왕인가?"라는 질문에 답하는 것이며 그 고백에 따라 삶과 죽음이 갈라지는 것입니다. 예수를 주님이라 믿으면 죽음을 각오해야 합니다. 목숨을 거는 것입니다. 정말 죽을 각오가 되었습니까? 믿는다는 것은 이처럼 삶을 완전히 바꾸는 것입니다.

"하나님이 세상을 이처럼 사랑하사 독생자를 주셨으니 이는 그를 믿는 자마다 멸망하지 않고 영생을 얻게 하려 하심이라"(요 3:16).

이 말씀은 믿음으로 구원받는다는 유명한 구절이자 복음의 핵심입니다. 이 말씀에서 주목해야 할 부분은 "믿는 자마다"라는 구절입니다. 여기서 '믿는다'라는 'believe in'은 믿는 자와 믿는 대상의 관계를 중요시한 구절입니다. 그냥 믿는 것이 아니라 믿는 대상인 예수님께 내 삶 전체를 맡기는 것입니다. 믿기 때문에 예수님을 마음에 주님으로 영접하고, 내 인생의 왕으로 모시고 산다는 의미입니다.

이것이 다시 태어나는 것, 소위 중생(重生)하는 것입니다. 예수님과 온전히 연합해서 예수님의 생명으로 사는 것이며 바로 '나는 죽고 예수로 사는 것'입니다. 이렇게 믿는 사람마다 영생을 얻을 것이라는 말씀입니다. 이렇게 믿는 자라야 의의 열매를 맺게 되고 이웃 사랑의 열매도 맺게 됩니다. 이런 믿음이 아니라 그저 'believe' 하는 것은 교리적인 지식일 뿐입니다.

어느 교우가 페이스북에 안타까운 글을 올렸습니다.

"이번 명절에 구순(九旬)이 되신 시어머니가 돌아가시기 전에 사위를 용서하게 되기를 기도했는데, 시어머니가 사위를 용서하고 받아들이지 못하신다는 것입니다. 사위는 10년 전에 딸에게 돌아왔지만 그를 용서해야 한다는 것을 알면서도 안 된다는 것입니다. 시어머니는 집안에서 다들 정말 신앙이 좋은 분, 기도 많이 하는 분, 감사로 사는 분으로 아는데 누구를 용서하지 않는 마음으로 하나님 앞에 가시면 입으로만 '주여 주여' 하는 사람이 될까 두렵습니다. 어머니의 가슴에 손을 얹고 "어머니, 여기에 예수님이 계신가요?" 이렇게 물으니 "계신다고 믿는다"라고 대답하셨어요. 깜짝 놀랐습니다. "내 마음에 계신다"고 분명히 대답하지 못하시고 애매하게 말씀하셨기 때문입니다. "어머니, 구원은요? 어머니가 받으신 구원, 그 용서는 사위를 용서할 만큼 크지 않나요? 그의 잘못을 용서할 수 없을 정도로 하찮은 것인가요?" 했더니 "구원은 예전에 받았잖아!" 이렇게 말씀하십니다."

많은 그리스도인들이 구원의 믿음을 이렇게 잘못 이해하고 있습니다. 그가 예수님을 믿어 속죄함을 받고 의롭다 함을 받았음을 무엇으로 증명하겠습니까? 구원받을 믿음을 가졌는지 그렇지 않은지는 우리가 가진 지식을 말하는 것이 아닙니다. 구원받을 믿음이 있기 때문에 지금 의롭게 살고 사랑하며 사는지를 말하는 것입니다.

사랑으로 역사하는 믿음

구원받는 믿음은 반드시 사랑으로 역사하는 믿음으로 증명됩니다. "그리스도 예수 안에서는 할례나 무할례나 효력이 없으되 사랑으로써 역사하는 믿음뿐이니라"(갈 5:6).

'believe in'과 'believe'의 차이점에 대해서 야고보 사도가 날카롭게 지적하였습니다.

"이와 같이 행함이 없는 믿음은 그 자체가 죽은 것이라"(약 2:17).

죽은 믿음은 행함이 따르지 않는 믿음, 지식으로만 아는 믿음입니다.

"네가 하나님은 한 분이신 줄을 믿느냐 잘하는도다 귀신들도 믿고 떠느니라"(약 2:19).

귀신도 하나님이 한 분이심을 압니다. 그들도 하나님 앞에서 떱니다. 그런데 그 믿음이 구원을 주나요? 귀신도 믿으면 구원받을 수 있나요? 하나님은 한 분이시고 하나님은 살아 계시고 하나님 앞에서 두려워서 떠는 믿음은 귀신도 가진 믿음이요, 그저 아는 믿음입니다. 그들은 하나님과 사랑의 관계 안에 있지 않습니다. 이 믿음은 구원받을 믿음이 아닙니다.

예수님께서 공생애를 시작하셨을 때, 예수님이 하나님의 아들이심을 믿고 고백한 사람이 세례 요한입니다. 그런데 그다음이 누구인지 아십니까? 거라사의 귀신들린 자였습니다.

"그가 멀리서 예수를 보고 달려와 절하며 큰 소리로 부르짖어 이르되 지극히 높으신 하나님의 아들 예수여 나와 당신이 무슨 상관이 있나이까 원하건대 하나님 앞에 맹세하고 나를 괴롭히지 마옵소서 하니"(막 5:6,7).

귀신이 예수님을 먼저 알아보고 예수님을 하나님의 아들이라고 고백했습니다. 아무도 예수님이 하나님의 아들인 줄 모를 때 그는 알아보았습니다. 귀신이기 때문입니다. 그러나 그가 구원받았습니까? 이 믿음은 구원받을 믿음이 아닙니다. 지적으로 동의하는 믿음으로는 구원을 받을 수 없습니다.

순종하는 믿음

믿음은 언제나 순종과 밀접한 연관이 있습니다. 믿음은 예수님과 우리를 온전히 하나로 묶어주는 끈이기 때문입니다.

"그로 말미암아 우리가 은혜와 사도의 직분을 받아 그의 이름을 위하여 모든 이방인 중에서 믿어 순종하게 하나니"(롬 1:5).

믿으면 순종하게 됩니다. 하나님의 말씀에 순종하지 않는다면 이유는 오직 하나입니다. 하나님을 믿지 않는 것입니다. 하나님을 사랑하지 않기 때문입니다. 그래서 성경에는 예수님을 믿는 것과 예수님께 순종하는 것을 같은 의미로 번갈아 기록하기도 했습니다.

"아들을 믿는 자에게는 영생이 있고 아들에게 순종하지 아니하는 자는 영생을 보지 못하고 도리어 하나님의 진노가 그 위에 머물러 있느니라"(요 3:36).

우리가 진정으로 은혜생활을 누리고자 한다면 믿음이 바뀌어야 합니다.

영성일기 중인 모임에서 듣게 된 어느 집사님의 간증이 귀했습니다.

올해 1월 2일, 목사님께서는 '이제 순종만 하고 살라'라는 제목으로, 신년 집회 말씀을 전하실 때, "영성일기를 순종일기가 되게 해보자! 주님을 생각하고 바라보는 데서 그치는 것이 아니라 이제는 무엇을 순종했나 기록만이라도 해보자!"라고 말씀하셨습니다. 그다음 날부터 '몇 월 며칠 순종일기'라는 제목을 붙여서 순종일기를 쓰기 시작했어요.
그로 인하여 주님은 자녀양육에 있어서 제게 변화를 주셨습니다.

(3년 전) 2012년 6월 9일 일기
더 많이 주님께 여쭤봐야 할 텐데, 아직도 내가 알아서 혼자 처리해버리는 일이 너무 많다. 오늘 큰아이를 훈계하는 일에 있어서도 그랬다. 참 유창한 말로, 그럴듯하게 아이의 잘못을 지적했고, 아이로부터 잘못된 행동을 수정하겠노라 다짐도 받아내었다. 그러나 마음은 개운치 않다. 하나님의 온전한 그 사랑으로 아이를 바라보지 못했기 때문이리라! 주님….

2015년 2월 5일 일기

큰아이로 인해 마음이 잠시 요동했습니다. 그러나 스스로 잘못을 알고 있는 아이를, 더 이상 야단치지 말라는 마음을 주셔서 그렇게 되기 원했더니 순종이 되었습니다. 감사합니다. 주님! 순종하고 돌아보니 정말 잘했다 싶습니다. 멈추지 못하고 계속 같은 소리를 또 하고 또 하며 아이를 혼냈다면, 엄마와의 관계에서조차 사랑과 은혜를 경험하지 못한 아이가 하나님의 무조건적인 사랑을, 도말하시고 다시 기억하지 않으시는 그분의 은혜를 과연 믿을 수 있을까 하는 생각이 들었기 때문입니다. 오, 주님! 감사합니다….

이렇듯 주님은 부족한 엄마인 저를, 주의 사랑과 은혜를 자녀에게 흘려보내는 통로로 온전히 사용하시려고 저를 변화시켜 가고 계십니다.
또 주님은 시댁 부모님과의 관계에서도 변화를 주셨습니다.

(3년 전) 2012년 7월 17일 일기

매일 아침 남편 편에 어머니 드실 과일을 챙겨서 보내고, 퇴근하며 아이들을 데리고 병원에 가서 어머니께 인사 먼저 드리고 집에 오는데도, 어머니는 편찮으셔서 그런지 "고맙다", "애쓴다" 한마디 없으시니 참 서운해요. 재활치료를 위해 모신 지금의 병원도 마음에 들지 않으시는지 "불편하다"는 말씀만 하시니, 어찌 모시고 어찌 그 마음을 헤아려드려야 할지…. 주님, 힘들어요. 주님, 자신 없어요.

2015년 1월 25일 일기

늦은 시간 양평 시댁에 도착했습니다. 저녁을 해드리러 갔는데, 5시 30분이 넘어서야 도착하니 이미 시부모님께서 저녁을 다 드셨다 하십니다. 몸이 불편하신 부모님 찾아뵙고, 밥 한 끼 해서 같이 먹고 오는 일인데 죄송한 마음으로 어머니를 뵈어서 그런지 서운함에 언짢으신 듯 보이셔서 마음이 편치 않았습니다. 그러나 집으로 돌아오기 전 언제나 그랬던 것처럼 "어머니를 위해 기도하기 원하시는 주님…" 어머니 손을 붙잡고 기도하는데 눈물이 주르륵 흐릅니다. 기도를 시작한 지 얼마 안 되어 어머니가 좋아하시는 드라마가 시작된 듯싶어 급히 기도를 마무리하려고 하는데, 어머니께서 TV 볼륨을 줄이실 줄이야!

주님, 주님이십니다. 가끔 아직도 저는 문득문득 어머니께 나아가기 어려울 때가 있어서, 나도 모르게 피하고 싶어 도망갈 때도 있지만, 주님을 바라보고 나아가면 늘 한결같이 주 안에서 영으로 교통하게 하시니 감사합니다, 주님. 주님이셨습니다, 이 모든 변화의 주인공은!

이제 정말 예수님을 믿고 살아보시기 바랍니다. 믿음은 예수님께 걱정과 근심을 모두 맡기는 것입니다. 예수님을 마음에 왕으로 모시고 오직 주님만 바라보며 주님께 순종하며 사는 것입니다. 이것이 하나님께서 우리에게 열어주신 의롭다 인정받는 길입니다. 이렇게 예수님을 믿기만 하면 하나님은 우리를 예수님의 십자가 피로 말미암아 "너는 깨끗하다, 너는 내 자녀, 너는 내 축복의 사람이다"라고 말씀해 주십니다. 그리고 주님이 우리 안에서 우리를 의롭게 살게 하시고 사랑하며 살도록 만들어주십니다.

　이제는 더 이상 율법생활에 매여 평생 두려움에 사로잡혀 지내거나 서로 정죄 판단하며 사는 삶을 청산하시기 바랍니다. 이것이 진정한 구원의 삶입니다. 그러면 마음의 주인이신 주 예수님이 우리로 하여금 하나님의 말씀대로 살 수 있게 해주시는 것입니다.

07

믿음은
예수님을 바라보는 것입니다

롬 4:1-25

1 그러면 육신상으로 우리의 조상인 아브라함이 무엇을 얻었다고 우리가 말할 수 있겠습니까? **2** 아브라함이 행위로 의롭게 되었더라면, 그에게는 자랑할 것이 있었을 것입니다. 그러나 하나님 앞에서는 자랑할 것이 없습니다. **3** 성경이 무엇이라고 말합니까? "아브라함이 하나님을 믿으니, 하나님께서 그를 의롭다고 여기셨다" 하였습니다. **4** 일을 하는 사람에게는 품삯을 은혜로 주는 것으로 치지 않고 당연한 보수로 주는 것으로 생각합니다. **5** 그러나 경건하지 못한 사람을 의롭다고 하시는 분을 믿는 사람은, 비록 아무 공로가 없어도, 그의 믿음이 의롭다고 인정을 받습니다. **6** 그래서 행한 것이 없어도, 하나님께서 의롭다고 여겨주시는 사람이 받을 복을 다윗도 다음과 같이 말하였습니다. **7** "하나님께서 잘못을 용서해주시고 죄를 덮어주신 사람은 복이 있다. **8** 주님께서 죄 없다고 인정해주실 사람은 복이 있다." **9** 그러면 이러한 복은 할례를 받은 사람에게만 내리는 것입니까? 그렇지 않으면 할례를 받지 않은 사람에게도 내리는 것입니까? 우리는 앞에서 말하기를 "하나님께서 아브라함의 믿음을 의로 여기셨다" 하였습니다. **10** 그러면 어떻게 아브라함이 그러한 인정을 받았습니까? 그가 할례를 받은 후에 그렇게 되었습니까? 그렇지 않으면 할례를 받기 전에 그렇게 되었습니까? 그것은 할례를 받은 후에 된 일이 아니라, 할례를 받기 전에 된 일입니다. **11** 아브라함이 할례라는 표를 받았는데, 그것은 그가 할례를 받지 않은 상태에서 이미 얻은 믿음의 의를 확증하는 것이었습니다. 그래서 그는 할례를 받지 않고도 믿는 모든 사람의 조상이 되었으니, 이것은 할례를 받지 않은 사람들도 의롭다는 인정을 받게 하려는 것이었습니다. **12** 또 그는 할례를 받은 사람의 조상이 되기도 하였습니다. 다시 말하면, 할례만

을 받은 것이 아니라 또한 우리 조상 아브라함이 할례를 받지 않은 상태에서 걸어간 믿음의 발자취를 따라가는 사람들의 조상이 되었습니다. 13 아브라함이나 그 자손에게 주신 하나님의 약속, 곧 그들이 세상을 물려받을 상속자가 되리라는 것은, 율법으로 말미암은 것이 아니라, 믿음의 의로 말미암은 것입니다. 14 율법을 의지하는 사람들이 상속자가 된다면, 믿음은 무의미한 것이 되고, 약속은 헛된 것이 됩니다. 15 율법은 진노를 불러옵니다. 율법이 없는 곳에는 범법도 없습니다. 16 이런 까닭에, 이 약속은 믿음에 근거한 것입니다. 그것은 하나님께서 아브라함에게 이 약속을 은혜로 주셔서 이것을 그의 모든 후손에게도, 곧 율법으로 사는 사람들에게만이 아니라 아브라함이 지닌 믿음으로 사는 사람들에게도 보장하시려는 것입니다. 아브라함은 우리 모두의 조상입니다. 17 이것은 성경에 기록된 대로 "내가 너를 많은 민족의 조상으로 세웠다" 함과 같습니다. 이 약속은, 그가 믿은 하나님, 다시 말하면, 죽은 사람들을 살리시며 없는 것들을 불러내어 있는 것이 되게 하시는 하나님께서 보장하신 것입니다. 18 아브라함은 희망이 사라진 때에도 바라면서 믿었으므로 "너의 자손이 이와 같이 많아질 것이다" 하신 말씀대로, 많은 민족의 조상이 되었습니다. 19 그는 나이가 백 세가 되어서, 자기 몸이 [이미] 죽은 것이나 다름없고, 또한 사라의 태도 죽은 것이나 다름없는 줄 알면서도, 그는 믿음이 약해지지 않았습니다. 20 그는 하나님의 약속을 믿고 의심하지 않았습니다. 오히려 그는 믿음이 굳세어져서 하나님께 영광을 돌렸습니다. 21 그는, 하나님께서 스스로 약속하신 바를 능히 이루실 것이라고 확신하였습니다. 22 그래서 하나님께서는 이것을 보시고 "그를 의롭다고 여겨주셨습니다." 23 "그가 의롭다는 인정을 받았다" 하는 말은, 아브라함만을 위하여 기록된 것이 아니라, 24 하나님께서 의롭다고 여겨주실 우리, 곧 우리 주 예수를 죽은 사람들 가운데서 살리신 분을 믿는 우리까지도 위한 것입니다. 25 예수는 우리의 범죄 때문에 죽임을 당하셨고, 우리를 의롭게 하시려고 살아나셨습니다.

율법이 아니라 오직 믿음으로, 곧 주 예수님을 믿기만 하면 구원받는다는 것은 정말 놀라운 복음입니다. 온 세상 사람들로부터 손가락질 당하는 사람이 율법을 지켜서는 구원받을 수 없지만 예수님을 믿으면 구원받습니다. 얼마나 놀라운 복음입니까? 어떠한 악한 죄인이라도 구원받을 수 있는 길이 열렸습니다. 모든 사람에게 구원의 문이 활짝 열린 것입니다.

그런데 이 놀라운 복음을 알고 믿었는데도 구원받지 못한 사람과 다를 바 없이 사는 사람도 많습니다. 그것은 믿음이 무엇인지 혼란이 있기 때문입니다. 많은 성도들이 "믿음, 믿음" 하지만 정작 믿음이 무엇이냐고 물으면 애매한 대답만 내놓습니다. 도대체 믿음이 무엇입니까? 어떤 사람들은 믿음을 강한 신념이나 긍정적인 생각이라고 여깁니다. 잘될 것이라고 믿고, 기도 응답을 믿고, 문제가 해결될 것이라고 믿는 것이라고 생각합니다. 구원에 대해서도 "무조건 믿으세요!", "구원받았음을 조금도 의심하지 마세요"라고 말합니다.

그러나 그것은 믿음을 믿는 것이지 예수님을 믿는 것이 아닙니다.

믿음은 주님과의 관계이다

믿음은 단순히 의심하지 않는 것이 아니라 계속해서 주님을 바라보는 것입니다. 24시간 예수님을 바라보는 것입니다. 노력해서 얻는 것이 아니라 하나님으로부터 부어지는 것입니다. 그러면 하나님이 약속하신 모든 것들이 우리 마음에 확신으로 옵니다. 그러므로 하나님을 바라보는 것이 열쇠입니다. 우리는 믿음을 믿는 것이 아닙니다. 예수님을 믿는 것입니다.

"영생은 곧 유일하신 참 하나님과 그가 보내신 자 예수 그리스도를 아는 것이니이다"(요 17:3).

여기서 예수 그리스도를 '아는' 것은 유명 정치인이나 연예인을 안다는 그런 것이 아닙니다. 부부 관계처럼 서로를 아는 친밀함입니다. 따라서 예수님을 안다는 것은 예수님과 부부 관계처럼 친밀한 관계에 있는 것을 말합니다. 믿음의 핵심은 예수님을 계속 바라보다보니 정말 친해진 것입니다.

"믿음의 주요 또 온전케 하시는 이인 예수를 바라보자"(히 12:2).

믿음은 주 예수님을 바라보는 것이라고 정확히 말씀하고 있습니다.

"믿음으로 말미암아 그리스도께서 너희 마음에 계시게 하시옵고"(엡 3:17).

또 믿음은 예수 그리스도를 마음에 계시게 하는 것입니다. 마음에 누가 있다는 말은 항상 그를 생각한다는 뜻입니다. 믿음은 항상 그리스도를 생각하는 것입니다. 이것이 믿음의 핵심입니다. 항상 예수님을 생각하고 주님을 바라보는 것이 믿음입니다. 그렇게 할 때 우리는 영생을 얻고 의롭다 함을 받습니다. 하나님의 자녀입니다.

그런데 믿음으로 구원받는 복음은 신약시대에 갑자기 생긴 것이 아 닙니다. 흔히 구약시대에는 율법으로 구원받고 신약시대에는 믿음으 로 구원받는다고 생각하는데 그렇지 않습니다. 구약이나 신약시대 모두 똑같이 믿음으로 구원받는 것입니다.

사도 바울은 그 증거로 유대인들이 너무 잘 아는 아브라함과 다윗 을 예로 듭니다.

성경이 무엇이라고 말합니까? "아브라함이 하나님을 믿으니, 하나님께 서 그를 의롭다고 여기셨다" 하였습니다. 롬 4:3

아브라함이 믿음으로 의롭다 함을 받았다는 말은 "그도 죄인이었 다", "흠이 많았다", "율법으로는 그가 결코 의로운 사람이 아니라"는 뜻입니다. 아브라함이 하나님을 믿었기 때문에 의롭다고 여김을 받은 것뿐입니다. 아브라함이 하나님을 믿었다는 것은 그가 하나님을 계 속 바라보았다는 것입니다.

성군(聖君)으로 알려진 다윗도 그렇습니다. 그는 자신의 충성스러 운 부하 우리아의 아내 밧세바를 범함으로 십계명의 7계명인 간음죄 를 지었고, 또 우리아를 죽임으로 6계명인 살인죄까지 지었습니다. 정 말 끔찍한 죄를 지은 사람입니다. 율법으로는 도저히 구원받을 길이 없는 사람이었습니다. 그럼에도 불구하고 다윗은 고백합니다.

"하나님께서 잘못을 용서해주시고 죄를 덮어주신 사람은 복이 있다. 주님께서 죄 없다고 인정해주실 사람은 복이 있다." **롬** 4:7,8

다윗은 용서받은 사람입니다. 그것은 다윗이 늘 하나님을 바라보며 살았기 때문입니다. 항상 하나님을 바라보는 것, 그것이 다윗의 믿음입니다.

하나님을 바라보면 하나님의 약속이 믿어진다

사도 바울은 하나님 앞에서 의롭다 함을 받은 아브라함의 믿음을 좀 더 자세히 말씀합니다. 창세기 12장에서 하나님은 아브라함에게 이렇게 말씀하셨습니다.

"너는 너의 고향과 친척과 아버지의 집을 떠나 내가 네게 보여줄 땅으로 가라 내가 너로 큰 민족을 이루고 네게 복을 주어 네 이름을 창대하게 하리니 너는 복이 될지라"(창 12:1,2).

하나님은 아브라함에게 두 가지를 약속해주셨습니다. 하나는 '땅'을 주시겠다는 약속이고, 다른 하나는 '자식'을 주시겠다는 약속입니다. 아브라함이 그 약속을 믿었는데, 엄밀히 말하면 약속이 아니라 약속을 주신 하나님을 믿은 것입니다. 하나님께서 그 아브라함을 의롭다 하셨습니다.

"아브람이 여호와를 믿으니 여호와께서 이를 그의 의로 여기시고"(창 15:6).

하나님을 바라보니 하나님의 약속이 믿어진 것입니다. 그렇지만 아브라함도 믿음 없는 행동을 여러 번 했습니다. 하나님께서 땅을 준다고 하셨는데, 흉년이 들면 하나님이 주신 땅을 버리고 피난 갔다가 두 번이나 아내를 빼앗길 뻔했고, 하나님께서 분명히 그에게 자식을 주겠다고 하셨는데, 몸종 하갈을 통해 이스마엘을 낳았습니다. 그것은 아브라함이 순간순간 하나님을 바라보지 못했기 때문입니다. 아브라함은 분명히 하나님의 약속을 받았습니다. 그러나 하나님을 바라보지 않을 때는 그 약속이 믿어지지 않아 믿음 없는 행동을 한 것입니다.

그런데 아브라함이 99세가 된 어느 날, 천사가 아브라함에게 말했습니다.

"내년 이맘때 내가 반드시 네게로 돌아오리니 네 아내 사라에게 아들이 있으리라"(창 18:10).

내년이면 아브라함이 100세이고 사라 역시 이미 아이 낳을 능력을 상실했는데도 불구하고 아브라함은 그 말씀을 또 믿었습니다.

> 그는 나이가 백 세가 되어서, 자기 몸이 [이미] 죽은 것이나 다름없고, 또한 사라의 태도 죽은 것이나 다름없는 줄 알면서도, 그는 믿음이 약해지지 않았습니다. 롬 4:19

이것은 정말 특별한 일입니다. 사라가 이 말을 듣고 속으로 웃었습니다. 도무지 믿어지지 않는 일이기 때문입니다. 그런데 천사가 이를 알고 어째서 사라가 웃으며 "내가 어떻게 아들을 낳을 수 있겠느냐?" 라고 하는지 물을 때, 사라는 두려워서 자기가 웃지 않았다고 거짓말을 했지만, 천사는 그 일로 사라에게 아무런 징계를 내리지 않았습니다. 천사도 사라가 웃는 것이 당연하고, 사라가 정상이라고 이해한 것이라고 해석하면 무리일까요? 100세에 아들을 낳을 것이라고 믿는 아브라함이 이상한 것입니다.

그런데 아브라함이 이를 믿었습니다. 그러면 아브라함은 어떻게 믿을 수 있었을까요? 하나님을 바라보았기 때문입니다. 하나님을 바라보니까 말도 안 되는 그 약속이 믿어진 것입니다.

아브라함은 도대체 어떤 하나님을 믿은 것입니까?

…그가 믿은 하나님, 다시 말하면, 죽은 사람들을 살리시며 없는 것들을 불러내어 있는 것이 되게 하시는 하나님께서 보장하신 것입니다. 롬 4:17

아브라함이 믿은 하나님은 "죽은 사람들을 살리시며 없는 것들을 불러내어 있는 것이 되게 하시는" 하나님이십니다. 아브라함은 그런 하나님이시기 때문에 100세에 아들을 낳게 하시는 일도 얼마든지 하실 수 있다고 생각한 것입니다. 이것이 대단한 것입니다.

그는, 하나님께서 스스로 약속하신 바를 능히 이루실 것이라고 확신하였습니다. 롬 4:21

하나님은 그런 아브라함을 기특하게 여기셨습니다. 하나님을 바라보고 하나님을 믿기 때문에 약속을 믿으니 그를 귀히 여기시고 그동안의 모든 실수를 다 덮어주셨습니다.

아브라함처럼 믿으라

아브라함은 희망이 사라진 때에도 바라면서 믿었으므로 "너의 자손이
이와 같이 많아질 것이다" 하신 말씀대로, 많은 민족의 조상이 되었습니
다. …그는 하나님의 약속을 믿고 의심하지 않았습니다. 오히려 그는
믿음이 굳세어져서 하나님께 영광을 돌렸습니다. …그래서 하나님께서
는 이것을 보시고 "그를 의롭다고 여겨주셨습니다." 롬 4:18,20,22

이 일은 아브라함이 할례받기 전에 된 일입니다. 아브라함은 그 후
창세기 17장에 가서 할례를 받습니다. 아브라함은 할례와 아무 상관
없이 믿음으로 의롭다고 인정받은 것입니다. 사도 바울이 이것을 언급
한 이유는 할례받지 않은 사람들, 유대인이 아닌 사람들도 얼마든지
믿음으로 의롭다 함을 받을 수 있다는 것을 말하고 싶었던 것입니다.

"그가 의롭다는 인정을 받았다" 하는 말은, 아브라함만을 위하여 기록된
것이 아니라, 하나님께서 의롭다고 여겨주실 우리, 곧 우리 주 예수를 죽은
사람들 가운데서 살리신 분을 믿는 우리까지도 위한 것입니다. 롬 4:23,24

우리가 어떻게 예수님을 믿을 것인지 아브라함을 보고 배우라는 것
입니다. 오직 하나님을 바라보고 하나님만 의지했던 아브라함처럼 예

수님을 바라보고 예수님만 의지하고 예수님께만 순종하라는 것입니다. 하나님을 바라보았기 때문에 하나님의 약속을 믿을 수 있었던 아브라함처럼 예수님을 믿어보라는 것입니다. 예수님을 믿는다는 것은 예수님을 온전히 바라보는 것입니다.

"예수님을 믿으십니까?"

이 질문은 교회에 다니는지, 세례는 받았는지 묻는 것이 아닙니다. 항상 주 예수님을 바라보는지, 주님과 얼마나 친밀한지를 묻는 것입니다. 신앙생활을 오래 했고 직분이 높다 해도 항상 예수님을 바라보지 않으면 믿는 것이 아닙니다. 집에 가면 폭군 남편이 있고, 자녀는 빗나가고 있고, 학교나 직장에 여전히 꼴 보기 싫은 사람들이 있고, 도무지 변화될 수 없을 것 같은 절벽 같은 상황 앞에서 "어떻게 믿음으로 살라는 것입니까?"라고 탄식하는 분들이 있습니다.

"이럴 때 어떻게 하는 것이 믿는 것입니까?"

그럴지라도 예수님을 바라보면 예수님을 믿는 것입니다. 믿음으로 사는 것은 어떤 처지, 어떤 형편에서도 주님을 바라보는 것입니다. 그 뿐입니다. 예수님을 믿는 것은 매우 단순합니다.

이스라엘 백성들이 광야에서 하나님을 원망하고 불평하다가 불뱀에 물려 다 죽게 되었을 때 그들이 회개하고 살려달라고 부르짖자 하나님께서 구원의 길을 열어주셨습니다. 그때 하나님은 치료약을 주신 것이 아닙니다. 놋뱀을 만들어서 장대 위에 달아놓고 그것을 쳐다보는 사람마다 살게 해주셨습니다. 이것이 구원받는 믿음입니다. 이것은 예수님의 십자가를 예표(豫表)하는 것입니다. 믿음이란 이렇게 십자가의 예수님을 그냥 바라보는 것입니다. 그럴 때 하나님께서 우리의 인생을 고치시고, 구원의 역사를 이루시고, 구원받은 자의 놀라운 삶을 살게 해주시겠다고 약속하셨습니다.

여러분은 계속해서 예수님을 바라보고 사십니까? 구원은 거기서 옵니다. 그다음은 주님이 하십니다.

친밀함이 믿음이다

아이들을 보고 있으면 참 재미있습니다. 조금 전까지 엄마에게 야단을 맞은 아이라도 아이들은 금세 엄마 무릎에 엉덩이를 들이밀고 털썩 앉습니다. 엄마가 나를 사랑한다고 철석같이 믿기 때문입니다. 아무리 말을 안 듣고 야단을 심하게 맞았어도 엄마 아빠는 틀림없이 자신을 사랑해줄 것이라고 확실히 믿는 것입니다. 저는 그 믿음이 신기하고 놀라울 따름입니다.

그러면 아이에게 어떻게 이런 믿음이 생겼을까요? 아이가 항상 엄마 아빠를 바라보며 살았기 때문입니다. 엄마가 정말 친밀하게 느껴지고 아이의 모든 문제의 해결자이기 때문입니다. 그러나 아무리 친엄마라도 같이 살지 않으면 만났을 때 아이가 어색해합니다. "내가 네 엄마야. 엄마한테 와"라고 해도 머리로는 알아듣고 "엄마, 안녕하세요? 엄마, 사랑합니다"라고 다가오기는 해도 덥석 안기지는 않습니다. 믿음이 생기지 않는 것입니다.

우리도 하나님을 알고, 예수님이 구주(救主)이신 것도 압니다. 그러나 열쇠는 친밀함에 있습니다. 친밀함에서 믿음이 나오는 것입니다.

예수님께 내 삶의 무게를 옮겨드리지 못하고 예수님과의 관계가 영 어색합니까? 그 이유가 어디에 있습니까? 계속해서 주님을 바라보며 살지 않았기 때문입니다.

우리는 열심히 삽니다. 그런데 주님을 바라보고 사는 데는 문제가 있습니다. 그것이 바로 믿음으로 살지 않았다는 뜻입니다. 정말 믿음으로 살기 원한다면 주님을 바라보십시오. 그것이 중요합니다. 거기서 주님과의 친밀함이 생깁니다.

우리 인생이 성공했는지 실패했는지는 우리가 인생을 살고 난 다음 하나님 앞에 가봐야 압니다. 이 세상에서 아무리 성공하고 대단하다는 평가를 받아도 주님 앞에 섰을 때 주님이 낯설고 어색하다면 그는 실패자입니다. 믿음 없이 산 것입니다. 그러나 주님을 만났을 때 주님이 친밀하게 여겨지면 그는 성공한 사람입니다. 24시간 주님을 바라보라는 말을 절대 흘려듣지 마십시오. 항상 주님을 바라보다보면 믿음이 일어납니다. 그것은 주님을 향한 친밀함입니다.

예수님께 걸어가는 믿음

주님은 돌아온 탕자 이야기를 하셨습니다. 탕자가 아버지의 재산을 허랑방탕하게 써버리고 완전히 거지가 되어 돌아왔을 때 아버지는 아들의 잘못을 조금도 책망하지 않았습니다. 도리어 탕자에게 좋은 옷과 반지와 신을 신기고 잔치를 벌여주었습니다. 이것이 우리를 구원하신 하나님의 뜻과 계획입니다.

"이 내 아들은 죽었다가 다시 살아났으며 내가 잃었다가 다시 얻었노라 하니"(눅 15:24).

그러면 탕자가 어떻게 이런 구원을 받게 되었을까요? 물론 전적으로 아버지의 사랑과 은혜 때문입니다. 그러나 탕자가 아버지에게 돌아오지 않았다면 그 사랑과 은혜를 누리지 못했을 것입니다. 탕자가 돼지를 치는 비참한 처지가 되었을 때 그는 좋으신 아버지에 대한 기억을 떠올렸습니다. 그러나 그 기억만으로 탕자의 인생이 바뀌지는 않습니다. 그래서 방향을 돌려 아버지 집을 향해 걷기 시작합니다. 그 걸음이 무거웠겠지만 그래도 탕자는 아버지 집을 향해 걸어갔고 결국 아버지 집에 도착했습니다. 그때 역사가 일어났습니다.

믿음은 생각만 하는 것이 아닙니다. 예수님을 바라보고 예수님께로 자꾸 걸어가는 것입니다. 이것이 예수 믿는 사람의 삶에 나타나는 가장 전형적인 특징입니다. 우리는 집에 있든지, 직장에 있든지, 학교에 있든지 어디서나 항상 예수님을 바라보며 예수님을 향해 한 걸음 한 걸음 걸어가야 합니다. 이것이 믿음입니다. 아버지를 바라보고 아버지께 좀 더 가까이 다가가는 것입니다. 그다음은 하나님 아버지께서 하십니다.

주님을 바라보며 살기로 결단하라

타임지가 '현존하는 가장 위대한 선교사'로 선정한 스탠리 존스 선교사는 열다섯 살 때, 한 집회에서 예수님을 주님으로 영접하는 결신(決信)을 하였고, 2년 뒤 열일곱 살 때, 순회 설교자 로버트 베이트먼(Robert J. Bateman)의 집회에서 주님을 만났습니다. 스탠리 존스는 부흥회 셋째 날 밤 집회에 참석하기 전, 침대 곁에 무릎을 꿇었습니다. 진정으로 거듭난 자가 되기를 갈망하는 마음이 너무나 간절하여 이제까지 드렸던 기도 가운데서 가장 신실한 기도를 드렸습니다. 간단한 기도였지만 생명을 건 기도였습니다.

"예수님, 오늘 밤 저를 구원하소서."

그러자 한 줄기 빛이 어둠 속을 뚫고 들어오는 것 같았다고 합니다. 주님이 응답하신 것입니다. 그날 그는 교회로 달려갔습니다. 그리고 그동안 한 번도 앉은 적이 없던 맨 앞자리에 가서 앉았습니다. 설교가 끝나자 기도의 제단에 가장 먼저 달려갔습니다. 그리고 무릎을 꿇기도 전에 그는 천국이 그의 영 속으로 뛰어들었다고 고백했습니다. 이전에는 설명할 수 없었던 역사가 그의 마음에 일어났습니다. 주님이 오신 것입니다.

그의 마음에 이런 놀라운 변화가 생겼다고 했습니다.

첫째, 하나님께 용서받았다는 느낌이 강하게 들었습니다.

둘째, 본향(本鄕), 바로 그곳으로 돌아왔다는 느낌을 받았습니다.

셋째, 삶의 목표와 방향이 분명해지며 목적을 찾았다는 느낌이 들었습니다.

넷째, 혼자가 아니다, 늘 함께하시는 분이 있다는 것을 알았습니다.

다섯째, 어엿한 사람이 되었다는 느낌이 들었습니다.

여섯째, 온전해졌다는 느낌이 들었습니다.

일곱째, 은혜를 받았다는 느낌이 들었습니다.

그는 뒤에 있는 사람을 붙잡고 외쳤습니다.

"나는 그것을 소유했어요!"

"나는 이제 주님의 것이다. 소외감, 고아나 다름없다는 느낌은 사라졌다. 나는 주님과 화해하였다. 무릎을 펴고 일어서자. 세계를 부둥켜안고 모든 사람과 함께 기쁨을 나누며 나의 남은 생을 보내리라고 결심했다. 전에는 꿈도 꾸지 못했던 일이다."

이것이 예수님을 믿는 것입니다. 예수님에 대해 들어서 아는 것이 아니라 예수님께로 달려가, 예수님께 전부 맡기고, 24시간 예수님만 바라보는 것입니다. 이 믿음이 진정으로 구원받는 믿음입니다. 스탠리 존스는 다들 사춘기를 겪는 열일곱 살 나이에 회심(回心)이라는 보물을 얻었습니다. 그에게는 단짝 친구 레스가 있었는데, 설교자가 헌신하러 나오라고 초청했을 때 그가 이렇게 물었습니다.

"레스, 나는 나를 예수 그리스도께 바칠 거야. 너도 그럴 거지?"

레스가 대답했습니다.

"아니, 나는 인생을 좀 더 알고 싶어!"

그리고 두 사람은 헤어졌습니다. 30년이 흐르고 우연처럼 레스를 만났을 때 그는 도박에 빠져 살고 있었습니다. 17세에 레스 역시 분명히 교회에 다니고 있었습니다. 부흥회에도 참석했습니다. 우리 식으로 말한다면 레스에게 믿음이 없었다고 말할 수는 없습니다. 하지만 그것은 믿음이 아니었던 것입니다. 그에게는 계속 주님을 바라보고 주님께 달려나가는 믿음이 없었습니다.

열일곱 살이 아니라도 좋습니다. 나이는 중요하지 않습니다. 우리의 생애 어느 시점에는 이제 진짜 주님을 바라보며 살기로 결단하는 때가 반드시 와야 합니다. "이제 나는 정말 계속해서 아버지께 나아가는 삶을 살리라" 이렇게 결단하는 때가 와야 합니다. 우리의 믿음은 예수님을 믿고 구원받을 때만 필요한 것이 아닙니다. 일생 동안 계속되어야 합니다. 모든 삶의 영역에서 믿음으로 살아야 합니다. 지금부터라도 주 예수님을 바라보며 주님께로 가는 삶을 시작하시기 바랍니다.

아프리카에서 사역하던 한 선교사 가족이 있었습니다. 어느 날 어린 아들이 뒤뜰에서 혼자 놀고 있는데 갑자기 아빠가 다급한 목소리로 아이를 불렀습니다.

"애야, 얼른 땅에 바짝 엎드려라!"

아이는 대꾸도 하지 않고 즉각 땅에 엎드렸습니다.

"자, 이제 내게로 기어와. 절대 고개를 들지 마."

아이는 시키는 대로 아빠를 향해 기었습니다.

"이제 일어나서 뛰어와!"

아이는 아버지의 품으로 달려와 안겼습니다. 그러고 나서 자기가 놀고 있던 나무를 쳐다보았습니다. 거기에 길이가 5미터나 되는 무서운 독사가 나뭇가지에 매달려 있었습니다. 만일 아이가 아버지의 말을 믿고 순종하는 것을 배우지 못했다면 어떤 결과가 빚어졌을지 생각만 해도 아찔합니다. 그런데 이것이 바로 우리의 영적인 현실입니다. 우리에게는 날마다 계속해서 예수님을 바라보는 삶이 반드시 필요합니다. 주님이 우리에게 무슨 말씀을 하시든지 우리는 그대로 순종해야 합니다.

하나님은 우리를 위해서 예수님을 십자가에 못 박으셨습니다. 우리는 예수님과 함께 죽고 예수님으로 사는 엄청난 축복을 받았습니다. 하나님은 우리 마음에 오셨습니다. 그분은 놀라운 구원을 이미 다 이루어놓으셨습니다. 그러나 우리가 계속해서 주 예수님을 바라보지 않는다면 우리는 실제 삶에서 구원받는 자의 삶을 누리지 못합니다. 우리는 믿음으로 구원받아야 합니다. 그리고 계속해서 주 예수님을 바라보며 살아야 합니다.

다시 주 예수님을 바라보라

영성일기를 꾸준히 써왔지만 끊었던 음란 동영상에 다시 무너지고 나서 낙심한 교인이 있었습니다.

"목사님, 영성일기를 쓰면 정말 죄를 짓지 않게 되는 건가요?"

이 질문이 저를 너무나 고통스럽게 했습니다. 영성일기를 쓰면서도 다시 육신에 지는 일이 분명히 있습니다. 영성일기가 죄를 이기게 해주지는 못합니다. 그러면 영성일기도 소용이 없는 것입니까? 그렇지 않습니다. 그가 다시 죄에 무너진 것은 죄에 지지 않을 만큼, 주님이 자신과 함께 계신 것을 바라보는 눈이 분명히 뜨이지 않았기 때문입니다. 그러나 영성일기를 쓰고 있기 때문에 자신이 다시 죄에 빠진 것을 보고 견딜 수 없는 고통을 느끼며 죄에 대하여 민감하고 강하게 반응한 것입니다.

목사에게 자신의 실패를 고백하는 일이 누구에게나 있는 일입니까? 주님의 역사입니다. 이전에는 아무렇지도 않게 짓던 죄가 이제 견딜 수 없는 고통이 된 것입니다. 계속해서 주님을 바라보려고 했기 때문에 이 죄를 벗어버릴 수만 있다면 목사에게 죄를 고백하는 것조차 부끄러워하지 않고 무슨 일이든지 하고자 하는 간절함에서 나온 것입니다. 영성일기를 쓰고 있기 때문에 그만큼 주님의 근심을 강하게 느끼는 것입니다. 영성일기를 통해 계속해서 주님을 바라보는 눈이 열리는 것입니다.

우리가 실패했을 때에도 우리에게는 다른 길이 없습니다. 다시 주 예수님을 바라보는 것뿐입니다. 예수님은 우리에게 일흔 번씩 일곱 번이라도 용서하라고 하셨습니다. 우리에게 완전한 용서를 허락하신 것입니다. 다시 주님을 바라보라는 것은 하나님께서 약속하신 것입니다. 주님의 근심조차 주님이 우리와 함께하시는 증거임을 깨닫고 계속해서 주님을 바라보고 나가십시오. 우리 안에서 착한 일을 시작하신 주님이 반드시 이루실 것입니다.

저는 말할 수 없는 고통 가운데 힘들어하는 분들이 많다는 것을 알고 있습니다. 또한 그런 형편에서도 믿음으로 그것을 이겨내고 놀라운 구원의 삶을 사는 분들도 알고 있습니다. 바로 믿음의 차이입니다. 노진준 목사님은 소아마비 장애인이십니다. 그는 어려서부터 '난 강해야 된다'라는 생각으로 치열하게 살았다고 합니다. 공부도 운동도 남보다 뒤처지지 않기 위해 발버둥 쳤고, 약하다는 소리를 듣지 않기 위해 초인적인 노력을 했습니다. 또 다른 사람들에게 자신의 우울한 모습을 보이고 싶지 않았기 때문에 남들을 웃겨야 한다는 강박관념을 가지고 있었습니다.

그런데 어느 날 하나님의 음성을 듣게 되었습니다.

"나는 너를 강하게 해주지 않겠다. 내가 너의 강함이 되어줄 것이다."

이 말씀을 듣고 울면서 스스로 강해지려고 하는 강박관념에서 놓임을 받았다고 했습니다. 그러면 하나님이 강하신 것은 알겠는데, 그 하나님이 어떻게 나의 강함이 되실 수 있습니까? 강하신 주님을 바라보는 것입니다. 그것이 믿음입니다. 그때 강하신 하나님이 우리의 강함이 되십니다. 하나님은 이 믿음으로 우리를 의롭다고 하시는 것입니다.

매일 매 순간 주님을 바라보며 사시기를 축복합니다. 그것이 믿음입니다. 이제는 진짜 믿으셔야 합니다. 하나님이 주신 이 엄청난 축복을 절대로 소홀히 해서는 안 됩니다. 어설프게 믿어도 안 됩니다. 신념을 가지라는 말이 아닙니다. 의심하지 말라는 것도 아닙니다. 우리 안에 오신 주님을 믿으시고, 그 주님을 바라보셔야 합니다. 항상 바라보십시오. 그리고 언제나 주님을 기억하세요. 그다음은 주님이 하십니다. 주님이 역사하십니다.

우리가 할 수 있는 것은 계속 주님을 바라보는 것뿐입니다. 그리고 주님께로 한 걸음씩 계속 가까이 가는 것입니다. 이제는 정말 믿음으로 주님을 바라보며 사시기를 축복합니다.

08

하나님 사랑, 정말 믿습니까?

롬 5:1-11

1 그러므로 우리는 믿음으로 의롭다 하심을 받았으므로, 우리 주 예수 그리스도로 말미암아 하나님과 더불어 평화를 누리고 있습니다. 2 우리는 또한, 그리스도로 말미암아 지금 서 있는 이 은혜의 자리에 [믿음으로] 나아오게 되었으며, 하나님의 영광에 이르게 될 소망을 품고 자랑을 합니다. 3 그뿐만 아니라, 우리는 환난을 자랑합니다. 우리가 알기로, 환난은 인내력을 낳고, 4 인내력은 단련된 인격을 낳고, 단련된 인격은 희망을 낳는 줄을 알고 있기 때문입니다. 5 이 희망은 우리를 실망시키지 않습니다. 하나님께서 우리에게 주신 성령을 통하여 그의 사랑을 우리 마음속에 부어주셨기 때문입니다. 6 우리가 아직 약할 때에, 그리스도께서는 제 때에, 경건하지 않은 사람을 위하여 죽으셨습니다. 7 의인을 위해서라도 죽을 사람은 거의 없습니다. 더욱이 선한 사람을 위해서라도 감히 죽을 사람은 드뭅니다. 8 그러나 우리가 아직 죄인이었을 때에, 그리스도께서 우리를 위하여 죽으셨습니다. 이리하여 하나님께서는 우리들에 대한 자기의 사랑을 실증하셨습니다. 9 그러므로 지금 우리가 그리스도의 피로 의롭게 되었으니, 그리스도로 말미암아 하나님의 진노에서 구원을 얻으리라는 것은 더욱 확실합니다. 10 우리가 하나님의 원수일 때에도 하나님의 아들의 죽으심으로 말미암아 하나님과 화해하게 되었다면, 화해한 우리가 하나님의 생명으로 구원을 얻으리라는 것은 더욱더 확실한 일입니다. 11 그뿐만 아니라, 우리는 또한 우리 주 예수 그리스도로 말미암아 하나님을 자랑합니다. 우리는 지금 그로 말미암아 하나님과 화해를 하게 된 것입니다.

믿음은 우리를 의롭다 하시기 위해 속죄 제물이 되어주신 주님, 우리 가운데 지금도 살아 계신 주 예수님을 바라보는 것입니다. 주 예수님을 바라보며 살면 사람이 반드시 변하고 삶이 달라집니다. 그 특징 중에 하나가 자랑이 달라지는 것입니다. 사람은 누구나 무언가를 자랑하며 살아갑니다. 무엇을 자랑하는지 들어보면 그가 구원받은 사람인지 아닌지 알 수 있습니다. 예수님을 바라보는 사람은 그 자랑거리가 바뀝니다.

환난을 자랑하는가?

본문은 예수님을 믿음으로 의롭다 함을 받은 사람에게 있는 독특한 자랑을 소개합니다. 바로 '하나님의 영광에 이르게 될 소망'을 자랑한다는 것입니다.

> 우리는 또한, 그리스도로 말미암아 지금 서 있는 이 은혜의 자리에 [믿음으로] 나아오게 되었으며, 하나님의 영광에 이르게 될 소망을 품고 자랑을 합니다. 롬 5:2

예수님을 바라보게 되면 이전에 보이지 않던 것이 보이는 눈이 열립니다. 그것은 '영광의 하나님'과 '하나님의 나라'입니다. 그래서 하나님의 영광에 이르게 될 소망을 자랑하게 됩니다. 기도를 해도 하나님의 나라를 위해 먼저 기도합니다. 전에는 세상 것을 자랑하며 살았는

데, 이제는 하나님의 영광에 이르게 될 소망을 자랑하게 된 것을 가리
켜 "하나님과 화해했다", "하나님과 화평하게 되었다"라고 합니다. 이
것은 그가 "하나님을 진짜 믿었다", "하나님을 만났다", "마음에 하나
님을 모시고 산다"라는 뜻으로 하나님이 그 마음에 임하셨다는 부인
할 수 없는 증거입니다.

> 그러므로 우리는 믿음으로 의롭다 하심을 받았으므로, 우리 주 예수 그
> 리스도로 말미암아 하나님과 더불어 평화를 누리고 있습니다. 롬 5:1

> …우리는 지금 그로 말미암아 하나님과 화해를 하게 된 것입니다. 롬 5:11

예수님을 믿으면 하나님과 평화하게 되고 화해하게 됩니다. 하나님
과 화해했다는 말이 뭡니까? 그전에는 하나님과 싸웠다는 말입니다.
하나님과 적대관계였다는 것입니다. 같은 영토에 두 세력이 서로 통치
권을 주장할 때 싸웁니다. 우리의 마음이 그렇습니다. 우리는 내 마음
대로 살고 싶어 합니다. 그러나 하나님께서는 우리 마음의 왕이 되기
원하십니다. 그렇기 때문에 우리가 하나님과 싸우는 것입니다.

우리 마음에 늘 갈등이 있습니다. 우리는 가정이 내 것이라고 생각
합니다. 그러나 하나님께서는 가정의 왕이 되기 원하십니다. 우리는
직장에서 자기 나름대로의 기준과 판단대로 생활합니다. 그러나 하나
님께서는 우리의 직장에서조차 왕이 되기 원하십니다. 그런데 우리가
가정에서 일터에서 늘 하나님과 싸운다면 어떻게 편안하고 행복할 수

있겠습니까?

그런 우리가 예수 그리스도를 믿음으로 말미암아 하나님과 화해하게 된 것입니다. 예수님을 영접하고 항상 주님을 바라보고 살게 되면 하나님의 왕 되심이 분명해집니다. 하나님과 화해한 삶을 사는 사람에게 나타나는 기가 막힌 자랑거리가 있습니다. 그중에 하나가 환난도 자랑하는 것입니다.

> 그뿐만 아니라, 우리는 환난을 자랑합니다. … 롬 5:3

정말 놀라운 일 아닙니까? 환난을 좋아하고 자랑할 사람이 어디 있겠습니까? 그러나 이것은 실제입니다. 예수님을 계속 바라보게 되면 우리 안에 변화가 일어납니다. 환난도 자랑하게 됩니다. 하나님의 나라가 있고 그 하나님의 나라 백성이 되어지는 과정에서 내게 환난이 주어지는 것을 알기 때문에 그 환난이 기쁨이고 자랑이 되는 것입니다.

> …우리가 알기로, 환난은 인내력을 낳고, 인내력은 단련된 인격을 낳고, 단련된 인격은 희망을 낳는 줄을 알고 있기 때문입니다. 롬 5:3,4

환난의 경한 것과 영광의 중한 것

학생이 대학에 들어가면 그것을 기뻐하고 자랑합니다. 유학을 가게 되어도 그렇습니다. 장교로 임관하게 되면 그것을 자랑하고, 운동선수가 국가대표로 선발되면 그것이 말할 수 없는 자랑이 됩니다. 그런데 실제로 대학에 들어가고 외국으로 유학을 가서 해야 하는 공부가 결코 쉬운 것이 아닙니다. 장교 훈련이나 국가대표 훈련 역시 고생이 말이 아닙니다.

그런데도 힘들고 고생스러운 그 길을 가게 된 것을 자랑하는 이유가 뭡니까? 그로 인해 얻게 될 결과를 바라보기 때문입니다. 그 결과가 너무 좋기 때문입니다. 그 결과를 위해 겪는 어려움쯤은 아무것도 아닙니다. 오히려 그 환난이 자랑스럽습니다. 신앙도 마찬가지입니다. 환난과 시험이 비록 힘들지만 그것을 자랑하게 되는 것은 하나님 나라 백성다운 인격으로 성숙하는 과정에서 반드시 있어야 할 것임을 알았기 때문입니다.

그래서 사도 바울은 "환난의 경한 것"이라고 했습니다.

"우리가 잠시 받는 환난의 경한 것이 지극히 크고 영원한 영광의 중한 것을 우리에게 이루게 함이니"(고후 4:17).

'환난의 경한 것'이란 환난을 통해 얻게 되는 것에 비해서 그렇다는 것입니다. 우리가 환난을 통해 '지극히 크고 영원한 영광의 중한 것'을 얻게 된다는 뜻입니다. 하나님의 영광을 바라보지 못하는 사람에게는 이해가 안 되는 일입니다. 그러나 하나님의 영광을 바라보는 눈이 뜨이고 나면 하나님의 영광을 알게 되고, 하나님의 나라를 알게 되고, 하나님나라 백성이 되어가는 것을 알게 됩니다. 그 순간 환난이 전혀 달리 보입니다. 여러 가지 시험을 당해도 오히려 기뻐합니다. 왜냐하면 그것으로 내가 변화되기 때문입니다.

그래서 야고보 사도가 여러 가지 시험을 만나면 기쁘게 여기라고 한 것입니다.

"너희가 여러 가지 시험을 당하거든 온전히 기쁘게 여기라 이는 너희 믿음의 시련이 인내를 만들어내는 줄 너희가 앎이라"(약 1:2,3).

사도들은 하나같이 그렇게 알았습니다. 그들은 환난, 시련, 고통을 당해도 오히려 그것을 기뻐하고 자랑거리로 삼았습니다. 그렇다면 이제 묻고 싶습니다.

"환난을 자랑하십니까?"

이것이 구원받은 믿음을 가졌다는 증거입니다. 자랑거리가 바뀐 사람이 예수 믿는 사람입니다. 어떻게 그럴 수 있습니까? 하나님의 사랑을 확신하기 때문입니다. 하나님이 자신을 사랑하시는 것이 진짜 믿어지면 그 사람에게 고생이 더 이상 고생이 아니고 환난이 더 이상 환난이 아닙니다. 하나님이 환난을 주신다면 우리에게 유익하기 때문에 주시는 것입니다. 우리를 사랑하시는 하나님께서 우리에게 유익하지 않은 것을 주실 리 없기 때문입니다. 그러니 어떤 일을 만나도 다 감사하고 오히려 환난당하는 것까지 자랑하게 된다는 말입니다.

하나님의 사랑을 보증해주시는 성령님

예수님을 믿으면 이 놀라운 일이 우리 안에 이루어집니다. 성령님께서 우리 안에 오셔서 하나님의 사랑을 부어주시기 때문입니다. 성령님의 존재 자체가 하나님의 사랑의 보증입니다. 어떤 물건을 사더라도 보증서를 주는 것처럼, 성령께서 우리 안에 계신 것을 보면 우리가 예수 그리스도의 십자가로 구원받았다는 것과 우리가 하나님나라 백성이라는 것을 알게 됩니다. 이것은 엄청난 하나님의 은혜요 축복입니다.

> …하나님께서 우리에게 주신 성령을 통하여 그의 사랑을 우리 마음속에 부어주셨기 때문입니다. **롬** 5:5

십자가의 은혜와 하나님의 나라는 하나같이 믿기 어려운 메시지입니다. 그러나 성령 하나님이 오시면 더 이상 의심하지 않고 확신하게 됩니다. 아직까지 환난이 자랑이 되지 않는다고 한다면 다시 한번 묻겠습니다.

"하나님께서 정말 당신을 사랑하신다는 것을 믿습니까?"

교회는 다녀도 하나님이 나를 사랑하신다는 것을 알기만 할 뿐 실제로 믿지 않는 사람들이 많습니다. 오히려 하나님이 자기만 사랑하지 않는다고 여기는 이들도 많습니다. '내 기도는 안 들어주고 내 형편은 돌보시지 않는다'고 생각합니다.

그런데 하나님이 자신을 사랑하신다는 것을 믿고 안 믿고는 영광의 하나님께 이르게 될 소망을 자랑하는지, 환난도 자랑하는지를 보면 압니다. 예수님을 믿고 하나님의 사랑을 믿는다고 하면서, 자랑으로 여기는 것이 세상 사람들과 똑같고, 여전히 성공하고 부유하고 잘생기고 재능이 많은 것을 자랑거리로 여긴다면 실제로 그는 하나님의 사랑을 믿는 것이 아닙니다.

율법주의자들이 돈을 사랑하는 이유

하나님을 믿는다고 하면서 세상 자랑으로 사는 것이 율법주의 신 앙입니다. 율법주의자들의 큰 특징 중에 하나가 돈을 사랑하는 것입 니다.

"집 하인이 두 주인을 섬길 수 없나니 혹 이를 미워하고 저를 사랑 하거나 혹 이를 중히 여기고 저를 경히 여길 것임이니라 너희는 하나님 과 재물을 겸하여 섬길 수 없느니라"(눅 16:13).

주님이 이렇게 말씀하셨을 때 바리새인들이 이 말씀을 듣고 비웃었 습니다. 성경이 그 이유를 다음과 같이 말했습니다.

"바리새인들은 돈을 좋아하는 자들이라"(눅 16:14).

영생을 얻고자 주님을 찾아왔던 부자 청년이 스스로 율법을 다 지 켰다고 자신 있게 말했지만 주님을 따르지 못하고 주님을 떠나간 이 유도 돈을 사랑했기 때문이었습니다. 율법을 다 지켰다는 사람이 돈 을 사랑하고 있었습니다.

목회자멘토링세미나에 멘토로 오신 박득훈 목사님이 한국 교회를 걱정하며 한국 교회가 돈의 노예가 되었다고 하셨습니다. 이 말은 한 국 교회가 율법주의에 빠졌다는 말입니다. 그렇게 보는 근거는 교회 나 교인들이 돈을 사랑하는 것입니다. 스스로 물어보십시오. 예수 믿 고 구원받았지만 여전히 돈을 사랑하고 있다면 율법주의 신앙생활을 하고 있는 것입니다.

그러면 돈을 사랑하는 것이 왜 문제가 될까요? 율법주의자들이 돈 을 사랑하는 이유는 하나님이 자신을 사랑하신다는 확신이 없기 때문입니다. 그래서 그들은 끊임없이 자신들이 구원받은 자요 의로운 자요 하나님이 사랑하시는 자라는 것을 증명해내야 하는 강박관념에 사로잡혀 삽니다. 그들은 하나님이 자신을 사랑하시고 하나님이 복을 주신 증거로 부유한 것을 꼽습니다. 부자는 하나님이 복을 주신 사람, 가난한 사람은 하나님이 버린 사람이라고 생각합니다. 그러니까 하나님이 자기를 사랑하시는지 무엇을 보고 알 수 있다고 생각하는 겁니까? "나는 부자야!"라고 말할 수 있을 때입니다. 그러면 사람들이 "아, 하나님이 당신을 축복하셨군요"라고 인정합니다.

가난한 사람은 하나님께서 사랑하시지 않는 것이라는 생각이 뿌리 깊게 자리 잡혀 있습니다. 하나님이 사랑하시면 가난하게 하실 리 없다는 것이 율법주의자들의 생각입니다. 그러니까 율법주의자들에게는 돈이 필요합니다. 가난하다는 것은 하나님이 버린 증거요 돈이 있어야 자신의 믿음을 증명할 수 있기 때문입니다. 그래서 율법주의자들이 "돈, 돈" 하며 돈에 집착하는 것입니다.

'열심히 신앙생활 했더니 하나님이 나에게 복을 주셨다'는 평가를 받으려면 부자여야 합니다. 그래서 무슨 일이 있어도 시험에 합격해야 하고 성공해야 하고 더 큰 집에 살아야 하고 큰 차를 타야 합니다. 시험에 불합격하면 하나님의 영광을 가린 것입니다. 새벽기도도 하고 십일조도 하고 교회 봉사도 열심히 했는데, 아이가 대학에 떨어지면 하나님께 원망이 일어나고 사람들 보기에 창피하다고 교회에 나오지 않습니다. 그들은 잘되면 하나님의 사랑이고 잘못되면 하나님의 저주라고 여깁니다. 다른 사람들조차 그렇게 평가하고 삽니다.

목회자들도 마찬가지입니다. 왜 그렇게 교회를 성장시키려고 애를 쏩니까? 하나님이 사랑하시는 목회자의 교회는 성장한다고 생각하기 때문입니다. 교회 성장으로 자신이 진정한 하나님의 종이라는 사실을 증명하려고 발버둥치는 것입니다. 그래서 교회들끼리 경쟁합니다. 일곱 초대교회 중 라오디게아교회는 가장 크고 부유한 교회였습니다. 그러나 주님이 그 교회를 향해 뭐라고 하셨습니까?

"네가 말하기를 나는 부자라 부요하여 부족한 것이 없다 하나 네 곤고한 것과 가련한 것과 가난한 것과 눈 먼 것과 벌거벗은 것을 알지 못하는도다"(계 3:17).

반면에 서머나교회나 빌라델비아교회는 작고 가난한 교회였습니다. 그러나 주님이 보시기에는 달랐습니다.

"내가 네 환난과 궁핍을 알거니와 실상은 네가 부요한 자니라"(계 2:9).

"내가 네 행위를 아노니 네가 작은 능력을 가지고서도 내 말을 지키며 내 이름을 배반하지 아니하였도다"(계 3:8).

혹시 어떻게 해서든지 잘되어서 하나님의 사랑을 증명하려고 애쓰지 않으십니까? 하나님의 사랑이 정말 믿어지면 삭개오처럼 모든 재산을 다 나눠주어도 조금도 아깝지 않습니다. 이미 하나님의 사랑을 확증받았기 때문에 돈에 대한 욕심이 없어지기 때문입니다. 그러니까 하나님의 사랑을 받는 자임을 증명하려고 애쓰는 것과 하나님의 사랑을 받고 있음을 믿는 것은 엄청난 차이입니다. 율법주의 신앙과 은혜 안에서 사는 삶의 차이입니다.

부인할 수 없는 하나님의 사랑, 십자가

그러면 어떻게 우리가 가난해도, 실패해도, 환난을 당해도 하나님의 사랑을 확신할 수 있을까요? 우리에게는 이미 너무나 확실한 증거가 주어졌습니다. 바로 십자가입니다.

우리가 아직 약할 때에, 그리스도께서는 제 때에, 경건하지 않은 사람을 위하여 죽으셨습니다. 의인을 위해서라도 죽을 사람은 거의 없습니다. 더욱이 선한 사람을 위해서라도 감히 죽을 사람은 드뭅니다. 그러나 우리가 아직 죄인이었을 때에, 그리스도께서 우리를 위하여 죽으셨습니다. 이리하여 하나님께서는 우리들에 대한 자기의 사랑을 실증하셨습니다.
롬 5:6-8

나를 위한 십자가, 내가 아직 죄인이었을 때 주님이 나를 위해 죽으신 십자가, 이것은 분명한 역사적 사실입니다. 내가 가난하다고, 실패했다고, 환난을 당했다고 해도 이 십자가는 취소되지 않습니다. 주님의 십자가를 바라보는데 어떻게 하나님의 사랑을 믿지 않을 수 있습니까?

한 사모님이 교통사고로 딸을 먼저 하늘나라로 보냈습니다. 그 사모님이 신학교 동기 게시판에 글을 올렸습니다.

"딸아이를 보내면서 하나님나라에 대한 소망의 눈을 열어주신 하나님께 감사한다. 내 딸의 모습으로 이 세상에 왔지만 하나님의 천사였음을 이제야 깨닫는다. 이제는 아픈 이의 위로가 될 수 있을 것 같다. 남은 시간, 정말 할 일이 많이 있구나."

딸의 죽음이라는 아픔을 겪었지만 오히려 하늘 소망을 분명히 해주신 하나님께 진정으로 감사하는 모습, 또 다른 사람을 위로할 수 있기에 감사하는 모습을 보며 동기들이 사모님에게 마음으로 박수를 보냈습니다.

이 글을 읽고 토론토에서 목회하는 한 동기 목사님도 글을 올렸습니다. 이 목사님 역시 오래전에 사랑하는 딸을 먼저 천국에 보낸 분입니다.

"너의 글을 읽고 나의 마음이 왜 이리도 찢기었던지. 남몰래 흘리는 너의 눈물이 나의 심장 속에 고인 듯하였다. 나에게도 그 일이 있고 나서 1년 반쯤 흘렀던 것 같다. 새벽기도회 시간에 갑자기 죽은 딸이 생각나서 한없이 울어보았다. 그날은 종일 울었고 일주일간 매일 울었다.

그날 하나님은 내게 이렇게 물으셨단다.

"승호야, 괴롭지? 잊혀지지 않지?"

"네, 하나님."

"이제 내 마음을 알겠니?"

"무슨 뜻입니까, 주님?"

"나도 십자가에서 나의 사랑하는 아들을 잃었단다.""

하나님께서 우리를 위해 하나님의 아들의 목숨까지 내어주셨습니다. 그 사랑이 우리를 어떤 상황 속에서도 감사하게 하고 일어서게 하는 능력이 되는 것입니다. 만일 십자가를 보아도 하나님의 사랑이 느껴지지 않는 분이 있다면 성령님의 도우심을 구하시기 바랍니다. 성령님은 우리 마음에 하나님의 사랑을 부어주시는 분입니다. 십자가를 보면서 하나님의 사랑을 깨닫는 것은 전적으로 성령님의 역사입니다. 그러니 그냥 구하십시오.

"성령님, 저의 눈을 여셔서 하나님의 사랑이 얼마나 놀라운지 알게 해주십시오."

성령님이 먼저 하시는 일

그러나 성령님께서 우리에게 먼저 하시는 일이 있습니다. 우리가 얼마나 큰 죄인인지 깨닫게 하신다는 것입니다. 하나님의 사랑을 알려면 반드시 먼저 우리가 하나님의 진노를 피할 수 없는, 하나님과 원수된 자였다는 사실을 깨달아야 합니다.

> 그러므로 지금 우리가 그리스도의 피로 의롭게 되었으니, 그리스도로 말미암아 하나님의 진노에서 구원을 얻으리라는 것은 더욱 확실합니다. 롬 5:9

그것이 없다면 십자가의 그 사랑이 얼마나 놀라운 사랑인지 알 수가 없고, 하나님의 그 사랑에 감격하지 못합니다.

어느 교회 부흥회 마지막 저녁 집회 때, 허리가 굽은 여든이 넘은 권사님 한 분이 간증을 하였습니다. 그는 자신이 젊어서 남파 간첩으로 내려왔다가 체포되어 20년 징역을 살고 가출옥 후 예수를 믿고 지금 권사가 되었다고 했습니다. 그동안 자신이 지은 모든 죄를 용서받고 구원받았다고 생각하며 살았는데, 부흥회 때 자신의 믿음이 가짜였음을 알았다고 했습니다.

그는 자신이 공산당원이 되고 간첩이 되어, 목적을 이루기 위해서라면 수단 방법을 가리지 않고 무슨 짓이든지 하는 삶을 살았다고 합니다. 사람들의 경계심을 풀기 위해 아이를 하나 데리고 남한으로 왔고, 도덕적으로 파산된 삶을 살았고, 창녀처럼 살기도 하는 등 너무 수치스런 삶을 살았다고 합니다. 그때 누군가 자기에게 예수님을 믿으면 모든 죄가 용서받고 하나님의 자녀가 된다고 전도를 해서 너무 기뻤다고 합니다. 생각하기도 싫은 모든 죄가 한순간에 다 용서를 받는다니 말입니다.

그러나 그것은 자기 죄를 그냥 숨겨둔 것이지 사함 받은 것이 아님을 알았다고 고백했습니다. 부흥회 중 예수님을 바라보면서, 자신이 예수님을 믿을 때 어떤 죄에서 용서받았는지, 어떤 죄인이었는지, 그리고 자신에게 진정한 회개가 없었음을 깨달았다고 했습니다. 그렇기 때문에, 용서받았다고 믿었지만 십자가에 대한 감격이 없고 용서와 구원이라는 말이 타성처럼 되어버렸다는 것입니다. 그것이 바로 오래 믿어도 믿음이 성장하지 않은 이유임을 깨달았다고 했습니다.

그는 부흥회를 통해 예수님을 바라보면서 비로소 죄가 얼마나 무서운지, 십자가의 능력이 얼마나 놀라운지 깨달았다고 했습니다. 그리고 교인들에게 눈물로 간증했습니다.

"어떤 경우에도 성령님을 거역하지 마세요! 죄는 너무나 무섭습니다. 용서받아도 흔적이 남습니다."

성령님은 우리가 하나님의 사랑을 깨닫기 전에 우리 자신이 얼마나 죄인인지를 먼저 깨닫게 하십니다. 이 눈이 뜨이면 비로소 십자가의 영광, 그 안에 담긴 영광의 하나님, 하나님의 나라가 열리고, 죄인을 사랑하시는 하나님의 사랑을 깨닫게 됩니다. 우리가 아직 죄인이었을 때에도 독생자를 주시기까지 우리를 사랑하신 그 하나님께서 구원하신 자녀를 지금 얼마나 더 사랑하실까 하는 것도 믿어지게 되는 것입니다.

우리가 하나님의 원수일 때에도 하나님의 아들의 죽으심으로 말미암아 하나님과 화해하게 되었다면, 화해한 우리가 하나님의 생명으로 구원을 얻으리라는 것은 더욱더 확실한 일입니다. 롬 5:10

하나님의 사랑을 믿는 믿음

하나님께서 나를 사랑하신다고 억지로 믿으려고 할 필요가 없습니다. 너무나 확실합니다. 이 믿음이 엄청난 복입니다. 하나님께서 나를 사랑하신다는 것을 믿고 자신의 삶을 바라보십시오. 이 믿음이 삶을 바꿉니다. 하나님의 사랑을 받는 자에게 무슨 좌절과 낙심과 수치심이 있겠습니까? 가난, 실패, 환난이 문제가 되지 않습니다. 오히려 더 자랑스럽습니다. 그것을 통하여 하나님의 백성의 모습으로 바뀌어가기 때문입니다. 이것이 기적입니다. 환난도 자랑거리가 되니 무엇이 무섭겠습니까?

"그러나 이 모든 일에 우리를 사랑하시는 이로 말미암아 우리가 넉넉히 이기느니라 내가 확신하노니 사망이나 생명이나 천사들이나 권세자들이나 현재 일이나 장래 일이나 능력이나 높음이나 깊음이나 다른 어떤 피조물이라도 우리를 우리 주 그리스도 예수 안에 있는 하나님의 사랑에서 끊을 수 없으리라"(롬 8:37-39).

이 확신이 은혜의 삶입니다. 실패했다고 해서 절대로 하나님의 영광을 가리는 것이 아닙니다. 오히려 실패한 그 자리에서 나의 실패를 자랑하는 것이 하나님의 영광을 드러내는 것입니다. 하나님의 사랑을 교리로만 알면 안 됩니다. 하나님께서 아무리 우리를 사랑하셔도 우리가 바로 믿지 못하면 아무 소용이 없습니다.

이제는 자랑거리가 바뀌었습니까? 세상 자랑을 다 버리게 되었습니까? 하나님나라의 소망이 자랑이십니까? 환난을 만나도 자랑하십니까? 이것이 믿음으로 구원받은 자, 하나님과 화해한 자의 믿음이요 증거입니다.

그뿐만 아니라, 우리는 또한 우리 주 예수 그리스도로 말미암아 하나님을 자랑합니다. 우리는 지금 그로 말미암아 하나님과 화해를 하게 된 것입니다. 롬 5:11

하나님과 화해한 자의 삶을 살아가시기를 축복합니다. 어떻게든 자신이 잘되는 것으로 하나님의 사랑을 증명하고자 하는 우리의 무익한 노력에서 온전히 구원해주시기를 구하십시오. 하나님의 사랑은 결코 부인할 수 없습니다. 부인할 수 없는 하나님의 사랑의 증거인 십자가를 붙잡으십시오. 십자가만 의지하십시오. 하나님의 사랑을 믿는 믿음으로 환난도 자랑하는 자가 되게 하시고, 우리를 하나님의 백성으로 다듬어가시는 하나님을 자랑하고 고백하기를 축원합니다.

09

간증 중의 간증

롬 5:12-21

12 그러므로 한 사람으로 말미암아 죄가 세상에 들어왔고, 또 그 죄로 말미암아 죽음이 들어온 것과 같이, 모든 사람이 죄를 지었기 때문에 죽음이 모든 사람에게 이르게 되었습니다. **13** 율법이 있기 전에도 죄가 세상에 있었으나, 율법이 없을 때에는 죄가 죄로 여겨지지 않았습니다. **14** 그러나 아담 시대로부터 모세 시대에 이르기까지는 아담의 범죄와 같은 죄를 짓지 않은 사람들까지도 죽음의 지배를 받았습니다. 아담은 장차 오실 분의 모형이었습니다. **15** 그러나 하나님께서 은혜를 베푸실 때에 생긴 일은, 아담 한 사람이 범죄했을 때에 생긴 일과 같지 않습니다. 한 사람의 범죄로 많은 사람이 죽었으나, 하나님의 은혜와 예수 그리스도 한 사람의 은혜로 말미암은 선물은, 많은 사람에게 더욱더 넘쳐나게 되었습니다. **16** 또한, 하나님께서 주시는 선물은 한 사람의 범죄의 결과와 같지 않습니다. 한 범죄에서는 심판이 뒤따라와서 유죄 판결이 내려졌습니다마는, 많은 범죄에서는 은혜가 뒤따라와서 무죄 선언이 내려졌습니다. **17** 아담 한 사람의 범죄 때문에 그 한 사람으로 말미암아 죽음이 왕노릇 하게 되었다면, 넘치는 은혜와 의의 선물을 받는 사람들은, 예수 그리스도 한 분으로 말미암아, 생명 안에서 왕노릇 하게 되리라는 것은 더욱더 확실합니다. **18** 그러니 한 사람의 범죄 행위 때문에 모든 사람이 유죄판결을 받았는데, 이제는 한 사람의 의로운 행위 때문에 모든 사람이 의롭다는 인정을 받아서 생명을 얻게 되었습니다. **19** 한 사람이 순종하지 않음으로 말미암아 많은 사람이 죄인으로 판정을 받았는데, 이제는 한 사람이 순종함으로 말미암아 많은 사람이 의인으로 판정을 받을 것입니다. **20** 율법은 범죄를 증가시키려고 끼여 들어온 것입니다. 그러나 죄가 많은 곳에, 은혜가 더욱 넘치게 되었습니다. **21** 그

것은, 죄가 죽음으로 사람을 지배한 것과 같이, 은혜가 의를 통하여 사람을 지배하여, 우리 주 예수 그리스도로 말미암아 얻는 영원한 생명에 이르게 하려는 것입니다.

우리는 많은 간증을 듣습니다. 저도 성도들에게 삶에서 경험한 하나님을 간증하도록 권합니다. 그런데 많은 사람들이 간증거리가 없다고 토로합니다. 하지만 그것은 옳은 말이 아닙니다. 우리 모두에게는 정말 놀라운 간증이 있습니다. 간증 중의 간증은 "나 같은 죄인이 예수님을 믿고 하나님의 자녀가 되었다"라는 것입니다. 이 간증이 놀라운 것은 모든 그리스도인들의 간증이기 때문입니다. 이보다 더 놀랍고 극적인 간증은 없습니다. 이 간증처럼 영원한 간증도 없습니다. 이 세상에서뿐 아니라 영원한 하나님의 나라에서 계속 나누어도 부족함이 없는 간증입니다.

나의 고백의 진정성

모든 그리스도인이 이 간증을 가지고 있습니다. 그러나 안타깝게도 이 간증처럼 진부하게 여겨지는 간증이 없습니다. "나 같은 죄인이 예수님을 믿고 하나님의 자녀가 되었다", 그런 간증을 할 거면 하지 말라고 합니다. 그것이 무슨 간증이냐고 말합니다. 왜 그럴까요? 그것이 놀라운 일이 아니기 때문입니까? 아닙니다. 정말 놀라운 일입니다. 그러면 왜 진부하게 여겨지는 것입니까?

먼저 "나 같은 죄인이"라는 고백에 진정성이 없다는 것입니다. '나 같은 죄인'이라는 말은 상상할 수 없이 더럽고 악하고 추한 죄인, 지옥에 갈 수밖에 없는 죄인, 벌레만도 못한 죄인, 쓰레기 같은 죄인, 말할 수 없는 죄인이라는 그런 말입니다. 그러나 정말 그렇다고 여기십니까? 그렇지 않다는 것은 우리가 다른 사람을 판단하고 정죄하는 것을 보면 압니다.

"아니, 어떻게 저런 나쁜 사람이 다 있어?"

"너무하잖아, 사람도 아니네!"

이런 말을 한다는 것이 바로 '나 같은 죄인이'라는 고백이 진정한 고백이 아니라는 증거입니다.

사도 바울이 12절에서 "모든 사람이 죄를 지었기 때문에"라고 말한 것은 사실 매우 충격적인 말씀입니다. 이 말은 좁게 보면 유대인들을 염두에 두고 한 말입니다. 유대인들은 선민의식으로 가득 차 있었기 때문에 자신들이 이방인들과 같은 죄인이라는 사실을 도무지 받아들이지 못했습니다. 자신들은 이방인들과 질적으로 다르다고 생각했습니다. 그러나 사도 바울은 이런 유대인들도 똑같은 죄인이라고 말하는 것입니다.

오늘날 현대 교회 안에도 이런 유대인, 바리새인들이 많이 있습니다. 자신은 교양 있고 품위 있고 경건하다고 생각합니다. 사실 교양 있고 품위 있고 경건한 것이 무슨 문제이겠습니까? 그러나 자신은 그렇다고 생각하면서 계속 남을 탓하고 정죄하고 판단하는 것이 문제입니다.

그러니 진심으로 "나 같은 죄인이"라고 여기는 것이 아닌 것입니다.

말할 수 없는 죄인입니까?

이처럼 우리에게는 죄인이면서도 자신이 얼마만 한 죄인인지 깨닫지 못하는 무서운 죄성(罪性)이 있습니다. 이 죄성은 아담에게 있었고, 우리의 생명 속에 박혀 있습니다. 그래서 우리에게 죽음이 온 것입니다.

> 그러므로 한 사람으로 말미암아 죄가 세상에 들어왔고, 또 그 죄로 말미암아 죽음이 들어온 것과 같이, 모든 사람이 죄를 지었기 때문에 죽음이 모든 사람에게 이르게 되었습니다. 롬 5:12

"죄가 들어왔다"고 했는데, 이때 단수인 '죄'라는 단어를 사용하였습니다. 이것은 우리가 구체적으로 짓는 여러 가지 죄를 말하는 것이 아니라 하나의 세력, 인격적인 행동 주체로서의 힘을 말하는 것입니다. 그 말은 우리를 사로잡는 힘이 있다는 것입니다. 그 죄가 아담 한 사람으로 인하여 사람들 속에 들어와 우리 자신이 되어버렸습니다.

"예수께서 대답하시되 진실로 진실로 너희에게 이르노니 죄를 범하는 자마다 죄의 종이라"(요 8:34).

죄를 짓지 않으려고 노력해보셨습니까? 그렇다면 죄를 안 짓고 싶은 마음은 있지만 죄를 안 지을 수 있는 힘이 우리에게 없다는 것을 알 것입니다. 우리가 죄를 짓는 것은 우리가 죄의 종이기 때문입니다. 우리 안에는 죄라는 무서운 괴물이 들어앉아 있습니다. 이것이 우리의 실상입니다.

많은 사람이 아담으로 인하여 죄가 자기 안에 들어왔다는 말씀에 의문을 제기합니다. 그러나 우리 안에 죄성이 있음을 부인할 수는 없습니다. 말씀을 몰라서 죄가 죄인 줄 모르고 살 뿐입니다. 그러나 말씀을 보면 자신이 어떤 죄인인지 그대로 다 드러납니다.

율법이 있기 전에도 죄가 세상에 있었으나, 율법이 없을 때에는 죄가 죄로 여겨지지 않았습니다. 롬 5:13

"…율법으로 말미암지 않고는 내가 죄를 알지 못하였으니 곧 율법이 탐내지 말라 하지 아니하였더라면 내가 탐심을 알지 못하였으리라"(롬 7:7).

우리 마음속에 탐심이 계속 역사합니다. 그것이 죄인 줄 몰랐을 때는 자연스러웠지만 말씀을 보니 탐심이 죄라는 것을 깨닫고 깜짝 놀랍니다. 그러면서도 탐심이 끊어지지 않는 것을 보면서 자신이 어떠한 죄인인지 깨달았다는 것입니다.

로마서 1장 29절부터 31절까지에는 하나님께서 사형에 해당한다고 하신 죄가 구체적으로 나열되어 있습니다. 그런데 우리는 그 말씀을 보고 깜짝 놀라게 됩니다. 시기, 분쟁, 수군거리는 자, 오만한 자, 자랑하는 자, 부모를 거역하는 자, 우매한 자, 신의가 없는 자, 무정한 자, 무자비한 자가 다 사형에 해당하는 사람이라는 것입니다. 말씀을 보니까 나에게도 사형에 해당하는 죄가 한두 가지가 아니라는 것을 알게 됩니다. 이처럼 말씀이 아니었다면 자신이 지옥에 갈 자라는 것을 알 수 없는 것입니다.

"그때에 이스라엘에 왕이 없으므로 사람이 각기 자기의 소견에 옳은 대로 행하였더라"(삿 21:25).

자기 생각에 옳은 대로 행한 것이 왜 죄입니까? 어째서 그렇습니까? 자기 생각에 옳은 대로 행하는 것이 하나님의 왕 되심을 거부한 죄이기 때문입니다. 그러니 이것이 얼마나 큰 죄입니까?

저는 솔직히 제가 말할 수 없는 죄인이라는 것을 꿈에도 생각해보지 않았습니다. 저는 나름대로 괜찮게 살았다고 생각했습니다. 그러나 성령의 역사로 거듭나 예수님을 만나고 난 뒤 제가 말할 수 없는 죄인임을 깨달았습니다. 저는 드러내놓고 죄짓지는 않았습니다. 하지만 마음으로 은밀한 죄를 짓는 데는 선수였습니다. 이것을 깨닫고 나서 저는 너무나 고통스러웠습니다. 이 죄책감 때문에 목회를 그만둘 생각까지 했었습니다.

여러분도 자신이 어떤 죄인인지 깨닫게 해달라고 기도해보시기 바랍니다.

"하나님, 제가 어떤 죄인인지 알게 해주세요."

자신에게 어떤 죄가 있는지 깨닫게 되고, 자신의 죄가 드러나는 것을 두려워하지 마십시오. 그것이야말로 은혜의 문이 열리는 것입니다. 넘치는 축복이며 영생의 시작입니다. 죄가 죄인 줄 모르는 것이 버림받은 상태에 있는 것이며 하나님의 저주 아래에 있는 것입니다. 왜 예수를 믿어도 은혜를 경험하지 못하고 삽니까? 자기 죄를 모르고 살기 때문입니다. 나 같은 죄인이라는 진정한 고백이 없는 것입니다.

…죄가 많은 곳에, 은혜가 더욱 넘치게 되었습니다. 롬 5:20

감격이 있습니까?

더 나아가 우리는 "하나님의 자녀가 되었다"는 감격을 주시도록 기도해야 합니다. 모든 그리스도인들이 하나님의 자녀가 되었다는 고백을 스스럼없이 합니다. 문제는 그 고백에 감격이 없다는 것입니다. 하나님이 안 믿어지고 하나님의 사랑은 더 안 믿어지는데, 하나님의 자녀가 되었다는 것이 감격이 되겠습니까? 계속 의심만 일어납니다. 예수님이 십자가를 지심으로 온 인류의 죄가 사함을 받고 내 죄도 사함을 받는다는 것이 믿어지지 않는 것입니다. 그럴 수 있습니다.

그러나 우리는 복음을 주목해야 합니다. 어떻게 아담으로 인하여 우리에게 죄가 들어왔고, 어떻게 예수 그리스도로 인하여 우리에게 생명이 들어왔는지에 대해 성경은 명확하게 말씀합니다.

아담은 예수 그리스도의 모형(模型)이었습니다.

…아담은 장차 오실 분의 모형이었습니다. 롬 5:14

아담으로 인하여 온 인류에게 죄가 들어온 것처럼 예수님으로 인하여 온 인류에게 생명이 들어온 것을 말씀합니다. 사도 바울은 5장 15절부터 19절에서 아담으로 인한 타락과 예수 그리스도로 인한 구원을 선명하게 대조해서 말씀하고 있습니다.

"아담의 범죄로 죽음이 임하였으나 예수 그리스도 때문에 생명을 얻게 되었습니다. 아담으로 인하여 유죄 판결이 내려졌지만 예수 그리스도로 말미암아 무죄 선언이 내려졌습니다. 아담의 불순종으로 말미암아 많은 사람이 죄인으로 판정을 받았으나 예수 그리스도의 순종으로 말미암아 많은 사람이 의인으로 판정을 받은 것입니다. 예수 그리스도로 인하여 우리에게 은혜의 선물이 넘쳐나게 되었습니다."

우리에게 이토록 놀라운 복음을 말씀합니다. 문제는 이 엄청난 은혜의 선물을 받고도 우리에게 감격이 없다는 것입니다. 머리로 아는 복음이 가슴으로 내려오지 않는 것입니다. 오늘날 많은 그리스도인들이 처해 있는 실상입니다.

존 파이퍼 목사님이 말했습니다.

"수많은 그리스도인들이 초등학생 수준의 하나님을 아는 지식을 가지고 대학원급 수준의 죄와 싸우고 있습니다."

왜 우리가 예수를 믿고도 죄와 싸우면서 무너지고, 기쁨과 감사와 간증이 없는 삶을 삽니까? 하나님을 아는 것은 초등학생 수준이고 죄는 대학생 수준이기 때문에 싸움이 안 되는 것입니다. 우리가 하나님을 믿지만 하나님을 아는 것이 없으니 어떻게 은혜의 삶을 살 수 있겠습니까?

존 파이퍼는 계속해서 말했습니다.

"어떤 분들은 이렇게 말할지도 모릅니다.

"잠깐만요, 하나님에 대하여 잘 아는 유명한 설교자나 신학 박사들 중에서도 파렴치한 죄를 지은 사람들이 많지 않습니까?"

저는 이렇게 말할 것입니다.

"더 많을지도 모릅니다. 그러면 어째서 설교자나 신학 박사들이 간음죄를 짓고 파렴치한 일을 하는 것일까요? 그들이 실제로는 하나님을 모르기 때문입니다. 여러분이 매일 10시간씩 신학 서적을 읽으면서 40년을 공부한다 하더라도, 실제로는 하나님을 알지 못할 수 있습니다. 지식으로만 하나님을 아는 것은 마귀가 하나님을 아는 방식입니다. 우리의 신앙을 분별하는 중요한 기준이 있습니다. 그것은 미움입니다. 하나님은 모든 사람을 사랑하시지만 마귀는 모든 것을 미워합니다. 그러므로 하나님을 아는 지식이 많은데도 사람을 미워한다면 그가 아는 하나님은 마귀가 아는 하나님과 같은 것입니다.""

하나님을 얼마나 알고 계십니까? 어떤 하나님을 알고 계십니까? 그것은 사랑인지 미움인지를 보고 분별할 수 있습니다. 살아 계신 하나님, 사랑의 하나님, 함께하시는 하나님을 알기 때문에 더 많은 사람들을 사랑하게 되었습니까? 그러면 참 하나님을 알고 있는 것입니다.

성경은 분명히 약속하였습니다.

…예수 그리스도 한 분으로 말미암아, 생명 안에서 왕 노릇 하게 되리라… 롬 5:17

…우리 주 예수 그리스도로 말미암아 얻는 영원한 생명에 이르게 하려는 것입니다. 롬 5:21

우리가 여전히 죄에게 종노릇하며 구원의 감격도 없이 피곤하고, 혼란스럽고, 낙심하며, 욕심을 부리고, 미워하며, 싸우고, 우울하게 사는 것은 하나님의 계획이 아닙니다. 하나님의 계획은 우리가 그렇게 예수 믿는 것이 아닙니다. 우리가 생명 안에서 왕 노릇 하는 것입니다. 하나님께서 그렇게 하실 것을 믿으셔야 합니다.

하나님께서는 반드시 하나님의 자녀들이 감격스럽게 "나 같은 죄인이 예수님을 믿어서 하나님의 자녀가 되었다"라고 간증하게 만드십니다. 그 간증을 할 때가 되면 모든 낙심과 방황이 끝납니다. 어떤 환경 어느 순간에도 감사와 사랑과 감격으로 살게 됩니다. 나 같은 죄인이 예수를 믿고 하나님의 자녀가 되었다는 것이 감격이 되면 이 세상을 살아가는 동안 문제 될 것이 아무것도 없습니다. 하나님은 우리가 그런 고백을 하게 만들어주십니다.

이미 받은 완전한 은혜

혹시 환경도 사람도 달라진 것이 없는데, 갑자기 모든 것이 감격스럽고 모든 사람이 사랑스럽게 여겨지는 순간을 경험해보신 적이 없습니까? 사람과 환경을 보는 눈과 마음이 바뀌면서 갑자기 모든 것이 달리 보이는 그런 경험 말입니다.

미국 댈러스에서 만났던 최병락 목사님의 이야기입니다. 아들이 다섯 살 때 일입니다. 목회하면서 아이를 키우는 일이 무척 힘이 들었다고 합니다. 특히 아들이 무척 활발해서 잠시도 눈을 뗄 수가 없었습니다. 아내도 지치고 목사님도 많이 지쳤습니다. 자녀를 주신 하나님께 감사드렸던 마음이 점점 사라지고 있었습니다. 솔직히 '아이들이 빨리 커서 아내와 둘이서 자유롭게 목회했으면' 하는 마음이었습니다.

그러던 어느 날 아이들을 데리고 심방을 갔습니다. 방이 많고 거실도 세 개나 되는 큰 집이었습니다. 목사님이 1층에서 예배를 인도하는 동안 아이들은 2층 미디어룸에서 게임을 하며 놀았습니다. 예배를 마치고 담소를 나누는데, 갑자기 2층에서 무언가 터지는 소리가 났습니다. 얼마나 소리가 컸던지 놀라서 뛰어올라갔는데 미디어룸에 연기가 자욱했습니다.

아이들은 큰 텔레비전 화면 앞에서 게임용 장총으로 목표물을 맞히는 전자 게임을 하고 있었습니다. 그런데 아이가 없는 집주인이 아무 생각 없이 사슴을 잡는 진짜 총을 장전한 채 옆에 세워두었던 것입니다. 공교롭게도 아이들의 눈에는 게임용 총과 진짜 총이 똑같아 보였고, 네 살 된 한 아이가 총을 집어 들었습니다. 그러고는 장난감 총을 들고 있는 다섯 살 된 목사님의 아들을 향해 "손들어! 쏜다" 하고 총을 겨누었습니다. 장난기 많은 아들은 아무렇지도 않게 "쏴! 쏴!"라고 했고, 그 아이는 조금도 주저하지 않고 방아쇠를 당겼습니다.

그 순간 집 안을 가르는 총성이 들리고 이내 연기가 방 안에 자욱해졌습니다. 놀란 아이는 총을 바닥에 떨어뜨렸습니다. 네 살짜리 아이라 다행히 힘이 약해서 총을 쏜 반동으로 총구가 흔들렸고, 총알이 아들의 귀 옆을 스쳐 지나갔습니다. 그것도 약 스무 발에 가까운 산탄 총이었는데, 그중에 단 한 발도 맞지 않았습니다. 총성을 듣고 방에 도착했을 때 총을 쏜 아이는 놀라서 서 있었고, 아들은 다리를 부들부들 떨며 이렇게 말했습니다.

"아빠, 나 죽을 뻔했어. 귀에서 펑 소리가 났어."

총알은 벽을 뚫고 나가 복도를 지나 건넌방 벽까지 뚫고, 그 방 안에 있는 가구에 스무 발 모두 박혀 있었습니다.

차를 타고 집으로 돌아오는 내내 아들이 살아 있다는 것이 기적임을 느꼈습니다. 집에 도착해서 아들을 힘껏 끌어안았습니다. 그리고 고백했습니다.

"영광아! 살아줘서 고마워."

그 순간 그때까지 가졌던 아들에 대한 모든 기대가 욕심이었음을 깨달았습니다. 그냥 그 아이의 존재 자체가 큰 감사라는 사실을 알게 되었습니다. 그날 아내는 은행에 있는 전 재산을 찾아와 감사헌금 봉투에 넣고 이렇게 썼습니다.

"하나님, 하연이와 영광이가 살아 있는 것만으로 감사합니다. 그것이면 충분합니다."

우리에게는 하나님이 주시는 새로운 은혜와 복이 필요한 것이 아닙니다. 사실 하나님께서 우리에게 주실 새로운 은혜와 복은 없습니다. 십자가보다 더 큰 은혜가 어디 있겠습니까? 십자가면 충분합니다. 이미 우리는 완전한 은혜를 받았습니다. 더 이상 아무것도 필요 없는 그 은혜를 받고 있습니다. 우리에게 필요한 것은 은혜를 은혜로 깨닫는 눈이 뜨이는 것입니다.

영국의 허드슨 테일러 선교사가 좌절에 빠졌을 때 요한복음 15장 5절, 예수님이 포도나무요 자신은 가지에 불과하다는 말씀을 붙잡고 다시 일어설 수 있었다고 합니다. 포도나무 가지는 영양분을 끌어 올리려고 애쓸 필요가 없습니다. 꽃을 피우려고 하거나 열매를 맺으려고 힘쓸 필요도 없다는 사실을 깨달았습니다.

"바로 믿어보려고 애쓸 것이 아니구나! 제대로 사역하려고 몸부림칠 필요가 없구나! 오직 원 줄기인 예수 그리스도에게서 떨어지지 않고 붙어 있으면 저절로 열매가 맺히게 되는 것이구나! 이제는 진정 주님께 다 맡기고 주님만 의지하리라, 주님께 감사만 하고 모든 이들을 사랑만 하리라!"

이것은 그가 모르던 내용이 아니었습니다. 이미 잘 알던 말씀이었습니다. 그러나 그날 비로소 그 말씀을 결론 삼은 것입니다. 주님을 바라보는 눈이 뜨인 것입니다. 그리고 인간적인 노력을 포기하고 완전히 주님께 맡길 수 있었습니다. 그 후 그는 주님의 놀라운 능력으로 많은 열매를 거두었습니다.

그는 영국 케직 총회에서 다음과 같이 말했습니다.

"저는 패배를 당했고 그래서 승리를 간구했으나 승리는 도무지 오지 않았습니다. 그러나 어느 날 저는 믿었습니다. 그랬더니 승리가 왔습니다."

우리에게도 이 도움이 필요합니다. 더 많은 은혜를 받는 것이 아니라 받은 은혜를 깨닫는 눈이 뜨여야 합니다.

십자가 앞에 더 머물라

한 성도가 새신자를 전도하고 말씀으로 양육하여 그가 세례를 받게 되었을 때 이렇게 물었습니다.

"교회에 와서 무엇을 배웠습니까?"

그 새신자가 곰곰이 생각하다가 대답했습니다.

"눈물을 배웠습니다."

이보다 더 정확한 대답이 있을까요? 그렇습니다. 예수님 안에 눈물이 있습니다. 회개의 눈물, 구원의 눈물, 감격의 눈물, 기쁨의 눈물, 치유의 눈물, 감사의 눈물, 생명의 눈물이 예수님 안에 있습니다.

안식년 때 미국 댈러스에서 40일 정도 지냈는데, 숙소 바로 옆이 교회였습니다. 넓은 공간에 자리 잡은 교회가 마냥 부러웠습니다. 넓은 주차장 옆에 더 넓은 잔디밭이 있었는데, 그곳에 십자가 셋이 세워져 있었습니다. 그 뒤편에 멋진 연못도 있었습니다. 연못에서 십자가를 바라보고 있는데, 마치 갈릴리 호수와 골고다 십자가를 함께 보는 것 같았습니다.

그때 주님께서 제게 분명한 메시지를 주셨습니다.

"십자가 앞에 더 머물라!"

그것이 진정한 안식이었습니다. 우리가 할 일은 십자가 앞에 더 머무는 것입니다. 우리는 너무 분주한 가운데 십자가를 생각할 시간이 없습니다. 주 예수님을 바라볼 겨를이 없이 삽니다. 그래서 은혜를 모르는 것입니다. 십자가 앞에 더 머무를 수 있는 시간을 가지시기를 축복합니다.

간증이 없는 그리스도인은 아무도 없습니다. 문제는 간증이 진정으로 간증이 되느냐 하는 것입니다. 오직 십자가 동산을 바라보시기 바랍니다. 부활의 빈 무덤을 바라보시기 바랍니다. 계속해서 십자가를 묵상하고 주 예수님만 바라보십시오. 그럴 때 반드시 성령님께서 "나 같은 죄인이 예수님을 믿어 하나님의 자녀가 되었습니다"라는 이 간증이 마음에서 울려나는 노래가 되고 뜨거운 감격이 되게 해주실 것입니다.

"간증이 간증이 되게 하소서!"

나 같은 죄인이 예수님을 믿어 하나님의 자녀가 되었다는 너무나 잘 아는 이 간증이 진정한 나의 간증이 되게 해달라고 기도하시기 바랍니다. 십자가의 은혜를 바라보는 눈을 더욱 열어주시고, 머리로 아는 지식이 가슴으로 내려오게 해달라고 기도하시기 바랍니다.

우리가 알거니와 우리의 옛사람이
예수와 함께 십자가에 못 박힌 것은
죄의 몸이 죽어
다시는 우리가 죄에게 종노릇하지 아니하려 함이니

롬 6:6

PART

3

예수님과 함께
십자가에서 죽었습니까?

10

나도 죽은 십자가

롬 6:1-14

1 그러면 우리가 무엇이라고 말을 해야 하겠습니까? 은혜를 더하게 하려고, 여전히 죄 가운데 머물러 있어야 하겠습니까? **2** 그럴 수 없습니다. 우리는 죄에는 죽은 사람인데, 어떻게 죄 가운데서 그대로 살 수 있겠습니까? **3** 세례를 받아 그리스도 예수와 하나가 된 우리는 모두 세례를 받을 때에 그와 함께 죽었다는 것을 여러분은 알지 못합니까? **4** 그러므로 우리는 세례를 통하여 그의 죽으심과 연합함으로써 그와 함께 묻혔던 것입니다. 그것은, 그리스도께서 아버지의 영광으로 말미암아 죽은 사람들 가운데서 살아나신 것과 같이, 우리도 또한 새 생명 안에서 살아가기 위함입니다. **5** 우리가 그의 죽으심과 같은 죽음을 죽어서 그와 연합하는 사람이 되었으면, 우리는 부활에 있어서도 또한 그와 연합하는 사람이 될 것입니다. **6** 우리의 옛사람이 그리스도와 함께 십자가에 달려 죽은 것은, 죄의 몸을 멸하여서, 우리가 다시는 죄의 노예가 되지 않게 하려는 것임을 우리는 압니다. **7** 죽은 사람은 이미 죄의 세력에서 해방되었습니다. **8** 우리가 그리스도와 함께 죽었으면, 그와 함께 우리도 또한 살아날 것임을 믿습니다. **9** 우리가 알기로, 그리스도께서는 죽은 사람들 가운데서 살아나셔서, 다시는 죽지 않으시며, 다시는 죽음이 그를 지배하지 못합니다. **10** 그리스도께서 죽으신 죽음은 죄에 대해서 단번에 죽으신 것이요, 그분이 사시는 삶은 하나님을 위하여 사시는 것입니다. **11** 이와 같이 여러분도, 죄에 대해서는 죽은 사람이요, 하나님을 위해서는 그리스도 예수 안에서 살고 있는 사람이라는 것을 알아야 합니다. **12** 그러므로 여러분은 죄가 여러분의 죽을 몸을 지배하지 못하게 해서, 여러분이 몸의 정욕에 굴복하는 일이 없도록 하십시오. **13** 그러므로 여러분은 여러분의 지체를 죄에 내맡겨서 불의의 연장이

되게 하지 마십시오. 오히려 여러분은 죽은 사람들 가운데서 살아난 사람답게, 여러분을 하나님께 바치고, 여러분의 지체를 의의 연장으로 하나님께 바치십시오. 14 여러분은 율법 아래 있지 않고, 은혜 아래 있으므로, 죄가 여러분을 다스릴 수 없을 것입니다.

세상과 다를 바 없는 교회와 그리스도인들의 모습을 보는 것은 저에게 말할 수 없는 두려움이며 고통입니다. 여전히 많은 목사님과 여러 장로님들이 실족하는 사건을 보고 듣습니다. 우리가 알지 못하는 얼마나 많은 그리스도인들이 또 실족하고 있을지 생각하면 잠이 오지 않을 정도입니다.

십자가 복음이 이 정도밖에 안 되는 것입니까? 겨우 이렇게 살라고 주님이 우리를 위해 십자가에서 죽으신 것입니까? 어떻게 하면 예수님을 바로 믿게 되고 우리가 먼저 예수님 안에서 바로 살 수 있을까요? 우리가 예수님을 믿어도 삶에 변화가 없는 것은 예수님의 십자가 복음을 정확히 알지 못하기 때문입니다. 많은 그리스도인들이 십자가의 복음을 속죄의 복음으로만 안다는 것이 문제입니다.

죄에서 죽은 사람

예수님께서 십자가에서 우리를 대신하여 죽으심으로 우리의 모든 죄가 사함을 받았습니다. 과거의 죄, 현재의 죄, 미래의 죄까지 다 용서받았습니다. 정말 놀라운 복음입니다. 그러나 이것만 복음이라고 이해하면 문제가 됩니다. 그렇게 되면 구원받은 이후 더 이상 거룩하게 살 이유가 없습니다. 미래에 지을 죄까지 다 용서받았는데 죄 안 짓고 선하게 살기 위해 애쓸 필요가 무엇입니까?

그런데 이런 믿음이 한국 교회와 교인들 사이에 정통 신앙인 것처럼 퍼져 있습니다. 그래서 목회자에게도 교인들에게도 죄에 대한 심각성이 없어 보입니다. 회개를 해도 건성 회개만 하는 것입니다. 오히려 "죄를 더 짓고 은혜를 더 받자"는 식으로 사는 이도 있습니다.

그러면 우리가 무엇이라고 말을 해야 하겠습니까? 은혜를 더하게 하려고, 여전히 죄 가운데 머물러 있어야 하겠습니까? 롬 6:1

예수 믿고 받은 은혜가 속죄의 은혜이기에 죄를 많이 지은 자에게 은혜가 많은 것은 맞는 말입니다. 그래서 사도 바울이 "죄가 많은 곳에, 은혜가 더욱 넘치게 되었습니다"(롬 5:20)라고 고백한 것입니다. 그러나 이 말씀을 왜곡하여 이해하면 죄를 많이 짓는 것이 좋은 것이 되고 맙니다. 죄를 많이 지은 사람일수록 은혜를 많이 받는다고 이해할 수 있기 때문입니다. 그렇다면 굳이 죄를 안 지어야 할 이유가 없는 것입니다.

그러나 이렇게 생각하는 것은 정말 안타까운 일입니다. "죄가 많은 곳에, 은혜가 더욱 넘치게 되었습니다"라는 말씀은 죄를 많이 지은 사람에게 은혜가 넘친다는 말이 아닙니다. 우리는 모두 지옥에 갈 죄인입니다. 누가 죄를 더 많이 지었느냐 덜 지었느냐 하는 차이가 없습니다. 차이가 있다면 자신이 지옥에 갈 죄인임을 깨달았느냐, 여전히 자신이 지옥에 갈 죄인임을 모르느냐 하는 것입니다. 그러니까 이 말씀은 남보다 더 많이 죄를 지은 자를 가리키는 말이 아니라, 자신이 지옥에 갈 죄인임을 깨달은 자에게 은혜도 넘친다는 것입니다.

우리 자신이 어떤 죄인인지 깨닫는 것은 충격입니다. 그러나 십자가에 나타난 하나님의 은혜가 얼마나 큰지 깨닫는 것이 우리에게 더 큰 충격입니다. 예수님께서 이미 십자가에서 우리의 모든 죄를 사하신 것을 깨달을 때 죄가 많은 곳에 은혜가 더욱 넘친다는 말씀이 적용되는 것이지, 죄를 더 지으라거나 여전히 죄를 짓고 살라는 것이 아닙니다. 우리가 십자가 복음을 바로 믿으면 우리는 더 이상 죄를 지을 수 없습니다.

사도 바울은 2절에서 놀라운 말씀을 하였습니다.

…우리는 죄에는 죽은 사람인데, 어떻게 죄 가운데서 그대로 살 수 있겠습니까? 롬 6:2

"우리는 죄에는 죽은 사람인데"라는 말씀에 주목해보십시오. 우리는 그저 죄 사함만 받은 것이 아닙니다. 죄에는 죽은 사람입니다. 우리가 죄에서 구원받는 길은 오직 죽는 것밖에 없습니다. 우리가 죄를 이기는 것은 노력으로 불가능합니다. 노력해서 죄를 안 짓게 된 사람은 없습니다. 그렇기 때문에 하나님께서 우리로 하여금 죄에 대하여 죽게 하시는 것입니다. 그럴 때 우리는 죄에서 벗어날 수 있습니다.

옛사람의 죽음

우리는 예수님께서 우리를 대신하여 죽으셨음을 믿습니다. 그러나 그뿐만이 아닙니다. 우리는 예수님께서 우리와 함께, 우리와 연합하여, 우리와 한 몸이 되어 십자가에서 죽으셨다는 것을 분명히 알아야 합니다. 예수님을 믿는다고 하면서 예수님이 나를 대신하여 죽으셨다는 것만 알지, 예수님이 나와 함께 죽으셨다는 것을 아는 사람들은 많지 않습니다. 성경에 나와 있는데도 말입니다. 그 차이가 우리의 삶의 차이를 가져옵니다. 예수님은 십자가에서 죽으셨습니다. 그리고 우리도 십자가에서 예수님과 함께 죽었습니다. 우리가 세례를 받을 때 이 놀라운 은혜가 우리에게 임하게 됩니다.

세례를 받아 그리스도 예수와 하나가 된 우리는 모두 세례를 받을 때에 그와 함께 죽었다는 것을 여러분은 알지 못합니까? 롬 6:3

세례는 우리가 예수님과 연합하여 한 몸이 되는 성례(聖禮)입니다. 그래서 우리가 세례를 받을 때 예수님의 죽음이 나의 죽음이 되는 것입니다.

우리의 옛사람이 그리스도와 함께 십자가에 달려 죽은 것은… 롬 6:6

그러므로 세례받은 사람에게는 "죄 사함을 받았다"는 믿음뿐만 아니라, "나도 죽었다"는 믿음이 있는 것입니다. 예수님만 십자가에서 죽으신 것이 아니라 '나도 죽은' 십자가입니다.

"내가 그리스도와 함께 십자가에 못 박혔나니 그런즉 이제는 내가 사는 것이 아니요 오직 내 안에 그리스도께서 사시는 것이라…"(갈 2:20).

이것이 모든 성도들의 고백입니다. 세례를 통해 이것이 우리 가운데 온전히 이루어졌습니다. 그러나 많은 그리스도인들이 자기가 죽었다는 것이 잘 믿어지지 않는다고 말합니다.

"나는 안 죽었나 봐요?"

자신이 죽은 것 같기도 하고 아닌 것 같기도 하다는 것입니다. 그것은 자신이 죽었다면 성질도 사라지고, 음욕도 사라지고, 욕심도 없어지고, 분노도 사라지고, 이기심도 없어지고, 예수님을 뜨겁게 사랑하게 될 것이라고 생각하기 때문입니다. 죽는다는 것을 이렇게 이해하니까 평생 죽었다 살았다 다시 죽었다 살았다 하며 정신이 없는 것입니다.

지금 한국 교회가 이 문제에 빠져 있습니다. "나는 죽었다"고 분명하게 고백할 수 있는 성도가 그리 많지 않습니다. 속죄함 받은 것에 대해서는 너무나 분명한데, 자신이 죽었다고 하는 믿음은 너무나 희미합니다. 그러니까 우리의 삶이 세상 사람과 크게 다르지 않은 것입니다. 목사, 장로가 되고도 죄의 종노릇하는 것입니다.

6절에서 분명히 말씀합니다. 예수님과 함께 죽은 것은 우리의 '옛사람'입니다. 그것은 육신이 아닙니다. 육신이 죽었다면 우리는 지금 무덤에 있어야 합니다. 죽은 것은 죄의 종노릇하는 우리의 옛사람입니다. 내 자아입니다. 우리 육신은 여전히 살아 있습니다. 그래서 혈기, 욕심, 이기적인 마음, 음란한 생각이 우리 속에 그냥 있습니다. 옛사람은 죽었지만 죄의 욕망은 없어지지 않는 것입니다.

자아가 죽은 사람은 육신대로 살지 않는다

그러면 예수님과 함께 옛사람이 죽은 것이 무슨 의미가 있습니까? 큰 의미가 있습니다. 우리 속에 육신의 욕망은 여전히 존재하지만 더 이상 육신이 욕망에 종노릇하고 살지 않습니다. 죄가 지배하던 옛사람이 죽었기 때문입니다. 그러므로 더 이상 죄가 우리를 지배하지 못하는 것입니다. 죄가 우리를 지옥으로 끌고 갈 수도 없고, 다시 죄짓게 할 수도 없습니다. 이제는 예수님의 생명으로 사는 거듭난 자가 되었기 때문에 죄가 우리를 어떻게 할 수 없습니다.

…우리가 다시는 죄의 노예가 되지 않게 하려는 것임을 우리는 압니다.
롬 6:6

우리의 옛사람이 십자가에서 죽었기 때문에 우리는 더 이상 죄의 노예가 아닙니다.

죽은 사람은 이미 죄의 세력에서 해방되었습니다. 롬 6:7

육신은 죽지 않았는데 자아가 죽었다는 것은 이해하기 어려운 일이 아닙니다. 분명한 예가 많습니다. 예를 들면 무기수로 확정되어 교도소에 수감된 사람이 그렇습니다. 그의 육신은 죽지 않았지만 그의 자

아는 죽은 것과 같습니다. 그에게 육신의 욕구는 여전하지만 육신의 욕구대로 살 수 없기 때문입니다. 더 이상 자기 마음대로 살지 못합니다. 많은 사람이 자아의 죽음을 끔찍하게 생각하는데 바로 이런 경우를 생각하기 때문입니다. 그는 교도소 안에서 평생 교도소장과 간수의 통제를 받으며 살아야 합니다. 이것이 자아가 죽은 사람이 어떤 삶을 사는지 잘 보여줍니다.

결혼한 사람도 이와 비슷합니다. 결혼하면 그는 더 이상 자신이 원하는 대로 살지 않습니다. 배우자가 생겼기 때문에 배우자에게 순종하고 사랑하며 삽니다. 결혼생활을 감옥이나 무덤에 비유하는 것은 결혼이 자아의 죽음을 요구하기 때문입니다. 그러나 자아의 죽음이 꼭 불행을 의미하지는 않습니다. 결혼생활이 불행한 것은 자아가 죽지 않았기 때문입니다. 자아가 죽은 사람의 결혼생활은 행복합니다.

성경은 그리스도인들이 주님과 혼인 관계에 있다고 말합니다. 이것은 예수님을 믿는 것이 자아가 죽는 것임을 정확히 깨우쳐주는 비유입니다. 예수님이 우리의 신랑이 되셨습니다. 우리는 예수님 안에서 삽니다. 예수님이 우리의 왕이십니다. 예수님이 우리를 다스리고 인도하십니다. 우리 육신의 욕구는 여전히 있지만 우리는 육신대로 살지 않습니다. 이제는 예수님께서 우리의 주인이시기 때문입니다. 이것이 바로 우리의 자아가 죽었다고 하는 것입니다.

어떤 목사님에게 알코올중독자인 전도 대상자가 있었습니다. 어느 날 그 목사님이 교인들과 함께 그 대상자의 집을 방문하였는데, 아무리 문을 두드려도 응답이 없었습니다. 그때 목사님은 내심 그 분이 안 나오면 좋겠다고 생각하였습니다. 한 번 붙들리면 3시간은 같은 말을 반복하기에 듣기가 너무 힘들고 또 그날따라 심방 일정이 많아서 몸도 너무 지쳐 있었기 때문입니다. 그러나 한 번 문을 두드렸을 때 응답이 없다고 바로 돌아설 수는 없는 노릇이었습니다.

목사님은 생각했습니다.

'일곱 번은 두드려야지.'

함께 간 교인들을 향해 '왜 안 나오지?' 하는 안타까운 표정을 지어 보였지만, 일곱 번째 문을 두드릴 때도 아무 응답이 없기를 간절히 바라고 있었습니다. 그런데 정말 아무런 응답이 없었습니다. 그래서 문고리를 붙잡고 기도한 뒤에 '잘됐다. 오늘은 일찍 집에 들어가겠구나' 생각하며 집으로 돌아왔습니다.

다음 날 새벽기도회 때, 갑자기 주님이 그 일에 대하여 말씀하셨습니다.

"너는 어떻게 전도를 목사의 마음을 가지고 하느냐? 내 마음을 가지고 해야지!"

처음에는 무슨 말씀이신지 깨닫지 못하였습니다. 그러다가 "너희 안에 이 마음을 품으라 곧 그리스도 예수의 마음이니"(빌 2:5)라는 구절이 생각났고 바로 주님 앞에 고꾸라졌다고 합니다. 그리고 정말 마음 깊이 회개하였습니다.

"죄송합니다. 주님!"

어느 성도가 직장 복음화의 사명을 품었습니다. 그런데 어느 날 회식 자리에서 상무님이 주는 술잔을 거절했다가 옆자리에 앉은 중간

간부로부터 뺨을 맞았습니다. 너무나 큰 모욕감에 사표를 쓸 마음으로 그는 다음 날 기도원에 올라갔습니다. 그런데 기도하다가 이런 주님의 음성을 들었습니다.

"나는 십자가에 달리기까지 했는데, 직장을 복음화하겠다는 너는 뺨 한 대 맞은 것을 견딜 수 없느냐?"

주님의 말씀에 그가 울면서 기도원을 내려와 다음 날 다시 출근을 했습니다. 자아가 죽었다는 것은 이제는 육신이 이끄는 대로 살지 않는다는 것입니다. 전에는 육신의 종노릇하며 살았습니다. 내 혈기대로, 내 감정대로, 내 생각대로, 내 계획대로, 내 야망대로 살았습니다. 그런데 그것이 예수님과 함께 죽었습니다. 나의 옛사람이 죽었습니다. 이제는 육신이 하자는 대로 살지 않고 주님이 하자는 대로 사는 것입니다. 이런 사람이 자아가 죽은 사람입니다.

옛사람의 장례식

우리는 오직 '믿음으로' 구원받습니다. 그러나 무엇을 믿느냐 하는 문제가 남습니다. 예수 믿고 속죄함을 받았다는 것만 믿는 것은 진정으로 구원받은 자의 믿음이 아닙니다. 속죄함 받은 것을 믿는 것은 분명하지만 십자가에서 나도 죽었음이 믿어져야 합니다. 예수님과 함께 나도 죽었고, 나도 죽은 그 십자가가 믿어질 때 세례를 받는 것입니다. 구원받은 사람은 거듭난 사람입니다. 거듭났다는 말은 죽었다가 다시 살았다는 말입니다. 죽지 않은 사람은 거듭날 수 없습니다. 이렇게 옛사람의 죽음을 믿는 것이 세례받는 믿음입니다.

그러므로 우리는 세례를 통하여 그의 죽으심과 연합함으로써 그와 함께 묻혔던 것입니다. … 롬 6:4

세례받은 사람은 자신의 장례식을 치르고 사는 사람입니다. 그런데 이 장례식은 슬픈 장례식이 아닙니다. 기쁜 장례식입니다. 오히려 기뻐할 일입니다. 죄의 종노릇하던 옛사람의 장례식이기 때문입니다.

그러나 많은 그리스도인들에게 이 믿음이 분명하지 않습니다. 옛사람의 죽음을 믿지 못한 채 죄만 용서받기 원합니다. 죄짓고 회개하고 다시 죄짓고 또 회개하기만 반복하는 것입니다. 그러다가 회개도 시들해지고 형식적으로 하게 되면서 영적으로 완고한 자가 되는 것입니다. 회개를 하는 것 같아도 실제로 마음은 여전히 죄지을 생각으로 삽니다.

느낌이 아니라 말씀을 믿는 믿음

이것은 자신이 죽었다는 것이 느껴지지 않기 때문입니다. 그런데 자기가 죽었다는 것을 느낌으로 믿으려고 하면 큰일입니다. 1945년 8월 15일, 우리 민족은 해방되었습니다. 그러나 8월 15일 당일은 오히려 조용했습니다. 대부분의 사람들이 어리둥절한 채 그날을 보냈습니다. 그날은 누구도 거리에 나와 "대한독립 만세"를 외치지 않았습니다. 몰라서 그런 것만은 아니었습니다. 우리가 해방되었다는 소식은 들었지만 느낌이 없고 일본이 항복했다는 말이 퍼져나갔지만 실감이 나지 않은 것입니다. 그다음 날이 되어서야 사람들이 만세를 부르며 거리로 뛰쳐나왔습니다.

그러나 9월 9일 미군 사령관 하지 중장에게 정식으로 항복할 때까지도 일본 아베 총독은 여전히 조선 총독으로 행동했습니다. 그러니까 사람들이 한동안 일본이 패망한 것 같기도 하고 아닌 것 같기도 한 혼란 상태에 있었습니다. 느낌으로 알려고 하니까 이렇게 어리둥절하기만 했던 것입니다.

이처럼 많은 그리스도인들이 자아가 죽었다는 복음을 듣고도 어리둥절해 하고 있습니다. 느낌으로 믿으려고 하기 때문입니다. 그러나 우리에게 필요한 것은 느낌이 아니라 사실입니다. 옛사람의 죽음은 느낌으로 아는 것이 아닙니다. 하나님이 이미 다 이루어놓으신 것입니다. 성경에도 분명히 기록되어 있습니다.

방금 결혼식을 마친 신혼부부는 아직까지 부부라는 느낌이 들지 않아도 이미 부부입니다. 5년, 10년쯤 살다가 이제 부부 같다는 느낌이 오면 그때 부부가 되는 것이 아닙니다. 두 사람이 결혼을 했다는 사실에 근거하기 때문에 "내 남편입니다", "내 아내입니다"라고 고백하는 것이지요. 입양된 고아가 양부모님 집에서 5년 정도 살다보니 이제는 양부모가 내 부모 같고, 그 집이 내 집 같아서 "나는 이 집의 아들입니다" 이렇게 말합니까? 입양 수속이 끝나고 호적에 등록이 되면 그 즉시 자녀인 것입니다. 느낌은 오지 않아도 그것이 사실이기 때문입니다.

옛사람의 죽음이 분명하게 느껴진다는 분은 그리 많지 않습니다. 그러나 언제까지 느낌에 의존해서 믿으려고 하십니까? 그러면 죽을 때까지 한 번도 믿음을 가져보지 못합니다. 우리의 옛사람은 죽으려고 노력한다고 해서 죽어지는 것이 아닙니다. 경건하게 살다보면 서서히 이루어지는 것도 아닙니다. 육신의 욕망이 사라져서 죽은 줄 알게 되는 것도 아닙니다.

옛사람의 죽음은 오직 신실하신 하나님의 약속의 말씀을 보고 아는 것입니다. 하나님께서 예수님의 십자가를 통하여 이미 완전히 이루어 놓으셨음을 알고 "내가 죽었구나!" 그리고 "아멘입니다! 하나님" 이렇게 믿고 감사하며 그것을 누리는 것입니다.

죄에 종노릇하지 않는 훈련

그래서 사도 바울은 강력하게 권합니다.

이와 같이 여러분도, 죄에 대해서는 죽은 사람이요… 롬 6:11

우리 육신 안에서 죄의 욕망이 일어날 때 담대히 외치라는 것입니다. 이제는 더 이상 속으면 안 됩니다.

"나는 이미 죽었어! 십자가에서 나도 죽었다!"

그러면 죄는 더 이상 우리를 지배할 수 없다는 것입니다. 이제는 진짜 믿어야 합니다.

"나의 옛사람은 이미 죽었어. 죄야, 사탄아, 너는 내게 아무 권한이 없어."

이렇게 믿고 선포하면 죄가 우리를 지배할 수 없습니다.

…죄가 여러분을 다스릴 수 없을 것입니다. 롬 6:14

우리가 예수를 믿어도 어쩔 수 없이 운명적으로 죽을 때까지 죄의 종노릇하며 그렇게 사는 것이 아닙니다. 예수님은 우리를 죄의 노예생활 하는 데서 건지시려고 십자가에서 죽으신 것입니다. 이것이 자아가 죽은 삶입니다. 육신은 여전히 역사하지만 더 이상 육신을 따라 살지 않는 것이 진정한 구원의 삶입니다.

…죄가 여러분의 죽을 몸을 지배하지 못하게 해서, …몸의 정욕에 굴복하는 일이 없도록 하십시오. …여러분의 지체를 죄에 내맡겨서 불의의 연장이 되게 하지 마십시오. … 롬 6:12,13

어쩔 수 없이 육신의 욕망을 따라 사는 우리의 옛사람은 죽었습니다. 이제 예수님이 우리의 주인이십니다. 오늘 식당에서, 엘리베이터에서, 주차장에서 "나는 죽었다"고 고백해보시기 바랍니다. 가정에서 직장에서 죄에 대하여 죽은 자임을 선포해보십시오.

최근 서울 드림교회를 담임하시는 김여호수아 목사님이 쓰신《멈춤》(규장)이라는 책을 읽었습니다. 그 책에서 목사님은 신학교에 다닐 때 경험을 쓰셨습니다. 많은 학생들로부터 존경받는 교수님이 계셨는데, 매 강의가 은혜였고 감동이었지만 학기말 시험이 어렵기로 유명했다고 합니다. 학생들은 대부분 70점을 넘지 못하였습니다. 목사님도 시험을 치르는 날, 시험지를 받자 그 이유를 알 수 있었습니다. 시험 문제가 어려운 것이 아니라 시험지 맨 위에 적힌 질문을 보고 진땀을 흘리게 되었습니다.

"당신은 이번 학기에 할당된 독서 과제를 100퍼센트 읽었습니까?"

"예"라고 답하면 10점을 더 받고, "아니요"라고 답하면 10점이 깎이는 것이었습니다. 목사님은 솔직히 다 읽지 못했습니다. 그러나 정직하게 답하면 A학점을 받을 수 없었습니다. 질문 아래 써놓은 교수님의 멘트가 목사님을 괴롭혔습니다.

"만약 당신이 이 질문에 정직하게 답할 수 없다면, 절대로 목회를 하지 마십시오. 당신의 인격의 순전함의 결여(Lack of Integrity)가 하나님의 영광을 가리게 되고, 목회의 치명적인 걸림돌이 될 것입니다."

목사님은 종이 울리기 직전까지 씨름하다가 "예"라고 표시하고 시험지를 제출했습니다. 이것이 옛사람이 죽지 않은 사람의 삶입니다. 성적은 A학점이었고 전체 학생 중에서 A학점은 단 두 명뿐이었습니다. 그런데 그 후 성령께서 마음을 찌르기 시작하셨습니다. 괴로워서 견딜 수가 없었습니다. 결국 교수님을 찾아가 눈물로 고백하고 용서를 구하며 학점을 취소해주기를 요청했습니다. 바로 이것이 자아가 죽은 사람입니다. 더 이상 육신의 욕망대로 살지 않고 주님이 이끄시는 대로 사는 것입니다. 그로 인해 어떤 손해를 보게 되더라도 그렇게 하는 것입니다.

그 교수님이 말씀했습니다.

"여호수아, 너는 목회자가 되려면 많은 도움이 필요하겠어. 내가 너를 도와줄 테니 나와 정기적인 만남을 가질 수 있겠니? 네가 하나님의 사람(Man of God)이 될 수 있도록 너를 도와주겠다."

그리고 3년여 동안 교수님을 정기적으로 만났습니다. 교수님과의 만남은 매우 고통스러웠습니다. 도망가고 싶을 때가 많았답니다. 교수님의 질문 앞에 머뭇거릴 때면 "네가 지금 내게 거짓을 말하면 당장은 부끄러움을 모면할 수 있겠지만 결국 그 거짓 때문에 더 큰 수치를 당하게 될 것이다"라며 정직하게 자신의 모습을 고백하도록 격려해주었습니다. 그런 고백의 연습을 통해 자신 안에 있는 죄악의 견고한 진(陣)을 보았고 죄의 심각성과 파괴성에 치를 떨며 죄에 종노릇하지 않는 훈련을 받았다고 했습니다.

이것이 목사님의 오늘의 목회의 열쇠였던 것입니다. 이미 십자가에서 죽은 옛사람으로 살지 않고 예수 그리스도로 사는 사람이 된 것입니다.

예수님의 통치를 받는 사람

죄에서의 승리는 하나님께서 이미 다 이루어놓으셨습니다. 그러나 그것이 우리의 것이 되려면 우리의 옛사람의 죽음을 받아들여야 합니다. 그래서 사도 바울은 이어서 권합니다.

…하나님을 위해서는 그리스도 예수 안에서 살고 있는 사람이라는 것을 알아야 합니다. 롬 6:11

우리는 "그리스도 예수 안에서"라는 말에 주목해야 합니다. '그리스도 예수 안에서'라는 표현은 "예수 그리스도의 통치를 받는다"라는 의미입니다. 예수님의 통치를 받고 있지 않다면 그리스도 예수 안에 있는 것이 아닙니다.

이것이 4절에서 말하는 "새 생명 안에서" 사는 것입니다.

> …그것은, 그리스도께서 아버지의 영광으로 말미암아 죽은 사람들 가운데서 살아나신 것과 같이, 우리도 또한 새 생명 안에서 살아가기 위함입니다. 롬 6:4

우리는 대한민국 안에 살고 있습니다. 이것은 단순히 영토만을 의미하는 것이 아닙니다. 대한민국의 통치 아래 있다는 말입니다. 물론 대한민국 국민으로서 지켜야 할 법이 있고, 우리나라에 대해 실망하거나 마음에 들지 않는 일들도 있지만 대한민국 국민이기 때문에 주어지는 유익도 매우 많습니다. 대한민국 안에 사는 사람은 바로 이런 대접을 받습니다. 그리스도 예수 안에 있다는 말이 이런 의미입니다. 그리스도 예수 안에 있으면 예수님의 통치를 받습니다. 항상 예수님을 바라보며 예수님이 주님이요 왕인 사람입니다. 예수님의 통치를 받는 사람은 예수 그리스도 안에 약속된 새 생명의 삶을 살게 됩니다. 더 이상 죄의 종노릇하지 않아도 됩니다.

1948년 네덜란드 암스테르담에서 제1차 세계교회협의회 총회가 열렸을 때, 강단 앞에 큰 관이 하나 놓여 있었습니다. 누군가의 장례식을 치르는 그런 광경이었습니다. 개회예배에 앞서 사회자의 인도에 따라 모든 사람이 한 줄로 서서 관 속에 있는 사람에게 조의를 표하게 되었는데 한 사람씩 앞으로 나가 관 속을 들여다보고는 모두 깜짝 놀랐습니다. 관 속에는 큰 거울이 하나 놓여 있었고 그렇기 때문에 관 속을 들여다보는 사람마다 자기 자신의 얼굴을 보게 되었기 때문입니다. 바로 자신의 장례식이었습니다. 그리스도인들은 이미 예수님과 함께 옛사람이 죽은 사람인 것을 확인하는 시간이었습니다. 그 후 산적해 있던 여러 문제가 아무 잡음 없이 쉽게 처리되었다고 합니다. 이제는 우리도 우리 자신의 장례식이 이미 치러졌음을 받아들여야 합니다. 우리는 속죄함만 받은 것이 아닙니다. 우리의 옛사람이 이미 예수님과 함께 십자가에서 죽었습니다. 이 믿음이 분명해졌습니까?

예수님과 함께 나도 죽은 십자가

우리는 이미 죽은 사람입니다. 우리가 이 사실을 듣기만 하고 믿음으로 취하지 않는 한 우리의 삶은 바뀔 수 없습니다. 속죄함을 받았다는 믿음은 오히려 우리를 죄에 대해 무뎌지게 만듭니다. 우리는 그냥 속죄함 받은 것이 아닙니다. 예수님과 함께 죽었기 때문에 우리의 죄가 사함을 받은 것입니다.

그렇다면 이제부터는 말 한마디를 해도 우리가 '그리스도 예수 안에' 있다는 것을 분명히 해야 합니다. 우리의 몸도 우리의 삶도 예수님의 것입니다. 한 사람만 그렇게 살아도 우리 가정이 변하여 예수님의 가정이 되고, 교회가 변하여 예수님의 교회가 됩니다. 그렇게 일터가 변하고 세상도 변화될 것입니다.

"내가 진실로 진실로 너희에게 이르노니 한 알의 밀이 땅에 떨어져 죽지 아니하면 한 알 그대로 있고 죽으면 많은 열매를 맺느니라"(요 12:24).

이 말씀이 우리의 삶에 그대로 이루어지기를 축복합니다. 속죄함 받은 믿음만이 아니라 나도 십자가에서 죽었다는 믿음을 분명히 하고 살아서 내 심령이 변하고 삶이 바뀌고 가정과 일터가 바뀌고 그래서 하나님의 영광을 위해 살게 해달라고 구하십시오. 우리가 그저 죄만 사함 받은 것을 믿는 자가 아니요 예수님과 함께 우리도 십자가에서 죽었음을 분명히 믿는 그 믿음으로 살기 원합니다. 죄가 더 이상 우리를 다스릴 수 없는 삶을 살기를 원합니다. 더 이상 죄의 종노릇하며 사는 자가 되지 않기를 원합니다.

예수님이 우리의 왕이십니다. 우리를 능히 죄의 권세에서 건지시고 구원받은 자의 놀라운 삶을 살게 하시는 분이 우리 주님이십니다. 우리는 주님을 믿고 사는 자로 온전히 거듭났습니다. 우리가 어디서 무엇을 하고 무슨 말과 행동을 하든지, 우리는 예수님과 함께 우리의 옛사람이 죽은 자요 그리스도 예수 안에서 하나님을 위해서 살아 있는 자임을 담대히 고백하며 살기 원합니다.

"우리의 심령에 예수님과 함께 죽고 예수님으로 사는 믿음이 충만하게 하옵소서."

11

순종이 없는 믿음은 없다

롬 6:15-23

15 그러면 어떻게 해야 하겠습니까? 우리가 율법 아래 있지 않고, 은혜 아래에 있다고 해서, 마음 놓고 죄를 짓자는 말입니까? 그럴 수 없습니다. 16 여러분이 아무에게나 자기를 종으로 내맡겨서 복종하게 하면, 여러분은, 여러분이 복종하는 그 사람의 종이 되는 것임을 알지 못합니까? 여러분은 죄의 종이 되어 죽음에 이르거나, 아니면 순종의 종이 되어 의에 이르거나, 하는 것입니다. 17 그러나 하나님께 감사하는 것은, 여러분이 전에는 죄의 종이었으나, 이제 여러분은 전해 받은 교훈의 본에 마음으로부터 순종함으로써, 18 죄에서 해방을 받아서 의의 종이 된 것입니다. 19 여러분의 이해력이 미약하므로, 내가 사람의 방식으로 말하겠습니다. 여러분이 전에는 자기 지체를 더러움과 불법의 종으로 내맡겨서 불법에 빠져 있었지만, 이제는 여러분의 지체를 의의 종으로 바쳐서 거룩함에 이르도록 하십시오. 20 여러분이 죄의 종일 때에는 의에 얽매이지 않았습니다. 21 여러분은 그때에 무슨 열매를 거두었습니까? 이제 와서 여러분이 그러한 생활을 부끄러워하지마는, 그러한 생활의 마지막은 죽음입니다. 22 이제 여러분은 죄에서 해방을 받고, 하나님의 종이 되어서, 거룩함에 이르는 삶의 열매를 맺고 있습니다. 그 마지막은 영원한 생명입니다. 23 죄의 삯은 죽음이요, 하나님의 선물은 우리 주 예수 그리스도 안에서 누리는 영원한 생명입니다.

우리는 예수님을 믿는 사람들입니다. 예수님을 믿기로 한 것 자체가 말할 수 없는 하나님의 은혜입니다. 그러나 예수님을 믿되 잘 믿어야 합니다. 복음을 잘못 이해하면 십자가의 은혜로 모든 죄가 사함 받았으니 죄를 지어도 괜찮다고 생각하기 쉽습니다. 죄를 지으면 예수님이 또 용서해주실 테니까요. 그래서 회개를 해도 건성 회개를 하고 넘어갑니다. 이것은 대단히 심각한 왜곡입니다. 그러나 이렇게 생각하는 그리스도인들이 꽤 많은 것이 현실입니다. 죄와 싸우지 않습니다. 죄를 안 짓고 살려는 마음이 없습니다. 이렇게 믿는 것은 예수님을 잘 믿는 것이 아닙니다. 복음의 왜곡입니다.

복음의 왜곡은 목사만 하나님의 종이라는 생각에서도 드러납니다. '나는 목사도 아니고 선교사도 아닌데, 내가 무슨 하나님의 종이야' 하는 것입니다. 그런데 이것은 '구원받았으면 됐지, 어떻게 살든 무슨 상관이냐'는 태도입니다. 이런 사람은 예수님을 믿는 것처럼 보이기는 하지만, 예수님을 잘 믿는 것이 아닙니다.

누구에게 복종하는가?

로마서의 대표적인 요절로 "의인은 믿음으로 살 것이다"(롬 1:17)라는 말씀이 있습니다. 참으로 귀한 말씀이지만 우리는 이 말씀을 이렇게 잘못 해석하고 있습니다.

"의인은 믿음으로 '여전히 죄지으며' 살 것이다."

"의인은 믿음으로 '사람들과 싸우고' 살 것이다."

"의인은 믿음으로 '혈기 부리면서' 살 것이다."

"의인은 믿음으로 평생 '또 죄지었어요. 회개합니다. 용서해주신 것을 믿습니다' 하며 살 것이다."

그러나 로마서를 진지하게 읽어보면 결코 그렇게 읽어서는 안 된다는 것을 알게 됩니다.

"의인은 믿음으로 '순종하며' 살 것이다."

"의인은 믿음으로 '죄짓지 않고 하나님의 말씀대로' 살 것이다."

"의인은 믿음으로 '의롭게' 살 것이다."

"의인은 믿음으로 '사랑하며' 살 것이다."

이렇게 읽어야 정확합니다.

복음은 죄를 지어도 괜찮다고 우리를 안심시켜주는 능력이 아닙니다. 십자가의 은혜는 우리 죄를 뒤치다꺼리해주는 그런 은혜가 아닙니다. 우리가 죄지으면 예수님께서 우리의 죄를 다 용서해주시고, 또 죄지으면 뒤따라와서 용서해주시는 것을 십자가의 은혜라고 생각하면 큰일입니다. 십자가의 복음은 우리가 더 이상 죄짓지 않고 하나님의 종으로 살게 하는 능력입니다. 죄의 종노릇하는 데서 우리를 구원하여 하나님께 순종하며 살도록 해주는 능력입니다.

16절을 보면 누구에게 순종하느냐에 따라 그의 종이 된다고 했습니다.

…여러분이 복종하는 그 사람의 종이 되는 것임을 알지 못합니까? …

롬 6:16

그런데 예수님을 믿으면 마치 이 진리가 더 이상 적용되지 않는 것처럼 여기는 이들이 있습니다. 예수님을 믿었으니까 죄를 지어도 여전히 하나님의 자녀이고, 예수님을 믿었으니까 죄를 지어도 영생을 얻고 천국에 간다고 생각하는 분들이 있는데, 이것은 말씀과 전혀 다른 믿음입니다. 말씀을 정확하게 보아야 합니다.

…여러분은 죄의 종이 되어 죽음에 이르거나, 아니면 순종의 종이 되어 의에 이르거나, 하는 것입니다. 롬 6:16

이것은 예수님을 믿는 사람이나 믿지 않는 사람에게 동일하게 적용됩니다. 우리가 죄의 종이 되면 죽음에 이르고, 우리가 순종의 종이 되면 의에 이르는 것입니다.

여러분이 죄의 종일 때에는… 마지막은 죽음입니다. …하나님의 종이 되어서, …마지막은 영원한 생명입니다. 롬 6:20,21,22

마음으로부터 순종함

그러면 예수님을 믿은 축복은 무엇이며, 예수님을 믿어서 달라지는 것은 무엇입니까? 전에는 죄의 종노릇하며 살았는데 예수님을 믿으면 죄의 종노릇하지 않고 하나님께 순종하며 살게 된다는 것입니다.

구원받은 자를 가리켜서 16절에는 '순종의 종', 18,19절에는 '의의 종', 22절에는 '하나님의 종'이라고 하였습니다. 이 말은 예수님을 믿으면 의로우신 하나님이 인도하시는 대로 순종하며 살게 된다는 것입니다. 성령께서 우리를 순종의 종, 의의 종, 하나님의 종이 되게 해주시려고 오셨습니다.

그러나 성령이 우리 안에 오셨다고 해서 우리가 저절로 순종의 종, 의의 종이 되어 하나님께 순종하게 되는 것은 아닙니다. 하나님께 순종하느냐 안 하느냐 하는 열쇠는 전적으로 우리 마음에 있습니다. 우리 힘으로는 할 수 없지만 우리가 진정으로 하나님의 종이 되기를 갈망하면 성령께서 우리가 순종의 종, 의의 종, 하나님의 종이 되도록 도와주십니다. 그러나 우리가 육신대로 살기를 원하면 성령님도 어떻게 하실 수 없습니다. 근심하실 뿐입니다.

19절에서 사도 바울이 좀 더 쉽게 설명하였습니다.

> …여러분이 전에는 자기 지체를 더러움과 불법의 종으로 내맡겨서 불법에 빠져 있었지만, 이제는 여러분의 지체를 의의 종으로 바쳐서 거룩함에 이르도록 하십시오. 롬 6:19

여기서 주목해볼 것이 "내맡겨서", "바쳐서"라는 말입니다. 우리가 전에는 우리 자신을 더러움과 불법에 내맡겼지만 이제는 의에 바치라는 것입니다. 그러면 우리가 하나님이 기뻐하시는 거룩함에 이르게 된다는 것입니다. 더러움과 불법에 몸을 맡기는 것도 우리가 하고, 의의 성령님께 자신을 바치는 것도 우리가 하는 것입니다. 불법의 종이 되느냐, 의의 종이 되느냐 하는 열쇠는 우리가 가지고 있습니다.

우리가 죄를 지으면 교도소에 들어가게 됩니다. 우리가 비록 그것을 원하지 않더라도 공권력에 의하여 강제 집행됩니다. 그러나 술집에 가고 안 가는 것은 다른 문제입니다. 우리 마음이 결정하는 것입니다. 내가 술집에 가는 것이지 끌려가는 것이 아닙니다. 우리가 예배에 참석한 것 또한 우리 마음이 결정한 것입니다. 우리 인생은 "누구에게 순종하느냐?"에 달려 있습니다. 평생 죄의 종노릇하며 살 것입니까? 아니면 하나님의 종으로 살 것입니까? 여기에 우리 인생이 달려 있습니다. 그리고 이것은 우리 마음에 달려 있습니다.

시온의 대로가 있는 마음

17절에서 죄의 종이었던 사람이 의의 종이 되는 것은 '마음으로부터 순종함'이 있었기 때문이라고 했습니다.

…여러분이 전에는 죄의 종이었으나, 이제 여러분은 전해 받은 교훈의 본에 마음으로부터 순종함으로써, 죄에서 해방을 받아서 의의 종이 된 것입니다. 롬 6:17,18

여기서 한 가지 질문이 생깁니다. 우리가 우리 마음을 바꾸기만 하면 죄의 종이 의의 종이 되는데, 그러면 십자가는 왜 있습니까? 성령께서는 무엇 때문에 우리 마음에 오신 것입니까?

우리가 죄의 종이었을 때는 아무리 마음이 원해도 죄에서 벗어날 수 없었습니다. 죄를 안 짓고 살고 싶어도 죄를 안 지을 수 없는 그런 존재였던 것입니다. 그래서 주 예수님께서 십자가에 달려 죽으신 것입니다. 우리의 옛사람도 십자가에서 예수님과 함께 죽었기 때문에 우리가 죄의 종노릇에서 해방되어 자유하게 된 것입니다.

그러면 이렇게 죄에서 자유한 자가 되었으면 끝입니까? 아닙니다. 이제 자유하게 된 마음으로 결단해야 합니다. 육신을 따라서 여전히 죄의 종노릇하며 살 것인지, 이제는 성령의 도우심을 받아 하나님의 종으로 살 것인지 결단해야 하는 것입니다. 전에는 죄의 종으로 사는 길밖에 없었지만 이제는 죄에서 벗어나 자유하게 되었으니 우리가 진정으로 하나님의 종이 되려고만 하면 됩니다. 성령님께서 우리를 도와주십니다. 우리가 갈망하는 대로 하나님의 뜻대로 살게 해주십니다. 의의 열매를 맺게 해주십니다.

그러나 우리가 육신을 따라 살려고 하면 우리는 다시 죄의 종노릇하게 됩니다. 많은 그리스도인들이 구원받고도 여전히 죄의 종노릇하는 이유가 여기 있습니다. 그의 마음이 하나님의 종 되기를 원하지 않고 육신의 욕망을 채우며 살기 원하는 것입니다. 십자가의 은혜로 구원받고도 마음이 육신을 따라가기 원하고 죄를 원하고 세상 욕망을 추구하기 때문입니다.

"하나님의 말씀대로 살기 어렵다!"고 하는 사람들이 있습니다. 그러나 천만의 말씀입니다. 그 사람의 마음이 하나님의 말씀대로 살고 싶지 않은 것입니다. 하나님의 말씀대로 살고 싶은 사람에게는 하나님의 말씀대로 사는 것이 전혀 어렵지 않습니다. "성경 읽고 기도하라", "영성일기를 쓰며 24시간 주님을 바라보라" 이것이 힘들어서 못하겠다고 말하면 안 됩니다. 마음이 없어서 그럴 뿐입니다. 제가 회심하던 날, 저는 제가 평생 주의 종이 된다는 것이 너무 기쁘고 감사했습니다. 주의 종이 될 수 있다면 장애인이 되는 것조차 감사했습니다. 마음이 달라지니 모든 것이 달라졌습니다.

예수님께서는 마태복음 7장 13,14절에서 주님을 따라 사는 삶은 좁은 문으로 들어가는 것이라고 하셨습니다. 실제로 예수님을 따라 사는 것은 세상 사람, 세상 기준으로 보면 힘들고 어렵습니다. 그래서 다들 그 길을 가기 싫어합니다. 그런데 그 길이 시온의 대로처럼 여겨 지는 사람이 있습니다.

"주께 힘을 얻고 그 마음에 시온의 대로가 있는 자는 복이 있나이 다"(시 84:5).

마음에 시온의 대로가 있다는 말은 "하나님 앞에 가고자 하는 길이 넓다, 가고 싶은 마음이 간절하다"는 뜻입니다. 가고 싶은 길은 좁은 길이라도 넓어 보입니다. 하나님의 뜻대로 살고 싶고 하나님의 종이 되고 싶은 사람에게 그 길은 시온의 대로입니다.

하나님의 종이 되는 결단

높은뜻정의교회 오대식 목사님의 설교 중에 기억나는 예화가 하나 있습니다. 일본에서 목회하실 때 한 교회에서 설교를 하였는데, 예배 중에 남성 중창단의 특별 찬송 순서가 있었다고 합니다. 그런데 찬양 하러 나온 세 명의 남자들을 보고 깜짝 놀랐습니다. 그들이 야쿠자들 이었기 때문입니다. 큰 체구에 걸어 나오는 자세나 입고 있는 라운드 티 그리고 팔과 목에 있는 문신들이 보기에도 위압적이었습니다. 그런 데 찬양이 시작되자 그들의 아름다운 목소리에 또 한 번 놀랐습니다.

너무나 감동적이었습니다. 눈을 감으면 은혜가 되고 눈을 뜨면 시험이 되었다고 합니다.

찬양을 마치고 그중에 한 사람이 짧은 간증을 했습니다.

"우리에게 세 가지 공통점이 있습니다. 하나는 우리가 다 야쿠자였다는 사실입니다. 또 하나는 아내가 다 한국 사람이라는 사실입니다. 그들은 예수님을 잘 믿었고, 남편인 우리를 위하여 기도를 많이 하고 금식하여 결국 우리는 모두 예수님을 믿게 되었습니다. 그리고 세 번째는…" 하면서 세 사람 다 왼손을 앞으로 펼쳤을 때 모두들 깜짝 놀랐습니다. 세 사람 모두 새끼손가락이 없었기 때문입니다. 그 자리에 있던 일본 사람들은 그것이 무엇을 의미하는지 너무나 잘 알기에 모두 숙연해졌습니다.

예수님을 믿고 구원의 은혜를 알고 나자 그들이 비록 야쿠자의 중간 간부였지만 더 이상 그 생활을 계속할 수 없었고, 그래서 야쿠자 두목에게 찾아가 더 이상 조직에 몸담을 수 없다고, 자신들이 하는 일이 하나님의 뜻과 방법이 아니기 때문에 조직을 떠나겠다고 하였습니다. 처음에는 야쿠자의 두목이 농담으로 듣고 받아주지 않다가 결국 그들이 진심임을 알고 모든 조직원들이 모인 자리에서 그 사실을 발표했습니다. 그리고 앞에 있는 탁자에 칼을 꽂더랍니다. 그들은 그 칼로 자신들의 손가락을 자르고 나서야 조직에서 나오게 되었다고 합니다.

오대식 목사님은 교인들에게 이렇게 물었습니다.

"여러분은 예수님을 믿고 따르기 위하여 무엇을 잘라내었습니까?"

평생 죄의 종으로 살 것인지, 이제 하나님의 종이 될 것인지는 우리가 선택해야 합니다. 하나님께서 우리에게 무엇을 원하실까요? 돈일까요? 아닙니다. 몸도 아닙니다. 생명도 아닙니다. 그것은 다 하나님의 것입니다. 하나님께서 간절히 원하시는 것은 우리의 마음입니다.

"내 아들아 네 마음을 내게 주며 네 눈으로 내 길을 즐거워할지어다"(잠 23:26).

하나님을 기쁘시게 해드리는 것은 얼마나 쉬운지 모릅니다. 공부를 더 많이 해야 하는 것도 아니고, 돈을 더 많이 벌어야 하는 것도 아닙니다. 지금보다 더 건강해져야만 할 수 있는 것도 아닙니다. 누구나다 할 수 있습니다. 하나님께 마음을 드리면 됩니다. 마음으로부터 순종하는 것입니다. 마음으로부터 하나님이 원하시는 그 길을 가고자 하는 것, 그것뿐입니다. 예수님이 우리의 주님이심을, 예수님이 우리의 왕이심을 간절히 원해서 우리가 "주님"이라고 부르는 것을 하나님은 너무나 기뻐하십니다.

바로 우리 자신이 하나님을 믿는 하나님의 종입니다.

이제 여러분은 죄에서 해방을 받고, 하나님의 종이 되어서, 거룩함에 이르는 삶의 열매를 맺고 있습니다. 그 마지막은 영원한 생명입니다. 롬 6:22

분명히 우리 모두에게 "이제 여러분은 죄에서 해방을 받고, 하나님의 종이 되어서"라고 말하는 것입니다. 우리가 다 하나님이 종입니다. 평생 이 사실을 분명히 인식하고 사시기 바랍니다. 22절에 나타난 '구원받은 자의 삶의 네 단계'를 주목해보십시오. 첫 번째가 죄에서 해방을 받는 것이고, 두 번째가 하나님의 종이 되는 것이고, 세 번째가 거룩함에 이르는 삶의 열매를 맺는 것이고, 네 번째로 그 마지막은 영원한 생명입니다.

우리가 예수를 믿으면 반드시 이 단계를 거치게 됩니다. 그런데 "죄에서 해방을 받고" 바로 다음이 "그 마지막은 영원한 생명"이라고 생각하는 이들이 많습니다. 그러면 두 번째, 세 번째 단계는 어디로 갔습니까? 우리가 죄에서 해방을 받고 영원한 생명을 얻는 사이에, 우리는 반드시 하나님의 종이 되어서 거룩함에 이르는 삶의 열매를 맺어야 합니다.

우리가 예수님을 바로 믿고 또 우리에게서 예수 믿는 바른 증거가 나오려면 어떻게 해야 할까요? 우리가 죄 사함을 받은 자이며 동시에 하나님의 종이라는 고백이 분명해야 합니다. 우리가 마음으로 하나님의 종이라고 고백하면 그때부터 성령께서 역사하십니다.

무엇이 위험한가?

지난 세월호 참사가 일어났을 때 저는 안식년으로 이스라엘에 있었습니다. 한국에서 들려오는 믿기지 않는 충격적인 소식에 며칠을 울면서 지냈습니다. 애꿎은 수많은 학생들이 희생된 것이 한국 교회의 죄 때문이라는 생각이 들었습니다. 그러나 이 말조차 조심스러웠습니다. 마치 '나' 아닌 다른 어떤 존재를 향해 손가락질하는 것 같아 그저 말없이 회개하는 마음으로 1년을 보냈습니다. 한국 교회의 죄라면 선한목자교회 담임목사로서 저의 죄이기도 합니다. 저의 죄 때문인데 누구를 탓하겠습니까.

세월호 참사 이후 어느 정도 시간이 흘렀지만 참사의 원인이 속 시원히 규명되지 않고 있습니다. 달라진 것도 없어 보입니다. 부패의 고리가 끊어진 것 같지도 않습니다. 우리 사회가 좀 더 안전하고 좀 더 투명해지고 지도자들이 존경받는 사회가 되지도 못한 것 같습니다. 세월호 사건으로 엄청난 희생을 치렀고 유가족들과 전 국민이 겪은 고통이 말할 수 없이 큰데 이런 대가를 치른 결과가 없으니 정부가 책임 있는 조치를 해야 합니다. 모든 교회와 그리스도인들이 기도해야 합니다. 그러나 이것만이 비극은 아닙니다. 우리에게 그보다 더 큰 비극이 있는지도 모릅니다.

정세가 매우 불안한 중동의 한 나라에서 순교를 각오하고 사역하다가 급히 피신해온 한 선교사님이 계십니다. 그 나라에는 아직도 몇 분의 선교사님이 남아 계신 상태입니다. 최근 그 선교사님이 너무나 급박한 상황에 놓인 남아 있던 사역자들과 전화 통화가 되었던 이야기를 하셨습니다. 그 분들은 주님을 위해 이런 상황에서 섬길 수 있음에 오히려 감사하다고 하면서 "한국이 이곳보다 영적으로는 더 위험한 곳이니 늘 조심하며 지내라"고 했다고 합니다.

우리나라가 IS(Islamic State) 테러로 인한 중동이나 세계 기독교 박해 국가 1위인 북한의 지하교회 못지않게 위험한 환경이라는 것에 대해 어떻게 생각하십니까?

무엇이 비극인가?

존 파이퍼 목사가 청년 집회에서 설교한 동영상을 본 적이 있습니다.

목사님은 카메룬에서 두 여 선교사님이 순직한 사고에 대해 언급하였습니다. 80세가 넘은 간호사 루비 엘리어슨은 평생 독신으로 살며 가난하고 병든 사람들에게 예수 그리스도를 전하는 한 가지 일을 했습니다. 미망인이자 의사인 로라 에드워즈 역시 은퇴한 후 루비를 도와서 함께 카메룬의 여러 마을을 다니며 사람들을 돌보았습니다. 그러다가 자동차 브레이크 파열로 절벽에서 추락하여 두 사람 다 그 자리에서 죽었습니다.

존 파이퍼 목사는 청년들에게 큰 소리로 물었습니다.

"이것이 비극입니까?"

존 파이퍼 목사는 "아닙니다! 이것은 비극이 아닙니다" 그러면서 어떤 것이 진짜 비극인지 말하겠다고 했습니다.

"1998년 2월 리더스 다이제스트 기사입니다. 그 당시 미국에 조기 은퇴 바람이 불었는데, 5년 전 미국 북동부 지역에 사는 봅과 페니 부부는 59세와 51세로 조기 은퇴하여 따뜻한 플로리다에 내려가 살면서 보트로 유람을 하고, 소프트볼을 하고, 조개껍질을 모으고 있다고 했습니다."

존 파이퍼 목사가 말했습니다.

"여러분! 이것이야말로 비극입니다."

우리는 어떤 삶을 살아가고 있습니까? 대부분의 그리스도인들이 꿈꾸는 행복한 삶이 돈 많이 벌고, 직장에서 성공하고, 자녀들이 잘되고,

건강하게 은퇴한 뒤 안락한 삶을 즐기다가 천국에 가는 것인지도 모릅니다. 그러나 존 파이퍼 목사가 일갈한 것처럼 좋은 집, 좋은 차, 좋은 가족, 좋은 직장, 즐거운 은퇴, 조개껍질을 모으다가 전능하신 하나님 앞에 서게 되는 것이 어떻게 행복입니까?

우리는 예수님의 십자가로 지옥에 가지 않고 천국에 갈 자로 구원받았습니다. 죄의 종노릇하던 데서 구원받았으면서도 여전히 세상 욕망, 육신의 욕심을 따라 죽을 때까지 살다가 창조주 하나님 앞에 서서 "하나님, 제 보트를 보십시오. 제가 모은 이 조개껍질들을 보시겠습니까?"라고 말할 수 있을까요?

이것이야말로 비극이라는 것입니다.

수고했다, 내 종아!

무엇이 진정한 행복일까요? 하나님 앞에 섰을 때 "수고했다, 내 종아"라고 하시는 말씀을 듣는 것이 아니겠습니까?

우리는 십자가 은혜로 구원받았습니다. 더 이상 죄의 권세에 끌려다니지 않게 되었습니다. 그러나 마귀는 여전히 우는 사자와 같이 두루 다니며 우리를 삼키고자 합니다. 여전히 세상과 육신을 따라 살게 만들려고 우리를 노리고 있습니다. 그러면 이런 마귀의 공격에서 어떻게 안전할 수 있겠습니까? 철저히 하나님의 종으로 사는 것뿐입니다. 그것이 가장 안전한 길입니다.

마귀는 우리의 육신을 통해 또 유혹해올 것입니다. 죄가 우리의 마음에서 '이리 와! 나를 따라와!' 하면 어떻게 해야 합니까? 그럴 때 큰 소리로 "너는 누구냐!" 호통을 쳐야 합니다. "예수님의 이름으로 명하니 내게서 떠나갈지어다"라고 해야 합니다. 그렇게 되기만을 기다리지 말고 우리가 그렇게 해야 합니다.

그리고 예수님을 향하여 "주님!" 해야 합니다. "주여, 말씀하소서. 제가 순종하겠습니다!"라고 고백해야 합니다. 그러면 성령께서 우리를 도우십니다. 하나님의 종으로 살게 해주십니다. 우리가 진짜 하나님의 뜻대로 살기를 원한다면 성령께서 반드시 우리를 도우십니다.

순종이 없는 믿음은 없습니다. 그것은 거짓 믿음입니다. 우리 모두 '하나님의 종'이 되어 오직 하나님께 순종함으로 삶 속에서 역사하시는 하나님을 증거하는 사람이 되시기를 축원합니다. 마음으로 구하십시오. 더 이상 죄의 종으로 살지 않고 하나님의 종으로 살기 원한다고 구하십시오. 순종의 종, 의의 종, 하나님의 종으로 영원한 생명의 길을 가시기를 바랍니다.

12

성령이 주시는 새 정신으로!

롬 7:1-6

1 형제자매 여러분, 나는 율법을 아는 사람들에게 말을 합니다. 율법은, 사람이 살아 있는 동안에만 그 사람을 지배한다는 것을 알지 못합니까? 2 결혼한 여자는, 그 남편이 살아 있는 동안에는 법으로 남편에게 매여 있으나, 남편이 죽으면 남편의 법에서 풀려납니다. 3 그러므로 남편이 살아 있는 동안에 그 여자가 다른 남자에게로 가면, 그 여자는 간음한 여자라는 말을 듣게 됩니다. 그러나 남편이 죽으면 그 법에서 해방되는 것이므로, 다른 남자에게로 갈지라도 간음한 여자가 되지 않습니다. 4 나의 형제자매 여러분, 그러므로 여러분도 그리스도의 몸으로 말미암아, 율법에 대해서는 죽임을 당했습니다. 그래서 여러분은 다른 분, 곧 죽은 사람들 가운데서 살아나신 그분에게 속하게 되었습니다. 그것은 우리가 하나님을 위하여 열매를 맺게 하기 위함입니다. 5 이전에 우리가 육신을 따라 살 때에는, 율법으로 말미암아 일어나는 죄의 욕정이 우리 몸의 지체 안에서 작용해서, 죽음에 이르는 열매를 맺었습니다. 6 그러나 지금은, 우리를 옭아맸던 것에 대하여 죽어서, 율법에서 풀려났습니다. 그래서 우리는 문자에 얽매인 낡은 정신으로 하나님을 섬기지 않고, 성령이 주시는 새 정신으로 하나님을 섬깁니다.

예수님을 믿고 사는 심정은 어때야 정상일까요? 어려서부터 교회에서 살고 교회에서 자란 저는 그 생생한 느낌을 잘 몰랐습니다. 예수님을 믿는다는 것은 제게 특별한 일이 아니었기 때문에 특별한 느낌도 없었습니다. 그러나 회심하고 나서야 비로소 예수님을 믿는 것이 정말 놀라운 것임을 알게 되었습니다.

남편의 법에서 자유한 여자

어느 목사님이 집회를 인도하시다보니 눈에 띄는 여자 성도 한 분이 계셨다고 합니다. 얼굴 표정이 너무나 밝고 환하고 품위 있는 모습이 인상에 남는 분이었습니다. 그런데 집회 후 식사 대접을 받는 자리에 나가보니 그 분이 나오셔서 놀랐답니다. 목사님은 그 여 성도님이 혼자 나오셨기에 "왜 남편과 같이 안 오셨어요?"라고 물었고, 30년 전에 남편과 사별했다는 대답을 들을 수 있었습니다.

식사를 마치고 숙소로 오는 길에 그 목사님이 말하였습니다.

"그러면 그렇지. 남편 있는 사람의 얼굴이 아니었어."

그 말에 다들 크게 웃었습니다.

저는 아내 생각이 났습니다. 남편을 섬기고 사는 아내의 입장이 어떨지 진지하게 생각해보니 쉬운 일이 아니라는 생각이 들었습니다.

본문에서 사도 바울은 예수님을 믿고 사는 심정을, 나쁜 남편과 살던 여인이 그 남편이 죽고 사랑이 많은 새 남편과 재혼하여 사는 심정이라고 했습니다. 동의하십니까? 너무나 매정하고 엄격하고 두려운 남편과 사는 여인이 있다고 합시다. 그렇다고 이 여인이 남편이 살아 있는 동안 남편 아닌 다른 남자에게 가면 여인은 간음한 여자가 됩니다. 그러나 남편이 죽으면 이 여인은 남편의 법에서 자유하게 됩니다.

결혼한 여자는, 그 남편이 살아 있는 동안에는 법으로 남편에게 매여 있으나, 남편이 죽으면 남편의 법에서 풀려납니다. …남편이 죽으면 그 법에서 해방되는 것이므로, 다른 남자에게로 갈지라도 간음한 여자가 되지 않습니다. 롬 7:2,3

여기서 매정하고 엄격하고 두려운 남편은 '율법'을 비유하는 것입니다. 우리가 하나님을 믿어도 율법에 의해서 하나님을 믿으면 신앙생활이 힘듭니다. 예수님을 이렇게 믿으면 예수 믿는 것이 짐처럼 여겨집니다. '잘못 믿는 것은 아닌가?' 해서 항상 불안합니다.

율법은 인격적인 존재가 아닙니다. 그러니까 매정합니다. 율법은 우리에게 하나님이 어떤 것을 원하시고 어떤 것을 미워하시는지 그것만 알려줄 뿐입니다. 우리가 죄를 지을 때 우리를 품어주지 않고, 죄짓지 않게 해주지도 않고, 오직 우리가 죄인임을 드러낼 뿐입니다. 항상 우리를 죄책감 속으로 몰아갑니다. 끝도 없이 지키고 또 지키는 규정입니다. 이렇게 율법에 의해서 하나님을 믿으면 마음에 기쁨이 없습니다. 힘들다고 율법을 섬기지 않을 수도 없습니다. 지옥에 갈 거라는 두려움이 있기 때문입니다. 이런 생활을 종교생활이라고 합니다.

그런데 예수님을 믿으면 율법을 지키며 살아야 하는 이 무거운 짐에서 벗어나게 됩니다. 우리가 예수님을 믿으면 율법과의 관계가 완전히 달라집니다. 우리의 옛사람이 죽음으로 처리되기 때문입니다. 마치 남편이 죽은 여인과 같이 말입니다.

우리 남편이신 예수님

"수고하고 무거운 짐 진 자들아 다 내게로 오라 내가 너희를 쉬게 하리라"(마 11:28).

예수님은 율법의 무거운 멍에를 지고 살던 당시 유대인들을 향해 이렇게 말씀하셨습니다. 우리에게는 새 남편이 생겼습니다. 바로 예수 그리스도이십니다. 그분은 하나님이십니다. 이제 우리는 죄인인 우리를 구원하시려고 우리와 같이 사람이 되셨고, 우리의 죄를 대신 지셨으며, 우리와 늘 함께하시고, 하나님의 뜻대로 살 능력이 되어주시는 새 남편, 예수 그리스도와 재혼하여 사는 것입니다.

> 나의 형제자매 여러분, 그러므로 여러분도 그리스도의 몸으로 말미암아, 율법에 대해서는 죽임을 당했습니다. 그래서 여러분은 다른 분, 곧 죽은 사람들 가운데서 살아나신 그분에게 속하게 되었습니다. 그것은 우리가 하나님을 위하여 열매를 맺게 하기 위함입니다. 롬 7:4

그러나 더 이상 율법에 매여 살지 않는다고 해서 아무렇게나 살아도 된다고 생각하면 큰 오해입니다. 예수님은 우리를 구원하시고 나서 우리에게 아무렇게나 살라고 하시는 분이 아닙니다. 예수님은 우리의 남편이 되어주셨습니다. 그 말은 우리에게 여전히 남편이 있다는 것입니다. 율법이 남편이냐 예수님이 남편이냐 하는 차이가 있을 뿐이지 우리에게는 남편이 있습니다.

우리의 남편이신 예수님은 우리가 어떻게 살든지 "그래도 좋아. 그렇게 살아도 나는 너를 사랑해"라고 하시는 분이 아닙니다. 우리가 아무렇게나 살고 아무 데나 한눈을 팔아도 괜찮다고 하시는 분이라면 좋은 남편이 아닐 것입니다.

어떤 여인이 남편 몰래 불륜을 저지르게 되었습니다. '시간이 지나면 잊혀지겠지' 하는 마음으로 자신을 위로해보았지만 날이 갈수록 점점 더 남편 앞에 가책이 되었습니다. 이전보다 더 열심히 남편을 섬기고 가정을 위해 희생했지만 마음의 고통은 해결되지 않았습니다. 그녀는 10년을 참다가 남편에게 고백하고 용서를 받기로 결심합니다.

그래서 하루는 심각하게 남편 앞에서 이실직고 하였습니다.

"여보, 내가 10년 전에 우연히 이런 큰 실수를 했어요. 용서해주세요."

이 말을 들은 남편이 말했습니다.

"그래? 알았어. 용서할게."

아내는 이렇게 말하는 남편을 증오의 눈빛으로 쳐다보았습니다. 그러더니 "난 당신과 이혼하겠어요" 하고 가방을 들고 나가버렸습니다. 깜짝 놀란 남편이 아내를 따라 나가서 말했습니다.

"왜 그래? 내가 다 용서한다고 했잖아?"

그러자 여인이 말했습니다.

"당신의 용서는 구역질이 나요. 그런 값싼 용서는 필요 없어요."

이것은 프랑스 철학자 가브리엘 마르셀의 이야기입니다.

여전한 율법생활?

우리가 예수님을 믿고 달라진 것은 우리의 마음입니다. 사도 바울은 이것을 "성령이 주시는 새 정신"이라고 표현했습니다.

이전에 우리가 육신을 따라 살 때에는, 율법으로 말미암아 일어나는 죄의 욕정이 우리 몸의 지체 안에서 작용해서, 죽음에 이르는 열매를 맺었습니다. 그러나 지금은, 우리를 옭아맸던 것에 대하여 죽어서, 율법에서 풀려났습니다. 그래서 우리는 문자에 얽매인 낡은 정신으로 하나님을 섬기지 않고, 성령이 주시는 새 정신으로 하나님을 섬깁니다. 롬 7:5,6

우리에게 5절 "이전에"와 6절 "그러나 지금은"의 차이가 분명해야 합니다. 우리가 이전에 율법을 지키면서 하나님을 믿었을 때는 항상 두렵고 늘 무거운 짐을 지고 살았습니다. 그런데 이제 진짜 예수님을 믿으면 성령님이 우리 안에 오셔서 '새 정신'을 주십니다. 전에는 두려워하며 억지로 율법을 섬겼는데, 지금은 예수님이 주님이신 것과 임마누엘 하심을 알게 하시고, 평안과 기쁨과 감사와 사랑으로 하나님을 섬기게 해주십니다.

사도 바울 안에 성령님이 임하시자 사도 바울은 자신을 예수님께 드리는 데 조금도 주저함이 없었습니다. 십자가의 길, 순교의 길을 가면서도 슬픔이나 후회나 갈등이 없습니다. 오히려 승리의 선언, 환희가 있었습니다. 성령님이 사도 바울 안에 계속해서 새로운 마음을 부어주셨기 때문입니다.

안타까운 것은 이런 구원을 받고도 여전히 율법에 매여 무겁고 힘들고 두려운 마음으로 신앙생활 하는 이들이 많다는 것입니다.

댈러스 신학교의 버논 맥기 교수가 이런 예를 들었습니다. 한 여인이 남편을 잃었습니다. 그녀는 너무나 슬프고 외로워서, 죽은 남편을 미라(mirra)로 만들어 거실 유리상자 속에 넣어두고 들어오고 나갈 때마다 "여보, 안녕하세요" 하고 인사를 했습니다. 몇 달 동안 그렇게 지내다가 이 여인이 유럽 여행 중 한 신사를 만나 사랑하게 되었고, 그 둘은 결혼을 약속하고 집으로 돌아왔습니다. 이 남자가 여인의 집에 들어섰을 때 거실에 있는 죽은 전 남편의 미라를 보고 질겁을 하고 그 미라를 유리상자째 땅에 묻어버렸습니다.

좀 극단적인 비유이기는 하지만 우리는 이것을 반드시 마음에 새겨두어야 합니다. 이처럼 많은 기독교인들이 예수님과 결혼하고도 여전히 이미 죽은 옛 남편인 율법의 지배 아래 살고 있을 수 있습니다. 얼마나 흉측합니까? 우리가 신앙생활 하는 모습이 그렇지 않습니까? 무거운 책임감으로, 벌을 받을까 봐 두려워하면서, 의무감으로 신앙생활 하는 것은 예수님이 우리에게 허락하신 진정한 구원의 축복이 아닙니다.

율법주의에서 벗어나는 방법

권성수 교수의 《로마서 강해》(도서출판 햇불)에 소개된 이야기입니다. 어떤 사람이 브리티시 위클리(The British Weekly)라는 잡지의 편집자에게 이런 편지를 보냈습니다.

"목사님들은 설교에 상당히 큰 비중을 두고 설교 준비에 많은 시간을 보내는 것으로 알고 있습니다. 저는 지난 30년간 아주 규칙적으로 예배에 참석해왔고, 제 추산이 정확하다면 그동안 적어도 3천 번의 설교를 들었습니다. 그러나 제가 놀라는 것은, 그 설교 중에 단 한 편도 기억할 수 없다는 것입니다. 목사님이 그 시간을 달리 썼다면 더 유익하지 않았을까 하는 생각이 듭니다."

우리가 만일 이렇게 신앙생활 하고 있다면 목사도 불행하고 교인들도 불행한 것입니다. 한국 교회는 한때 주일에 버스를 타고 가도 되는지, 식당에서 밥을 사 먹어도 되는지, 주일에 공부를 해도 되는지 이런 것조차 고민했습니다. 우리는 무엇을 하고 무엇을 하지 말고 무엇을 지켜야 하는 하나님으로, 하나님을 이렇게 까다로우신 하나님으로 믿었습니다. 이것이 진정한 성령충만함이 없이 율법주의에 빠져 있는 교회의 모습입니다.

코스타(KOSTA)에서 만난 어느 유명한 교회 목사님은 선교단체 출신으로 학생들을 예수님의 제자로 삼기 위해 남자 고등학교 선생님이 되어 훈육부를 자원했다고 합니다. 학생들을 올바로 가르치려는 열심이 대단했던 그가 하루는 비행을 저지른 학생들을 불러다 엎드려뻗쳐를 시키고 야구방망이로 엉덩이를 때리는데, 매질하면서 쾌감을 느끼고 있는 자신을 발견하고 충격을 받았습니다. 하나님이 주신 소명에 따라 사역을 시작했지만 어느새 심령이 메마르고 오히려 폭력에 쾌감을 느끼는 괴물과 같은 자신의 모습을 보게 된 것입니다. 율법주의는 우리를 이렇게 만들어갑니다. 그날 밤 그는 하나님 앞에서 비로소 자신을 깊이 돌아보게 되었고 목회자의 길에 들어섰습니다.

펄벅 여사는 완벽주의 성격을 가진 분이었습니다. 게으르거나 무책

임하거나 남에게 신세 지기를 싫어하는 집안 내력도 가지고 있었습니다. 그런데 지적 장애를 가진 딸을 낳고 나서 펄벅 여사는 완벽주의를 버리게 되었습니다. 그 딸을 품고 기도하며 사랑하다보니 다른 사람에게 의존하여 사는 삶, 다른 사람을 돕는 일, 일을 빨리 하지 못하는 사람에게도 마음이 열리게 되었습니다. 품어주는 사람, 이해하는 사람, 용납하는 사람, 기다릴 줄 아는 사람이 된 것입니다.

우리는 성령이 주시는 새 정신을 가져야 율법주의에서 벗어나게 됩니다. 성령충만이 무엇입니까? 성령충만은 신비한 체험이나 은사를 받는 것이 아닙니다. 성령의 가장 큰 역사와 능력은 마음이 바뀌는 것입니다. 새 정신이 생기는 것입니다.

마음이 바뀌는 역사

오순절 마가 다락방의 성령의 역사는 급하고 강한 바람 같은 소리와 각 사람 위에 불이 임한 것과 방언으로 특징지을 수 있습니다. 그러나 진정한 성령의 역사는 그 후에 드러납니다. 핵심은 마음이 바뀌는 것입니다. 성령 강림 사건 이후 제자들은 죽음도 두려워하지 않게 되었습니다. 담대하게 예수님의 부활과 십자가의 복음을 전하고 그렇게 순교자의 길을 갔습니다. 이것이 바로 성령께서 우리 안에 일으키시는 놀라운 역사입니다.

그런데 더 놀라운 일이 일어났습니다.

"믿는 사람이 다 함께 있어 모든 물건을 서로 통용하고 또 재산과 소유를 팔아 각 사람의 필요를 따라 나눠주며 날마다 마음을 같이하여 성전에 모이기를 힘쓰고 집에서 떡을 떼며 기쁨과 순전한 마음으로 음식을 먹고 하나님을 찬미하며 또 온 백성에게 칭송을 받으니 주께서 구원받는 사람을 날마다 더하게 하시니라"(행 2:44-47).

이것이 성령충만입니다. 이방인과 유대인이 하나가 되고 주인과 종이 하나가 됩니다. 진정으로 서로 사랑하고 소유 개념이 없어지는 이런 기적이 성령의 역사로 일어납니다. 완전히 새 사람이 된 것입니다. 마음이 달라졌기 때문입니다. 성령이 우리 안에 새 정신을 주시기 때문입니다.

"또 새 영을 너희 속에 두고 새 마음을 너희에게 주되 너희 육신에서 굳은 마음을 제거하고 부드러운 마음을 줄 것이며"(겔 36:26).

사람이 변할 수 있을까요? 그렇습니다. 마음이 달라지면 인생이 바뀝니다. 성령이 주시는 새 정신을 갖게 될 때 우리는 변화됩니다.

"하나님이여 내 속에 정한 마음을 창조하시고 내 안에 정직한 영을 새롭게 하소서"(시 51:10).

다윗처럼 이렇게 기도하시기 바랍니다. 지금도 하나님은 예수 그리스도 안에서 모든 믿는 성도들에게 이 일을 행하십니다.

"너희는 이 세대를 본받지 말고 오직 마음을 새롭게 함으로 변화를 받아 하나님의 선하시고 기뻐하시고 온전하신 뜻이 무엇인지 분별하도록 하라"(롬 12:2).

이 시간에도 성령님께서는 마음을 새롭게 하시는 역사를 일으키십니다. 이것이 예수 믿은 놀라운 역사입니다.

제가 신학생일 때 채플 시간에 설교자로 오신 목사님께서 설교 본문으로 요한일서 4장 7절을 읽으셨습니다.

"사랑하는 자들아 우리가 서로 사랑하자"(요일 4:7).

그 말씀을 읽는데 갑자기 눈물이 쏟아지면서 얼마나 서럽게 울었는지 모릅니다. 제 주변 친구들에게 미안할 정도로 눈물을 억제하기가 힘들었습니다. 저는 목사가 되기 싫었습니다. 아버지가 저를 하나님께 목사로 바쳤다고 하니까 할 수 없이 신학교에 왔지만 저는 교회생활이 무서웠습니다. 어른들이 무섭고 서로 싸우는 것이 너무 무서웠습니다. 그런데 그날 "우리, 서로 사랑하자"라는 그 말씀이 마치 주님의 탄식처럼 들렸습니다. 제 가슴 깊은 곳에 있던 교회에 대한 상처를 건드리시는 것 같기도 했습니다.

'하나님께서 우리에게 원하시는 것이 이거잖아! 우리가 서로 사랑하는 거잖아! 그런데 나는 왜 그렇게 교회생활이 힘들었을까? 나는 왜 늘 싸우는 것만 보고 살았을까?'

그날 이후 제 마음에 놀라운 변화가 일어났습니다.

"그래. 내가 목사가 되면 이 말씀대로 되는 교회를 세울 거야. 교인들이 서로 사랑하는 교회를 만들 거야!"

비로소 제가 목사가 되어 무엇을 할 것인지가 분명해졌습니다. 제 마음에 있었던 쓴 뿌리와 상처, 곧 싸우는 교회에 대한 기억이 천국 같은 교회, 사랑과 기쁨이 충만한 교회를 세우라는 소명이 된 것입니다. 그것이 성령님이 주신 새 정신이었습니다. 성령님은 우리 안에 새 생각을 넣어주십니다. 그래서 우리의 보는 것과 듣는 것, 경험, 과거의 상처까지 다 달라지는 것입니다.

하나님이 기뻐하시는 생각

진 다넬 여사는 어려서부터 하나님에 대한 열심이 대단한 자매였습니다. 그런 그가 신학교에 들어가 열심히 전도하다가 과로로 쓰러졌습니다. 병원에 입원까지 하게 되자 낙심이 되었습니다.

'제가 이토록 하나님을 위해 헌신했는데, 하나님은 왜 저를 도와주시지 않는 건가요? 하나님, 어디 계세요?'

그녀는 하나님으로부터 버림받은 것 같은 고통을 느꼈습니다. 그런데 한 자매가 진 다넬을 찾아와 주님이 전하라고 하신 말씀이 있다고 하면서 다음 말씀을 읽어주었다고 합니다.

"하나님이 그들로 하여금 이 비밀의 영광이 이방인 가운데 얼마나 풍성한지를 알게 하려 하심이라 이 비밀은 너희 안에 계신 그리스도시니 곧 영광의 소망이니라"(골 1:27).

그녀는 깜짝 놀랐습니다. 하나님이 어디 계신지 물었을 때 "너희 안에 계신 그리스도시니"라고 하시는 이 말씀을 통해 기도가 바뀌었습니다.

"주님, 제 안에 계시는군요. 그런데 주님, 저는 지금 주님을 위해 아무것도 할 수 없잖아요?"

"왜 너는 아무것도 할 수 없다고 하니? 너는 지금 그 자리에서도 내가 가장 기뻐하는 것을 할 수 있단다."

진 다넬이 깨닫고 주님께 드린 것은 침상에 누워서 잠잠히 주님을 찬양하고 예배하는 것이었습니다. 그리고 그가 회복되었습니다.

성령님은 우리에게 임하셔서 우리 안에 하나님이 원하시는 생각을 심어주십니다. 이제 더 이상 우리의 신앙생활을 율법생활로 할 이유가 없습니다. 성령께서 우리 안에 계속해서 기쁨을, 감사를, 사랑을 부어주셔서 하나님을 섬기게 하십니다.

모든 죄는 우리의 마음속 생각에서부터 시작됩니다. 하나님을 기쁘시게 하는 거룩한 삶 역시 우리의 마음속 생각에서부터 시작됩니다.

"대저 그 마음의 생각이 어떠하면 그 위인도 그러한즉…"(잠 23:7).

제가 순간순간 깜짝 놀랄 때가 있습니다.

'내가 지금 무슨 생각을 하는 거야?'

어느 순간 주님의 일을 하고 하나님의 말씀대로 사는 것이 피곤하고 지친다는 생각이 들어올 때가 있습니다. 육신적인 죄의 생각이 들어올 때가 있습니다. 두려운 생각이 들 때가 있습니다. 어느새 주위 사람들을 미워하고 판단하는 자신을 느낄 때가 있습니다. 전에는 그런 생각에 사로잡혀서 매우 오랜 시간 동안 방황했습니다. 겉으로 드러나지 않아도 영적으로 이미 무너진 상태에 빠져 있는 것입니다. 그런데 이제는 깨닫습니다. 내 마음에 죄 된 생각이 일어나면 그 즉시 하나님께 나아갑니다. 성령의 도우심을 구합니다. 무릎을 꿇습니다.

"주님, 제가 지금 마음으로 하나님을 기쁘시게 하고 있지 못합니다. 주님, 제게 주님의 새 마음을 부어주십시오."

그렇게 구하면 주님은 반드시 역사하십니다. 마음이 바뀌면 삶의 모든 것이 바뀝니다.

성령님이 부어주시는 새 정신을 사모하라

"악인은 그의 길을, 불의한 자는 그의 생각을 버리고 여호와께로 돌아오라 그리하면 그가 긍휼히 여기시리라 우리 하나님께로 돌아오라 그가 너그럽게 용서하시리라"(사 55:7).

그렇습니다. 생각을 버리고 여호와께로 와야 합니다. 하나님이 기뻐하시지 않는 생각을 품고는 주님과의 관계를 지속할 수 없습니다.

"나의 반석이시요 나의 구속자이신 여호와여 내 입의 말과 마음의 묵상이 주님 앞에 열납되기를 원하나이다"(시 19:14).

하나님은 우리가 우리 마음에 무엇을 묵상하는지 그것을 받기 원하십니다.

지난 주 부흥회를 인도하고 올라오는 동안 한 자매로부터 메일을 받았습니다.

"목사님, 안녕하세요. 저는 스스로 저에게 저주를 퍼부으며 항상 자살을 생각하고 있었습니다. 나는 쓸모없다고, 죽어야 한다고요. 하지만 오늘 저녁 집회 후 기도하던 중에 내가 얼마나 사랑에 목말랐으며, 하나님을 헛되이 믿었으며 아니 믿지 않았고, 모든 것을 의심하며 살았는지 알게 되었습니다. 그리고 내가 얼마나 나 자신을 아프게 했는지, 또 방관했는지 알았습니다. 그래서 오늘 기도하면서 나를 용서하고 사랑한다고, 나는 죽었노라고 고백했습니다. 주님은 학창 시절 내내 저를 왕따시켰던 아이들, 우리 가족, 내 주위 사람들을 다 보여주셨습니다. 내가 왜 마음을 닫고 살았는지, 왜 그렇게 아팠는지 알게 해주셨어요. 그리고 그들을 다 용서하고 내 과거를 다 주님께 맡기기로 했습니다. 앞으로의 저의 삶도요. 감사합니다. 목사님을 통해 저를 건지신 주님을 바라보게 해주서서요."

성령님이 주시는 새 정신을 사모하시기 바랍니다. 내가 무엇을 생각해야 되고 어떤 마음을 품어야 하는지 그것을 부어달라고 구하십시오.

"우리의 완고한 마음을 주님의 십자가로 처리하시고, 우리가 마땅히 보고 들어야 할 말씀을 가지고 주님이 새롭게 부으시는 기쁨과 감사와 사랑의 마음으로 주님을 따라가기 원합니다. 우리를 얽매는 모든 걱정, 두려움이 소멸되게 하시고, 억지로 하는 마음, 무거운 짐을 진 것 같은 삶이 주 예수님 안에서 완전히 해결되기 원합니다. 주님을 바라보는 눈이 뜨이고 주님이 우리와 함께 계심이 분명히 믿어지게 하옵소서."

13

죄를 깨닫는 것이 큰 은혜입니다

롬 7:7-14

7 그러면 우리가 무엇이라고 말을 하겠습니까? 율법이 죄입니까? 그럴 수 없습니다. 그러나 율법에 비추어 보지 않았다면, 나는 죄가 무엇인지 알지 못하였을 것입니다. 율법에 "탐내지 말아라" 하지 않았다면, 나는 탐심이 무엇인지를 알지 못하였을 것입니다. **8** 그러나 죄는 이 계명을 통하여 틈을 타서, 내 속에서 온갖 탐욕을 일으켰습니다. 율법이 없으면 죄는 죽은 것입니다. **9** 전에는 율법이 없어서 내가 살아 있었는데, 계명이 들어오니까 죄는 살아나고, **10** 나는 죽었습니다. 그래서 나를 생명으로 인도해야 할 그 계명이, 도리어 나를 죽음으로 인도한다는 것이 드러났습니다. **11** 죄가 그 계명을 통하여 틈을 타서 나를 속이고, 또 그 계명으로 나를 죽였습니다. **12** 그러므로 율법은 거룩하며, 계명도 거룩하고 의롭고 선한 것입니다. **13** 그러니 그 선한 것이 나에게 죽음을 안겨주었다는 말입니까? 그럴 수 없습니다. 그러나 죄를 죄로 드러나게 하려고, 죄가 그 선한 것을 방편으로 하여 나에게 죽음을 일으켰습니다. 그것은 계명을 방편으로 하여 죄를 극도로 죄답게 되게 하려는 것이었습니다. **14** 우리는 율법이 신령한 것인 줄 압니다. 그러나 나는 육정에 매인 존재로서, 죄 아래에 팔린 몸입니다.

사람들은 건강에 관심이 많습니다. 조금만 아파도 병원을 찾거나 약을 복용합니다. 그런데 몸이 병들어서 죽는 것은 매우 두려워하면서, 육신보다 훨씬 더 중요한 영혼에 대해서는 이상할 정도로 무관심합니다.

우리는 사랑하는 가족이 세상을 떠났을 때 장례를 치릅니다. 그러나 이것은 육신만 장례를 치르는 것뿐입니다. 살았던 사람이 죽었다는 것은 무엇이 달라진 것입니까? 바로 영혼이 육신을 떠나 하나님께로 간 것입니다. 육신은 장례를 치르지만 우리가 서로 사랑하고 교제를 나누었던 영혼은 이미 그 육신을 떠나 하나님께로 갑니다. 정말 중요한 것은 우리의 영혼입니다. 그런데도 사람들은 대부분 자신의 몸만 귀하게 여기고 살고 그러다가 죽음의 순간이 오면 절망합니다. 지진이나 해일 등의 재해로 인명 사고가 났을 때 시신이라도 찾기 위해서 얼마나 애를 씁니까. 그렇지만 정작 그들의 영혼이 어디로 갔는지 거의 관심이 없습니다. 시신이 중요합니까? 그 영혼이 중요합니까? 우리의 영혼은 어떻습니까? 건강합니까?

죄에 대한 우리의 태도

폴 워서 목사님이 오하이오 주(州)에 있는 어느 교회에서 설교했을 때의 일입니다. 폴 워서 목사님이 설교를 막 끝냈을 때 아홉 살 정도 되는 소년이 부들부들 떨면서 앞으로 걸어 나왔습니다. 목사님은 강대상에서 내려와 "도대체 무슨 일이니?" 하고 물었습니다.

그러자 아이가 되물었습니다.

"저처럼 사악한 죄인도 구원받을 수 있나요?"

"네가 무슨 잘못을 했는데?"

"엄마 말을 안 들었어요."

그 이야기를 듣자 그 자리에 있던 교인들이 다들 웃었습니다. 엄마 말 안 들은 것이 그렇게 떨면서 나와 고백할 만한 죄라고 생각하지 않았기 때문입니다. 그때 워서 목사님이 교인들을 향해 말했습니다.

"여러분, 웃지 마십시오. 지금 주님께서 무슨 일을 하고 계시는지 아십니까? 하나님께서 이 아이를 통해 우리 모두가 가져야 할 죄에 대한 태도를 말씀하고 계십니다. 엄마 말을 듣지 않았다는 이 아이의 작은 죄도 심판을 받아 예수님으로부터 영원히 분리된 채 지옥에 가기에 충분하다는 것을 말씀하십니다."

영혼이 건강한 사람은 죄에 대한 감각이 살아 있습니다. 그러나 영혼이 병든 사람은 죄에 대한 감각이 죽은 사람입니다. 엄마 말을 안 들은 것이 죄로 여겨지지 않습니다. 하지만 죄는 큰 죄, 작은 죄가 따로 있는 것이 아닙니다. 우리는 죄를 많이 지어야 지옥에 가는 줄 아는데 아닙니다. 죄는 아주 작은 죄라도, 죄가 딱 하나만 있어도, 우리는 그 죄 때문에 지옥에 가게 됩니다. 죄가 하나님과 우리 사이를 갈라놓고 하나님의 존재와 영광을 알지 못하게 만드는 것입니다.

죄가 죄인지도 모르는 죄

우리의 문제는 영혼의 존재에 대해서, 영혼의 상태에 대해서, 죄에 대해서 무감각하다는 것입니다. 그래서 하나님께서 우리에게 율법을 주셨습니다.

그런데 우리는 율법에 대해 매우 부정적으로 생각합니다.

"더 이상 율법을 지켜서 구원받는 것이 아니다."

"예수님을 믿으면 율법에 대하여 죽었다."

"율법주의적인 신앙생활을 하지 말라."

이런 말을 듣다보니 율법이 나쁜 것처럼 생각되기 쉬운데, 그러나 율법은 선한 것입니다. 율법은 하나님이 주신 것이고 율법에는 하나님의 선한 뜻이 있습니다. 율법은 매우 중요한 역할을 합니다. 율법은 바로 우리의 죄를 깨닫게 합니다.

그러면 우리가 무엇이라고 말을 하겠습니까? 율법이 죄입니까? 그럴 수 없습니다. 그러나 율법에 비추어 보지 않았다면, 나는 죄가 무엇인지 알지 못하였을 것입니다. … **롬 7:7**

사도 바울은 율법이 아니었다면 죄가 무엇인지 알지 못하였을 것이라고 했습니다. 만일 어떤 사람이 죄를 지었는데 자신이 무슨 죄를 지었는지 모르는 사람을 보면 어떻습니까? 그런 사람과 교제하고 싶습니까? 그렇다면 자신이 어떤 죄를 짓고 사는지 스스로 아십니까? 어쩌면 이런 질문에 상당히 불쾌해 하면서 이렇게 되물을지도 모릅니다.

"죄를 안 짓고 산다고는 말할 수 없지만, 내가 무슨 죄를 지었는지 알지 못하는 정도는 아닙니다."

정말 그렇습니까? 사도 바울은 우리가 죄를 짓고도 무슨 죄를 지었는지 모른다고 했습니다. 그래서 하나님께서 율법으로 깨우쳐주셔야 했다는 것입니다. 우리 자신이 어떤 죄를 지었는지 정말 알고 있습니까?

사도 바울은 탐심을 한 예로 들었습니다.

…율법에 "탐내지 말아라" 하지 않았다면, 나는 탐심이 무엇인지를 알지 못하였을 것입니다. 롬 7:7

마음에 탐심이 죄입니까? 죄라면 몇 년 형입니까? "당신은 마음에 탐심을 품었기 때문에 징역 1년 형을 선고합니다"라고 하는 판사를 본 적이 있습니까? 세상에서는 탐심이 죄가 아닙니다. 탐심 때문에 도둑질하고 살인해야 죄입니다. 그렇다보니 사람들은 이런저런 마음의 욕심을 품고 살아도 죄책감을 느끼지 않습니다.

그러나 십계명에서는 탐심이 큰 죄라고 했습니다.

"네 이웃의 집을 탐내지 말라 네 이웃의 아내나 그의 남종이나 그의 여종이나 그의 소나 그의 나귀나 무릇 네 이웃의 소유를 탐내지 말라"(출 20:17).

사도 바울은 탐내지 말라는 이 계명을 보고서야 탐심이 죄라는 것을 알게 되었습니다. 저 역시 하나님의 말씀이 눈에 들어오기 전에는 남을 판단하는 것이 죄인지 몰랐습니다. 다른 사람들이 무언가 잘못했을 때 그 사람을 판단하는 것은 내가 의롭고 똑똑하기 때문이라고 여겼습니다. 대부분 그렇게 생각합니다. 다른 사람을 판단하는 것을 스스로 죄라고 여기는 사람이 몇이나 있겠습니까?

그런데 성경은 깜짝 놀랄 말씀을 합니다.

"그러므로 남을 판단하는 사람아, 누구를 막론하고 네가 핑계하지 못할 것은 남을 판단하는 것으로 네가 너를 정죄함이니 판단하는 네가 같은 일을 행함이니라"(롬 2:1).

말씀을 알기 전에 저는 염려가 죄인지 몰랐습니다. 불신자에게 염려하는 것이 죄라고 말해보십시오. 아마 우리를 정신병자 취급할 것입니다. 그런데 성경에는 염려도 죄라고 말씀하고 있습니다.

"그러므로 내가 너희에게 이르노니 목숨을 위하여 무엇을 먹을까 무엇을 마실까 몸을 위하여 무엇을 입을까 염려하지 말라 목숨이 음식보다 중하지 아니하며 몸이 의복보다 중하지 아니하냐"(마 6:25).

하나님께서 우리에게 말씀을 주지 않으셨다면 우리는 죄가 죄인지도 모르고 살았을 것입니다.

죄인의 실상

어떤 교인이 목사님께 찾아가 이렇게 말했습니다.

"저는 제가 지옥 갈 죄인이라는 것이 믿어지지 않습니다! 저는 모범적인 삶을 살았습니다. 선행도 많이 했습니다."

그러자 목사님이 누가복음 10장 27절 말씀을 읽어주었습니다.

"네 마음을 다하며 목숨을 다하며 힘을 다하며 뜻을 다하여 주 너의 하나님을 사랑하고 또한 네 이웃을 네 자신같이 사랑하라."

그리고 계속해서 이렇게 말했습니다.

"이것이 하나님이 주신 모든 율법의 요약입니다. 성도님은 하나님을 목숨을 다해 사랑하고 이웃을 자기 자신처럼 사랑했습니까?"

그러자 그 교인이 대답했습니다.

"저에게 선한 것이 아무것도 없군요."

이렇듯 율법은 우리의 양심을 깨웁니다. 율법이 아니면 우리는 우리 자신이 어떤 죄를 짓고 있는지 모릅니다. 왜 그렇습니까? 죄에 대해 무감각해진 것입니다. 우리의 영이 죽었기 때문입니다.

"그는 허물과 죄로 죽었던 너희를 살리셨도다"(엡 2:1).

"허물과 죄로 죽었던 너희", 이것이 바로 구원받기 전에 사람의 상태입니다. 사람은 자기가 죄인인 것을 모릅니다. 죄에 대한 감각이 없기 때문입니다.

"그들이 감각 없는 자가 되어 자신을 방탕에 방임하여 모든 더러운 것을 욕심으로 행하되"(엡 4:19).

미국의 유명한 뉴스 해설가인 폴 하비가 에스키모가 늑대를 사냥하는 방법에 대해 말한 적이 있습니다. 시퍼렇게 날이 선 칼에 동물의 피를 잔뜩 묻힌 다음 그것을 물속에 넣고 얼립니다. 그렇게 피 냄새가 나는 얼음 덩어리를 늑대들이 출몰하는 길목에 두면 피 냄새를 맡은 늑대가 다가와 얼음을 핥아먹기 시작합니다. 그러나 얼음을 핥느라 혀에 감각이 없어진 늑대는 드러난 칼날에 자기 혀를 베어 피가 줄줄 흐르는 것도 모른 채 계속해서 자기 피를 핥아먹습니다. 결국 피를 많이 흘려 쓰러질 때까지 자기 피를 마시다가 죽게 됩니다.

이것은 우리를 멸망시키려는 마귀의 전략이기도 합니다. 마귀는 죄의 감각을 죽여서 우리가 죄를 짓고도 무슨 죄를 지었는지 모르게 만듭니다. 그러니 어떻게 회개할 수 있겠습니까? 왜 꼭 예수님을 믿어야 하는지 모르는 사람들이 많습니다. 그 역시 자기 죄의 실상을 모르기 때문입니다.

자신이 어떤 죄인인지 알고 있습니까? 어떤 남편이 결혼 30주년이 되어 아내에게 특별한 생일 선물을 해주고 싶었다고 합니다. 그런데 선물을 고르기도 어렵고 아내가 정말 원하는 것을 사주고 싶은 마음에 아내에게 무엇이 갖고 싶은지 말해보라고 했습니다. 그러자 아내가 정색을 하며 생일 선물은 안 받아도 괜찮으니 자기에게 딱 2시간만 시간을 내달라고 했습니다. 아내의 뜻이 하도 완강하여 그렇게 약속하고 마침내 아내의 생일날이 되었습니다. 그러자 아내가 남편을 소파에 앉히며 말했습니다.

"이제부터 2시간 동안 내가 당신에게 이야기를 할 텐데, 당신은 그저 들으면서 '맞아', '옳아', '그렇지' 이렇게 세 마디만 해주세요."

남편은 이상했지만 그렇게 하자고 했습니다. 아내는 남편과 처음 만나 데이트하고, 결혼하고, 시집살이하고, 출산하는 등 지금까지 살아온 이야기를 죽 했습니다. 이야기를 듣다보니 사실이 아닌 것 같은 이야기도 있어서 남편이 "여보, 그때는 이랬잖아?" 말이 툭 튀어나올 때도 아내는 "당신은 그냥 들어주시기만 하면 돼요" 하고 이야기를 계속했습니다. 약속을 했으니 더는 말을 못하고 듣기만 하는데 10분쯤 지나니까 미칠 노릇인 겁니다. 20분을 들으니 더 들으면 죽을 것 같았다고 합니다. 그런데 30분이 지나자 이상한 마음이 들기 시작했습니다.

'우리가 30년을 부부로 살았는데, 내가 이 사람의 마음을 이렇게 몰랐나?'

아내가 무슨 생각, 어떤 느낌이었는지, 얼마나 어려웠는지, 왜 밤잠을 못 자고 괴로워했는지 꿈에도 모를 만큼 아내에게 무심했다는 생각에 자신이 너무나 어리석게 느껴졌습니다.

"여보, 이제 다 말했어요. 끝까지 들어줘서 고마워요."

2시간이 흐르고 아내의 말이 끝나자 남편은 무릎을 꿇고 울었습니다. 아내에 대해 너무 몰라서 미안하고, 자기가 어떤 잘못을 했는지 알지도 못했다는 것이 너무 부끄러웠기 때문입니다.

아내나 남편, 부모나 자녀에게 어떤 잘못을 했는지 알고 있습니까? 알기만 해도 다행입니다. 자기 죄를 알기만 하면 얼마든지 받아줄 수 있을 것입니다. 문제는 본인이 무슨 잘못을 했는지 모르니 답답한 것입니다. 하나님께 어떤 죄를 짓고 사는지 아십니까? 죄를 짓고도 무슨 죄를 지었는지 모른다는 것이 바로 죄인의 실상입니다.

죄가 나의 즐거움이라면?

율법은 선합니다. 문제는 죄입니다. 죄는 그 율법을 악하게 사용합니다. 죄는 우리를 사로잡아 우리의 죄를 깨우쳐주는 율법까지 죄의 도구로 만들어버립니다. 하나님의 의를 드러내고 거룩한 삶, 구별된 삶이 무엇인지 보여주는 율법이 오히려 우리를 죽음으로 인도하게 하는 것입니다.

전에는 율법이 없어서 내가 살아 있었는데, 계명이 들어오니까 죄는 살아나고, 나는 죽었습니다. 그래서 나를 생명으로 인도해야 할 그 계명이, 도리어 나를 죽음으로 인도한다는 것이 드러났습니다. 죄가 그 계명을 통하여 틈을 타서 나를 속이고, 또 그 계명으로 나를 죽였습니다. 롬 7:9-11

율법이 나쁜 것이 아닙니다. 죄가 나쁜 것입니다. 사도 바울은 죄를 인격적인 존재로 묘사하고 있습니다. 한번 죄를 지으면 죄인의 굴레가 씌워집니다. 죄는 율법을 통해 우리를 더욱 옭아맵니다. 그리고 더 죄를 짓도록 우리를 끌고 갑니다. 죄의 힘은 무섭습니다. 하나님이 하지 말라고 하신 것을 하고 싶게 만듭니다. 분명히 죄인 줄 알면서도 어기고 즐기게 만듭니다.

어거스틴은 《참회록》에서 어린 시절에 지었던 죄를 고백하였습니다.

"내게는 도적질하고 싶은 소원이 있었습니다. 배고파서도 아니었고 가난해서도 아니었습니다. 그저 선한 일을 멸시하고 죄를 추구하는 강한 욕망 때문이었습니다. 나는 어느 날 늦은 밤 소년들과 함께 배나무를 흔들어 배를 도적질했습니다. 그리고 그것들을 돼지에게 던져주었습니다. 그렇게 하는 것이 즐거웠습니다. 오, 하나님! 그것이 나의 마음의 모습이었습니다. 내가 사랑하고 추구한 것은 죄악 자체였고 잘못 자체였고 부끄러움 자체였습니다."

하나님의 말씀을 읽고, 하나님께 나아가 기도하고, 하나님의 말씀대로 사는 것이 즐겁습니까? 아니면 은밀하게 죄짓는 것이 즐겁습니까? 지금 자신의 영혼의 상태는 어떤지 진단해볼 수 있어야 합니다. 몸이 아픈 것도 심각하지만, 영혼이 병든 것은 더 심각한 문제입니다. 알고도 짓는 죄가 없습니까? 죄인 줄 알면서도 즐기는 죄가 없습니까? 죄가 나에게 고통이 되어야 하는데, 죄가 나의 즐거움이 되면 심각한 것입니다. 이것이 죄의 종노릇하는 사람의 실상입니다.

성령이 율법을 통해 하시는 일

우리는 율법이 신령한 것인 줄 압니다. 그러나 나는 육정에 매인 존재로서, 죄 아래에 팔린 몸입니다. 롬 7:14

이것은 정말 끔찍한 일입니다. 그러므로 우리는 성령의 역사를 사모해야 합니다. 죄는 율법을 가지고 우리를 죄에 더 깊이 빠뜨리는 성령께서는 율법으로 우리를 진정한 회개의 길로 인도하시기 때문입니다.

부흥회 때 한 청년이 통곡하며 기도하는 것을 보았습니다.

"하나님, 제 마음은 왜 이렇게 더럽습니까? 저는 왜 이렇게 죄가 많습니까? 이제 저는 어떻게 해야 합니까? 하나님, 저를 도와주세요."

잠시 듣기만 해도 그가 무엇을 기도하는지 알 수 있었습니다. 이것이 성령께서 율법을 통하여 우리에게 하시는 일입니다. 다윗은 밧세바를 취하고, 충성스러운 부하 우리아를 죽음으로 몰아넣고도 자기 죄를 자각하지 못했습니다. 남편 있는 여인을 간음하여 임신하게 만들고 그 남편마저 죽음에 몰아넣고도 다윗이 자기 죄를 몰랐습니다. 나단 선지자에게 지적을 받고 비로소 자기 죄를 깨달았습니다. 그것은 다윗에게 끔찍한 고통이자 너무 부끄러운 일이었지만, 그것이 다윗을 살렸습니다. 자신의 죄 문제를 알게 되고 죄에 대한 합당한 회개가 터질 때 그는 삽니다. 그러나 죄에 대해 무감각하면 그는 죽습니다. 성령님은 율법을 통하여 우리를 회개의 길로 인도하십니다. 그러면 구원의 길이 열립니다.

"베드로가 이르되 너희가 회개하여 각각 예수 그리스도의 이름으로 세례를 받고 죄 사함을 받으라 그리하면 성령의 선물을 받으리니"(행 2:38).

"무릇 내가 사랑하는 자를 책망하여 징계하노니 그러므로 네가 열심을 내라 회개하라"(계 3:19).

하나님은 사랑하는 자에게 회개하라고 하십니다. 자기 죄를 깨닫고 내가 어떤 죄인인지 아는 것이 큰 고통 같아 보이지만, 사실은 은혜의 시작이요 그것이 율법이 하는 일입니다. 우리가 살길입니다.

지옥에 갈 수밖에 없는 죄인의 고통

마르틴 루터가 회심하기 전 그에게는 회개의 역사가 있었습니다. 그는 경건한 사제였지만 성경을 통해 하나님의 거룩하심을 깨달았고 그 후로 자신의 죄 때문에 견딜 수 없을 만큼 괴로워했습니다. 주님께서 그에게 이렇게 말씀하셨기 때문입니다.

"마르틴 루터야, 죄는 하나만 있어도 지옥에 간다. 백 가지도, 천 가지도 아니고 단 하나의 죄라도 영원한 지옥으로 가기에 충분하다."

어떤 사람들은 이 말에 동의하지 못할지도 모릅니다.

"한 가지 죄만으로 지옥에 간다니, 성경적인 근거가 있는 말입니까?"

아담과 하와가 하나님 앞에서 몇 번이나 죄를 지었습니까? 선악과를 따 먹은 단 한 번뿐이었습니다. 단 하나의 죄만 지어도 하나님과의 관계가 단절되는 것입니다. 그것이 죄입니다. 우리가 어떤 죄를 지었는지 율법이 깨닫게 하고 성령께서 그 죄가 하나님과의 관계를 끊어 놓는 영원한 죄라는 것을 깨우쳐주실 때 우리에게 회개가 터져 나오는 것입니다.

마르틴 루터는 살아오면서 자기가 지은 죄를 낱낱이 보게 되었습니다. 마음속까지 더러운 자기 자신을 보았습니다. 그때마다 지옥으로 떨어지는 고통을 겪으며 끊임없이 회개하고 사제에게 고백했습니다. 루터가 얼마나 자주 사제를 찾아갔는지 어느 날 그 사제가 루터에게 "형제님, 다음부터는 고백할 가치가 있는 큰 죄를 짓고 와서 고백하십시오"라고 말했다고 합니다. 이렇게 루터가 죄로 인한 극심한 고통 속에 있었기 때문에 예수 그리스도의 십자가를 바라보는 순간 구원의 영광을 보는 눈이 활짝 열리고, 속죄의 은혜가 얼마나 놀라운지를 깨닫고 종교개혁을 일으키게 된 것입니다.

루터가 말한 이신칭의(以信稱義)는 요즘 대부분의 사람들이 말하는 이신칭의와는 분명한 차이가 있습니다. 오늘날 많은 그리스도인들은 자신이 어떤 죄를 지었는지 모르면서 여전히 죄 가운데 살고 있습니다. 우리 자신의 죄가 얼마나 사악한지 주님이 깨닫게 해주신 적이 있습니까? 지옥에 떨어질 수밖에 없는 자신의 죄 때문에 너무나 고통스러운 적이 있었습니까? 바로 죄에 대한 극심한 고통이 있었느냐 없었느냐의 차이입니다. 루터는 하나님께서 그리스도를 통해 값없이 주시는 하나님의 의, 오직 믿음으로만 구원받는 은혜를 주신다는 복음을 깨닫기 전에 자신이 지옥에 갈 수밖에 없는 죄인이라는 고통을 겪었던 사람입니다. 그렇기 때문에 그에게 복음이 복음 된 것입니다.

자기 죄에 대한 애통함, 진정한 회개

예수 믿고 난 다음 또 육신을 통해 죄의 유혹이 찾아올 때 그 죄가 나를 지옥으로 끌고 가는 죄라는 것이 보여야 합니다. 그 죄 때문에 자신에게 지옥의 불이 엄습해오는 것을 느껴야 합니다. 이것이 보여야 진정으로 죄에서 놓임을 받는 거룩한 삶을 살게 됩니다. 십자가가 비로소 십자가로 보이게 되는 것입니다.

반면에 예수 믿으면 무조건 죄 사함을 받는다고 아는 사람은 자기가 무슨 죄를 지었는지도 모르고, 그 죄가 얼마나 심각한지도 모르면서 '예수 믿었으니까 다 용서받겠지. 잘못했다고 하면 또 용서해주겠지'라고 합니다. 그러니까 여전히 은밀히 죄의 종노릇을 하는 것입니다. 죄에 대한 감각이 없는 것입니다.

어느 목사님의 파렴치한 행위가 보도되는 것을 보았습니다. 그 목사님이 왜 그런 죄를 저질렀을까요? 죄의 유혹 때문입니까? 아닙니다. 모든 사람들에게 그런 유혹이 있습니다. 문제는 죄를 작게 여기고 진정한 회개 없이 사는 것입니다. 자신을 유혹해오는 죄를 통해 지옥 불을 바라보는 눈이 뜨이지 않았기 때문에 죄를 용납한 것입니다. 죄에 대해 무감각해지면 이렇게 무서운 일이 벌어집니다. 그 결과는 파멸입니다. 마귀의 조롱거리가 되고 마는 것입니다.

그러나 이것이 남의 일입니까? 예수님을 믿고도 습관적인 죄를 짓고 살지 않습니까? 어느덧 무감각해져서 죄가 죄인지도 모르고, 회개도 안 되는 지경에 이르지 않았습니까? 죄 중에 살면서도 회개가 안 되는 것은 정말 큰일입니다. 율법이 선한 것은 우리에게 무엇이 죄인지 알게 해주는 것입니다.

"예수께서 권능을 가장 많이 행하신 고을들이 회개하지 아니하므로 그때에 책망하시되"(마 11:20).

구원받은 우리에게도 죄는 여전히 죄입니다. 성령님은 우리가 죄를 지을 때마다 지옥 불을 보게 하십니다. 그리고 십자가를 보게 하십니다. 그럴 때 우리가 죄에서 돌이킬 수 있기 때문입니다.

구원받은 성도의 삶의 특징은 '회개'입니다. 그렇다고 해서 예수님을 믿지 않으려는 사람들에게 "당신은 죄인입니다. 지옥에 갈 것입니다. 회개하세요!"라고 하지 말아야 합니다. 그럴수록 오히려 역효과만 납니다. 예수 믿는 우리가 할 수 있는 것은 우리 자신이 진정으로 회개하는 삶을 사는 것입니다.

우리도 여전히 죄의 유혹을 받고 있습니다. 때로는 죄의 유혹에 무너질 때도 있습니다. 그러나 그때마다 하나님 앞에 회개하고 돌아서야 합니다. 그럴 때 하나님을 부정하는 사람, 십자가의 복음에 대해 알지 못하는 사람들도 우리를 보고 자신의 죄의 실상이 무엇인지 알게 될 때가 옵니다. 하나님의 말씀으로 우리의 병들고 잠든 영혼을 깨워주시고 우리의 죄를 깨닫게 해달라고 기도합시다. 우리 죄의 실상을 보게 하시고 지옥 불을 바라보며 자기 죄를 애통해하는 진정한 회개가 터져 나와 십자가 부흥이 우리 심령 안에서 일어나기를 기도하시기 바랍니다.

14

절망하는 자, 예수께로 오라!

롬 7:15-25

15 나는 내가 하는 일을 도무지 알 수가 없습니다. 내가 해야겠다고 생각하는 일은 하지 않고, 도리어 해서는 안 되겠다고 생각하는 일을 하고 있으니 말입니다. 16 내가 그런 일을 하면서도 그것을 해서는 안 되겠다고 생각하는 것은, 곧 율법이 선하다는 사실에 동의하는 것입니다. 17 그렇다면, 그와 같은 일을 하는 것은 내가 아니라, 내 속에 자리를 잡고 있는 죄입니다. 18 나는 내 속에 곧 내 육신 속에 선한 것이 깃들여 있지 않다는 것을 압니다. 나는 선을 행하려는 의지는 있으나, 그것을 실행하지는 않으니 말입니다. 19 나는 내가 원하는 선한 일은 하지 않고, 도리어 원하지 않는 악한 일을 합니다. 20 내가 해서는 안 되는 것을 하면, 그것을 하는 것은 내가 아니라, 내 속에 자리를 잡고 있는 죄입니다. 21 여기에서 나는 법칙 하나를 발견하였습니다. 곧 나는 선을 행하려고 하는데, 그러한 나에게 악이 붙어 있다는 것입니다. 22 나는 속사람으로는 하나님의 법을 즐거워하나, 23 내 지체에는 다른 법이 있어서 내 마음의 법과 맞서서 싸우며, 내 지체에 있는 죄의 법에 나를 포로로 만드는 것을 봅니다. 24 아, 나는 비참한 사람입니다. 누가 이 죽음의 몸에서 나를 건져주겠습니까? 25 우리 주 예수 그리스도를 통하여 나를 건져주신 하나님께 감사를 드립니다. 그러니 나 자신은, 마음으로는 하나님의 법을 섬기고, 육신으로는 죄의 법을 섬기고 있습니다.

저는 1984년에 예수님을 인격적으로 만나 진정한 회개와 회심을 체험했습니다. 죄는 정말 끔찍했습니다. 그날 이후 저는 마음으로 짓는 죄라도 다시는 죄를 짓고 싶지 않았고 또 실제로 죄를 짓지 않게 될 줄 알았습니다. 그러나 얼마 후 제 안에 여전히 더럽고 추악한 죄가 역사하는 것을 보고 얼마나 좌절했는지 모릅니다. 욕심, 교만, 정욕, 불순종 등 하나도 달라진 것이 없었고, 대체 이것을 어떻게 이해하고 받아들여야 할지 몰라 당황스럽고 괴로웠습니다.

'나는 과연 예수님을 바로 믿는 것인가? 나는 정말 거듭났는가?'

목사이기에 선뜻 그 누구에게 말도 못하고 혼자 울면서 몸부림치고 기도하였습니다. 그때 하나님께서는 저에게 예수를 믿고도 도무지 이기지 못하는 죄를 어떻게 다루어야 하는지 깨우쳐주셨습니다.

사도 바울의 고백

많은 그리스도인들이 예수님을 믿으면서도 실제로는 죄의 종처럼 사는 혼란과 고통 가운데 삽니다. 처음 구원의 감격을 체험할 때는 마음에 참 기쁨이 충만할 뿐만 아니라 지난 삶은 청산하고 예전과 전혀 다른 삶을 살 것 같았습니다. 모든 죄악, 어떤 시험도 이길 것 같고, 감사하고 사랑만 하며 살 것 같습니다. 그러나 안타깝게도 이 상태는 오래가지 못합니다.

죄의 유혹이 다시 일어나고, 버렸다고 생각한 죄를 다시 짓게 되고, 오래된 성질, 교만, 질투, 원망하며 살고, 세상에 한눈팔고, 스스로 보기에도 비참한 모습으로 돌아와 있는 것을 보게 됩니다. 성경을 읽거나 기도하는 것도 전과 같지 않습니다. 전도의 열심도 사랑도 식고,

날이 갈수록 냉랭해집니다. 죄가 다시 찾아오고 무참히 시험에 무너질 거라고는 꿈에도 생각하지 못했습니다. 비록 세상의 죄인은 아니지만 그리스도인으로서 우리가 여전히 죄인임을 느낍니다. 때로는 구원의 확신마저 흔들립니다.

사도 바울도 이런 혼란을 경험했습니다.

나는 내가 하는 일을 도무지 알 수가 없습니다. … 롬 7:15

'내가 왜 이러지? 왜 이렇게 사는 거지?'
사도 바울도 자기 자신을 도무지 이해할 수 없었습니다. 죄짓지 말아야겠다고 생각하면서도 죄짓고 살게 된다는 것입니다.

…내가 해야겠다고 생각하는 일은 하지 않고, 도리어 해서는 안 되겠다고 생각하는 일을 하고 있으니 말입니다. …나는 내가 원하는 선한 일은 하지 않고, 도리어 원하지 않는 악한 일을 합니다. 롬 7:15,19

마침내 사도 바울은 이것을 인정할 수밖에 없었습니다. 예수님을 영접했지만 자신 안에 여전히 죄와 악이 존재한다는 고통스런 사실을 깨달은 것입니다.

여기에서 나는 법칙 하나를 발견하였습니다. 곧 나는 선을 행하려고 하는데, 그러한 나에게 악이 붙어 있다는 것입니다. 롬 7:21

그리고 그 죄가 구원받은 나 자신을 계속해서 죄짓게 만들 수 있다는 사실을 인정했습니다.

…그와 같은 일을 하는 것은 내가 아니라, 내 속에 자리를 잡고 있는 죄입니다. …내가 해서는 안 되는 것을 하면, 그것을 하는 것은 내가 아니라, 내 속에 자리를 잡고 있는 죄입니다. …나는 속사람으로는 하나님의 법을 즐거워하나, 내 지체에는 다른 법이 있어서 내 마음의 법과 맞서서 싸우며, 내 지체에 있는 죄의 법에 나를 포로로 만드는 것을 봅니다. 롬 7:17,20,22,23

이것은 불신자의 고백이 아닙니다. 예수를 믿는 사도 바울의 고백입니다.
본 회퍼 목사의 〈나는 누구인가?〉라는 고백시가 있습니다.

남들은 종종 내게 말하기를
감방에서 나오는 나의 모습이
어찌나 침착하고 명랑하고 확고한지
마치 성에서 나오는 영주 같다는데
나는 누구인가?

남들은 종종 내게 말하기를
간수들과 대화하는 내 모습이
어찌나 자유롭고 사근사근하고 밝은지

마치 내가 명령하는 것 같다는데
나는 누구인가?

남들은 종종 내게 말하기를
불행한 나날을 견디는 내 모습이
어쩌나 한결같고 벙글거리고 당당한지
늘 승리하는 사람 같다는데
남들이 말하는 내가 참 나인가?
나 스스로 아는 내가 참 나인가?

새장에 갇힌 새처럼 불안하고 그립고 병약한 나
목 졸린 사람처럼 숨을 쉬려고 버둥거리는 나
빛깔과 꽃, 새소리에 주리고
따스한 말과 인정에 목말라하는 나
방자함과 사소한 모욕에도 치를 떠는 나
좋은 일을 학수고대하며 서성거리는 나
멀리 있는 벗의 신변을 무력하게 걱정하는 나
기도에도, 생각에도, 일에도 지쳐 멍한 나
풀이 죽어 작별을 준비하는 나인데
나는 누구인가?

이것이 나인가?

저것이 나인가? 둘 다인가?

사람들 앞에서 허세를 부리고

자신 앞에선 천박하게 우는소리 잘하는 겁쟁이인가?

내 속에 남아 있는 것은

이미 거둔 승리 앞에서 꽁무니를 빼는 패잔병 같은가?

나는 누구인가?

날카로운 질문이 나를 조롱합니다.

내가 누구인지

당신은 아시오니

나는 당신의 것입니다.

오, 하나님!

본 회퍼 목사님의 이 내면의 갈등은 구원받지 못하였기에 겪는 고통이 아닙니다. 많은 사람들로부터 존경받는 목사이지만 여전히 악하고 연약한 육신을 가지고 살아가고 있음을 정직히 고백한 것입니다.

그리스도인의 탄식

사도 바울은 너무 비참했습니다. 그래서 울부짖었습니다.

아, 나는 비참한 사람입니다. 누가 이 죽음의 몸에서 나를 건져주겠습니까? 롬 7:24

이 말씀은 정말 유명한 성경 구절입니다. 우리에게 익숙한 개역개정 성경으로 읽으면 더 실감이 나는 분들이 있을 것입니다.

"오호라 나는 곤고한 사람이로다 이 사망의 몸에서 누가 나를 건져 내랴"(롬 7:24).

그러나 사도 바울만 이런 탄식을 하는 것이 아닙니다. 지금도 이와 같은 심정으로 사는 분들이 있을 것입니다. 어제 또는 지난 주간에 어떻게 살았습니까? 죄에 넘어지고, 습관적으로 또 죄를 짓고, 하나님이 다 보고 계신 것을 알면서도 여전히 죄짓고 살다가 주일에 예배드리러 와서 '하나님께서 내 예배를 받아주실까? 내가 너무 가증하다' 이런 생각을 하지 않습니까? 실제로 얼마나 많은 그리스도인들이 죄에 무너지고, 그것 때문에 절망하고, 구원의 확신조차 잃어버리고, 전도하는 것은 상상도 못하고 살아가는지 모릅니다.

그러나 정신을 바짝 차리고 말씀을 다시 보시기 바랍니다. 로마서 7장 24절 말씀은 우리를 절망시키려는 말씀이 아닙니다. 우리에게 소망을 주려는 말씀입니다. 우리가 예수님을 영접했음에도 여전히 죄에 무너지는 것은 결코 유쾌한 일이 아닙니다. 정말 부끄럽고 비참한 일입니다. 그러나 우리는 죄를 지었을 때 느꼈던 사도 바울의 절망감, 애통함, 무너진 마음, "아, 나는 비참한 사람입니다"라고 고백하는 그 탄식에 주목해야 합니다. 바로 이 탄식이 있기 때문에 불신자가 아닌 그리스도인의 고백이라는 것입니다. 불신자에게는 죄로 인한 탄식이나 애통함, 절망감이 없습니다. 영이 살아 있는 사람에게만 죄가 고통이고 탄식이고 절망이고 울부짖음입니다.

"하나님의 성령을 근심하게 하지 말라 그 안에서 너희가 구원의 날까지 인치심을 받았느니라"(엡 4:30).

우리 안에 성령이 계십니다. 구원받은 그리스도인들은 성령의 근심을 느낍니다. 성령께서 기뻐하시지 않는 삶을 살면 즉각 마음이 괴로워집니다. 말씀을 읽지 않고, 기도하지 않고, 서로 용서하고 사랑하지 않고, 복음을 전하지 않고, 주일예배를 온전히 드리지 않고, 십일조를 드리지 못하면 마음이 괴롭지 않습니까? 물론 불신자에게도 죄책감은 있습니다. 그러나 이런 깊은 절망감은 없습니다. 성령님을 모시고 사는 사람에게만 느껴지는 근심입니다. 그리고 우리의 영이 죽지 않았다는 증거입니다.

2007년 신년 부흥회 때였습니다. 당시 중학생이던 둘째 딸이 집회가 끝나고 나서 저를 따라 사무실에 들어왔습니다. 딸의 얼굴이 안 좋아 보였습니다.

"도대체 무슨 일이니?"

"아빠, 부흥회에서 다들 은혜를 받았는데 저만 예배의 감격이 없어요."

그러더니 그것이 속상하고 괴롭다며 펑펑 울었습니다. 저는 그런 딸을 안아주고 위로해주었지만 마음이 정말 기뻤습니다. 딸아이가 이해할 수 없는 은혜를 받고 있었기 때문입니다. 예배의 감격이 없다고 우는 그 자체가 영적 갈망이기 때문입니다. 은혜를 받지 못한 사람은 그렇게 울지 않습니다. 저는 중학생 때 예배의 감격이 없다고 그렇게 울어보지 못했고, 은혜받지 못했다고 아버지에게 안타까움을 토로해 본 적도 없습니다. 그리고 보니 저보다 훨씬 낫습니다. 그 모습을 보니 성령님이 제 딸 안에 강하게 역사하신다는 것이 느껴졌습니다. 예배의 감격이 없어도 무덤덤한 사람이 얼마나 많습니까?

한 청년이 어느 목사님을 찾아가 고민을 털어놓았습니다.

"제 영적 상태가 너무 불안합니다. 17년 동안 교회를 다녔지만 하나님의 뜻을 이루어 드리지 못하는 것 같습니다. 제 마음은 너무 차갑고 위험한 상태에 처해 있습니다."

그러자 목사님께서 그 청년처럼 자기 마음이 굳어 있다고 고민하는 누군가에게 보낸 성 버나드의 글을 들려주었습니다.

"내 형제여! 자기의 마음이 굳어 있다는 것을 모르는 사람의 마음만이 굳어 있는 것입니다. 자기가 완고하다는 것을 모르는 사람만이 진짜 완고해진 것입니다."

"한 번 빛을 받고 하늘의 은사를 맛보고 성령에 참여한 바 되고 하나님의 선한 말씀과 내세의 능력을 맛보고도 타락한 자들은 다시 새롭게 하여 회개하게 할 수 없나니 이는 그들이 하나님의 아들을 다시 십자가에 못 박아 드러내놓고 욕되게 함이라"(히 6:4-6).

우리는 죄를 지을 때마다 우리가 버림받지 않았는지 두려움을 느낍니다. 이런 두려움을 안고 상담을 요청해오는 분들이 많습니다. 그들은 한결같이 애통함과 내적 고통과 두려움을 가지고 있습니다.

"분명히 예수를 믿었고, 성령 체험도 했고, 은혜를 받았는데도 죄를 지었습니다. 그러면 이제 저는 다시 돌이킬 수 없나요?"

그러면 저는 이렇게 말해줍니다.

"이 말씀은 당신에게 해당되지 않습니다. 이 말씀은 죄를 짓고도 아무 감각이 없는 사람, 회개할 마음이 없는 사람, 죄를 짓고도 두려운 마음이 없는 사람에게 해당됩니다. 그런데 당신은 그것 때문에 괴로워하고 두려워하고 안타까워하고 있으니, 당신은 아직 성령의 사람입니다."

애통함과 몸부림

우리가 정말 주목해야 할 것은 예수를 믿고 또다시 죄를 지었느냐 하는 것보다 그 죄로 인하여 괴로워하고 몸부림치는 애통함이 있느냐 하는 것입니다. 세상과 육신을 따라 살았고, 죄짓고 살았던 것 때문에 마음이 애통합니까? 사도 바울과 같은 탄식이 있습니까? 이것이 없다면 정말 끔찍한 일입니다.

예수를 믿으라고 전도하면 "저는 죄를 많이 지어서 교회에 나갈 수가 없습니다. 저 같은 사람이 교회에 가면 다른 교인들까지 욕을 먹습니다"라고 하는 분들이 꼭 있습니다. 그런데 이렇게 말하는 사람이 진짜 자기 죄를 아는 걸까요? 아닙니다. 만일 자기 죄를 안다면 무슨 수를 써서라도 교회에 나올 것입니다. 죄에서 벗어날 수 있고 죄로부터 살아날 길이 있는데 복음을 듣고 반응하지 않을 수 없을 것입니다. 죄가 너무 많아서 교회에 갈 수 없다는 말은, 그가 자신의 심령을 마귀에게 완전히 빼앗겼고 죄의 종으로 죄에서 벗어날 엄두를 내지 못하고 있다는 것입니다. 이것은 죄로 인해 고통하는 것도 아니고 죄에서 벗어나고자 하는 몸부림도 아닙니다.

때때로 청소년들이 몰려다니면서 나쁜 짓을 일삼는 것을 봅니다. 그런데 그런 청소년이라도 그 조직이 나쁘다는 판단을 내리면 얼마든지 빠져나올 수 있습니다. 빠져나오려고만 하면 얼마든지 빠져나올 수 있습니다. 자기 힘만으로 안 되면 부모님이나 선생님, 경찰관의 도움을 받으면 됩니다. 그런데도 조직에서 빠져나오는 아이들이 드뭅니다. 왜 그렇습니까? 마귀가 그들의 마음을 사로잡아 낙심을 심어주기 때문입니다.

"너는 안 돼. 이 조직에서 절대로 빠져나갈 수 없어. 나가면 너는 죽을 거야."

유흥가에서 일하는 여자 종업원의 90퍼센트가 '나는 이렇게 살다가 죽을 수밖에 없어. 아무것도 달라질 수 없을 거야. 나에게 새로운 삶은 없어' 이렇게 생각한다는 통계를 보았습니다. 죄의 권세가 그의 영을 붙잡고 있는 것입니다. 죄에 무감각해져버리는 것입니다. 그런데 혹시 여러분 중에 '평생 이렇게 사는 거야. 예수 믿는 것도 그렇고 그런 거지. 죄짓고 나서 예배드리고 또 돌아가서 죄짓고. 그렇게 사는 거지 뭐' 이런 생각을 하는 이가 있습니까? 절대 안 됩니다. 우리가 죄를 지었다는 것보다 더 조심할 것은 그 죄를 무감각하게 받아들이는 것입니다. 죄로 인한 탄식과 몸부림을 잃어버리는 것입니다.

죄는 영혼의 암입니다. 병원에 갔는데 암이라는 진단을 받으면 어떤 마음이 들겠습니까? 자신이 죄를 지을 때 암 선고를 받는 것 같은 충격과 고통을 느껴야 합니다. 그래야 살아 있는 영혼입니다. 만약 암이라는 진단을 받고도 감기 걸렸다는 반응조차 나오지 않는 사람이라면 정말 죽은 사람입니다. 죽은 자에게 무슨 고통이나 몸부림이 있겠습니까? 자신이 브레이크 파열로 절벽을 향해 달려가는 차에 앉아 있다고 생각해보십시오. 지금 자신의 처지가 그런데도 아무 감각이 없다면 그 사람은 영이 죽은 것입니다.

죄를 이기게 하시는 분

그런데 사도 바울은 놀라운 고백을 합니다.

> 우리 주 예수 그리스도를 통하여 나를 건져주신 하나님께 감사를 드립니다. 롬 7:25

24절에서 "아, 나는 비참한 사람입니다. 누가 이 죽음의 몸에서 나를 건져주겠습니까?"라고 하던 사람이 왜 갑자기 주 예수님을 찬양하며 감사하고 있습니까? 죄 때문에 절망하고 몸부림치는 분들이 있다면 이 말씀을 결코 잊지 마십시오. 이 말씀이 우리를 살리는 말씀이기 때문입니다.

사도 바울이 말하는 핵심은 우리가 예수님을 믿어도 우리 힘으로는 도저히 죄를 이길 수 없다는 것입니다. 예수님을 믿을 뿐만 아니라 집사, 권사, 장로, 목사가 되어도, 제아무리 성경 박사라 해도, 성령 체험을 하고, 성품이 좋고, 결심이 대단해도 우리의 힘으로는 절대 죄를 이기지 못합니다. 욕심과 교만한 마음, 시기, 질투, 미움, 원망, 음란한 충동은 계속해서 일어납니다. 경건하고 훌륭한 성도라도 마찬가지입니다.

이렇게 우리 힘으로는 절대 죄를 이기지 못하지만, 그러나 우리는 죄에서 건짐을 받을 수 있습니다! 우리가 아니라 주 예수 그리스도 때문입니다. 주 예수님은 우리가 죄짓고 탄식만 하고 있게 내버려두지 않으십니다. 우리를 능히 죄에서 건져내시고 죄에서 지키시는 분입니다. 친히 우리 안에 오셨기 때문입니다.

"하나님께로부터 난 자는 다 범죄하지 아니하는 줄을 우리가 아노라 하나님께로부터 나신 자가 그를 지키시매 악한 자가 그를 만지지도 못하느니라"(요일 5:18).

그래서 사도 바울이 죄로 인한 절망을 고백하다가 예수 그리스도를 통하여 우리를 건져주신 하나님을 찬양한 것입니다. 다시 한번 말하지만, 우리가 예수님을 영접했다고 해도 우리의 힘으로는 결코 죄를 이길 수 없습니다. 열 번 죽었다 깨어나도 죄를 이기지 못합니다. 우리를 죄에서 이기게 하시는 분은 오직 예수 그리스도뿐입니다.

아담과 하와가 마귀의 시험에 넘어간 이후로 모든 사람들이 죄의 종노릇하고 살았습니다. 그 악순환의 고리를 끊으신 분이 예수님입니다. 예수님도 광야에 나가 마귀의 시험을 받으셨습니다. 그러나 시험을 이기셨습니다. 그 주님이 우리 안에 오신 것입니다. 그러므로 누구든지 주님 안에 있는 자는 마귀의 시험을 이기고 죄의 권세에 끌려 살지 않을 수 있게 되었습니다. 육신의 종노릇하던 옛사람이 주 예수님과 함께 십자가에서 죽었기 때문입니다.

물론 우리 육신이 죽거나 사라진 것이 아닙니다. 우리 육신은 여전히 그대로 있습니다. 육신은 죄의 통로입니다. 인류 역사 이래 마귀는 항상 육신을 통해 사람을 조종했습니다. 육신의 역사는 여전히 만만 치 않습니다. 생각해보십시오. 온 인류가 꼼짝없이 마귀에게 종노릇 하게 해온 바로 그 죄성입니다. 그러니까 예수님을 믿는 우리도 휘청 거리고 넘어지기도 하는 것입니다.

그래서 하나님께서 우리에게 놀라운 복음을 주신 것입니다. 바로 '나는 죽고 예수로 사는 복음'입니다. 우리가 죄와 싸우는 것이 아닙 니다. 우리의 옛사람이 예수와 함께 십자가에서 죽고 예수님의 영으 로 사는 새 사람이 되어 죄를 이기는 것입니다. 사람이 제아무리 온유 하고 정직해도 나는 죽고 예수로 살지 않으면 죄를 이길 수 없습니다. 우리가 구원받았다는 믿음, 나는 죽고 다시 살았다는 이 믿음이 분명 한 사람에게는 이기지 못할 큰 죄나 시험이 없습니다. 왜냐하면 우리 의 승리는 내가 아니라 그리스도께 달려 있기 때문입니다.

"우리 주 예수 그리스도로 말미암아 우리에게 승리를 주시는 하나 님께 감사하노니"(고전 15:57).

죄와 싸우다가 절망하는 사람이 있습니까? 예수님께 오십시오! 자 신의 의지나 결심이나 노력으로 죄를 이기려고 하지 말고 이제는 진짜 예수님을 바라보십시오. 사도 바울은 우리가 죄와의 싸움에서 질 수 밖에 없다는 것을 말하는 것이 아닙니다. 예수님을 믿어도 우리 자신 의 힘으로는 죄를 이길 수 없다고 말하는 것입니다. 죄를 이기는 것은 우리 안에 오신 예수님을 믿을 때 가능합니다. 죄에 대한 승리는 우리 에게 있지 않고 주 예수님께 있습니다.

마음의 전쟁

···그러니 나 자신은, 마음으로는 하나님의 법을 섬기고, 육신으로는 죄의 법을 섬기고 있습니다. 롬 7:25

이 말은 사도 바울이 하나님의 법을 섬긴다는 것입니까? 죄의 법을 섬긴다는 것입니까? 육신으로는 죄의 법을 섬기고 있습니다. 우리는 음식을 보면 먹고 싶고, 유혹이 오면 끌리고, 금세 교만해지고, 남보다 자랑하고 싶은 그런 육신을 가지고 있습니다. 그러나 사도 바울이 말하는 진짜 중요한 핵심은 마음으로는 하나님의 법을 섬긴다는 것입니다. 육신은 죄의 법을 섬겨도 마음은 하나님의 법을 섬기고 있습니까? 결국 인생은 우리의 마음에 따라 결정됩니다. 육신이 아무리 죄 덩어리라도 우리 인생은 마음에 따라 결정됩니다. 마음이 열쇠입니다. 마음이 하나님의 법을 섬기면 하나님께서 우리의 삶을 사로잡으십니다.

그리스도인의 마음에는 전쟁이 있습니다. 영적 전쟁입니다. 마음에 전쟁이 일어나고 있으니 힘들고 괴로울 때가 있습니다. 그러나 "힘들다", "괴롭다"고 하지 말아야 합니다. 오히려 죄와 전쟁하게 된 것에 감사하시기 바랍니다. 왜냐하면 그 전에는 싸우지도 못했기 때문입니다. 예수님을 영접하기 전에는 일방적으로 죄에 끌려 다니며 살았습니다. 죄의 종으로, 마귀의 노리개로 살았습니다. 그러나 이제는 전쟁을 합니다. 우리는 더 이상 죄의 종이 아닙니다. 게다가 우리는 이기게 되어 있습니다. 주님이 영으로 우리 안에 오셨기 때문입니다. 예수님이 대장이시고 왕이시기 때문입니다. 주께서 우리를 지키시기에 마귀는 우리를 만지지도 못합니다.

마귀는 틈만 나면 육신을 통해 다시 우리 마음을 차지하려고 집요하게 역사합니다. 우리를 삼키기 위해 우는 사자와 같이 우리 주변을 맴돌고 있습니다. 가인이 동생 아벨을 질투하여 죽이고 싶은 마음으로 흔들리고 있을 때, 하나님께서 가인에게 다음과 같이 경고하셨습니다.

"네가 선을 행하면 어찌 낯을 들지 못하겠느냐 선을 행하지 아니하면 죄가 문에 엎드려 있느니라 죄가 너를 원하나 너는 죄를 다스릴지니라"(창 4:7).

이것이 바로 우리의 이야기입니다. 우리의 삶은 계속되는 마음의 전쟁입니다. 그러나 이 전쟁 자체가 축복입니다. 이제는 죄와 싸우게 되었기 때문입니다. 그러므로 우리는 예수 그리스도를 바라보아야 합니다.

왜 예수님으로만 살아야 하는가?

죄 사함을 받았다는 믿음만으로는 죄를 이길 수 없습니다. 흉악한 죄를 지은 사람이 용서를 받았으니 정말 기쁠 것입니다. 그러나 그 기쁨만으로 그가 다시는 죄를 짓지 않을 것이라고 기대할 수 있을까요? 곧 실망하고 말 것입니다. 그래서 예수님께서 일만 달란트 탕감받은 자가 백 데나리온 빚진 자를 용서하지 못한 것을 비유로 말씀하신 것입니다.

제가 죄 때문에 극심한 내적 고통을 겪을 때였습니다. 강대상 뒤에서 데굴데굴 구르며 "하나님, 저 죄짓지 않게 해주세요"라고 기도하는데 주님은 제게 "죽으라" 하셨습니다. 저는 그 응답을 듣고 충격을 받았습니다. 어지간하면 죽으라고 하지는 않습니다. 그 말씀은 하나님께서 저를 전혀 가능성이 없다고 보셨다는 뜻입니다. "사형"이라는 판결은 그 죄수에게 회생의 가망이 1퍼센트도 없다는 최악의 선고입니다. 하나님께서 저에게 "유기성에게는 1퍼센트도 선한 것이 없구나. 건질 것이 아무것도 없다. 너는 죽어야 한다"라고 말씀하신다고 생각했습니다. 제가 만일 죄 때문에 하나님 앞에서 몸부림치지 않았다면, 저는 죽으라는 하나님의 말씀을 받아들이기 어려웠을지도 모릅니다.

'내가 이렇게 더러운 놈인가?'

'내가 이렇게 가증한가?'

'내 속에 죄가 이렇게 강한가?'

저는 이 문제로 몸부림쳤습니다. 저는 죽고 싶었습니다. 그런데 이미 죽었다는 것입니다. 이미 죽었다고 하시니 저는 그것을 기쁨으로 받아들였습니다.

"나는 죽었습니다. 이제는 내 안에 예수님이 사시는 것입니다."

이것이 죄를 이기지 못해 몸부림치는 저에게 주신 주님의 답이었습니다. 그리고 그때부터 저는 비로소 죄에서 승리를 경험하기 시작했습니다.

왜 우리가 죽어야 합니까? 왜 예수님으로만 살아야 합니까? 우리의 육신이 우리 속에서 계속 우리를 죄로 사로잡기 때문입니다. 예수님으로 사시기 바랍니다. 죄에 대해 갈등한다는 것은 우리가 살아 있다는 말입니다. 그러나 언제까지 갈등하다가 끝날 수는 없습니다. 죄를 이기기 위해서는 우리의 옛사람이 예수님과 함께 죽었고, 주 예수님이 우리 안에 오셔서 우리의 생명이 되셨음을 분명히 믿어야 합니다. 그리고 24시간 주 예수님을 바라보아야 합니다. 이것이 마음으로 하나님의 법을 섬기는 것입니다. 그때 우리는 진심으로 주 예수 그리스도께 감사하고 찬양하게 됩니다.

우리 주 예수 그리스도를 통하여 나를 건져주신 하나님께 감사를 드립니다. 롬 7:25

아멘! 이것이 우리의 간증이 되고 우리의 고백이 되는 것입니다. 죄로 인해 마음이 무너져 있다면 그것이 하나님의 역사임을 감사하십시오. 그러나 죄로 인해 고통당하기만 하다가 끝나는 것이 아니라 죄를 이기게 해달라고 구하십시오. 우리를 능히 죄에서 건져주시는 주 예수 그리스도의 은혜의 역사를 경험하시고 하나님께 감사드리십시오. 주 예수님을 온전히 바라보시기 바랍니다.

우리가 알거니와 하나님을 사랑하는 자
곧 그의 뜻대로 부르심을 입은 자들에게는
모든 것이 합력하여 선을 이루느니라

롬 8:28

성령님의
도우심을 구합니까?

15

이런 행복이 어디에 있겠습니까?

롬 8:1-13

1 그러므로 그리스도 예수 안에 있는 사람들은 정죄를 받지 않습니다. 2 그것은, 그리스도 예수 안에서 생명을 누리게 하는 성령의 법이 당신을 죄와 죽음의 법에서 해방하여 주었기 때문입니다. 3 육신으로 말미암아 율법이 미약해져서 해낼 수 없었던 그 일을 하나님께서 해결하셨습니다. 곧 하나님께서는 자기의 아들을 죄 된 육신을 지닌 모습으로 보내셔서, 죄를 없애시려고 그 육신에다 죄의 선고를 내리셨습니다. 4 그것은, 육신을 따라 살지 않고 성령을 따라 사는 우리가, 율법이 요구하는 바를 이루게 하시려는 것입니다. 5 육신을 따라 사는 사람은 육신에 속한 것을 생각하나, 성령을 따라 사는 사람은 성령에 속한 것을 생각합니다. 6 육신에 속한 생각은 죽음입니다. 그러나 성령에 속한 생각은 생명과 평화입니다. 7 육신에 속한 생각은 하나님께 품는 적대감입니다. 그것은 하나님의 법을 따르지 않으며, 또 복종할 수도 없습니다. 8 육신에 매인 사람은 하나님을 기쁘게 해드릴 수 없습니다. 9 그러나 하나님의 영이 여러분 안에 살아 계시면, 여러분은 육신 안에 있지 않고, 성령 안에 있습니다. 누구든지 그리스도의 영이 없으면, 그리스도의 사람이 아닙니다. 10 또한 그리스도께서 여러분 안에 살아 계시면, 여러분의 몸은 죄 때문에 죽은 것이지만, 영은 의 때문에 생명을 얻습니다. 11 예수를 죽은 사람들 가운데서 살리신 분의 영이 여러분 안에 살아 계시면, 그리스도를 죽은 사람들 가운데서 살리신 분께서, 여러분 안에 계신 자기의 영으로 여러분의 죽을 몸도 살리실 것입니다. 12 그러므로 형제자매 여러분, 우리는 빚을 지고 사는 사람들이지만, 육신에 빚을 진 것이 아닙니다. 우리는 육신을 따라 살아야 할 존재가 아닙니다. 13 여러분이 육신을 따라 살면, 죽을 것입니다. 그러나 여러분이 성령으로 몸의 행실을 죽이면, 살 것입니다.

성경은 그 자체만으로 귀하지만 그중에서도 로마서, 특히 8장은 정말 소중합니다. 루터교 경건주의 창시자인 필립 스페너는 "성경을 한 개의 반지로 본다면 로마서는 보석이요 로마서 8장은 그 보석 중에도 반짝이는 초점과 같다"고 했고, 마틴 로이드 존스는 "몸의 지체 중 더 위대하고 중요한 지체가 있듯이 성경 중에서도 가장 환히 빛나는 보석이 로마서 8장이다"라고 했습니다. 그만큼 로마서 8장은 매우 중요하고 은혜로운 성경입니다. 그래서 로마서 8장 전장을 암송하는 분들도 많습니다.

정죄받지 않는 은혜

로마서 8장은 처음부터 예수님을 믿는 자에게 주어지는 놀라운 축복을 제시하고 있습니다. 다시는 정죄를 받지 않는다는 것입니다.

그러므로 그리스도 예수 안에 있는 사람들은 정죄를 받지 않습니다. 롬 8:1

직설적으로 표현하면 예수를 믿으면 어떤 죄를 지어도 그는 심판받지 않고 지옥에 가지 않고 하나님의 자녀의 신분을 잃어버리지도 않는다는 것입니다. 우리가 이토록 놀라운 은혜를 받고 있다는 것입니다. 그런데 이 말씀은 우리가 예수를 믿어도 죄를 짓게 된다는 사실 또한 말씀하는 것입니다. 죄를 지으니 정죄받지 않는 은혜가 귀한 것입니다.

사도 바울은 로마서 7장 25절에서 "마음으로는 하나님의 법을 섬기고, 육신으로는 죄의 법을 섬기고 있습니다"라고 했습니다. 이것이 그리스도인의 실상입니다. 그리스도인도 육신은 여전히 죄의 법을 섬깁니다. 그러나 우리 마음은 달라졌습니다. 마음은 하나님의 법을 섬깁니다. 마음에 성령이 임하셨기 때문입니다. 따라서 그리스도인의 마음에 내적 갈등이 매우 강하게 일어납니다. 성령의 역사와 육신의 역사가 주도권 싸움을 하기 때문입니다. 그래서 성도들이 예수를 믿고 난 다음에 죄에 대해 더 고통하는 것입니다. 그러나 믿으십시오. 그리스도인은 정죄받지 않는다는 것입니다. 그 이유가 2절에 나옵니다.

그것은, 그리스도 예수 안에서 생명을 누리게 하는 성령의 법이 당신을 죄와 죽음의 법에서 해방하여주었기 때문입니다. 롬 8:2

우리에게 적용되는 법이 달라졌습니다. 예전에는 "죄와 죽음의 법" 아래에 있었습니다. 즉, 죄를 지으면 죽는 법입니다. 그러나 예수님을 믿으면 적용되는 법이 달라집니다. "그리스도 예수 안에서 생명을 누리게 하는 성령의 법"이 적용됩니다. 예수님이 십자가에서 이루신 구원의 역사와 우리 마음에 임하신 성령님으로 인해 우리가 정죄를 받지 않게 된 것입니다. 우리에게 죄와 허물이 있더라도 하나님은 우리를 버리지 않으십니다. 우리가 하나님의 자녀가 되었기 때문입니다.

율법을 주신 하나님의 뜻은 모든 사람이 율법대로 살아서 다 의롭게 되는 것이었습니다. 그러나 율법으로는 도무지 우리가 의로워질 수 없었습니다. 그래서 하나님은 예수님의 십자가 구원과 우리 안에 임하신 성령의 역사로 율법이 요구한 바를 완전히 이루어내셨습니다. 우리가 의로운 사람이 된 것입니다.

육신으로 말미암아 율법이 미약해져서 해낼 수 없었던 그 일을 하나님께서 해결하셨습니다. 곧 하나님께서는 자기의 아들을 죄 된 육신을 지닌 모습으로 보내셔서, 죄를 없애시려고 그 육신에다 죄의 선고를 내리셨습니다. 그것은, 육신을 따라 살지 않고 성령을 따라 사는 우리가, 율법이 요구하는 바를 이루게 하시려는 것입니다. 롬 8:3,4

세상에 이보다 더 놀랍고 행복한 일이 어디에 있겠습니까?

반드시 성령님이 함께하셔야 한다

정죄받지 않는 은혜는 분명히 우리가 받는 어떤 은혜보다 큰 은혜입니다. 그러나 정죄함이 없다는 이 은혜가 오늘날 많은 논란을 불러일으키고 있습니다. 명백한 잘못을 저지르고 사람들의 마음에 깊은 상처를 주었으면서도 "나는 정죄받지 않는다! 하나님께 모든 죄를 용서받았다! 그러니까 나는 떳떳하다. 나는 의로운 자다"라는 사람들이 생겼기 때문입니다. 세상 사람들은 그런 그리스도인들을 가리켜 "뻔뻔하다, 사기꾼이다, 거짓말쟁이다, 위선적이다"라고 비난합니다.

이것은 우리의 과제입니다. 우리가 정죄받지 않는다는 놀라운 은혜를 교리로만 이해하면 이렇게 이상하게 변질됩니다. 그런 사람은 정죄함이 없다는 확신을 가졌는지는 모르지만 그 사람 안에 성령님이 역사하신다고 볼 수는 없습니다. 이런 믿음은 교리적인 믿음일 뿐입니다. 정죄를 받지 않는다는 은혜는 반드시 우리 안에 성령이 임하셔서 우리를 이끄신다는 사실을 함께 믿어야 합니다. 그때 정죄받지 않는다는 은혜가 은혜 되는 것입니다.

물론 예수 믿는 사람도 죄를 짓습니다. 여전히 육신이 있기 때문입니다. 그러나 그때마다 하나님이 나를 정죄하지 않으신다는 믿음을 가지고 그 죄를 이겨내는 것이 중요합니다. 항상 내 안에 계신 성령께서 나를 이끄신다는 것이 드러나야 합니다. 성령님을 모시고 사는 사람은 겸손합니다. 따라서 죄를 지었을 때 하나님께 용서를 받았으면 사람에게 잘못한 일에 대해서도 진실하게 참회하는 모습이 분명히 드러납니다. 다시는 죄와 상관없는 삶을 살고, 다른 사람을 용서하고 감사하는 삶을 살게 됩니다.

수영을 못하는 사람이라도 수영 코치가 그 사람과 함께하면 그는 빠져 죽지 않습니다. 양이 이리 가운데 다닐지라도 목자가 함께하면 이리에게 잡아먹히지 않습니다. 마찬가지로 우리가 비록 죄 된 육신을 가지고 살지만 성령 하나님이 함께하시면 더 이상 죄의 종노릇하지 않고 정죄받지 않는 은혜 가운데 살게 됩니다. 정죄받지 않는 은혜에는 반드시 성령님의 함께하심이 있어야 합니다.

따라서 우리는 무엇보다 성령에 대해 눈이 뜨여야 합니다. 우리 마음에 오신 성령 하나님에 대해 눈이 열리지 않으면 정죄받지 않는다는 믿음은 왜곡됩니다. 마귀가 장난치는 것입니다. 성령의 인도하심을 받지 않으면서 정죄받지 않는다는 믿음만 가지면 무서운 사람이 되는 것입니다.

죄를 이기는 삶

마귀는 우리가 성령과 상관없이 살도록 만듭니다. 성령님이 우리 안에 계신 것을 잊게 만들고, 믿지 못하게 만들고, 우리 안에 계신 주님을 바라보지 못하도록 합니다. 생각해보십시오. 하나님께서 우리 안에 들어와 계십니다! 이보다 더 놀라운 은혜가 있습니까? 우리가 이런 놀라운 은혜를 받고 있는데도 하나님이 우리 안에 오신 것을 모른 채 무감각하게 살아갑니다. 그 결과 무서운 정죄감에 빠져서 헤어나오지 못하게 되거나, 아니면 죄를 아무것도 아닌 것처럼 여기게 됩니다.

이것은 매우 심각한 왜곡입니다. 그래서 소위 예수를 잘 믿는다고 하는 사람들 중에 여전히 죄의 종노릇하며 사는 사람들이 많습니다. 그들은 죄를 지었지만 '나는 정죄받지 않아. 그래도 천국 갈 수 있어'라는 생각으로 살아갑니다. 예수님을 믿으면 어떤 죄를 지어도 정죄받지 않는다고 믿어야 한다고 주장합니다. 죄의 고백도 애통함도 없습니다. 그러면서 그것이 진정 복음을 믿는 것이고 정통 신앙이라고 주장합니다. 이것은 완전히 교리 지식입니다. 그러나 이런 교리 지식으로는 구원받을 수 없습니다. 마음 안에 계신 성령 하나님을 아는 사람은 절대 그렇게 할 수 없습니다.

하나님께서는 그리스도 안에 있는 자를 정죄하지 않으십니다. 하지만 죄를 용납하시는 것은 아닙니다. 죄를 지으면 징계가 있습니다. 하나님께서는 분명히 하나님의 자녀들을 징계하신다고 말씀하셨습니다.

"…하나님이 아들과 같이 너희를 대우하시나니 어찌 아버지가 징계하지 않는 아들이 있으리요 징계는 다 받는 것이거늘 너희에게 없으면 사생자요 친아들이 아니니라"(히 12:7,8).

"무릇 내가 사랑하는 자를 책망하여 징계하노니 그러므로 네가 열심을 내라 회개하라"(계 3:19).

하나님의 자녀라도 죄를 지으면 우리 안에 기쁨이 사라집니다(살전 5:16). 기도의 문이 막힙니다(살전 5:17). 감사가 사라집니다(살전 5:18). 마음의 평화가 사라집니다(살전 5:23). 구원의 축복을 전혀 누리지 못하는 무능한 성도가 됩니다. 그러면 하나님이 왜 이렇게 하십니까? 속히 죄를 회개하고 성령님께 순종하는 삶을 회복하게 하시기 위해서입니다.

우리 안에 계신 성령님을 바라보는 눈이 뜨이지 않으면 정죄받지 않는다는 말씀이 우리의 삶을 바꾸지 못합니다. 오히려 더 왜곡시켜버립니다.

그러나 하나님의 영이 여러분 안에 살아 계시면, 여러분은 육신 안에 있지 않고, 성령 안에 있습니다. 누구든지 그리스도의 영이 없으면, 그리스도의 사람이 아닙니다. 롬 8:9

예수 믿고 구원받은 사람이란 그 사람 안에 성령님이 계신다는 의미입니다. 그러므로 우리는 성령님을 건성으로 믿으면 안 됩니다. 계시든지 안 계시든지 특별한 변화가 없다면 그것은 믿는 것이 아닙니다. 성령 하나님께서 우리 안에 오셨는데도 그것을 모르고 산다면 그것은 너무 기막히고 두려운 일입니다.

지난 주간에 성령 하나님이 마음에 계신 것을 믿고, 경험하고, 그분을 따라 살아보셨습니까? 그랬다면 놀라운 한 주간을 살았을 것입니다. 반면 전혀 성령의 역사를 경험하지 못하고 살았다면 "하나님, 저는 왜 성령에 대해 이렇게 모릅니까?"라고 통곡해야 할 일입니다. 이것은 마귀가 우리 눈을 가리기 때문입니다.

"그중에 이 세상의 신이 믿지 아니하는 자들의 마음을 혼미하게 하여 그리스도의 영광의 복음의 광채가 비치지 못하게 함이니 그리스도는 하나님의 형상이니라"(고후 4:4).

이제는 우리 눈을 가리고 있는 이 세상의 신(神)을 거두어야 합니다. 성령을 통하여 주 예수님을 바라보는 눈이 뜨이면 깜짝 놀랍니다. 더이상 이전처럼 살 수 없습니다. 정죄받지 않는 은혜뿐 아니라 죄를 이기는 삶을 살게 됩니다.

성령이 주시는 생각을 따라 사는 역사

성령의 역사는 어떤 기적이나 현상, 놀라운 사건으로만 경험하게 되는 것이 아닙니다. 우리가 아무렇지 않게 여기는 생각 속에 성령님은 역사하십니다.

육신을 따라 사는 사람은 육신에 속한 것을 생각하나, 성령을 따라 사는 사람은 성령에 속한 것을 생각합니다. 롬 8:5

성령 하나님은 우리 마음에 새로운 생각을 주십니다. 그래서 우리 안에 육신에 속한 생각이 있고 성령에 속한 생각이 있는 것입니다. 성령이 오시면 성령에 속한 생각이 속에서 일어나기 시작합니다. 생각은 정말 중요합니다. 사람은 생각이 달라지기 때문에 인생이 달라지고, 생각이 바뀌지 않으니까 삶이 바뀌지 않는 것입니다. 성령님이 우리에게 오시면 우리 안에 놀라운 생각의 변화가 일어나기 시작합니다.

육신에 속한 생각은 죽음입니다. 그러나 성령에 속한 생각은 생명과 평화입니다. 롬 8:6

그러므로 우리는 모든 생각의 뿌리를 확인하고 살아야 합니다. 생각이 별것 아닌 것처럼 여겨질지도 모릅니다. 그러나 그렇지 않습니다. 우리 삶에 있어서 가장 근본적이고 가장 강력한 것이 생각의 변화입니다. 생각이 변하면 삶의 모든 영역에서 엄청난 변화가 일어납니다. 성령님은 지금도 우리에게 생명과 평화로 이끄는 생각을 넣어주고 계십니다. 우리가 성령이 주시는 생각을 따라 살기 시작하면 놀라운 일이 벌어집니다.

존 번연 목사님이 개신교도라는 죄목으로 투옥되었는데 그때 그의 생활이 얼마나 경건했던지, 많은 간수들이 감동과 은혜를 받았다고 합니다. 한번은 간수장이 존 번연 목사에게 하루 동안 집에 다녀오도록 허락해주었습니다. 간수장이 목사님을 믿었기에 가능한 일이었습니다. 그런데 존 번연 목사님이 집에 가는 도중에 마음이 너무 불편해서 다시 감옥으로 돌아왔습니다. 간수장이 깜짝 놀라 물었습니다. 그러자 존 번연 목사님이 다음과 같이 말하였습니다.

"당신은 허락했지만 하나님이 원치 않으셔서 돌아왔습니다."

그런데 존 번연 목사님이 감옥으로 다시 돌아오자마자 왕이 보낸 사신이 감옥을 살피러 왔습니다. 가장 놀란 사람은 간수장이었습니다. 만일 존 번연 목사님이 집에 가고 감옥에 없었다면 간수장이나 존 번연 목사님 모두 죽은 목숨이었을 것입니다.

성령님은 우리 모두의 마음에 역사하고 계십니다. 우리 안에 성령 하나님이 오셔서 우리에게 성령에 속한 생각을 주심으로써 우리의 길을 이끄십니다. 이제 우리가 할 일은 육신이 주는 생각을 따라 살지 않고 성령의 생각을 따라 사는 것뿐입니다. 로마서 8장 4절에서 "육신을 따라 살지 않고 성령을 따라 사는 우리"라고 한 말씀을 명심하십시오. 이것이 바로 예수 믿는 사람입니다. 정죄받지 않는 은혜는 우리가 육신을 따라 살지 않고 성령을 따라 사는 가운데 누려지는 것입니다.

성령을 따라 사는 우리

성령님이 마음에 임하셨다고 해서 저절로 성령을 따라 살게 되는 것은 아닙니다. 성령님이 임하셔도 육신을 따라 살 수 있습니다. 이처럼 성령을 모시고도 육신을 따라 살면 우리는 영적으로 강퍅해지게 됩니다. 처음에는 성령의 근심을 느끼지만 나중에는 마음이 굳어져서 성령의 인도하심을 전혀 느끼지 못하는 상태에 이르게 됩니다. 결국 죽은 자들 사이에서 잠든 자처럼 살게 됩니다. 예수를 믿는데도 세상 사람들과 똑같이 사는 것입니다. 이것이 얼마나 무서운 일입니까? 세상 염려만 하고 살다가 주님의 날이 덫과 같이 임합니다. 기름을 준비하지 않은 어리석은 다섯 처녀와 같이 신랑이신 주님을 맞이하게 됩니다.

사도 바울은 우리 몸을 "죽을 몸"이라고 했습니다.

예수를 죽은 사람들 가운데서 살리신 분의 영이 여러분 안에 살아 계시면, 그리스도를 죽은 사람들 가운데서 살리신 분께서, 여러분 안에 계신 자기의 영으로 여러분의 죽을 몸도 살리실 것입니다. 롬 8:11

우리가 가진 육신은 죽을 몸입니다. 우리 육신의 생각은 정말 더럽고, 이기적이고, 인색하고, 고집스럽고, 유치하고, 어리석습니다. 이것이 우리 속에 있는 육신의 역사입니다. 몸은 아직 구원받은 상태가 아닙니다. 그러나 우리에게 '죽을 몸'만 있는 것은 아닙니다. 놀랍게도 "예수를 죽은 사람들 가운데서 살리신 분의 영"이 우리 안에 계십니다. 그 성령께서 예수님을 다시 살리신 것처럼 우리의 죽을 몸도 다시 살리실 것입니다. 이것은 분명한 약속입니다. 그 놀라운 성령님을 우리가 모시고 삽니다.

그러므로 형제자매 여러분, 우리는 빚을 지고 사는 사람들이지만, 육신

에 빚을 진 것이 아닙니다. 우리는 육신을 따라 살아야 할 존재가 아닙니다. 롬 8:12

우리가 명심해야 할 것은 육신은 더 이상 우리를 사로잡을 수 없다는 것입니다. 우리는 육신을 따라 살 사람이 아닙니다. 그런데도 육신을 따라 살면 죽는다는 것이 하나님의 말씀입니다.

여러분이 육신을 따라 살면, 죽을 것입니다. 그러나 여러분이 성령으로 몸의 행실을 죽이면, 살 것입니다. 롬 8:13

성경은 분명히 그리스도인도 육신을 따라 살면 죽을 것이라고 하였습니다. 예수 그리스도 안에 있지 않고 성령의 법으로 몸의 행실을 죽이는 삶을 살지 않으면 죄로 인하여 죽습니다. 결코 정죄받지 않는 은혜를 누리지 못합니다. 정죄받지 않는 은혜는 육신을 따라 살지 않고 성령을 따라 사는 사람에게 허락된 은혜라는 것을 명심하시기 바랍니다. 교리는 절대로 우리를 구원하지 못합니다. 우리는 살아 계신 성령을 따라 살아야 합니다.

정죄받지 않는다는 믿음, 버림받지 않는다는 확신

몇 년 전에 하늘꿈학교 탈북 청소년 DTS가 열렸을 때의 일입니다. 탈북 청소년들은 좀처럼 눈물을 보이는 법이 없습니다. 마음을 열어서 예수님을 주님으로 받아들이지 못합니다. 특히 북한이나 중국에서 있었던 이야기, 자신의 과거에 대해 말하려고 하지 않습니다. 그런데 5주 간의 DTS를 마칠 때쯤 그 마음이 열렸습니다. 눈물이 터지더니 마침 내 예수님을 영접하였습니다. 그러자 자신들이 겪은 끔찍하고 비참한 과거, 자신의 아픈 이야기를 다 털어놓았습니다. 하나님께서 그들을 만나주신 것입니다. 성령이 임하시는 것은 이토록 놀라운 축복입니다.

수료예배 때 한 자매가 놀라운 간증을 했습니다. 그 자매는 DTS 를 시작할 시기에 삶이 너무 힘들어 죽고 싶을 만큼 최악의 시간을 보 내고 있었다고 합니다. 그런데 어느 날 하굣길에 버스를 타고 집으로 가는데 그날도 '아, 힘들다' 이런 생각이 들었답니다. 그때 하나님의 음성이 들렸습니다.

"힘드니? 많이 힘드니?"

"예, 힘들어요."

"너만 그런 게 아니야. 모두 다 그래. 사람마다 형편은 다 달라도 힘들다는 것은 같은 거야. 모두 다 그렇단다."

그 후 자기만 힘든 것이 아님을 알게 된 자매는 자기와 같은 탈북 청소년들에게 이렇게 말했습니다.

"여러분, 부모님도, 형제들도 보고 싶지요? 부모에게 상처받은 것도 많지요? 그러나 용기를 잃지 마세요. 하나님께서 용기를 잃지 말라고 하셨어요."

그동안 자매는 자신을 무가치한 사람이라고 생각했습니다. 한국에 서 적응하기도 힘들고, 너무 외롭고, 자꾸 죄짓고, 그래서 자기를 아 무 쓸모없는 사람이라고 여기고 있을 때, 하나님께서는 그 자매에게

"나는 너를 사랑한다"라고 말씀하셨습니다.

"나는 DTS를 섬기는 미국 선교사나 목사나 선생이나 너나 모두 똑같이 사랑한단다. 때가 다를 뿐이다. 쓰임 받는 시기만 다를 뿐이다."

그 자매가 기쁨의 눈물을 흘리며 고백했습니다. 하나님이 하시지 않았다면 상상할 수 없는 일이었습니다. 교리를 믿는 것으로 그치지 말고 성령님을 바라보아야 합니다. 그럴 때 더 이상 정죄받지 않는다는 믿음이 생깁니다. 하나님은 나의 아버지이십니다. "하나님, 제가 또 잘못했어요"라고 할 때 하나님이 얼마든지 나를 용서해주신다는 것을 알게 됩니다. 나는 절대로 버림받지 않는다는 확신이 듭니다. 하나님이 나의 아버지이신데 어떻게 자녀를 버리시겠습니까? 성령 하나님이 함께하시는 사람은 뻔뻔하게 "나는 다 용서받았어"라고 하지 않습니다. 사람들이 그 사람을 보면 감동을 받고, 하나님이 함께하신다는 것을 알게 됩니다.

놀라운 성령의 사람이 되자

팀 한셀은 《열정 성공 리더십》(ESP)에서 10년 만에 만난 자신의 친구 이야기를 했습니다. 그 친구는 성실한 그리스도인이기는 했지만 10년 전과 다르게 놀랍게 변해 있었습니다. 성령충만 했고 기쁨과 확신이 넘쳤습니다.

"도대체 네게 무슨 일이 일어난 거야?"

"로마서를 다시 읽으면서 내가 정말 죄인이라는 것과 성령님께서 내 안에 오셨음을 깨달은 후부터 변하게 되었어."

"그것은 전에도 마찬가지였잖아."

"맞아, 나는 항상 죄인이라는 것을 알고 있었어. 그런데 예전에는 '나는 크리스천이니 더는 죄를 지으면 안 돼'라는 생각에 죄를 지으면 며칠 동안 나 자신을 저주하곤 했지. 그런데 로마서를 읽고 나서 두 가지 중대한 사실, 즉 나는 죄인이고 앞으로도 또 죄를 지을 수밖에 없다는 것을 알게 된 거지. 나는 언제나 이기적이고 죄를 선택하게 될 거라는 거야. 그 후부터 나는 죄를 범해도 숨기거나 좌절하지 않게 되었어.

그런데 나는 이보다 더 놀라운 것을 깨달았어. 그것은 내가 어떤 좋은 일을 했다면, 그것은 내가 아니라 내 안에 오셔서 역사하시는 성령 하나님이 하셨다는 사실이야. 나에게 좋은 변화가 일어날 때마다 나는 그것이 성령의 능력이라는 것을 알았어. 그 후로 나는 나를 통해서 성령 하나님이 어떻게 역사하시는지 지켜보는 재미로 살고 있어. 나는 그저 그분이 하시는 일에 감사하고, 놀라고, 기대할 뿐이야.

이전에 나는 나의 죄성을 바라보며 낙심했지만, 이제는 내 안에서 역사하시는 성령님을 바라보며 살아야 한다는 것을 깨달았어. 지금 나는 항상 내 삶에 역사하시는 성령 하나님을 바라보고 있어. 이것은 일시적인 감정이 아니야. 생생한 사실이고 끊임없이 일어나는 사건이야."

팀 한셀이 말했습니다.

"내 친구는 변화되었습니다. '나쁜 사람'에서 '좋은 사람'으로 변화된 것이 아닙니다. '좋은 사람'에서 '놀라운 사람'으로 변화되었습니다. 그녀는 이전에도 성실하고 도덕적인 크리스천이었습니다. 그러나 그녀가 복음의 진리와 성령님에 대해 깨닫고 나자 그는 불이 있는 사람, 불을 붙이는 사람이 되었습니다."

이것이 우리에게 필요합니다. 좋은 사람, 착한 사람으로 그치면 안 됩니다. '놀라운 성령의 사람'이 되어야 합니다. 우리가 진정으로 성령님을 바라보며 그분을 따라 살면, 정죄받지 않는 은혜를 확신하게 됩니다. 비록 순간순간 죄로 넘어지더라도 하나님의 변함없는 사랑을 확신하게 됩니다. 성령님이 함께하심에 변함이 없기 때문입니다.

정죄받지 않는 것보다 더 크고 놀라운 행복은 성령께서 우리 마음에 임하신 것입니다. 이제는 정말 몸의 행실을 죽이고 성령님만 따라 살아가시기 바랍니다. 진짜 성령님만 믿으며 사시기 바랍니다. 그래야 성령의 사람입니다. 성령을 바라보고, 사모하고, 순종하고, 감사하고, 사랑하며 살기를 축원합니다. 하나님이 내 안에 오신 이 엄청나고 놀라운 역사를 실제로 경험하시기 바랍니다. 육신을 따라 살지 않고 성령을 따라 살면서 다시는 정죄받지 않는 믿음의 확신을 가지고 성령님과 동행하는 사람으로 사시기 바랍니다.

16

아버지, 나의 하나님!

롬 8:14-17

14 하나님의 영으로 인도함을 받는 사람은, 누구나 다 하나님의 자녀입니다. 15 여러분은 또다시 두려움에 빠뜨리는 종살이의 영을 받은 것이 아니라, 자녀로 삼으시는 영을 받았습니다. 그래서 우리는 그 영으로 하나님을 "아빠, 아버지"라고 부릅니다. 16 바로 그때에 그 성령이 우리의 영과 함께, 우리가 하나님의 자녀임을 증언하십니다. 17 자녀이면 상속자이기도 합니다. 우리가 그리스도와 함께 영광을 받으려고 그와 함께 고난을 받으면, 우리는 하나님이 정하신 상속자요, 그리스도와 더불어 공동 상속자입니다.

저는 설교를 준비할 때나 설교 준비를 마칠 때, 자리에 누울 때나 아침에 일어날 때 "아버지"라고 자주 외칩니다. 이제는 완전히 습관이 되었을 정도입니다.

한번은 딸들이 저에게 물었습니다.

"아빠는 왜 자꾸 '아버지! 아버지!'라고 해?"

언젠가 딸들이 저에게 "아빠!" 하고 부르는데, 아빠로서 딸들이 아버지라고 불러주기만 해도 마음이 너무 기쁘고 놀라웠습니다. 그리고 하나님의 마음이 느껴졌습니다.

'하나님께서도 내가 아버지라고 부를 때 이렇게 기쁘시겠구나!'

그래서 그다음부터 수시로 "아버지"라고 고백하게 되었습니다.

우리가 예수를 믿고 하나님을 아버지라고 부르게 된 것이 얼마나 놀라운 일인지 모릅니다. 어쩌면 우리 중에 아무렇지 않게 별 느낌 없

이 하나님을 "아버지"라고 부르는 것에 익숙해진 분들도 있겠지만, 이
것은 사실 매우 놀라운 일입니다.

하나님의 자녀가 되는 권세

여러분은 또다시 두려움에 빠뜨리는 종살이의 영을 받은 것이 아니라,
자녀로 삼으시는 영을 받았습니다. 그래서 우리는 그 영으로 하나님을
"아빠, 아버지"라고 부릅니다. 롬 8:15

우리가 하나님을 "아버지"라고 부르는 것은 우리 안에 성령님이 계
신다는 증거입니다. 성령께서 우리로 하여금 하나님을 아버지라고 부
르게 해주시고, 우리가 하나님의 자녀임을 확증해주시는 것입니다.

바로 그때에 그 성령이 우리의 영과 함께, 우리가 하나님의 자녀임을 증
언하십니다. 롬 8:16

우리가 하나님을 "아버지"라고 부르는 일은 참으로 행복한 일이고
놀라운 일이고 복된 일입니다. 그런데 15절 말씀에서는 성령을 "자녀
로 삼으시는 영"이라고 했습니다. 여기서 '자녀로 삼았다'는 말은 "입
양하였다"는 뜻입니다. 그 말은 우리 중에 누구도 날 때부터 하나님
의 자녀였던 사람은 없다는 것입니다. 본래 하나님의 아들은 예수님
뿐입니다. 우리는 다 죄의 종이었습니다. 그런데 우리가 예수님을 영

접하고 우리에게 성령이 임하시면서 하나님의 자녀가 된 것입니다. 즉, 우리가 양자(養子)가 된 것입니다.

한국 사람들은 양자에 대해 생소해합니다. 양자로 가거나 양자를 들이는 일이 별로 없기 때문입니다. 그러나 유대나 로마에는 양자 삼는 일이 흔했습니다. 따라서 우리는 이 양자 삼는다는 것이 어떤 의미가 있는지 생각해볼 필요가 있습니다. 이것은 결코 하찮은 은혜가 아닙니다. 하나님께서 우리를 너무나 사랑하시고 우리에게 말할 수 없는 은혜를 부으셨다는 뜻입니다.

양자를 입양할 때 자녀가 부모를 선택하는 것이 아닙니다. 전적으로 아버지가 택해서 모든 대가를 지불하고 법적으로 완벽하게 아들로 삼습니다. 이것이 양자를 삼는 법입니다. 그러니까 하나님이 우리를 양자 삼았다는 말은 하나님께서 우리를 택하셨다는 것입니다. 양자의 지위를 얻기 위해 우리가 할 수 있는 것은 아무것도 없습니다. 모든 대가는 하나님이 지불하셨습니다. 이로써 우리는 완벽하게 법적으로 하나님의 자녀가 되었습니다.

그래서 성경은 하나님의 자녀가 되는 것을 '권세'라고 말했습니다.

"영접하는 자 곧 그 이름을 믿는 자들에게는 하나님의 자녀가 되는 권세를 주셨으니"(요 1:12).

우리는 습관적으로 "아버지, 아버지"라고 하고 무감각해지기까지 합니다. 그러나 "아버지, 나의 하나님"이라는 고백은 유대인들에게는 대경실색할 일입니다. 예수님께서 십자가에 달리신 죄목(罪目) 중 하나가 하나님을 "아버지"라고 불렀다는 것이었습니다. 이슬람교도들이 알라에 대한 99가지 경칭을 가지고 있기는 하지만 아버지라고 부르지는 못합니다. 불교 신자들도 부처를 아버지라고 부르지 않습니다. 오직 예수님을 믿는 우리만 하나님을 "아버지"라고 부릅니다. 예수님께서 그렇게 부르라고 하셨습니다.

하나님을 아버지라고 부르는 것은 엄청난 권세입니다. 그러면 도대체 어떤 권세가 있는 것입니까?

나의 좋은 아빠 아버지

첫째, 하나님과의 깊은 친밀함이 생깁니다. 성령님은 하나님을 "아빠 아버지"라고 부르게 하셨습니다. 이때 '아빠'는 아람어를 그대로 음역한 것으로, 어린 자녀들이 아버지를 부르는 친밀한 표현입니다. 이 말은 하나님의 임재하심을 분명히 알 뿐 아니라 하나님이 두렵지 않고 친밀하게 여겨진다는 것입니다. 사람들마다 하나님을 다르게 느낍니다. 어떤 사람에게 하나님은 그저 막연한 대상이거나 아주 멀리 있는 분, 또는 무서운 분입니다. 어떤 사람에게 하나님은 친밀하고 가깝고 사랑이 많으신 분입니다.

이렇게 똑같은 하나님을 믿는데도 하나님을 서로 다르게 느끼는 이유는 그 사람 속에 있는 영이 다르기 때문입니다. 로마서 8장 15절에서 "또다시 두려움에 빠뜨리는 종살이의 영을 받은 것이 아니라"라고 했습니다. 하나님이 멀게 느껴지고 무서운 것은 두려움에 빠뜨리는 종살이의 영을 받아 살기 때문입니다. 그러나 우리 안에 오신 성령은 하나님을 두려운 하나님으로 여기게 하시지 않습니다. 성령님은 하나님을 "너무 좋은 아버지"라고 부르게 하십니다. 하나님이 '아빠'라고 친밀하게 믿어질 때 우리의 삶이 바뀝니다.

예수전도단 플로이드 맥클랑 선교사가 남아프리카 공화국의 어느 마을을 방문했을 때 한 십대 소녀를 상담하게 되었습니다. 그런데 아무리 귀를 기울여도 그 소녀가 무슨 말을 하는지 잘 모르겠더랍니다.

맥클랑 선교사가 소녀의 눈을 바라보며 물었습니다.

"네가 정말 하고 싶은 말이 뭐니?"

그러자 그 소녀가 대답했습니다.

"선교사님 어깨에 한 번만 기대볼 수 있을까요?"

그 소녀는 예수님을 믿고 하나님이 아버지라는 것을 알게 되었지만, 어려서부터 아버지 없이 자랐기 때문에 아버지라는 존재가 어떤 느낌인지 몰랐습니다. 그렇게 선교사의 어깨에 기대어 있던 소녀는 곧 "아버지, 아버지" 하며 울먹이기 시작했습니다. 얼마 동안 그러고 있을 뿐이었습니다. 몇 년 뒤 플로이드 맥클랑 선교사가 다시 남아프리카 공화국을 찾았을 때, 그 소녀는 몰라볼 정도로 아름답고 훌륭한 사역자로 일하고 있었습니다.

하나님이 너무 좋은 아빠라는 것을 믿게 해주는 것, 이것이 바로 성령님이 우리에게 오셔서 해주고 싶어 하시는 일입니다. 이것은 우리의 인생을 바꿔놓는 엄청난 권세입니다.

하나님 아버지와 친밀하게 동행하라

'하나님이 진짜 내 아빠일까?'

아직도 믿기지 않습니까? 그러나 성령님은 하나님께서 아빠 아버지라는 확증을 십자가를 통하여 해주십니다. 십자가를 보는 눈을 열어주십니다. 내 부모님이 친부모인지 아닌지 어떻게 압니까? 낳는 것을 직접 보았습니까? 유전자 검사를 해봐야만 아는 것입니까? 그렇지 않습니다. 내가 가장 힘들고 어려울 때 나를 섬겨주시는 마음을 보면 금세 알 수 있습니다. 자식을 위하여 죽을 수 있는 그 마음을 보면 압니다. 십자가가 바로 그렇습니다. 그것은 하나님이 우리 아버지라는 부인할 수 없는 증거입니다. 아버지가 아니라면 그렇게 하실 수 없습니다.

그러나 더 중요한 것은 그 하나님 아버지와 함께 살며 동행하는 것입니다. 예수님께서 말씀하신 탕자의 이야기를 보면 탕자에게는 법적으로 아버지가 있었습니다. 그러나 실제 삶에서 그는 아버지를 떠나 방탕하게 살았습니다. 아버지라는 존재가 그의 삶에 아무런 의미가 없었습니다. 아버지는 부담스런 존재요 가까이하기에는 너무 먼 분이었습니다. 그래서 아버지를 떠난 것입니다. 그러다가 결국 돼지 치는 신세가 되고 굶어 죽을 지경에 이르렀습니다. 그때도 아버지가 계셨습니다. 같이 살지 않을 뿐입니다.

이것이 오늘날 수많은 그리스도인들의 안타까운 현실입니다. 교회를 다녀도 영적으로 아버지 없는 탕자처럼 사는 분들이 있다는 것입니다. 하나님이 내 아버지라는 것을 알기만 하고 하나님과 친밀하지 않다면, 하나님이 내 아버지라는 것이 아무 의미가 없습니다. 하나님을 "아빠 아버지"라고 부르지 않고 지내는 것입니다.

그런데 탕자의 삶에 놀라운 변화가 일어났습니다. 탕자가 아버지에게로 돌아온 것입니다. 그는 자신이 너무 뻔뻔하다고 여겨져 "저는 더 이상 아버지의 아들이라고 할 자격이 없습니다"라고 말했습니다. 그러나 아버지는 그의 자녀의 권세를 회복시켜주었습니다. 탕자의 삶은 완전히 새로워졌습니다. 이것이 성령님이 지금 우리에게 해주고 싶어 하시는 것입니다. 성령님은 우리가 아버지에게 돌아올 수 있도록, 아버지와 친밀하게 살도록 해주고 싶어 하십니다.

우리도 마찬가지입니다. 하나님을 아빠 아버지라고 부를 수 있을 때, 우리의 인생은 거듭나게 됩니다. 하나님이 아버지라는 것을 교리 지식으로만 믿으면 안 됩니다. 하나님을 "아빠"라고 부르는 친밀함이 없다면 10년, 20년이 지나도 삶은 그대로입니다. 영적으로 아버지를 떠난 탕자처럼 사는 것입니다. 처음에는 "아빠 아버지"라고 부르는 것이 어색하고 미숙할지 모릅니다. 그러나 계속해서 아버지를 부르며 진정으로 살아 있는 교제를 나누기 시작해보십시오. 그럴 때 엄청난 변화가 일어납니다.

여전히 하나님이 두렵거나 친밀하게 느껴지지 않습니까? 그럴 때 성령을 구하십시오. 하나님께서는 구하는 자에게 반드시 주신다고 말씀하셨습니다.

"너희가 악할지라도 좋은 것을 자식에게 줄 줄 알거든 하물며 너희 하늘 아버지께서 구하는 자에게 성령을 주시지 않겠느냐 하시니라"(눅 11:13).

하나님의 소원은 우리가 "아빠" 하고 부르는 것입니다. 하나님은 원하십니다. 우리가 아빠 아버지라고 부르는 것을 너무나 좋아하십니다. 그러니 성령께서 틀림없이 도와주실 것입니다. 이제 우리가 구할 차례입니다.

"하나님, 제가 정말 하나님과 친밀하게 동행하고 싶습니다. 하나님이 아버지라는 깊은 믿음을 갖기 원합니다. 성령님, 역사해주옵소서."

하나님의 상속자라는 믿음

둘째, 하나님의 상속자가 된 담대함입니다. 로마 시대에 양자를 들였던 가장 중요한 이유는 그를 상속자로 삼기 위해서였습니다. 당시 재산도 많고 권력도 있는데 상속할 아들이 없을 경우에 남의 아들이지만 양자로 삼아 자기가 낳은 아들과 같이 모든 것을 물려주었습니다. 성령께서 우리에게 하나님을 아버지라고 부르게 하시는 이유도 마찬가지입니다. 우리가 하나님의 상속자가 되었기 때문입니다.

자녀이면 상속자이기도 합니다. … 롬 8:17

하나님의 상속자라면 엄청난 신분의 사람입니다. 엄청난 부자입니다. 그런데 예수를 믿어도 여전히 가난하다고 생각하는 분들이 많습니다. 가난하지 않아도 부자는 아니라고 생각하는 사람은 더 많습니다. 그것은 세상의 영으로 살고 있기 때문입니다.

"우리가 세상의 영을 받지 아니하고 오직 하나님으로부터 온 영을 받았으니 이는 우리로 하여금 하나님께서 우리에게 은혜로 주신 것들을 알게 하려 하심이라"(고전 2:12).

세상의 영은 가난의 영, 두려움의 영입니다. 반면 성령은 우리가 하나님의 상속자가 되었다는 것을 믿게 해주시는 영입니다. 우리가 하나님의 상속자로 살면 삶이 완전히 달라집니다. 고난에 대한 생각 자체가 달라집니다. 우리나라가 위기에 처하면 그때 비로소 애국자가 누구인지 알 수 있습니다. 마찬가지로 하나님나라의 상속자도 고난을 감당하는 마음을 보면 알 수 있습니다.

일제 치하에 있을 때 우리나라 지도자나 학식이 높은 사람들이 대거 일본에 협력하였습니다. 이유는 조선이 독립할 가능성이 거의 없다고 판단했기 때문입니다. 미련해 보이는 독립운동을 하기보다 일본에 빌붙어서 자기 집안이나 일으켜보고자 한 것입니다. 그런데 그 대가가 얼마나 비참합니까? 그로 인해 후손들이 얼마나 부끄럽게 살아갑니까? 반면 일제시대 독립운동을 한 사람들은 바보 같고 무모하고 온 가족마저 생고생을 시켰습니다. 하지만 미우나 고우나 내 민족이기 때문에 독립운동을 했습니다. 그 결과 후손들이 얼마나 자랑스럽습니까?

하나님나라도 마찬가지입니다. 고난 앞에서도 하나님나라 백성의 삶을 살아갈 마음이 있는 사람들이 바로 하나님의 자녀요 하나님의 상속자들입니다. 그리고 그것이 "아버지 하나님"이라고 고백하게 하시는 성령님의 뜻입니다. 하나님의 상속자라는 믿음으로 세상을 살아갈 때 어떤 유혹과 핍박 가운데서도 흔들림 없이 당당하게 하나님의 말씀대로 살 수 있기 때문입니다. 세상을 함부로 살지 않고 어리석은 판단을 하지 않고 진짜 복된 길을 가게 하려는 것입니다.

…우리가 그리스도와 함께 영광을 받으려고 그와 함께 고난을 받으면, 우리는 하나님이 정하신 상속자요, 그리스도와 더불어 공동 상속자입니다. 롬 8:17

하나님을 "아버지"라고 부르는 것은 엄청난 일입니다. 하나님과 친밀하게 동행하고, 상속자의 자부심과 담대함을 갖게 됩니다. 고난도 두려워하지 않게 만듭니다.

선한목자교회가 매우 심각한 위기 상황에 처했을 때가 있었습니다. 교회의 존폐 문제가 거론될 정도였습니다. 이렇게 교회가 어려움에 처하게 되니까 교인들이 둘로 갈라졌습니다. 교회를 떠나는 사람들과 남는 사람들로 나뉜 것입니다. 많은 사람들이 교회를 떠났지만 사명감을 가지고 교회에 남은 소수의 사람들이 있었습니다. 눈물을 쏟고 헌신하고 기도했습니다. 그렇게 해서 큰 위기와 고비를 넘길 수 있었습니다. 지금 우리 교회에는 위기감이 없습니다. 오히려 좋은 교회로 소문이 나고 유명해졌습니다. 그러나 영적으로는 새로운 위기에 처해 있다는 생각이 듭니다. 왜냐하면 고난을 각오하고 헌신하는 진정한 교인이 누구인지 알기 어려워졌기 때문입니다. 교회가 어려울 때 헌신하는 분들이야말로 진정한 선한목자교회의 교인입니다.

"아버지 나의 하나님"이라고 고백하는 축복

하나님 안에서 승리하는 인생을 사는 사람들의 공통점은 하나님의 영으로 인도함을 받는 사람이라는 것입니다. 성령이 마음에 임하셨을 뿐만 아니라 성령의 인도하심을 받는 것입니다. 우리가 비록 하나님을 아버지라고 고백하지만, 지금 우리에게는 하나님과의 친밀함, 상속자라는 담대함이 너무 부족합니다.

그런데 하나님께서 기도 중에 깨우쳐주신 것이 있었습니다. 아직 성령의 충만함이 부족하지만 성령께서 여전히 우리 안에 함께하신다는 증거가 결코 작은 일이 아니라는 것입니다. 그랬습니다. "아버지, 나의 하나님" 이 고백 자체가 너무 놀라운 일입니다. 성령님은 우리 안에 여전히 역사하고 계십니다. 이것을 귀하고 감사하게 여기고 진정으로 믿을 때, 성령의 충만함으로 나아가게 되는 것입니다.

빌리 그래함 목사는 이렇게 말했습니다.

"성령 체험을 사모하는 성도들에게 들려줄 좋은 소식이 있는데, 그것은 우리가 더 이상 성령을 기다릴 필요가 없다는 것이다. 성령이 우리를 기다리고 계시기 때문이다. 우리는 약속만 받았던 시대에 사는 것이 아니라, 성취의 시대에 살고 있는 것을 알아야 한다."

아직 성령충만하지 않습니까? 그렇다면 우리 안에 역사하시는 성령님께 더욱 주목하시기 바랍니다. 성령께서 놀랍게 이끄실 것입니다. 함께하시는 성령의 역사를 크게 보느냐, 작게 보느냐에 따라 성령충만한 삶이 달라집니다.

한번은 밤 12시에 캐나다의 한 여 성도로부터 전화가 와서 1시간 넘게 상담한 적이 있습니다. 세 아이의 엄마인 그녀는 남편으로부터 도망치기 전에 마지막으로 제게 전화를 했다고 합니다. 그녀는 결혼 후 지금까지 이중인격인 남편으로부터 무시와 의처증, 정신적인 학대에 시달렸고, 그것을 알고 있는 주변 분들마저 남편을 떠나라고 부추긴다고 고백하며 저에게 "목사님, 하나님의 뜻이 무엇입니까?"라고 질문하였습니다. 그리고 이어서 말했습니다.

"하나님께서는 제 기도에 아무 응답이 없으십니다. 저는 어떻게 해야 하나요? 하나님께서 저를 사랑하신다는 것을 믿을 수가 없어요. 하나님이 저를 뜨겁게 사랑하신다는 것만 느끼게 해주셔도 더 기다릴 수 있을 거예요."

저는 그 성도에게 물었습니다.

"자매님은 '하나님 아버지'라고 부르며 기도하시나요?"

그러자 "네" 하고 대답하였습니다.

"그렇다면 자매님은 정말 놀라운 하나님의 사랑을 받고 있으신 것입니다. 성령께서 자매님 안에 계신다는 부인할 수 없는 증거가 아닙니까? 이보다 더 뜨거운 은혜가 어디 있겠습니까?"

그 말을 듣고 그 자매가 울었습니다.

"하나님께서는 자매님에게 말씀하고 계십니다. 그러나 자매님이 하나님의 말씀을 듣는 훈련을 받지 못했기 때문에, 하나님께서 국제전화까지 하게 하면서, 제 말을 통하여 집을 떠나려고 계획한 것을 막으시는 것입니다."

"목사님, 마음이 평안해졌습니다. 하나님께서 저와 함께하고 계신다는 것을 느낄 수 있어요."

하나님을 "아버지"라고 고백하는 축복을 깨달으시기 바랍니다. 성령께서 이미 우리 안에 분명히 역사하고 계십니다. 그러나 성령님의 역사를 더욱 사모하십시오. 그저 "아버지"라고 부르기만 하는 믿음에서 하나님과의 더 깊은 친밀함과 상속자가 되었다는 담대한 믿음으로 역사해주시기를 기도하시기 바랍니다. 그럴 때 성령님이 계속해서 우리를 이끄시며 놀라운 축복의 삶으로 인도하실 것입니다.

17

주의 날의
영광을 바라보게 하소서

롬 8:18-25

18 현재 우리가 겪는 고난은, 장차 우리에게 나타날 영광에 견주면, 아무것도 아니라고 나는 생각합니다. 19 피조물은 하나님의 자녀들이 나타나기를 간절히 기다리고 있습니다. 20 피조물이 허무에 굴복했지만, 그것은 자의로 그렇게 한 것이 아니라, 굴복하게 하신 그분이 그렇게 하신 것입니다. 그러나 소망은 남아 있습니다. 21 그것은 곧 피조물도 썩어짐의 종살이에서 해방되어서, 하나님의 자녀가 누릴 영광된 자유를 얻으리라는 것입니다. 22 모든 피조물이 이제까지 함께 신음하며, 함께 해산의 고통을 겪고 있다는 것을, 우리는 압니다. 23 그뿐만 아니라, 첫 열매로서 성령을 받은 우리도 자녀로 삼아주실 것을, 곧 우리 몸을 속량하여주실 것을 고대하면서, 속으로 신음하고 있습니다. 24 우리는 이 소망으로 구원을 얻었습니다. 눈에 보이는 소망은 소망이 아닙니다. 보이는 것을 누가 바라겠습니까? 25 그러나 우리가 보이지 않는 것을 바라면, 참으면서 기다려야 합니다.

우리는 세상을 살아가면서 어려운 일을 많이 겪게 됩니다. 그러나 우리가 진짜 힘든 것은 세상으로부터 오는 영향보다 우리 안에 역사하는 세상의 영 때문입니다.

무서워하는 종살이의 영

사도 바울은 우리 안에 두 영이 역사한다고 했습니다.

여러분은 또다시 두려움에 빠뜨리는 종살이의 영을 받은 것이 아니라,
자녀로 삼으시는 영을 받았습니다. … 롬 8:15

따라서 우리가 영을 바로 분별하지 못하면, 예수 믿고 교회를 다니
면서도 무서워하는 종살이의 영을 가지고 살게 됩니다. 탕자가 바로
그랬습니다. 그는 자기가 더 이상 아버지의 아들이라고 불릴 자격이
없으니 자신을 품꾼의 하나로 받아달라고 하면서 집으로 돌아왔습
니다.

그리스도인들 중에도 이런 믿음을 가진 분들이 있습니다.

"하나님께서 나를 아실까?"

"이런 나를 기뻐하실까?"

"하나님이 원하시는 삶을 살고 있지 못한 내게 화나지 않으셨을까?"

교회에 다니고 하나님을 아버지라고 불러도, 실제로는 하나님이 아
주 멀고 무섭다고 느낍니다. 종살이의 영을 가지고 사는 것입니다. 이
런 생각은 내가 노력한다고 해서 바뀌지 않습니다. 오직 성령께서 역
사해주셔야만 합니다.

성령이 우리 안에 오셔야 우리가 자녀처럼 하나님을 믿게 됩니다.
입으로만 "아버지" 하는 것이 아닙니다. 더 이상 먹고살기 위해, 성공
하기 위해 안달하거나 염려하지 않고 살게 된다는 것입니다. 하나님
이 우리 아버지가 되셔서 우리를 책임지신다는 것을 확신하기 때문입
니다. 이것이 진짜 하나님을 아버지라고 믿는 것입니다. 그럴 때 우리
가 하나님을 위해 살고 싶고, 다른 사람들을 위해 살고 싶어집니다.

"그가 모든 사람을 대신하여 죽으심은 살아 있는 자들로 하여금 다시는 그들 자신을 위하여 살지 않고 오직 그들을 대신하여 죽었다가 다시 살아나신 이를 위하여 살게 하려 함이라"(고후 5:15).

"살게 하려 함이라", 우리에게 그렇게 살라고 하신 것이 아닙니다. 그렇게 살게 될 것이라고 하십니다. 우리의 노력으로는 변할 수 없습니다. 성령께서 그렇게 바꾸어주시는 것입니다.

현재의 고난이냐, 장차 올 영광이냐

성령님은 우리 안에 오셔서 고난의 길도 갈 수 있는 담대한 마음을 주십니다. 우리는 더 이상 고난이 두렵지 않습니다. 오히려 고난당하는 것이 기쁩니다. 왜냐하면 자신이 하나님의 상속자라는 것을 깨닫고, 장차 나타날 하나님과 하나님나라의 영광을 바라보게 되기 때문입니다.

현재 우리가 겪는 고난은, 장차 우리에게 나타날 영광에 견주면, 아무것도 아니라고 나는 생각합니다. 롬 8:18

"무릇 그리스도 예수 안에서 경건하게 살고자 하는 자는 박해를 받으리라"(딤후 3:12).

이것은 참으로 부담스러운 말씀입니다. 그리스도 예수 안에서 경건하게 살고자 하는 사람은 박해를 받는다고 하는데, 누가 예수를 믿고 싶겠습니까? 누가 박해받는 것을 좋아하겠습니까? 하지만 성령충만하면 달라집니다. 예수님 안에서 박해를 받는 것이 감사하고 기쁩니다. 이것은 사람으로는 할 수 없습니다. 성령께서 하나님나라의 영광을 보는 눈을 열어주시기 때문에 가능한 일입니다.

고시생, 입시생, 취업준비생, 장교 훈련 중인 사람, 합숙 훈련 하는 국가대표 선수들도 장차 있을 영광을 보면서 현재의 고난을 이겨냅니다. 하물며 하나님을 알고 하나님나라의 영광을 보는 눈이 뜨인 성도는 더 말할 것이 있겠습니까? 이 세상 고난은 결코 저주가 아닙니다. 오히려 장차 있을 영광을 바라보지 못하고 이 세상에서 편안하게 살려는 것이 저주입니다.

북한에서 핍박받는 지하교회 성도들을 떠올리면 어떤 생각이 듭니까? 그들이 불행해 보입니까? 그러면 남한에서 핍박받지 않고 편하게 사는 사람들은 행복한 사람들입니까? 영원한 지옥에 간다 해도 그렇습니까? 만약 우리가 북한에 있다고 생각해보십시오. 그리스도를 부인하면 편할 것입니다. 예배 처소나 동료 그리스도인을 밀고하면 잘 살 수 있습니다. 그러나 그렇게 하지 않는다면 순교를 각오해야 합니다. 어느 쪽을 택하겠습니까?

이런 생각을 하면 정신이 번쩍 듭니다. 북한의 지하교회 성도들이라고 해서 불행한 것이 아닙니다. 결국 불 시험을 통과해야 구원받은 믿음을 가졌는지 아닌지 확인된다는 점에서 보면 북한이나 남한이나 마찬가지이기 때문입니다. 한국에서도 순교를 각오할 믿음이 없으면 마귀의 먹이가 되고 맙니다. 그렇기 때문에 순교도 각오하는 믿음이 있어야 하는 것입니다.

십자가의 길

전도사 영성훈련 때 저는 다음과 같이 말했습니다.

"목회가 성공할 수 있도록 도와달라고 기도하지 말고 하나님의 나라를 위하여 죽게 해달라고 기도하십시오. 아무도 안 가겠다는 곳이 있다면 '주님, 제가 있지 않습니까? 저를 보내주십시오'라고 기도하십시오."

이제 막 목회의 길에 들어선 전도사들에게는 잔인한 말처럼 들렸을지도 모릅니다. 그러나 지금 와서 보니 '진작 그런 자세로 목회를 했다면 나도 살고 교회도 살았을 텐데…' 하고 깨달아졌기 때문입니다.

주님이 제자들을 고난의 길, 십자가의 길로 부르실 때 주님은 조금도 미안해하거나 주저하지 않으셨습니다. 아주 당당하고 분명하게 말씀하셨습니다. 저는 제 아내에게 낭만적이거나 멋있는 프러포즈를 하지 못했습니다. 그 당시 저는 목회자의 길은 고난의 길이라고만 알 뿐 영광의 길이라는 확신이 없었습니다. 그때가 목회자의 아내로 사셨던 어머니가 돌아가신 직후였기 때문에 더더욱 '내가 가는 길은 고생길이다'라는 생각뿐이었습니다. 그런데 어떻게 제 아내가 되어 이 고생길을 같이 가자고 말할 수 있었겠습니까?

그러나 주님은 다르셨습니다. 부자 청년이 예수님께 와서 "내가 무엇을 하여야 영생을 얻으리이까?"라고 물었을 때, 예수님은 조금도 망설임 없이 모든 재산을 다 팔아 가난한 자들에게 나눠주고 나를 따르라고 하셨습니다. 결국 그 말씀이 부담스러웠던 부자 청년은 예수님을 떠났습니다. 주님은 재산의 절반이나 십분의 일만 바치라고 말씀하실 수도 있었을 것입니다. 그러나 그렇게 하지 않으셨습니다. 왜냐하면 예수님께서 그를 사랑하셨기 때문입니다. 그분은 고난의 길, 십자가의 길이 진정한 축복의 길임을 분명히 아셨습니다.

우리 안에 오신 성령께서도 똑같이 그렇게 하십니다. 고난이 무섭고, 박해를 받는 것이 너무 끔찍하게 생각됩니까? 그것은 우리가 우리 안에 무서워하는 종살이의 영으로 신앙생활 하고 있기 때문입니다. 그것이 진짜 무서운 것입니다. 성령을 바라보십시오. 성령의 역사를 갈망하면 놀라운 변화가 일어납니다.

세상에서 성공하고 잘 살기 위해 예수님을 믿는 것은 진정으로 예수님을 믿는 것이 아닙니다. 예수님을 믿었으면 이미 충분히 행복해진 것입니다. 받을 복을 다 받았습니다. 영생을 얻었고, 죄 사함을 받았고, 의롭다 인정받았고, 하나님의 자녀가 되었고, 주님이 마음에 오셔서 영원히 동행하십니다. 그런데 도대체 무엇이 더 필요합니까? 예수님 한 분만으로 충분한 것, 그것이 예수를 믿을 때 주어지는 은혜요 축복입니다.

주님의 날을 기다리는 사람

성령께서 역사하실 때 일어나는 또 다른 놀라운 변화가 있습니다. 우리가 주님의 날을 기다리는 사람이 된다는 것입니다.

피조물은 하나님의 자녀들이 나타나기를 간절히 기다리고 있습니다.

롬 8:19

성경은 모든 피조물들도 간절히 기다린다고 말씀합니다. 그것은 아담과 하와가 범죄했을 때 모든 피조물도 저주를 받았기 때문입니다. 아름답고 웅장해 보이지만 알고 보면 자연도 고통 속에 있습니다. "썩어짐의 종살이"(롬 8:21)를 하고 있습니다. 그래서 피조물이 주님의 날을 기다리는 것입니다.

성도들은 더욱 그렇습니다. 마음에 주님이 오시는 날을 고대하면서 신음합니다.

그뿐만 아니라, 첫 열매로서 성령을 받은 우리도 자녀로 삼아주실 것을, 곧 우리 몸을 속량하여주실 것을 고대하면서, 속으로 신음하고 있습니다. 롬 8:23

성도들이 이렇게 고대하고 신음하는 것은 성령께서 오셨지만 우리 몸이 악한 영향력에서 자유하지 못하기 때문입니다. 우리의 육신은 이기심과 욕심, 혈기와 음란, 방탕함 등 끊임없는 내적 고통을 겪고 있습니다.

'언제쯤이면 이 죄 된 육신의 욕구에서 놓임을 받을 수 있을까요? 언제쯤이면 우리가 거룩해질 수 있을까요?'

주님이 오셔서 우리 몸이 온전히 변화되고, 죄에 대하여 완전히 승리하고, 거룩한 본성이 회복되는 날이 오기를 갈망하는 것입니다. 이것이 성령의 역사입니다. 우리가 하나님의 자녀이면 주님의 날은 우리에게 영광스러운 날입니다. 우리가 성령의 역사하심 속에 살면 반드시 그렇게 됩니다.

이처럼 성령의 사람은 사는 것이 다릅니다. 하나님의 나라를 기다리며 삽니다.

…눈에 보이는 소망은 소망이 아닙니다. 보이는 것을 누가 바라겠습니까? 그러나 우리가 보이지 않는 것을 바라면, 참으면서 기다려야 합니다.

롬 8:24,25

우리의 소망은 이 세상에 있지 않고 '주의 날'에 있습니다. 그래서 세상을 사는 동안 힘들고 어려워도 기다릴 수 있는 것입니다. 인내는 매우 중요한 성령의 열매입니다. '오래 참음'입니다. 요한계시록에서는 인내가 하나님 앞에 서는 성도의 가장 중요한 덕목이라고 하였습니다.

"성도들의 인내가 여기 있나니 그들은 하나님의 계명과 예수에 대한 믿음을 지키는 자니라"(계 14:12).

인생은 광야를 걸어가는 것이다

그런데 예수 믿는 성도들 중에서도 주님의 날에 대한 기다림이 없는 사람들이 있습니다. 그것은 그 마음이 세상의 영에 사로잡혀 있기 때문입니다. 성공학, 처세술, 자기계발서 등에서는 인생을 산에 오르는 것에 비유합니다. 그러면서 어떻게 하면 정상의 자리에 오를 수 있는지 그 비결을 알려줍니다. 그러나 이것이 수많은 사람들의 인생을 망치고 있습니다.

이진희 목사님은 《광야를 읽다》(두란노)에서 인생은 산을 오르는 것이 아니라 광야를 지나는 것이라고 했습니다.

"광야 길을 가는 것과 산을 오르는 것은 너무나 다르다. 산은 정상이 보인다. 그러나 광야는 끝이 보이지 않는다. 산은 어떻게 올라가야 할지 어느 길로 올라가야 하는지 대개 정해져 있다. 그러나 광야에는 길이 없다. 산은 전체가 한눈에 들어온다. 그러나 사막은 그렇지 않다. 산은 변하지 않는다. 항상 그대로다. 그러나 사막은 변화무쌍하다. 오늘 있던 모래 언덕이 내일이면 사라진다. 없었던 산이 새로 생기기도 한다. 산에 오를 때는 혼자 가도 된다. 그러나 광야에 들어갈 때는 절대로 혼자 들어가서는 안 된다. 결혼하는 것은 산에 오르는 것이다. 그러나 결혼생활은 사막을 통과하는 것이다. 아이를 낳는 것은 산에 오르는 것이다. 그러나 아이를 키우는 것은 사막을 통과하는 것이다. 아이를 낳는 것도 힘들지만 아이를 낳고 나서 더 힘들다. 직장에 들어가는 것은 산에 오르는 것이다. 그러나 직장생활은 사막을 통과하는 것이다. 학위를 따고 성공하는 것은 산에 오르는 것과 같다. 그러나 그 이후는 광야를 통과하는 것이다. 광야를 산에 오르는 것처럼 사니 인생이 힘들고 너무 혼란스러운 것이다."

제가 처음 목회를 시작할 때 저는 큰 교회 담임목사가 되는 것이 하나님의 축복이라고 생각했습니다. 목회도 산을 오르는 것이라고 이해한 것입니다. 그러나 목회를 열심히 하면 할수록 마음은 더 지치고, 영적으로 더 메마르고, 교만과 열등감은 더 오르락내리락하고, 원망과 불평도 더 많아졌습니다. 그때는 그것이 큰 잘못인지 몰랐습니다. 그러나 나중에 알게 되었습니다. 큰 교회 담임목사가 되기 위해 목회하는 것은 목사가 빠지는 가장 흔한 우상숭배라는 것을 말입니다. 목회의 목표는 큰 교회 담임목사가 되는 것이 아니라 예수님과 친밀히 동행하는 것이어야 한다는 것을 깨달았습니다. 그러자 모든 것이 달라졌습니다.

인생은 성공하기 위해 사는 것이 아닙니다. 하나님께서 가나안 땅으로 인도하실 것을 기다리며 매일매일 순종하며 묵묵히 광야를 걸어가는 것입니다. 지금 삶이 너무 힘들어서 좌절하고, 열등감과 실패감에 사로잡혀 고통당하고 있습니까? 꿈을 잃어버리고 어떻게 살아야 할지 막막합니까? 그렇다면 광야를 걷는 것처럼 살아보시기 바랍니다.

광야에서는 축복을 구하지 않고 은혜를 구하게 됩니다. 황금이 아니라 생수를 달라고 기도합니다. 곳간을 채워달라고 기도하는 것이 아니라 일용할 양식을 달라고 기도해야 합니다. 좋은 집이나 은금이 많아지지 않는다고 원망하거나 불평하지 않고 만나를 내려주시는 것만으로도 감사합니다. 장막에 머물 수 있는 것만으로 감사합니다. 로뎀나무 그늘만 있어도 감사합니다. 광야에서는 하루하루 살아가는 것만으로도 감사합니다. 축복의 장맛비가 아니더라도 이슬 같은 은혜만으로도 감사합니다.

인생이 산을 오르는 것이 아니라 광야를 통과하는 것이라는 사실을 깨닫게 되면 왜 24시간 예수님과 동행해야 하는지 알게 됩니다. 왜 반드시 성경을 읽고 매일 묵상해야 하는지 알게 됩니다. 왜 교회 공동체에 꼭 속해야 하는지 알게 됩니다. 하나님의 사람들이 살아간 길을 이해하게 되는 것입니다.

주의 날의 영광을 바라보라

손양원 목사님은 한평생 한센병 환자들을 위해 살았습니다. 일제 강점기 때는 신사참배를 거부하다가 6년간 옥살이를 했고, 여수 순천 반란 사건 때는 자신의 두 아들을 죽인 원수를 양자로 삼았습니다. 그 분을 이해할 수 있는 노래가 있습니다.

손양원 목사님이 지으신 복음성가 〈주님 고대가〉입니다.

낮에나 밤에나 눈물 머금고
내 주님 오시기만 고대합니다.
가실 때 다시 오마 하신 예수님
오 주여 언제나 오시렵니까.

고적하고 쓸쓸한 빈 들판에서
희미한 등불만 밝히어 놓고
오실 줄만 고대하고 기다리오니
오 주여 언제나 오시렵니까.

먼 하늘 이상한 구름만 떠도

행여나 내 주님 오시는가 해
머리 들고 멀리멀리 바라보는 맘
오 주여 언제나 오시렵니까.

내 주님 자비한 손을 붙잡고
면류관 벗어들고 찬송 부르면
주님 계신 그곳에 가고 싶어요
오 주여 언제나 오시렵니까.

신부 되는 교회가 흰옷을 입고
기름 준비 다 해놓고 기다리오니
도적같이 오시마고 하신 예수님
오 주여 언제나 오시렵니까.

천 년을 하루같이 기다린 주님
내 영혼 당하는 것 볼 수 없어서
이 시간도 기다리고 계신 내 주님
오 주여 이 시간에 오시옵소서.

손양원 목사님 안에 계신 성령께서 손 목사님이 계속 바라보아야 할 것, 곧 주님의 날의 그 영광을 바라보게 하셨습니다. 그래서 목사님이 그렇게 살아가신 것입니다.

여러분의 마음에는 어떤 영이 역사하고 있습니까? 혹시 두려워하는 종살이의 영은 아닙니까? 돈 걱정으로 누구 한번 제대로 도와주지 못하고, 고난을 두려워하느라 하나님 말씀대로 살아보지 못하고, 주님의 재림을 생각하지 못한 채 세상만 바라보며 살고 있지 않습니까? 이제는 돌이켜야 합니다. 성령님을 붙잡아야 합니다. "주의 날의 영광을 바라보게 하소서!" 하고 기도해야 합니다.

우리의 노력으로는 되지 않습니다. 그러나 성령을 사모하면 반드시 주님의 날을 바라보는 눈을 뜨게 해주십니다. 성령께서는 돈 걱정하지 말라고 하십니다. 베풀며 살라고 하십니다. 고난을 두려워하지 말라고 하십니다. 당당하게 살라고 하십니다. 하나님의 자녀 된 담대함을 주십니다. 주의 날의 영광을 사모하는 마음을 주십니다.

세미하게라도 성령의 역사가 마음에 일어나지 않았습니까? 그럴 때 "성령이시군요!"라고 고백하시기 바랍니다. 그리고 성령을 따라 사시기를 바랍니다.

18

연약함을 도우시는 성령

롬 8:26-28

26 이와 같이, 성령께서도 우리의 약함을 도와주십니다. 우리는 어떻게 기도해야 할지도 알지 못하지만, 성령께서 친히 이루 다 말할 수 없는 탄식으로, 우리를 대신하여 간구하여주십니다. 27 사람의 마음을 꿰뚫어 보시는 하나님께서는, 성령의 생각이 어떠한지를 아십니다. 성령께서, 하나님의 뜻을 따라, 성도를 대신하여 간구하시기 때문입니다. 28 하나님을 사랑하는 사람들, 곧 하나님의 뜻대로 부르심을 받은 사람들에게는, 모든 일이 서로 협력해서 선을 이룬다는 것을 우리는 압니다.

그리스도인들을 든든히 도우시는 분이 계십니다. 바로 우리 마음에 임하신 성령님이십니다. 성령께서는 성도들이 하나님의 양자가 되었다는 것을 보증해주시기 위하여 우리 마음에 임하셨습니다. 그리고 구원이 완성될 때까지 연약한 우리를 도와주십니다.

 ···성령께서도 우리의 약함을 도와주십니다. ··· 롬 8:26

 하나님이 마음에 임하셔서 우리의 약함을 도와주신다니, 이 얼마나 놀랍고 행복한 일입니까?
 그렇다면 성령께서는 우리를 구체적으로 어떻게 도와주십니까?

우리 기도를 도와주시는 성령

첫째, 우리의 기도를 도와주십니다.

…우리는 어떻게 기도해야 할지도 알지 못하지만, 성령께서 친히 이루
다 말할 수 없는 탄식으로, 우리를 대신하여 간구하여주십니다. 롬 8:26

정말 놀라운 일입니다. 솔직히 우리가 기도할 때 무엇을 기도해야
할지 모를 때가 얼마나 많습니까? 그러나 걱정하지 마십시오. 그때마
다 성령께서 우리를 대신하여 기도해주시기 때문입니다. 하나님께서
는 우리 마음을 다 알고 계십니다. 우리 마음에 계시기 때문입니다.

사람의 마음을 꿰뚫어 보시는 하나님께서는, 성령의 생각이 어떠한지를
아십니다. 성령께서, 하나님의 뜻을 따라, 성도를 대신하여 간구하시기
때문입니다. 롬 8:27

금식성회 때 임은미 목사님께서 케냐 선교사로 계실 때 경험을 이야
기하시며, 우리가 기도해야 하지만 무엇을 기도해야 할지 모를 때 "주
여!", "아버지!"라고 부르짖기만 해도 훌륭한 기도가 될 수 있다고 말씀
해주셨습니다. 정말 그렇습니다. 성령께서 우리의 기도를 도와주시기
때문입니다. 그러나 우리가 더 주목해야 할 말씀은 성령께서 "이루 다
말할 수 없는 탄식으로" 기도하신다는 것입니다. 그만큼 우리 형편이
심각하다는 것입니다. 그런데도 우리는 그것을 모른 채 살고 있습니다.

우리는 성령께서 "너는 어째서 그런 기도밖에 할 줄 모르니?" 하고 탄식하실 만한 기도를 합니다. 솔직히 우리의 기도를 녹음해서 공개한다면 창피해서 고개를 들지 못할 것입니다. 언제까지 더 편한 것, 더 좋은 것, 더 잘 살고, 더 높아지고, 더 대접받기 위해서, 나 자신, 내 가족, 내 교회, 내 나라만을 위해서 기도할 것입니까? 지나고 보면 아무것도 아닌 문제, 오히려 없었다면 더 좋았을 것 같은 것들을 구하는, 그런 수준의 기도밖에 하지 못하는 우리를 보시고 성령께서 '이루 다 말할 수 없는 탄식으로' 기도하시는 것입니다.

우리가 모르는 주님의 마음

제가 고등학교 입시에 실패했을 때 저는 제 이름이 합격자 명단에 없는 것을 보고 크게 실망했지만, 무엇보다 가장 신경 쓰이는 분이 아버지였습니다. 맏아들인 제게 기대가 크셨던 아버지께 실망을 안겨드린 것 같아 아버지를 뵐 면목이 없었습니다. 그런데 아버지는 평상시와 같이 태연하셨습니다. 저는 참 다행이라고 생각했습니다. 그런데 며칠 뒤, 어머니께서 아버지가 며칠째 밤에 잠을 못 주무신다고 말씀하셨습니다. 그때 가슴이 쿵 하고 내려앉았습니다. 아버지는 제가 혹시라도 좌절하고 낙심할까 봐 제 앞에서는 아무렇지 않은 척하셨지만 실은 매우 실망스럽고, 걱정이 되고, 괴로우셨던 것입니다. 그런 아버지의 마음을 알지 못하고 다행이라 생각했으니 정말 부끄러운 일이 아닐 수 없었습니다.

그러나 제가 아버지 마음만 알지 못한 것이 아니었습니다. 제 안에 임하신 성령님의 마음도 알지 못한 채 살았습니다. 제가 회심하던 날, 저는 밤새 울며 회개하였습니다. 제가 회개해야 할 일들이 그렇게 많은지 몰랐습니다. 성령께서 눈을 열어주셨을 때 비로소 깨닫고 애통해하며 기도할 수 있게 해주신 것입니다. 그동안 제 자신에 대해 몰라도 너무 몰랐던 것입니다.

우리는 정말 알아야 할 것들을 모르고 삽니다. 우리 안에 성령님이 왜 오셨습니까? 정말 보아야 할 것, 정말 알아야 할 것, 정말 기도해야 할 것을 알게 하시려고 오셨습니다.

언젠가 어느 집사님이 저에 대해 터무니없는 오해를 하시고 교회 안에 나쁜 소문을 퍼뜨린 적이 있었습니다. 저는 그 소문을 듣고 마음에 상처를 받았고, 그 소문을 믿은 교인들에게도 배신감을 느꼈습니다. 너무 억울하고 화가 나서 숨쉬기도 어려울 정도였습니다. 그런데 더 힘들었던 것은 그 소문에 대하여 침묵하라는 주님의 말씀 때문이었습니다. 교인들이 거짓 소문을 믿는 줄 알면서 해명도 하지 못하니까 죽을 것 같았습니다. 기도도 할 수 없었습니다. '이러다가는 정말 속이 썩어 죽겠구나!' 하고 생각했습니다.

그런데 그때 저도 모르게 "나는 죽었습니다"라는 기도가 나왔습니다.

"하나님, 저 유기성은 죽었습니다."

제가 할 수 있는 기도는 그것뿐이었습니다. 이 고백을 세 번, 네 번 계속 반복하다가 열 번쯤 고백하는 순간, 제게 죽음이 임하는 것이 느껴졌습니다. 놀랍게도 마음이 평안해졌습니다. 분노도, 미움도, 섭섭함도 사라졌습니다. 정말 살 것 같았습니다. 그렇게 처음으로 자아의 죽음을 경험하였습니다. 그러면 이제 기도를 해야 하는데, 도대체 무슨 기도를 해야 할지 고민이 되었습니다. 그래서 "주님의 마음을 주십시오"라고 하였습니다. 그 순간 갑자기 애통함이 밀려오며 통곡이 나왔습니다. 지금까지 그렇게 슬피 울어본 적이 없었습니다. 나중에 울다가 지쳐서 엎드려 있었습니다. 그때 '지금 내가 왜 이렇게 울고 있지?' 하는 생각이 들었습니다. 그때 주님의 마음을 달라고 기도했던 것이 깨달아졌습니다. 그랬습니다. 그것은 예수님의 마음이었습니다. '말할 수 없는 탄식!'이었습니다.

저는 주님께서 교인들 말 한마디에 분노하는 목사와 교회 안에 근거 없는 소문을 퍼뜨리며 서로 상처 주고 살아가는 우리를 보시면서 화를 내시는 것이 아니라 통곡하신다는 것을 그때 비로소 체험했습니다. 가족이나 교인이나 나라를 위한 주님의 마음을 달라고 기도해보십시오. 울지 않고는 견딜 수 없을 것입니다. 우리는 주님의 마음을 너무 모릅니다. 그러니까 우리가 아무것도 아닌 문제를 가지고 기도하는 것입니다. 성령님은 이기적이고, 눈앞의 이익만 보고, 어리석고, 욕심으로 가득한 우리의 기도를 너무나 고통스러워하십니다.

우리는 성령의 도우심을 받아야 합니다. 하나님 앞에 제대로 기도해야 우리가 제대로 살 수 있습니다. 하나님은 구하면 주신다고 하셨습니다. 그러니 잘못 구하면 심각한 문제가 되는 것입니다. 그러나 우리가 모든 것을 알고 기도할 수는 없습니다. 그래서 성령님이 오셔서 우리의 기도를 도우시는 것입니다.

우리 마음을 아시는 성령

둘째, 우리 마음을 다 아십니다. 우리 마음에 오셨으니 모를 리 없습니다.

사람의 마음을 꿰뚫어 보시는 하나님께서는, 성령의 생각이 어떠한지를 아십니다. 롬 8:27

이것은 정말 놀라운 축복입니다. 우리가 하나님과 마음이 완전히 통하는 관계라는 것입니다. 이보다 더 친밀한 관계가 어디 있겠습니까?

다윗은 시편에서 이렇게 고백했습니다.

"나의 반석이시요 나의 구속자이신 여호와여 내 입의 말과 마음의 묵상이 주님 앞에 열납되기를 원하나이다"(시 19:14).

다윗은 자기 마음의 묵상이 주님께 열납되는 것을 알았습니다. 마음에 생각만 해도 하나님이 아신다는 것입니다. 따라서 우리가 하나님을 기쁘시게 하는 일은 너무 쉽습니다. 하나님이 기뻐하실 마음만 품고 살면 되기 때문입니다. 그런데 성령께서 우리 마음에 계시는 것을 분명하게 믿지 못하면 이 은혜가 끔찍하게 바뀝니다. 마음에 죄악을 품는 것만으로도 하나님께 죄를 짓게 되는 것입니다. 하나님 앞에서 하나님을 욕하고 화내는 것이나 다름없습니다. 사람은 얼마든지 속일 수 있지만, 우리 마음에 임하신 성령님을 어떻게 속이겠습니까? 그것은 하나님의 성령을 근심하게 만드는 것입니다. 성령께서 우리 안에 오셔서 우리를 인도하지 못하고 근심만 하신다면 이 얼마나 불행한 일입니까?

성령께서는 우리를 도와주시기 위해 오셨는데 우리는 그 사실을 믿지 못하고 오히려 하나님 앞에 죄를 짓고 삽니다. 성령께서 그것을 깨우쳐주려고 하십니다. 우리의 마음이 어떤지 깨닫게 해주십니다. 성령의 사람은 특별한 성령 체험이나 기적을 경험한 사람이 아닙니다. 말할 수 없는 탄식으로 기도하시는 주님의 마음을 아는 사람입니다. 나라를 위해, 교회를 위해, 가족을 위해, 나 자신을 위해 기도해도 성령의 마음을 아는 사람입니다.

그래서 24시간 주님을 바라보고 살라는 것입니다. 항상 주님을 의식하며, 우리 마음에 이미 와 계신 성령님을 믿고, 우리 마음의 묵상이 하나님께 그대로 올라간다는 것을 믿고, 하나님이 우리의 마음을 알고 계신다는 것을 믿고, 항상 주님께 시선을 고정한 채 하나님이 기뻐하시는 생각으로 살아보십시오. 그때 우리가 얼마나 놀라운 복을 받은 사람인지 알게 됩니다.

하나님이 선을 이루어주시는 인생

그러면 모든 일이 협력하여 결국 선(善)을 이루게 됩니다.

하나님을 사랑하는 사람들, 곧 하나님의 뜻대로 부르심을 받은 사람들에게는, 모든 일이 서로 협력해서 선을 이룬다는 것을 우리는 압니다. 롬 8:28

성령께서 우리에게 오신 것은 모든 것이 협력하여 선을 이루게 되는 인생을 살게 하시기 위해서입니다. 성령은 하나님이십니다. 얼마든지 모든 것이 협력하여 선을 이루게 하실 수 있습니다. 그렇다면 우리가 아무리 약해도, 실패해도, 우리에게 어떤 어려움이 닥쳐도 염려하거나 두려워하지 않아도 됩니다. 하나님이 우리와 함께하시고 우리를 도우시는데 무슨 걱정이 있겠습니까?

하형록 목사님은 어릴 때 미국으로 이민을 가서 명문대학을 졸업하고 29세에 회사의 중역까지 된 대단히 성공한 사람이었습니다. 그러던 어느 날 교통사고를 당하면서 급히 심장 이식을 해야 하는 진단을 받게 되었습니다. 아내와 어린 딸들을 둔 처지에 여태까지 이룬 성공과 모아둔 재산, 생명까지 다 잃게 된 것입니다. 하 목사님은 "하나님, 제 심장을 고쳐주소서"라고 간절히 기도했습니다.

그러나 수술의 부작용으로 두 번째 심장 이식 수술을 받게 되었을 때 성령이 임하는 체험을 하고는 기도가 바뀌었습니다. 심장이 낫고 다시 옛날처럼 산다면 아무 소용이 없다는 것을 깨닫고 내가 새 사람이 되어야만 진정한 새 삶을 살게 된다는 갈망이 생긴 것입니다.

"제 심장이 아니라 제 인생을 고쳐주소서."

그리고 그가 병상에서 성경을 두 번 통독했을 때 이전에 무심히 넘겼던 말씀 하나가 마음에 들어왔습니다.

"네 이웃을 네 자신같이 사랑하라"(마 22:39).

건강했을 때는 자기와 아무 상관이 없는 말씀이었습니다. 그는 그저 열심히 일해서 성공만 하면 된다고 생각하며 살았습니다. 그런데 아무리 성공해도 자기를 위한 성공은 허무하다는 것을 깨달았습니다. 내 이웃에게는 아무 도움도, 감동도, 영향도 없는 삶이었으며 오직 자신과 가족을 위해서만 살았다는 것을 깨달았습니다. 그는 비로소 구원의 선물을 이웃에게 나누어야 한다는 것을 깨닫고 돈을 벌기 위해서가 아니라 이웃을 사랑하기 위해 새로운 사업을 시작했습니다. 회사의 비전도 "우리는 어려운 이웃을 위해 존재한다"로 정했습니다.

하 목사님이 설립한 신개념 주차장을 건축하는 회사는 오늘날 미국에서 가장 일하고 싶은 직장 가운데 하나로 손꼽힙니다. 그는 오바마 연방 정부에서 건축 과학 관련 백악관 자문위원으로 임명되기도 했습니다. 이 이야기는 KBS 〈글로벌 성공시대〉에서도 소개되었습니다. 그런데 진짜 중요한 이야기가 빠졌습니다. 그는 성경 말씀대로 회사를 경영했는데도 성공했습니다. 그는 사업가이자 목사입니다. 그는 사업이나 교회나 똑같은 원리로 사역하고 있습니다. 그것이 가장 중요한 핵심이었습니다. 그 이야기가 《P31》(두란노)이라는 책으로 출간되었습니다.

성령님은 이렇게 우리를 도와주십니다. 우리에게 어떤 실패, 어떤 좌절, 어떤 어려움이 있든지 간에 성령님께서 도와주시기 시작하면 우리는 정말 놀라운 삶을 살게 됩니다. 저 역시 "하나님을 사랑하는 사람들, 곧 하나님의 뜻대로 부르심을 받은 사람들에게는, 모든 일이 서로 협력해서 선을 이룬다"는 로마서 8장 28절 말씀을 개인적인 말씀 기도 제목으로 삼고 있습니다. 저에게도 남모르는 실패와 실수, 아쉬움과 좌절이 많습니다. 생각할수록 부끄러운 순간들도 많이 있었습니다. 지난날을 돌아보면 아쉬움뿐입니다. 그런데 성령께서 그런 우리를 도와주려고 오셨다는 것입니다. 결국에는 선을 이루어주신다는 것입니다. 그러면 성공한 인생이 아니겠습니까?

우리가 아무리 연약하고 실패하고 형편이 어려워도 괜찮습니다. 성령님이 도와주십니다. 우리가 할 일은 오직 성령을 모시고 사는 것뿐입니다. 우리는 성경을 통하여 성령을 정확히 알아야 합니다. 성령에 대해 잘 소개한 좋은 책 한 권쯤은 읽어야 합니다. 그리고 매사 성령을 의지하고 순종해야 합니다. 그러면 성령께서 우리의 인생을 모든 일이 협력하여 선을 이루게 하십니다.

네가 나를 사랑하느냐?

그러면 우리가 정말 "모든 일이 서로 협력하여 선을 이루는 사람"입니까? 사도 바울은 본문에서 어떤 사람이 그런 사람인지 말씀합니다. 바로 '하나님을 사랑하는 사람'입니다. '하나님의 뜻대로 부르심을 받은 사람'입니다. 이 한 가지만 점검해보라고 하는 것입니다.

우리에게 성령이 임하신 가장 큰 증거는 하나님을 사랑하는 마음입니다. 예수님도 요한복음 14장에서 성령이 임하면 주님을 사랑하게 될 것이고, 하나님의 계명을 지킬 것이고, 주님을 바라보게 될 것이라고 말씀하셨습니다.

"너희가 나를 사랑하면 나의 계명을 지키리라"(요 14:15).

"나의 계명을 지키는 자라야 나를 사랑하는 자니 나를 사랑하는 자는 내 아버지께 사랑을 받을 것이요 나도 그를 사랑하여 그에게 나를 나타내리라"(요 14:21).

예수님은 예수님을 부인한 베드로를 다시 일으키실 때 그에게 세 번이나 단 한 가지만 물으셨습니다.

"네가 나를 사랑하느냐?"

베드로는 대답하기가 참으로 민망했습니다. 예수님을 세 번이나 부인했는데 어떻게 뻔뻔하게 예수님을 사랑한다고 할 수 있었겠습니까? 그렇지만 베드로에게는 그 마음의 중심에 여전히 주님을 사랑하는 마음이 있었습니다. 그래서 "주님, 아시잖아요. 제가 주님을 사랑한다는 것을 아시잖아요"라고 대답했습니다. 그러자 주님은 그에게 사명을 맡기며 그를 회복시켜주셨습니다.

"내 양을 치라."

"내 양을 먹이라."

지금 이 순간 묻고 싶습니다.

"하나님을 사랑하십니까?"

하나님을 사랑한다고 대답하기 힘든 분도 있을 것입니다. 그러나 이 질문은 정말 중요합니다. 어떻게 대답하느냐에 따라 우리의 인생이 달라지기 때문입니다. 베드로를 생각해보십시오. 우리 안에 하나님을 사랑하는 마음이 조금도 없습니까? 겨자씨만큼이라도 하나님을 사랑하는 마음이 있다면 그것은 기적입니다. 성령의 역사요 성령께서 역사하고 계신다는 부인할 수 없는 증거입니다. 구원받지 못한 사람에게는 결코 있을 수 없는 일이기 때문입니다.

그동안 우리가 무시하고 살고, 외면하고 살고, 믿지 않고 살았는지 모릅니다. 그런데도 우리를 떠나지 않으시고 여전히 우리 안에 계신 성령의 역사에 주목하시기 바랍니다. 이제부터 그 성령을 따라 살아야 합니다. 하나님이 우리를 도우시려고 우리 마음에 와 계신 것을 진짜 믿고 이제는 주님만 바라보며 살겠다고 반응하셔야 합니다. 그러면 성령께서 기뻐하십니다. 바로 그것을 위해 오셨기 때문입니다.

만일 성령님이 함께하심을 모른다면 성령님을 초청하시기 바랍니다. 성령님이 함께하심을 믿고 사는 엄청난 복을 결코 소홀히 하지 마시고 성령님께 감사하고 성령님을 찬양하십시오. 순종함으로 성령님을 높여드리시기 바랍니다.

19

끊을 수 없는 사랑

롬 8:29-39

29 하나님께서는 미리 아신 사람들을 택하셔서, 자기 아들의 형상과 같은 모습이 되도록 미리 정하셨으니, 이것은 그 아들이 많은 형제 가운데서 맏아들이 되게 하시려는 것입니다. 30 그리하여 하나님께서는 이미 정하신 사람들을 부르시고, 또한 부르신 사람들을 의롭게 하시고, 의롭게 하신 사람들을 또한 영화롭게 하셨습니다. 31 그렇다면, 이런 일을 두고 우리가 무엇이라고 말할 수 있겠습니까? 하나님이 우리 편이시면, 누가 우리를 대적하겠습니까? 32 자기 아들을 아끼지 않으시고, 우리 모두를 위하여 내주신 분이, 어찌 그 아들과 함께 모든 것을 우리에게 선물로 거저 주지 않으시겠습니까? 33 하나님께서 택하신 사람들을, 누가 감히 고발하겠습니까? 의롭다 하시는 분이 하나님이신데, 34 누가 감히 그들을 정죄하겠습니까? 그리스도 예수는 죽으셨지만 오히려 살아나셔서 하나님의 오른쪽에 계시며, 우리를 위하여 대신 간구하여 주십니다. 35 누가 우리를 그리스도의 사랑에서 끊을 수 있겠습니까? 환난입니까, 곤고입니까, 박해입니까, 굶주림입니까, 헐벗음입니까, 위협입니까, 또는 칼입니까? 36 성경에 기록한 바 "우리는 종일 주님을 위하여 죽임을 당합니다. 우리는 도살당할 양과 같이 여김을 받았습니다" 한 것과 같습니다. 37 그러나 우리는 이 모든 일에서 우리를 사랑하여 주신 그분을 힘입어서, 이기고도 남습니다. 38 나는 확신합니다. 죽음도, 삶도, 천사들도, 권세자들도, 현재 일도, 장래 일도, 능력도, 39 높음도, 깊음도, 그 밖에 어떤 피조물도, 우리를 우리 주 예수 그리스도 안에 있는 하나님의 사랑에서 끊을 수 없습니다.

로마서 8장 29절부터 39절까지는 메시지가 매우 강력합니다. 그 핵심이 35절에 집약되어 있습니다.

> 누가 우리를 그리스도의 사랑에서 끊을 수 있겠습니까? … 롬 8:35

이 말씀에 대부분 동의하실 것입니다. 굉장히 은혜가 됩니다. 그런데 그다음 구절은 부담스럽습니다.

> …환난입니까, 곤고입니까, 박해입니까, 굶주림입니까, 헐벗음입니까, 위협입니까, 또는 칼입니까? 롬 8:35

여기서 주춤하게 되지 않습니까? 왜냐하면 환난과 곤고와 박해와 굶주림과 헐벗음과 위협과 칼은 하나같이 '과연 이것이 하나님의 사랑인가?'라는 의문을 제기하게 만들기 때문입니다. 이런 것들 가운데 있으면서 어떻게 하나님이 나를 사랑하신다고 믿으라는 말입니까?

그런데 사도 바울은 한 걸음 더 나아갑니다.

> 나는 확신합니다. 죽음도, 삶도, 천사들도, 권세자들도, 현재 일도, 장래 일도, 능력도, 높음도, 깊음도, 그 밖에 어떤 피조물도, 우리를 우리 주 예수 그리스도 안에 있는 하나님의 사랑에서 끊을 수 없습니다. 롬 8:38,39

우리는 하나님과 우리 사이의 사랑이 정말 끊어지지 않는 사랑인지 분명히 확인해보아야 합니다.

하나님의 사랑은 어떤 사랑인가?

먼저 하나님께서 우리를 사랑하시는 사랑이 끊어지지 않는 사랑인지 확인해보려고 합니다. 과연 우리를 사랑하시는 하나님의 사랑은 끊어지지 않는 사랑일까요? 우리에게는 그 점에 대한 두려움이 있습니다. 우리가 죄를 지었을 때 그렇습니다. 우리가 죄를 지으면 '우리를 향한 하나님의 사랑이 끊어지지 않겠는가?' 하는 두려움이 생깁니다. 예배를 드리면서도 '하나님이 나를 정말 받아주실까? 내가 또 죄짓고 왔는데…' 하고 걱정합니다.

그러나 성경은 분명히 하나님의 사랑은 우리의 죄 때문에 끊어지는 사랑이 아니라고 말씀합니다.

사도 바울은 그 이유에 대해 이렇게 말씀합니다.

…우리 주 예수 그리스도 안에 있는 하나님의 사랑에서 끊을 수 없습니다.

롬 8:39

하나님의 사랑이 "예수 그리스도 안에 있는" 사랑이기 때문이라는 것입니다. 그러면 예수 그리스도 안에 있는 사랑이 어떤 의미를 가지는 것입니까?

사도 바울은 30절에서 놀라운 선언을 했습니다.

…하나님께서는 이미 정하신 사람들을 부르시고, 또한 부르신 사람들을 의롭게 하시고, 의롭게 하신 사람들을 또한 영화롭게 하셨습니다. 롬 8:30

이 말씀을 잘 기억하시기 바랍니다. 복음이 무엇인지 이해할 수 있는 매우 중요한 말씀이기 때문입니다.

29절부터 보면 구원의 과정을 다섯 단계로 설명하고 있습니다. 첫째로, "미리 아신" 것입니다. 둘째로, "이미 정하신" 것입니다. 셋째로, "부르신" 것입니다. 넷째로, "의롭게 하신" 것입니다. 다섯째로, "영화롭게 하셨다는" 것입니다. 이것이 우리에게 이루어진 것입니다. 하나님께서 우리를 구원하시려고 미리 아시고, 정하시고, 부르시고, 의롭게 하셨습니다. 예수님을 믿는 많은 성도들이 여기까지는 확실히 믿습니다. 예수님이 나를 위해 십자가에 죽으셨고 나의 모든 죄가 사함을 받았고 나는 의로워졌다는 것을 잘 믿습니다.

우리가 주목할 말씀은 "영화롭게 하셨습니다"입니다. "영화롭게 하실 것이다"라고 미래형으로 말하지 않고 과거형으로 기술하고 있습니다. 그렇습니다. 우리는 이미 영화롭게 되었습니다. 하지만 우리는 이 점에 대해 자신 없어 합니다. 지금 자신이 영화롭다고 여겨지지 않기 때문입니다. 그런데 이것은 우리가 예수 믿는 것을 단지 죄 사함에 국한하기 때문입니다. 그래서 우리가 복음을 정확하게 이해해야 하는 것입니다.

"내가 그리스도와 함께 십자가에 못 박혔나니 그런즉 이제는 내가 사는 것이 아니요 오직 내 안에 그리스도께서 사시는 것이라"(갈 2:20).

십자가 복음은 단지 죄 사함만을 말하는 복음이 아니라, '나는 죽고 예수로 사는' 복음입니다. 이것을 깨달으셔야 합니다. 우리가 예수님과 함께 십자가에서 죽었고 우리 안에 사시는 분이 영화로우신 예수 그리스도라면, 우리가 영화롭게 된 것이 아닙니까? 하나님은 우리를 완벽하게 구원해주셨습니다. 그러므로 우리를 향한 하나님의 사랑은 끊을 수 없는 사랑이 된 것입니다.

취소되지 않는 완전한 사랑

어떤 여 성도가 예배가 끝난 뒤 상담을 요청했습니다. 그 자매는 예수님이 빛과 같이 임하셨고, 성령이 비둘기같이 임하셨다는 누군가의 이야기를 듣고 자신도 하나님을 체험하고 싶은 간절한 마음으로 기도했습니다. 그리고 "무엇이든지 기도하고 구하는 것은 받은 줄로 믿으라"(막 11:24)고 하셨기에 기다렸습니다. 그렇지만 기도 응답을 받지 못해서 안타까운 마음에 저를 찾아온 것입니다.

"목사님, 하나님은 왜 저에게 그런 은혜를 안 주시는 걸까요?"

그래서 저는 그 성도에게 이렇게 말했습니다.

"성도님은 비둘기같이 성령이 임하시거나 빛과 같이 주님이 임하시는 것과 비교할 수 없을 만큼 놀라운 은혜를 이미 받고 있다는 것을 모르고 계십니다."

이미 그 성도 안에 성령님이 임하셨습니다. 갈급함이 그것을 말해주고 있습니다. 만일 주님이 임하지 않으셨다면 그 갈급함을 설명할 수 없습니다. 어떤 체험을 하느냐는 부수적인 문제입니다. 더 귀한 은혜를 받고도 깨닫지 못하고 감사하거나 기뻐하지 못하면 어떤 은혜에 만족할 수 있겠습니까?

어린아이가 부모와 함께 사는 것은 큰 복입니다. 부모가 선물을 사 주는 것은 부수적인 일입니다. 그런데 이 아이가 부모가 원하는 선물을 안 사주는 것 때문에 불평한다면 아이는 철이 없는 것입니다. 우리는 이미 충분한 은혜를 받았습니다. 예수님이 우리 안에 계십니다. 이 은혜에 비하면 여러 체험이나 다른 은혜는 모두 부수적인 것에 불과합니다. 하나님이 우리를 사랑하십니다. 우리가 어떤 잘못을 하더라도 그 사랑은 취소되지 않습니다. 이미 우리 안에 주님이 오셨기 때문입니다.

사도 바울은 로마서 8장 31절에서 "그렇다면, 이런 일을 두고 우리가 무엇이라고 말할 수 있겠습니까?"라고 했습니다. 십자가를 보면 너무 감격스러워서 할 말을 잃을 정도라는 것입니다.

…하나님이 우리 편이시면, 누가 우리를 대적하겠습니까? 자기 아들을 아끼지 않으시고, 우리 모두를 위하여 내주신 분이, 어찌 그 아들과 함께 모든 것을 우리에게 선물로 거저 주지 않으시겠습니까? 롬 8:31,32

하나님께서는 이미 우리에게 가장 중요한 것을 주셨습니다. 예수님이 우리를 위해 십자가에서 죽으셨을 뿐만 아니라, 그 주님이 우리 안에 오게 하신 것입니다. 그렇다면 무엇이 우리를 그런 하나님의 사랑에서 끊을 수 있겠습니까? 하나님께서는 이 놀라운 사실을 성찬식을 통해 계속 확인해주십니다. 주의 영으로 우리 안에 오심으로 우리와 한 몸이 되신 것입니다. 그러므로 죄를 지었을 때 '하나님께서 지금도 나를 사랑하실까?' 하며 하나님의 사랑에 대한 확신이 흔들린다면, 성경의 놀라운 약속을 붙들어야 할 것입니다.

"우리가 아직 죄인 되었을 때에 그리스도께서 우리를 위하여 죽으심으로 하나님께서 우리에 대한 자기의 사랑을 확증하셨느니라"(롬 5:8).

하나님께서 언제 우리를 사랑하셨는지 알아야 합니다. 우리가 예수님을 믿고 난 뒤부터 사랑하신 것이 아닙니다. 우리가 말할 수 없는 죄인이었을 때, 하나님은 우리를 위해 자신의 독생자를 보내주시고 우리 대신 십자가에서 죽게 하심으로 그 사랑을 확증하셨습니다. "세상에 있는 자기 사람들을 사랑하시되 끝까지 사랑하시니라"(요 13:1)라고 했습니다. 하나님의 사랑은 변하지 않습니다. 내가 어떤 죄를 지어도 하나님의 사랑은 끊을 수 없고, 끊어지지도 않습니다!

자녀를 사랑하시는 그 사랑

한번은 어떤 국회의원이 여러 사람들과 인사하는 모습을 보게 되었습니다. 그런데 사람에 따라서 인사하는 태도가 달랐습니다. 어떤 사람에게는 손을 내밀고 고개만 끄덕이며 인사하고, 어떤 사람에게는 팔이 떨어져나갈 정도로 두 손을 붙들고 흔들며 인사했습니다. 그 모습을 보면서 '아, 이분에게는 모든 사람들이 다 똑같이 좋은 것이 아닌가 보구나' 하는 생각이 들었습니다.

그러면 하나님이 우리를 대하실 때 어떠시겠습니까? 우리가 하나님 앞에 예배드리러 왔을 때 하나님께서 "너 또 왔냐? 난 너만 보면 숨이 탁 막힌다" 하실까요? 하나님께서 자기를 보면 어색해하시면서 눈길도 마주치지 않으실 것 같다고 생각한다면, 하나님을 정말 모르는 것입니다. 결코 그렇지 않습니다. 하나님은 우리를 보고 너무 좋아서 어쩔 줄 모르십니다. 정말 반갑고 기뻐서 우리를 끌어안고 좋아하십니다. 그것을 분명히 믿을 수 있는 이유가 있습니다. 우리가 하나님의 자녀이기 때문입니다.

우리가 하나님을 떠나는 일이 있을지는 몰라도 하나님께서 우리를 버리시는 일은 결코 일어나지 않습니다. 하나님은 이사야서 43장에서 이스라엘 백성들에게 이렇게 말씀하셨습니다.

"너는 내 것이라… 네가 내 눈에 보배롭고 존귀하며 내가 너를 사랑하였은즉…"(사 43:1,4).

그들이 어떤 백성입니까? 착하고 믿음이 좋은 백성입니까? 아닙니다. 이사야서 43장 8절을 보면 하나님은 그들이 "눈이 있어도 보지 못하고 귀가 있어도 듣지 못하는 백성"이라고 하셨습니다. 도대체 얼마나 말을 안 듣고 속을 썩였으면 이렇게 말씀하셨을까요? 그런데 왜 하나님께서는 그들을 이처럼 사랑하십니까? 하나님이 그들의 아버지이시기 때문입니다. 7절에서는 "내 이름으로 불려지는 모든 자 곧 내가 내 영광을 위하여 창조한 자"라고 하시면서 "그를 내가 지었고 그를 내가 만들었느니라" 하셨습니다. 하나님이 이스라엘 백성들을 창조하셨기 때문에 그들이 속을 썩이더라도 그들을 보배롭고 존귀하게 여기고 사랑하고 기뻐하셨다는 것입니다.

우리가 어떤 존재입니까? 예수님께서 우리 대신 십자가에서 죽으셨고 우리 안에 영으로 임하셨습니다. 우리 안에 오신 성령께서 우리가 하나님의 자녀임을 증거하고 계십니다. 따라서 우리는 오늘 하나님께서 우리를 보시고 기뻐하실 것을 믿어야 합니다. 하나님의 사랑은 우리의 죄로 인해 절대로 끊어지지 않는다는 것을 믿어야 합니다.

짝사랑이 되어버린 하나님의 사랑

…의롭다 하시는 분이 하나님이신데, 누가 감히 그들을 정죄하겠습니까? 그리스도 예수는 죽으셨지만 오히려 살아나셔서 하나님의 오른쪽에 계시며, 우리를 위하여 대신 간구하여주십니다. 롬 8:33,34

그러면 하나님께서 이런 사랑을 부어주시는데도 우리가 불행한 것은 왜 그렇습니까? 그런 하나님의 사랑을 받으면서도 왜 우리 마음에 기쁨이 없고 감사가 없고 하나님의 역사와 영광을 드러내지 못합니까? 우리가 하나님의 사랑을 짝사랑으로 만들어버렸기 때문입니다. 혹시 짝사랑을 해보거나 받아본 적이 있습니까? 짝사랑은 사랑하는 자도 괴롭고 사랑받는 자도 괴롭습니다. 그런데 하나님의 사랑이 짝사랑이 되어버린 것입니다. 하나님은 우리를 사랑하시는데 우리는 세상을 사랑합니다. 그래서 하나님의 엄청난 사랑을 받고 있는데도 우리에게 기쁨이 없고 불행한 사람들이 많은 것입니다.

따라서 끊을 수 없는 하나님의 사랑으로 행복하고자 하면 우리도 하나님을 사랑해야 합니다. 하나님을 사랑하는 우리의 사랑도 '끊을 수 없는 사랑'이 되어야 합니다. 우리는 우리를 향한 하나님의 사랑이 끊을 수 없는 사랑이라는 것을 이미 보았습니다. 그렇다면 하나님을 향한 우리의 사랑도 끊을 수 없는 사랑일까요?

사도 바울은 말합니다.

누가 우리를 그리스도의 사랑에서 끊을 수 있겠습니까? 환난입니까, 곤고입니까, 박해입니까, 굶주림입니까, 헐벗음입니까, 위협입니까, 또는 칼입니까? 롬 8:35

하나님을 향한 우리의 사랑 역시 끊을 수 없는 사랑인지는 환난과 곤고와 박해와 굶주림과 헐벗음과 위협과 칼로 죽임을 당하는 이런 상황에 처해보아야 알 수 있습니다. 마귀는 지금까지 신실한 성도들이 하나님을 사랑하지 못하도록 만들기 위해 핍박을 통해 강력하게 역사해왔습니다.

성경에 기록한 바 "우리는 종일 주님을 위하여 죽임을 당합니다. 우리는 도살당할 양과 같이 여김을 받았습니다" 한 것과 같습니다. 롬 8:36

그래서 많은 성도들이 주님을 위해서 도살당할 양과 같은 취급을 받았습니다.

마귀가 원하는 것은 단 하나입니다.

"하나님을 사랑하지 마."

"하나님의 사랑을 믿지 마."

"이것도 사랑이야?"

그러나 마귀의 시도는 어느 시대를 막론하고 수포로 돌아갔습니다.

고난도 꺾지 못할 사랑인가?

사도 바울이 고백합니다.

…이기고도 남습니다. 롬 8:37

개역개정 성경에는 "우리가 넉넉히 이기느니라"라고 되어 있습니다. 아무리 마귀가 우리에게 핍박과 고난을 주어도 우리는 넉넉히 이깁니다. 이기고도 남습니다.

그런데 사도 바울이 어떻게 이런 확신을 가질 수 있었을까요?

그러나 우리는 이 모든 일에서 우리를 사랑하여주신 그분을 힘입어서, … 롬 8:37

예수님 때문입니다. 우리 안에 오신 예수님 때문에 우리가 어떤 환난과 핍박을 당해도, 어떤 손해를 본다 해도 하나님의 사랑이 훼손되지 않는다는 것입니다. 교리나 지식으로 되는 것이 아닙니다. 실제로 우리와 함께하시고 도와주시고 힘 주시는 주님 때문에 이기고도 남는다는 것입니다. 나는 죽고 예수로 사는 사람은 어떤 극한 상황에서도 하나님을 사랑하는 끈을 놓지 않습니다. 그 어떤 것도 예수 그리스도 안에 사는 성도를 하나님의 사랑에서 끊을 수 없습니다. 이것이 사도 바울의 확신이었고 핍박받는 초대교회 성도들의 확신이었습니다.

> 나는 확신합니다. 죽음도, 삶도, 천사들도, 권세자들도, 현재 일도, 장래 일도, 능력도, 높음도, 깊음도, 그 밖에 어떤 피조물도, 우리를 우리 주 예 수 그리스도 안에 있는 하나님의 사랑에서 끊을 수 없습니다. 롬 8:38,39

형편이 어려워서, 사는 게 너무 힘들어서 하나님의 사랑을 믿을 수 없다는 말에 속지 마십시오. 우리 안에 임하신 주님을 알고 나면 주님 을 사랑하는 것과 우리의 고난이 아무 상관이 없고 오히려 고난이 축 복이라고 느껴집니다.

아도니람 저드슨은 20대 초반에 미얀마로 가기로 결심하고, 앤이 라는 자매와의 결혼 허락을 받기 위해 장인어른께 편지를 보냈습니다.

"따님이 저와 결혼하면, 아버님은 바로 내년 봄에 딸과 헤어져 이 세상에 서는 다시는 딸을 보지 못하실 것입니다. 따님은 선교지에서 고난을 겪 게 될 겁니다. 바다의 위험과 인도 남부의 치명적인 기후, 극심한 가난, 모욕과 압제, 심지어 비참한 죽음에까지 노출될 것입니다. 그래도 저희 의 결혼을 허락해주십시오. 하늘 집을 떠나 따님과 아버님을 위해, 죽어 가는 유한한 영혼들을 위해, 시온과 하나님의 영광을 위해 돌아가신 분 을 위해 허락해주십시오. 곧 의의 면류관을 쓴 따님을 영광의 세계에서 볼 소망으로 허락해주십시오."

장인어른은 딸에게 결정을 맡기겠다고 대답했습니다. 그러자 앤은 고민 끝에 친구 리디아 킴볼에게 다음과 같은 편지를 썼습니다.

"하나님이 막지 않으신다면 이교도의 땅에서 보낼 날들이 기대돼. 리디아, 이곳에서의 모든 안락과 즐거움을 포기하고, 친척과 친구들을 향한 사랑도 접고, 하나님의 섭리 가운데 부르시는 곳으로 가기로 결심했어."

앤 저드슨은 20대에 첫 아이를 낳고 미얀마에서 죽었습니다. 그녀는 그렇게 될 것을 알면서도 그 길을 간 것입니다. 고난과 사랑은 절대 상충되지 않습니다. 하나님을 향한 우리의 사랑이 진짜라면 고난은 절대 그 사랑을 꺾지 못합니다. 오히려 고난을 감사히 여기게 됩니다.

그리스도를 위하여 고난받는 특권

저는 마음을 다해 하나님을 사랑하고 싶었습니다. 그러나 좀처럼 그런 사랑을 경험할 수 없었습니다. 하나님을 사랑하는 마음이 한순간에 제게 임하는 줄 알았기 때문입니다. 그런데 24시간 예수님을 바라보면서 하나님을 사랑하는 눈이 뜨였고, 하나님께서 이미 제 마음에 임하신 것을 알게 되었고, 주님과의 교제를 통하여 사랑에 빠지게 되었습니다. 그것을 너무 늦게 깨달은 것이 속상할 뿐입니다.

필립 켈러 목사님의 《목자가 본 시편 23편》(보이스사)에 보면, 언젠가 목사님이 파키스탄 사막에 체류했을 때의 일이 나옵니다. 필립 목사님은 억수같이 쏟아지는 비와 번개를 피해 흙벽으로 된 조그만 움막으로 들어갔습니다. 어두침침한 움막 안에는 짐승의 분뇨가 타면서 생긴 매운 연기가 가득 차 있었습니다. 그 좁은 공간에 사람뿐만 아니라 가축들도 함께 살고 있었기 때문에 가축의 분뇨에서 나오는 냄새까지 고약하게 풍겼습니다. 한쪽 구석에는 주인의 딸로 보이는 가녀린 십대 소녀가 아기를 안은 채 웅크리고 앉아 있었습니다. 그 움막 안에서 벽에 기대어 앉아 있는데 빗물이 벽을 타고 흘러내렸습니다. 음울하고 지독한 냄새가 나고 찢어지게 가난한 그 환경 속에서 성령님은 결코 잊을 수 없는 분명한 음성으로 그에게 말씀하셨습니다.

"이것이 바로 내가 사람들에게 찾아온 환경이다."

천둥소리만큼이나 강력하게 그의 영혼을 두드리는 말씀이었습니다. 우리는 끊을 수 없는 하나님의 사랑에 눈이 뜨여야 합니다. 그렇지 않으면 우리가 어떤 삶을 산다 해도 실패한 인생이 되고 맙니다.

우리가 인생을 마치고 천국에 갔을 때 대형 극장에 앉는 모습을 상상해보십시오. 서서히 영화가 시작되고 화면에 눈에 익은 사람들이 나옵니다. 부모님과 배우자, 자녀들과 친구들, 주인공은 바로 나 자신입니다. 태어날 때부터 죽을 때까지 자신의 삶이 그 영화에 나온다고 생각해보십시오. 그런데 만일 자신이 주님을 위해 희생하고 헌신하고 순종한 장면들이 나올 때 얼마나 감격스럽고 자랑스러울까요? 아마 황홀할 것입니다.

'그랬지. 그때 내가 주님을 위해 고난당했지.'

'그래. 주님을 위해 그렇게 희생했었어.'

이것이 얼마나 큰 기쁨일까요? 정말 놀라운 축복입니다.

"하나님께서는 여러분에게… 그리스도를 믿는 것뿐만 아니라, 또한 그리스도를 위하여 고난을 받는 특권도 주셨습니다"(빌 1:29 새번역).

그리스도를 위하여 고난받는 것이 특권이라는 말씀이 분명히 깨달아질 것입니다. 우리 안에 오신 주님이 그것을 알게 해주십니다.

주님을 향한 사랑으로 불타게 하소서

미국 대법원이 동성결혼 합헌 판정을 내렸습니다. 이제 미국에서는 동성애가 죄라고 하면 법을 어기는 것이 됩니다. 여기서 한번 생각해 봅시다. 소돔과 고모라가 왜 유황불 심판을 받았습니까? 그곳이 동성애 죄로 가득했기 때문입니까? 맞습니다. 그러나 그것 때문만은 아닙니다. 의인(義人) 열 명이 없었기 때문에 심판을 받았습니다.

우리가 끊을 수 없는 하나님의 사랑 안에 거하는 것은 결코 우리 자신만을 위한 것이 아님을 명심해야 합니다. 우리가 하나님의 끊을 수 없는 사랑 안에 거한다면 이 세상에 엄청난 일이 일어날 것입니다. 생각해보십시오. 어떤 고난이 올지라도, 혹 죽임을 당한다 해도 하나님의 사랑을 믿기 때문에 오직 하나님의 말씀대로 정직하고 성실하고 깨끗하게 사는 사람들이 존재한다면 우리의 가정, 직장, 주변 이웃들에게 어떤 일이 일어나겠습니까? 원수도 사랑하는 사람이 이 사회에서 살아간다면 어떤 일이 일어나겠습니까? 아마 날마다 취재 기자와 방문객들의 발길이 끊이지 않을 것입니다. 세상을 변화시킬 수 있는 이보다 더 강력한 힘이 어디 있겠습니까?

왜 우리 가정이 변화되지 않습니까? 왜 교회가 진정한 천국 공동체가 되지 못합니까? 우리가 끊을 수 없는 하나님의 사랑을 믿지 못해 사랑하기보다 사랑받기를 더 원하기 때문입니다. 즉, 우리가 가정과 일터와 세상을 변화시키기 원한다면 그전에 우리가 먼저 끊을 수 없는 하나님의 사랑 안에 거해야 한다는 것입니다. 하나님의 사랑이 느껴지지 않는 분이 있습니까? 그렇다면 믿음으로 고백해보시기 바랍니다.

"하나님, 제 목숨을 다하여 하나님을 사랑합니다."

사람들은 하나님이 특별한 은혜를 주시지 않았는데도 자신이 먼저 그런 고백을 해야 한다는 것을 주저합니다. 거짓말 같기 때문입니다. 그러나 이미 예수님께서 우리 대신 십자가에서 죽으셨습니다. 이미 성령께서 우리 안에 오셨습니다. 이보다 더 크신 분은 없습니다.

지금까지 우리는 하나님의 놀라운 사랑을 일방적인 짝사랑으로 만들어버렸습니다. 그렇기 때문에 우리가 하나님의 사랑을 느끼지 못했던 것입니다. 하나님을 등지지 마십시오. 우리가 하나님을 등지고 있어서 우리 삶에 그림자만 드리워지는 것처럼 여겨지는 것입니다. 빛이신 주님을 향해 돌아서십시오. 그것이 주님을 사랑한다는 고백입니다. 그러면 우리를 향한 하나님의 사랑을 말할 수 없는 감동으로 경험하게 될 것입니다. 하나님과 우리의 관계는 끊을 수 없는 사랑의 관계입니다. 그것이 우리 모두에게 허락된 은혜입니다. 그것을 믿으시고 믿음으로 기도하시기 바랍니다.

"주님과 사랑에 빠지게 하소서. 주님 향한 사랑으로 불타게 하소서!"

누구든지 주의 이름을 부르는 자는
구원을 받으리라

롬 10:13

하나님의 백성입니까?

20

나는 택함 받은 자인가?

롬 9:1-18

1 나는 그리스도 안에서 참말을 하고, 거짓말을 하지 않습니다. 내 양심이 성령을 힘입어서 이것을 증언하여 줍니다. 2 나에게는 큰 슬픔이 있고, 내 마음에는 끊임없는 고통이 있습니다. 3 나는, 육신으로 내 동족인 내 겨레를 위하는 일이면, 내가 저주를 받아서 그리스도에게서 끊어질지라도 달게 받겠습니다. 4 내 동족은 이스라엘 백성입니다. 그들에게는 하나님의 자녀로서의 신분이 있고, 하나님을 모시는 영광이 있고, 하나님과 맺은 언약들이 있고, 율법이 있고, 예배가 있고, 하나님의 약속들이 있습니다. 5 족장들은 그들의 조상이요, 그리스도도 육신으로는 그들에게서 태어나셨습니다. 그는 만물 위에 계시며 영원토록 찬송을 받으실 하나님이십니다. 아멘. 6 그러나 하나님의 약속의 말씀이 폐했다고는 할 수 없습니다. 이스라엘에게서 태어난 사람이라고 해서 다 이스라엘 사람이 아니고, 7 아브라함의 자손이라고 해서 다 그의 자녀가 아닙니다. 다만 "이삭에게서 태어난 사람만을 너의 자손이라고 부르겠다" 하셨습니다. 8 이것은 곧 육신의 자녀가 하나님의 자녀가 되는 것이 아니라, 약속의 자녀가 참 자손으로 여겨지리라는 것을 뜻합니다. 9 그 약속의 말씀은 "내년에 내가 다시 올 때쯤에는, 사라에게 아들이 있을 것이다" 한 것입니다. 10 그뿐만 아니라, 리브가도 우리 조상 이삭 한 사람에게서 쌍둥이 아들을 수태하였는데, 11 그들이 태어나기도 전에, 무슨 선이나 악을 행하기도 전에, 택하심이라는 원리를 따라 세우신 하나님의 계획이 살아 있게 하시려고, 12 또 이러한 일이 사람의 행위에 근거하는 것이 아니라 부르시는 분께 달려 있음을 나타내시려고, 하나님께서 리브가에게 말씀하시기를 "형이 동생을 섬길 것이다" 하셨습니다. 13 이것은 성경에 기록한 바 "내가 야곱을 사랑하고, 에서를 미워하였

다" 한 것과 같습니다. **14** 그러면 우리가 무엇이라고 말을 해야 하겠습니까? 하나님이 불공평하신 분이라는 말입니까? 그럴 수 없습니다. **15** 하나님께서 모세에게 말씀하시기를 "내가 긍휼히 여길 사람을 긍휼히 여기고, 불쌍히 여길 사람을 불쌍히 여기겠다" 하셨습니다. **16** 그러므로 그것은 사람의 의지나 노력에 달려 있는 것이 아니라, 하나님의 자비에 달려 있습니다. **17** 그래서 성경에 바로를 두고 말씀하시기를 "내가 이 일을 하려고 너를 세웠다. 곧 너로 말미암아 내 능력을 나타내고, 내 이름을 온 땅에 전파하게 하려는 것이다" 하셨습니다. **18** 그러므로 하나님께서는 긍휼히 여기시고자 하는 사람을 긍휼히 여기시고, 완악하게 하시고자 하는 사람을 완악하게 하십니다.

우리는 전적으로 하나님의 선택하신 은혜로 구원받은 사람들입니다. 이 말은 우리가 잘나서도 아니고 잘한 것도 없는데, 전적인 하나님의 긍휼하심으로 하나님께서 우리를 택해주셨다는 것입니다. 하나님께서 우리에게 원하시는 것은 우리가 우리 죄를 회개하고 예수 그리스도를 주님으로 믿고 영접하는 것입니다. 하나님은 그것밖에 우리에게 요구하시는 것이 없습니다. 그러면 누구나 하나님의 자녀가 되는 권세를 받습니다.

이것은 정말 놀라운 복음입니다. 이 복음이 온 세계 모든 민족에게 전해지고 있습니다. 이 일에 가장 크게 쓰임 받은 사람이 사도 바울입니다. 우리는 사도 바울을 '이방인의 사도'라고 부릅니다. 그런데 사도 바울에게는 끊임없는 고통이자 큰 고민거리가 있었습니다. 그것은 바로 자신의 동족(同族) 유대인이 십자가의 복음을 거절한 것입니다.

유대인들은 하나님의 율법을 지켜야만 구원받는다고 고집하였습니다. 그 말은 하나님의 율법을 받은 자기들만 구원받는다는 것입니다. 그들은 하나님의 율법이 없는 이방인들은 하나님께서 지옥의 불쏘시개로 만들었다고 생각했습니다. 그렇기 때문에 유대인들은 하나님의 율법이 아닌, 오직 예수님의 십자가의 복음을 믿기만 하면 다 구원받는다는 이 복음을 너무너무 싫어했습니다. 그들은 이 복음을 거절할 뿐만 아니라 이 복음을 전하는 사도 바울을 말할 수 없이 핍박했습니다.

하나님이 유대인을 택하신 이유

유대인은 하나님께서 택하신 백성입니다. 그들은 하나님의 자녀라고 하는 직분을 받았고 하나님의 영광을 보았습니다. 하나님께서는 그들에게 언약을 주셨고 하나님의 율법을 주셨고 하나님께 예배드리는 예배법도 가르쳐주셨습니다. 예수 그리스도 역시 육신으로는 그들에게서 태어나셨습니다. 그런데 어떻게 하나님의 택하심이 취소될 수 있는지, 하나님이 택하신 백성이 어떻게 하나님의 복음을 거절할 수 있는지, 그것이 사도 바울의 고민이었습니다.

그때 성령께서 사도 바울에게 이것을 깨우쳐주신 말씀이 로마서 9장부터 11장의 내용입니다. 그런데 이것은 단순히 유대인만의 문제가 아닌 우리에게도 매우 중요한 내용입니다. 첫째, 하나님이 택하신 이스라엘 백성인 유대인들이 십자가의 복음을 거절한 것이 "하나님의 약속의 말씀이 폐했다"는 뜻은 아닙니다. 왜냐하면 하나님께서 이스라엘 민족을 선택한 것은 혈통으로 유대인인 사람을 다 택하신 것이 아니었기 때문입니다. 다시 말해 유대인이면 다 하나님께서 택한 백성이냐 하면 그렇지 않다는 것입니다.

사도 바울은 두 경우를 들어서 설명합니다. 이스마엘과 이삭은 혈통으로는 다 아브라함의 자손입니다. 하지만 이스마엘은 버림을 받고 이삭은 택함을 받았습니다. 이삭과 리브가의 쌍둥이 아들 중에 에서는 버림을 받고 야곱이 택함을 받았습니다. 혈통으로 아브라함의 자손이라도 다 하나님이 택하신 것이 아니며, 그중에서 생명 있는 믿음을 가진 이들을 택하셨다는 것입니다. 그러니까 아브라함의 자손이라도 구원받지 못한 이가 있었습니다.

하나님께서 유대인을 택하신 것은 단순히 유대인은 구원하고 다른 민족은 다 멸하기 위해서가 아니었습니다. 하나님이 유대인을 택하신 것은 사명을 주시기 위해서입니다. 그들을 통해 모든 민족, 이방인들을 구원하시려는 뜻이었습니다.

"토기장이가 진흙 한 덩이로 하나는 귀히 쓸 그릇을, 하나는 천히 쓸 그릇을 만들 권한이 없느냐"(롬 9:21).

하나님께서 '귀히 쓸 그릇'이나 '막 쓸 그릇'으로 선택한 것이지 천국 보내고 지옥 보내기 위해 선택했다는 말이 아니라는 것입니다. 그러나 유대인들은 자기들만 구원받는다고 생각했습니다. 자신들이 택함 받왔다는 것만 자랑했지 하나님의 말씀을 어긴 적이 많았습니다. 그러면서도 이방인을 무시하고 멸시하였습니다. 이것은 하나님의 택하심과 완전히 반대되는 것이었습니다. 이렇게 유대인들이 복음을 거절하게 되니까 이방인들에게 복음의 문이 열리게 된 것입니다.

그러나 하나님께서 유대인을 아주 버리신 것은 아니었습니다. 이방인에게 복음을 전하기 위하여 유대인의 마음이 완악한 것을 그대로 두시지만, 구원받은 이방인의 수가 차게 되면 유대인이 다시 예수님을 믿는 역사가 일어나게 될 것입니다. 이것이 하나님의 계획임을 하나님께서 사도 바울에게 가르쳐주셨습니다.

전적인 은혜

여러분, 우리는 하나님의 선택하신 은혜를 바로 알아야 합니다. 우리가 택함을 받은 것은 절대로 우리가 잘나거나 무엇을 잘해서가 아닙니다. 우리에게 구원받을 만한 무슨 선한 것이 있어서가 아닙니다. 전적인 하나님의 은혜입니다.

하나님께서 모세에게 말씀하시기를 "내가 긍휼히 여길 사람을 긍휼히 여기고, 불쌍히 여길 사람을 불쌍히 여기겠다" 하셨습니다. 그러므로 그것은 사람의 의지나 노력에 달려 있는 것이 아니라, 하나님의 자비에 달려 있습니다. 롬 9:15,16

우리의 의지나 노력으로 된 것이 아니라 전적으로 하나님의 자비하심 때문이라는 말씀입니다. 이것이 하나님의 계획입니다.

그러면 어떤 분은 이런 질문을 할 것입니다.

"목사님, 우리의 구원이 전적으로 하나님의 택하심 때문이라면, 그러면 지옥에 간 사람은 하나님이 버려서 그렇게 된 것입니까? 그러면 어떤 사람이 지옥에 간 것도 결국 하나님의 책임이 아닙니까?"

18절 말씀을 보면 그런 질문이 나올 만합니다.

> 그러므로 하나님께서는 긍휼히 여기시고자 하는 사람을 긍휼히 여기시고, 완악하게 하시고자 하는 사람을 완악하게 하십니다. 롬 9:18

이 말씀에 따르면 완악해진 사람은 하나님 때문이라는 것입니다. 하나님이 그를 완악하게 하셨다는 것입니다. 그러나 이것은 성경을 정확히 이해하지 못한 것입니다. 하나님께서 어떤 사람을 완악하게 하신다는 말을 오해하지 마시기 바랍니다. 이것은 하나님께서 본래 선한 사람인데도 그를 구원하지 않기로 결정했기 때문에 그 마음을 일부러 완악하게 만드셔서 지옥에 보내신다는 것이 아닙니다.

하나님께서 완악하게 하신다는 말은 그가 본래 완악하여 하나님을 대적하려고 할 때 하나님께서 그 마음을 그대로 내버려두신다는 뜻입니다. 전형적인 예가 애굽의 바로입니다. 그가 하나님의 말씀을 들으려고 하지 않으니까 하나님께서 그를 내버려두시고, 그러니까 그 사람의 마음이 완악해지는 것입니다.

하나님은 긍휼히 여길 사람을 긍휼히 여기시는 분입니다. 이 말은 누구도 하나님 앞에 가서 구원 문제에 대하여 원망할 수 없다는 것입니다.

"하나님, 왜 저를 긍휼히 여기지 않으셨나요?"

"저는 구원받고 싶었어요. 그런데 하나님께서 저를 버리셨어요."

아무도 감히 하나님께 이렇게 말할 자가 없을 것입니다. 하나님이 어떤 사람을 완악하게 하셔서 지옥에 가게 했다면 그는 하나님을 대적하는 사람입니다. 그래서 하나님이 그를 내버려두신 것입니다. 그의 마음이 완악했기에 멸망당한 것입니다.

무서운 세상

페이스북 칼럼에 동성애가 죄라는 글을 쓴 적이 있습니다. 그 칼럼에서 저는 성경에 나와 있는 그대로 말한 것뿐 특별한 주장을 하지 않았습니다. 그런데 그 글에 수많은 댓글이 달렸고 그중에는 읽기에 민망한 내용들도 많았습니다.

성경에 세상은 사탄이 왕 노릇하는 곳이라고 했습니다. 그렇지만 여전히 하나님의 은혜도 역사합니다. 그렇기 때문에 세상이 이 정도라도 되는 것입니다. 사람이 완악해지기는 해도 극단으로 가지는 않습니다. 하나님께서 어느 정도로 사람의 완악함을 다스리고 계시기 때문입니다.

그러나 언젠가 사람들이 정말 하나님을 대적하고 하나님의 말씀을 대적하기 시작하면 하나님은 은혜를 거두십니다. 내버려두신다는 말입니다. 이것은 너무나 두려운 일입니다. 그렇게 되면 사람의 완악함은 극단으로 가게 되고 혼란이 극에 달하고 세상은 지옥 같은 곳이 될 것입니다. 그야말로 무서운 세상이 옵니다.

그것은 또한, 이사야가 미리 말한 바 "만군의 주님께서 우리에게 씨를 남겨주지 않으셨더라면, 우리는 소돔과 같이 되고, 고모라와 같이 되었을 것이다" 한 것과 같습니다. 롬 9:29

하나님은 지금 이 세상과 악한 자들에게도 계속해서 은혜를 주고 계십니다. 그래서 어느 정도 살 만한 것입니다. 그러나 그러기 위해서 우리는 날마다 새벽마다 나라와 민족과 열방을 위한 기도, 한국 교회의 부흥을 위한 기도를 해야 합니다.

하나님은 어떤 사람도 멸망받도록 예정하지 않으셨습니다. 하나님은 누구든지 다 구원받기를 원하십니다. 성경은 분명히 말씀하고 있습니다.

"명절 끝날 곧 큰 날에 예수께서 서서 외쳐 이르시되 누구든지 목마르거든 내게로 와서 마시라"(요 7:37).

"누구든지 주의 이름을 부르는 자는 구원을 받으리라 하였느니라"(행 2:21).

하나님은 누구든지 다 구원받기 원하십니다. 원하는 사람은 다 하나님의 은혜를 받게 되는데 그런데도 멸망하는 사람, 지옥 가는 사람이 있습니다. 그들은 하나님의 구원을 거절한 것입니다. 그래서 자신의 죄 때문에 멸망하는 것입니다.

팀 켈러 목사님은 로마서 강해에서 이 문제에 대해 케네디 제임스 목사님의 글 하나를 인용하여 설명하였습니다.

어떤 사람에게 다섯 명의 친구가 있었는데, 어느 날 그들이 은행 강도를 모의하고 있다는 것을 알게 되었습니다. 그들을 찾아가서 간곡하게 만류했지만 친구들은 그를 무시하고 뛰쳐나가는데, 이 사람이 나가는 친구들 중 한 사람을 붙잡고 나뒹굴었습니다. 서로 치고받고 싸우다가 결국 그 친구는 강도짓에 동참하지 못하였습니다. 나머지 네 친구는 은행을 털다가 사람을 죽이고 그들도 죽고 경찰에 체포되어 사형을 당하게 되었습니다.

자, 이 경우 죽은 친구들은 그들 자신의 죄 때문에 죽은 것이고, 건짐을 받은 친구는 전적인 은혜를 받은 것입니다. 이와 같이 지옥에 갈 자는 자기 자신밖에는 탓할 자가 없고 천국에 갈 자는 예수 그리스도밖에는 찬양할 자가 없는 것입니다.

하나님이 택하신 사람

그러면 당연히 "나는 하나님이 택하신 사람인가?"라는 질문이 생길 것입니다. 그것을 알고 싶으십니까? 그렇다면 두 가지를 확인해보십시오.

먼저 예수님을 마음에 영접했는지 점검해보시기 바랍니다.

"영접하는 자 곧 그 이름을 믿는 자들에게는 하나님의 자녀가 되는 권세를 주셨으니 이는 혈통으로나 육정으로나 사람의 뜻으로 나지 아니하고 오직 하나님께로부터 난 자들이니라"(요 1:12,13).

여러분이 예수님을 정말 구주와 주님으로 영접했다면 여러분은 택함 받은 사람이고 은혜받은 사람입니다.

그리고 하나님을 사랑하는지 점검해보시기 바랍니다.

"우리가 알거니와 하나님을 사랑하는 자 곧 그의 뜻대로 부르심을 입은 자들에게는 모든 것이 합력하여 선을 이루느니라"(롬 8:28).

하나님을 사랑하는 마음은 아무에게나 있지 않습니다. 하나님이 택하여 은혜를 주신 사람의 마음에만 있습니다. 따라서 여러분이 진정으로 예수님을 영접했고 하나님을 사랑한다면 여러분은 하나님이 택하신 사람입니다. 감격스럽지 않습니까? 이것이 은혜로 구원받는다는 말입니다.

그런데 하나님이 택하신 사람들을 보십시오. 그들이 다른 사람보다 특별히 능력이 많아서, 자격이 있어서 또는 잘나서 하나님이 그들을 택하신 것이 아니었습니다. 아브라함, 이삭, 야곱, 요셉, 에브라임을 보더라도 하나님은 항상 약하고 자격 없는 자, 부족한 자, 둘째, 못난 쪽을 택하신 것을 볼 수 있습니다. 이것은 '은혜'를 알게 하려 하시는 것입니다.

절대로 착각하지 마십시오. 우리가 택함을 받은 것도 이와 같습니다. 우리가 뭔가 부족하고 못나서 하나님께서 우리를 택하신 것입니다.

"여호와께서 너희를 기뻐하시고 너희를 택하심은 너희가 다른 민족보다 수효가 많기 때문이 아니라 너희는 오히려 모든 민족 중에 가장 적으니라"(신 7:7).

하나님이 이스라엘을 택하신 것도 모든 민족 중에 가장 적은 민족이기 때문이었습니다. 따라서 우리가 하나님의 택함을 받고 은혜를 받았다는 것은 정말 기뻐할 일이기는 하지만, 그것은 또한 우리가 다른 사람보다 못한 사람, 문제가 많은 사람, 자격이 없는 사람이라는 뜻입니다. 따라서 자랑할 것이 없습니다. 이것이 은혜로 구원받았다는 말입니다. 우리는 그런 은혜를 받았습니다.

은혜받은 마음

이런 은혜를 받은 사람에게는 특징이 있습니다. 은혜로 택함 받은 사람의 마음의 특징이 사도 바울에게서 잘 나타납니다. 사도 바울은 이방인의 사도입니다. 이 말은 그가 유대인들에게는 민족의 배신자와 같다는 의미입니다. 동족 유대인들을 떠나 이방인들이 하나님의 자녀라고 전하는 사도 바울에 대해 배신감을 느낀 유대인들은 그를 무자비하게 핍박하고 배척하였습니다. 그러나 사도 바울은 자신을 죽이려고 하는 동족 유대인을 위하여 눈물의 기도, 애통함의 기도, 자기 목숨을 바치는 기도를 드렸습니다.

나는 그리스도 안에서 참말을 하고, 거짓말을 하지 않습니다. 내 양심이 성령을 힘입어서 이것을 증언하여 줍니다. 나에게는 큰 슬픔이 있고, 내 마음에는 끊임없는 고통이 있습니다. 나는, 육신으로 내 동족인 내 겨레를 위하는 일이면, 내가 저주를 받아서 그리스도에게서 끊어질지라도

달게 받겠습니다. 내 동족은 이스라엘 백성입니다. ··· 롬 9:1-4

유대인들도 택함을 받은 사람들이고 사도 바울 역시 택함을 받은 사람입니다. 그런데 그 마음이 완전히 다른 것을 보십니까? 우리는 이 '마음'을 주목해야 합니다. 같은 은혜를 받고 택함을 받았지만 유대인은 택함 받은 것을 교만하게 여기고 이방인들을 멸시합니다. 그러나 사도 바울은 자기를 죽이려고 하는 동족 유대인들을 향해 그들을 위해 죽을 수도 있다는 마음으로 기도합니다. 어떻게 이렇게 다릅니까?

사도 바울의 마음이 진정으로 택함 받은 사람, 은혜받은 사람의 마음입니다. 이것이 예수님의 마음입니다. 예수님도 자신을 십자가에 못 박아 죽이려는 사람들을 용서해달라고 기도하셨습니다. 저들이 자기들의 죄를 알지 못한다고 기도하셨습니다. 스데반 집사 역시 마찬가지입니다. 자기를 핍박하는 사람도 사랑하고 그를 위해 기도하고 그를 위해 눈물 흘리는 마음, 이것을 보고 그 사람이 진정으로 택함 받은 사람임을 알 수 있습니다.

이스라엘 백성들을 데리고 출애굽 한 모세가 시내산에 올라가 있는 동안, 백성들이 금송아지 우상을 만들어 숭배하는 큰 죄를 짓자 하나님이 대로(大怒)하셨습니다. 하나님께서 저들을 다 멸하고 모세를 통해 큰 민족을 만들겠다고 하실 정도였습니다. 그러나 모세는 하나님께 이렇게 기도합니다.

"그러나 이제 그들의 죄를 사하시옵소서 그렇지 아니하시오면 원하건대 주께서 기록하신 책에서 내 이름을 지워버려주옵소서"(출 32:32).

이 기도가 이스라엘 백성들을 건져내었습니다. 이것이 은혜로 택함 받은 자의 마음이며 기도입니다.

은혜로 구원받은 사람의 기도는 민족의식을 뛰어넘습니다. 한번은 일본을 방문하였다가 후지산에 갔었는데, 저희를 안내하시던 일본 선교사님께서 울먹이며 일본을 위하여 잊지 말고 기도해달라고 호소하였습니다.

"일본을 미워하시면 안 됩니다. 일본을 사랑하며 기도해주시기 바랍니다. 많은 한국 사람들이 이 후지산이 폭발하기를 바라는데 그런 생각을 하시면 안 됩니다. 이 일본에 얼마나 많은 영혼들이 있는지, 하나님께서 얼마나 일본을 위해 기도하게 하시는지 꼭 기억해주십시오."

이 마음이 하나님의 은혜로 택함 받은 자의 마음입니다. 우리가 그런 은혜를 받았고 그런 택함을 받았습니다. 나를 미워하는 사람, 나를 죽이려는 사람을 위하여 기도가 나오고, 동족은 말할 것도 없거니와 우리 민족에게 말할 수 없는 아픔을 준 다른 나라를 품고 기도하게 되는 것입니다.

우리 민족 역시 똑같은 사랑을 받았습니다. 우리 민족에게 복음이 전해진 것도 택함 받은 자들의 기도와 사랑이 있었기 때문입니다. 토마스 선교사는 복음을 전하러 왔다가 대동강 모래사장에서 목 베임을 당했습니다. 자신의 목을 치려는 나졸 박춘권에게 성경을 전하며 그는 "예수, 예수"라고 외치며 죽었습니다. 그는 영국인입니다. 혈통으로 우리 민족과 아무 상관이 없습니다. 이것이 바로 은혜받은 사람의 마음, 하나님의 택함을 받은 사람의 마음입니다.

우리 가운데는 모태 신앙인들이 있습니다. 부모님의 믿음을 이어받는다는 것은 엄청난 은혜입니다. 예수를 믿는 데 아무 걸림이 없는 이런 복이 또 어디 있겠습니까. 그러나 모태 신앙을 자랑할 것은 아닙니다. 모태 신앙인이라면 사명이 더 큽니다. 다른 사람이 받지 못한 은혜를 받았다는 것은 하나님께서 그에게 더 큰 사명을 맡기셨다는 뜻입니다. 저는 3대째 목사입니다. 그러나 3대째 목사는 결코 자랑할 것이 아닙니다. 이것은 다른 목사보다 더 큰 사명을 받았다는 것입니다. 만일 그것을 자랑한다면 그것이 도리어 화(禍)가 될 것입니다.

유대인들은 택함의 은혜를 받았습니다. 그런데 그들은 그것을 다 자기들만을 위한 것으로 여겼습니다. 사도 바울도 은혜를 받았습니다. 그러나 그는 하나님을 위하여, 그리고 사람들을 위하여 자기 목숨을 내놓았습니다. "모태 신앙이다", "3대째 목사다"라고 자랑하고 기뻐할 것이 아니라 나 자신이 유대인 같은지, 사도 바울 같은지 확인해야 합니다. 모태 신앙이 사명임을 깨닫지 못하면 화가 된다는 것을 알아야 합니다.

축복하고 저주하지 말라

우리 주변에는 도무지 예수 믿을 것 같지 않은 사람들이 있습니다. 예수 믿는 사람을 무섭게 핍박하는 사람도 있습니다. 그들을 보는 여러분의 마음은 어떻습니까? 혹시 '저런 사람은 좀 없었으면 좋겠어',

'저런 사람들은 다 지옥에 보내야 돼' 이런 마음이 들지는 않습니까? 그러나 하나님의 은혜를 받은 사람, 택함을 받은 사람은 절대 그런 마음을 갖지 않습니다. 그들이 아무리 핍박하고 아무리 해코지하더라도 결코 그들을 포기하지 않습니다. 그들을 위해 눈물로 기도합니다. 그도 하나님의 은혜로 변화되어 하나님의 큰 종이 될 가능성이 얼마든지 있기 때문입니다. 사도 바울처럼 말입니다.

"너희를 박해하는 자를 축복하라 축복하고 저주하지 말라"(롬 12:14).

이것은 사도 바울 자신의 심정이었을 것입니다. 사도 바울 자신이 복음을 강하게 거부했던 사람이었기 때문입니다.

"내가 전에는 비방자요 박해자요 폭행자였으나 도리어 긍휼을 입은 것은 내가 믿지 아니할 때에 알지 못하고 행하였음이라"(딤전 1:13).

그러니 지금 복음을 박해할지라도 그가 영원히 버림받은 자라고 누가 단정할 수 있겠습니까? 그래서 사도 바울도 박해하는 자를 축복하라고 권면했던 것입니다.

사도 바울은 호세아서를 인용하고 있습니다.

그것은 하나님이 호세아의 글 속에서 하신 말씀과 같습니다. "나는, 내 백성이 아닌 사람을 '내 백성'이라고 하겠다. 내가 사랑하지 않던 백성을 '사랑하는 백성'이라고 하겠다." "'너희는 내 백성이 아니다' 하고 말씀하신 그 곳에서, 그들은, 살아 계신 하나님의 자녀라고 일컬음을 받을 것이다." 롬 9:25,26

은혜의 사람인가?

페이스북에 올라온 글 하나가 오랫동안 마음에 잊히지 않습니다.

어느 목사님이 아침저녁으로 오가는 길에 거지 한 사람을 만나게 되었고 그와 반갑게 인사를 나누는 사이가 되었습니다. 그러던 어느 날 그에게 전도를 했습니다.

"교회에 나오세요!"

그러자 그 거지가 물었습니다.

"제가 교회에 나가도 됩니까?"

그래서 얼른 대답하였답니다.

"왜 안 되겠어요? 오셔도 됩니다!"

그랬더니 그가 다시 정색을 하며 묻더랍니다.

"정말 저 같은 사람이 교회에 가도 됩니까?"

그 순간 목사님은 '이 사람이 진짜 교회에 나와도 될까?' 하는 생각을 해보게 되었다는 것입니다. 여러분, 거지가 우리 교회에 나와도 됩니까? 물론 다들 교회에 나와서 예수 믿어도 된다고 말할 것입니다.

그런데 진짜 생각해보십시오. 거지가 교회에 왔을 때 모든 교인들이 그를 따뜻하고 편안하게 맞아줄까요? 정말 남루한 차림에 몸에서 냄새가 나는 거지가 와도 문을 활짝 열어주고 반가워하고 있습니까? 그를 품어주고 아껴주고 새롭게 살도록 도와주어서 그가 '세상에, 어떻게 이런 사람들이 다 있나?' 싶을 만큼 교회가 그렇게 할 수 있겠습니까? 은혜로 택함 받은 것을 믿는 사람은 그렇게 할 것입니다.

자신은 구원받았다고 하면서 다른 사람에 대한 관심은 없고, 오히려 다른 사람을 경계하고, 다른 사람에게 인색하고 까다롭고, 자기와 수준이 맞지 않는다고 하는 사람들을 벌레 보듯이 하는 무서운 사람들이 있습니다. 하지만 정말 은혜받은 사람, 택함 받은 사람의 마음은 그렇지 않습니다.

우리는 은혜받은 사람입니다. 은혜로 택함 받은 사람으로서 그 은혜에 눈이 뜨여야 합니다. 무엇보다 우리의 마음이 정말 은혜받은 사람의 마음이 되었는지 결코 소홀히 해서는 안 됩니다. 우리가 유대인처럼 되었는지, 사도 바울처럼 되었는지 살펴야 합니다. 은혜로 택함 받았으면 당연히 은혜의 사람이 되어야 합니다. 그럴 때 우리는 어떤 형편에서든지 감격과 사랑으로 충만할 것입니다. 그리고 구원받지 못한 사람들과 세상을 향하여 애통하며 기도하고 복음을 전할 것입니다.

하나님께서 은혜 주셔서 택하여주신 것에 감사하십시오. 그러나 어느 순간 자신이 유대인처럼 되어버리지 않았는지 돌아보시기 바랍니다. 불신자들에 대해 관심이 없고, 동족에 대한 눈물의 기도조차 사라져버리고, 민족 감정의 벽 하나 넘어서지 못하고, 사람들을 자꾸 세상의 눈으로, 인간적인 눈으로 가리고 구분한 것을 용서해달라고 기도하십시오. 진정한 주님의 은혜의 감격과 사랑으로 다시 나를 정결하게 하셔서 은혜의 사람으로 살아가도록 구하시기 바랍니다.

21

주님의 이름을 부르는 자, 구원을 얻으리라

롬 9:30-10:13

30 그러면 우리가 무엇이라고 말해야 하겠습니까? 의를 추구하지 않은 이방 사람들이 의를 얻었습니다. 그것은 믿음에서 난 의입니다. **31** 그런데 이스라엘은 의의 율법을 추구하였지만, 그 율법에 이르지 못하였습니다. **32** 어찌하여 그렇게 되었습니까? 그들은 믿음에 근거하여 의에 이르려고 한 것이 아니라, 행위에 근거하여 의에 이르려고 했기 때문입니다. 그들은 걸림돌에 걸려 넘어진 것입니다. **33** 그것은 성경에 기록한 바와 같습니다. "보아라, 내가 시온에, 부딪치는 돌과 걸려 넘어지게 하는 바위를 둔다. 그러나 그를 믿는 사람은 부끄러움을 당하지 않을 것이다."

1 형제자매 여러분, 내 마음의 간절한 소원과 내 동족을 위하여 하나님께 드리는 내 기도의 내용은, 그들이 구원을 얻는 일입니다. **2** 나는 증언합니다. 그들은 하나님을 섬기는 데 열성이 있습니다. 그러나 그 열성은 올바른 지식에서 생긴 것이 아닙니다. **3** 그들은 하나님의 의를 알지 못하고, 자기 자신들의 의를 세우려고 힘을 씀으로써, 하나님의 의에는 복종하지 않게 되었습니다. **4** 그러므로 그리스도는 율법의 끝마침이 되셔서, 모든 믿는 사람에게 의가 되어 주셨습니다. **5** 모세는 율법에 근거한 의를 두고 기록하기를 "율법을 행한 사람은 그것으로 살 것이다" 하였습니다. **6** 그러나 믿음에 근거한 의를 두고는, 이렇게 말합니다. "너는 마음속으로 '누가 하늘에 올라갈 것이냐' 하고 말하지 말아라. (그것은 그리스도를 끌어내리는 것입니다.) **7** 또 '누가 지옥에 내려갈 것이냐' 하고 말하지도 말아라. (그것은 그리스도를 죽은 사람들 가운데서 끌어올리는 것입니다.)" **8** 그러면 그것은 무엇을 뜻합니까? "하나님의 말씀은 네게 가까이 있다. 네 입에 있고, 네 마음에 있다" 하는 말씀이 있습니다. 이것은 우리가 전파하는 믿음의 말씀입니

다. **9** 당신이 만일 예수는 주님이라고 입으로 고백하고, 하나님께서 그를 죽은 사람들 가운데서 살리신 것을 마음으로 믿으면 구원을 얻을 것입니다. **10** 사람은 마음으로 믿어서 의에 이르고, 입으로 고백해서 구원에 이르게 됩니다. **11** 성경은 "그를 믿는 사람은 누구나 부끄러움을 당하지 않을 것이다" 하고 말합니다. **12** 유대 사람이나, 그리스 사람이나, 차별이 없습니다. 그는 모든 사람에게 똑같이 주님이 되어 주시고, 그를 부르는 모든 사람에게 풍성한 은혜를 내려주십니다. **13** "주님의 이름을 부르는 사람은 누구든지 구원을 얻을 것입니다."

저희 교회 부목사님 한 분이 서울의 큰 교회에서 청빙을 받고 담임목사로 가게 되셨는데, 제가 축사를 부탁받아 예수님을 잘 믿으시라고 했습니다. 주께서 그 말을 꼭 하라는 부담을 주셨기 때문입니다. 이 본문을 읽으면서 저는 다시 한번 같은 마음을 받았습니다.

"여러분, 이미 예수님을 믿으시지만 정말 예수님을 잘 믿어야 합니다."

유대인이 예수님을 거절한 이유

예수님을 잘 믿으라고 하면 흔히 열심히 믿으라는 말이라고 생각합니다. 그러나 열심보다 더 중요한 것은 먼저 바른 복음을 아는 것입니다. 유대인은 하나님을 섬기는 열심이 대단한 민족이었습니다. 그런데 그 유대 민족이 예수님을 부인하고 배척했습니다. 이유가 무엇일까요? 그들이 바른 복음을 몰랐기 때문입니다.

나는 증언합니다. 그들은 하나님을 섬기는 데 열성이 있습니다. 그러나 그 열성은 올바른 지식에서 생긴 것이 아닙니다. 롬 10:2

예수님을 믿어도 열심히만 믿지, 바른 복음을 알지 못한다면 유대인처럼 되고 맙니다. 하나님은 유대인들에게 율법을 주셨습니다. 이 말은 하나님 앞에 나아오려면 어떤 의(義)를 가지고 나와야 하는지 하나님께서 유대인들에게 가르쳐주셨다는 것입니다.

그래서 유대인들은 의로움을 매우 중요하게 여겼습니다. 하나님께 나아가려면 반드시 의로워야 한다는 것을 알았고 그렇기 때문에 율법을 잘 지켜서 의로워지려고 애를 썼습니다. 반면에 이방인들은 하나님의 율법을 알지 못했기 때문에 겨우 양심 수준의 의로움을 가지고 있었습니다. 그 양심조차 중요한 기준이 되지 못해 그들은 이기심과 욕심으로 살았고 그러면서도 그것이 죄가 되는 줄 몰랐습니다.

그런데 하나님께서는 우리가 율법을 지켜서 의로워질 수 없음을 아시고 믿음으로 의로워지는 길을 열어주셨습니다. 율법이 아닌 그분을 믿기만 하면 하나님의 의를 힘입게 되는 예수 그리스도의 십자가 복음을 주신 것입니다. 이것을 은혜라고 합니다. 그러자 상황이 완전히 바뀌었습니다. 하나님의 의를 모르던 이방인들은 예수 그리스도의 십자가 복음을 기쁨으로 받아들이고 예수님을 믿음으로 의롭다 함을 받는 구원의 은혜를 받았습니다.

> …의를 추구하지 않은 이방 사람들이 의를 얻었습니다. 그것은 믿음에
> 서 난 의입니다. 롬 9:30

그런데 문제는 유대인들입니다. 그들은 믿음으로 얻는 하나님의 의
를 거부하고 끝까지 율법을 고집했습니다. 그래서 예수 그리스도를
거부한 것입니다. 예수 그리스도를 '구원의 반석'이라고 말합니다. 그
말은 예수 그리스도께서 흔들림 없이 확실한 우리의 구원이 되신다는
뜻입니다. 그런데 구원의 반석이신 예수 그리스도께서 유대인들에게
는 오히려 걸림돌이 되고 말았습니다. 그들에게 믿음이 없었기 때문입
니다. 그래서 믿음으로 의롭다 함을 받는 이 은혜의 복음을 거절했습
니다.

은혜생활 vs 종교생활

유대인들처럼 율법을 지켜서 의로워지려는 사람들을 가리켜 율법주
의자라고 말합니다. 모든 종교가 근본적으로 율법주의입니다. 계명을
지켜서 구원을 얻고자 하는 것이 종교입니다. 그렇기 때문에 예수 믿
는 것은 종교가 아니라 복음이라고 하는 것입니다. 예수 믿는 것은 율
법을 지켜서 의롭다 하심을 얻는 것이 아니라 예수님이 이루신 십자가
복음을 믿어 구원받는 것입니다.

그런데 예수님을 믿는 이들 안에도 율법주의 신앙에 빠져 있는 이들

이 있습니다. '은혜생활'이 '종교생활'이 되어버린 것입니다. 율법주의 자들은 전형적으로 신앙생활을 열심히 해야 하나님께서 우리를 사랑하고 축복하신다고 믿습니다. 여러분 중에도 이 생각에 동의하는 분들이 있을 것입니다. 열심히 신앙생활 하면 하나님이 기뻐하실 거라는 생각이 뭐가 잘못인지 혼란스러울 수도 있습니다.

아들과 종이 있다고 합시다. 누가 더 집안일을 열심히 하겠습니까? 종이 열심히 합니다. 그러나 종이 일을 열심히 하는 밑바탕에는 두려움이 있습니다. 언제나 주인의 눈치를 보며 긴장합니다. 일을 잘하면 좋은 평가를 받지만 일을 잘못하면 나쁜 대우를 받으리라 생각하기 때문입니다. 여러분도 만약 열심히 신앙생활 하면 하나님이 기뻐하시고 열심이 없으면 하나님이 나를 싫어하거나 버리실 거라고 생각한다면 그것은 종의 마음을 가지고 하나님을 믿는 것입니다. 그렇다면 바른 복음을 아직도 모르는 것입니다.

그러나 아들은 다릅니다. 아들도 집안일을 열심히 할 수 있지만 무섭거나 두려워서 또는 상이나 벌 때문에 열심히 하는 것은 아닙니다. 아들은 집안일이 자기 일이기 때문에, 또 아버지를 사랑해서 그 일을 열심히 할 수 있습니다. 그러나 자기가 일을 열심히 하면 아버지가 상을 주고 일을 열심히 하지 않으면 아버지가 자기를 버릴 거라고 생각하지 않습니다. 물론 부모 속을 많이 썩이는 자녀도 있습니다. 그렇더라도 그는 여전히 자녀입니다. 그만큼 아들과 종은 완전히 다릅니다.

우리가 정말 예수님을 믿은 것인지 아닌지 우리 마음속에 증거가 있습니다. 그것은 내가 하나님의 아들이 되고 딸이 되었다는 믿음입니다. 이 믿음이 있으면 신앙생활을 하되 우리 안에 기쁨이 있고 사랑이 있습니다. 신앙생활이 절대로 무거운 짐이 아닙니다. 매 주일 예배를 드리러 나와도 신앙생활이 무거운 짐처럼 여겨지는 분들이 있다면 안타깝지만 그런 분들은 율법주의적 신앙생활을 하고 있는 것입니다.

예수를 진짜 믿으면 예배 그 자체가 기쁨입니다. 이 세상을 살아간 다는 것은 쉽지 않지만 우리는 예배드리는 힘으로 살아갑니다. 이것이 얼마나 놀라운 일입니까. 우리가 예수님을 잘 믿는다는 것은 하나님의 자녀가 되었음을 분명히 믿는 것입니다. 하나님과 함께하는 것이 기쁨이자 감사이며 사랑이 넘치는 것입니다.

기쁨과 감사가 넘치는 천국의 삶

> 그러므로 그리스도는 율법의 끝마침이 되셔서, 모든 믿는 사람에게 의가 되어 주셨습니다. 롬 10:4

예수 그리스도께서는 율법의 마침, 즉 율법을 완성해주셨습니다. 주께서 율법의 요구를 다 감당하셨기 때문에 우리는 더 이상 율법을 지켜서 의로워지려고 노력할 필요가 없습니다. 하나님이 우리에게 요구하시는 것은 '믿음'입니다. 그 믿음은 기쁨으로 주님과 동행하는 것입니다.

6,7절 말씀과 같이 우리는 주님을 찾아 하늘에 올라가거나 지옥에 내려갈 필요가 없습니다. 주 예수께서 우리에게 오셨습니다. 나와 가

장 가까이 계시고 내 마음에 계십니다. 주님이 우리와 함께하시기 때문입니다. 예수를 믿으면 그 눈이 뜨이게 됩니다.

> … "하나님의 말씀은 네게 가까이 있다. 네 입에 있고, 네 마음에 있다"
> … 롬 10:8

하나님은 저 멀리 하늘에 계신 분이 아닙니다. 누구든지 예수님을 "주님"이라고 고백하고, 부활의 주님이 마음에 임하셨음을 믿으면 구원을 받습니다.

> 당신이 만일 예수는 주님이라고 입으로 고백하고, 하나님께서 그를 죽은 사람들 가운데서 살리신 것을 마음으로 믿으면 구원을 얻을 것입니다. 사람은 마음으로 믿어서 의에 이르고, 입으로 고백해서 구원에 이르게 됩니다. 롬 10:9,10

여기서 구원을 얻는다는 말은 장차 천국에 간다는 의미만이 아닙니다. 예수님을 믿는 그 순간부터 기쁨과 감사가 넘치는 천국의 삶을 살기 시작한다는 것입니다.

예수께서 십자가에 달려 돌아가실 때, 예수님의 양편에 두 강도가 달려 죽었는데, 한 강도가 "예수여 당신의 나라에 임하실 때에 나를 기억하소서"(눅 23:42)라고 구원을 요청하였습니다. 그때 예수께서 "오늘 네가 나와 함께 낙원에 있으리라"(눅 23:43)라고 말씀하셨습니다.

많은 사람들이 이 강도를 부러워합니다. 선한 일이라고는 평생 아무것도 한 것이 없지만 예수 그리스도를 믿는 순간 구원받고 바로 천국에 갔으니까요. 그러나 우리도 마찬가지임을 알아야 합니다. 우리는 모두 그 강도와 같은 사람입니다. 그 강도만 예수 믿고 바로 천국에 간 것이 아닙니다. 우리도 예수님을 믿는 순간 천국에 가는 것입니다. 예수님과 함께 천국에 갔던 그 강도와 똑같이 예수를 믿는 순간부터 우리 인생은 바뀝니다.

구원받는 것은 나중에 갈 천국행 티켓을 미리 얻는 것이 아닙니다. 구원받는 것은 생명을 얻은 것입니다. 예수님의 생명으로 사는 것입니다. 따라서 구원받은 순간부터 천국 열차에 올라타고 천국을 향해 계속 달려가는 것입니다. 매일매일 천국의 삶을 사는 것입니다. 그 눈이 뜨여야 진정으로 예수를 믿는 것입니다.

아들을 내어주신 복음

미국의 어느 여 성도가 남편을 일찍 여의고 탐이라는 아들을 바라보며 살았습니다. 아들이 미국 동부의 명문 대학에 다니던 중 한국 전쟁이 일어나 참전하게 되었는데, 얼마 후 금화지구 전투에서 부상당했다는 전보가 와서 온 교회가 기도하였습니다. 그런데 돌아온 것은 아들의 전사(戰死) 통보였습니다. 그날 이 부인이 기절하고 말았습니다.

'어떻게 이런 일이 있을 수 있는가?'

부인은 목사님에게 피맺힌 편지를 써 보냈습니다.

"목사님, 한 가지 궁금한 것이 있습니다. 그 전능하시고 기적을 베푸시는 하나님께서 목사님과 성도들과 내가 기도하고 있을 때, 아들이 고통 중에 있을 때, 무엇을 하고 계셨습니까? 그것이 알고 싶습니다."

목사님은 어떻게 대답해야 할지 몰라 성경을 뒤적거렸지만 적당한 구절을 찾지 못했습니다. 그래서 기도를 드렸습니다.

"하나님, 우리가 눈물로 기도할 때 당신은 무엇을 하고 계셨습니까?"

울면서 기도하다가 아침이 되었을 때 주께서 목사님의 마음 가운데 주시는 마음이 있어서 얼른 메모지에 적고 나서 그 메모를 탐의 어머니에게 들려주었습니다.

"당신과 우리가 간절히 기도할 때, 탐이 병원에서 고통 속에 죽어가고 있을 때, 하나님이 무엇을 하셨는지 저도 잘 모르겠습니다. 하나님께서 왜 기도에 응답하지 않으셨는지도 잘 모르겠습니다. 그런데 기도하다가 한 가지 분명하게 알게 된 것은 하나님께서 2천 년 전 갈보리 십자가에서 말할 수 없는 고통 가운데 하나밖에 없는 자신의 아들을 내어주실 수밖에 없었다는 것입니다."

목사님의 말을 듣는 도중 그 부인의 마음에 한 줄기 빛이 비치는 것이 느껴졌습니다. 그날 아침은 늘 맞이하던 아침이 아니었습니다.

"하나님이 세상을 이처럼 사랑하사 독생자를 주셨으니…"(요 3:16).

늘 듣던 말씀이었지만 그날은 달랐습니다. 그렇게 많이 듣고 잘 안다고 생각했는데, 아들이 알지도 못하는 한국 민족을 위해 죽고 난 다음, '아들을 내어주신 복음'이 너무나 깊이 다가온 것입니다.

"이것이 하나님의 마음이었구나!"

그 감동, 십자가 복음의 영광 때문에 부인은 울었습니다. 그리고 아들만 바라보던 눈을 들어 이제 다른 사람들을 보기 시작했고, 수많은 젊은이들이 전 세계로 나가 복음을 전하는 일을 섬기게 되었다고 합니다.

여러분도 예수 그리스도와 그 복음에 대하여 많이 들어보았을 것입니다. 그러나 그 복음이 나의 인생을 바꾸었는지 분명히 확인해야 합니다. 여러분이 들었던 그 놀라운 복음, 하나님의 사랑, 예수님의 십자가, 그 말씀 때문에 기쁨과 감사로, 사랑으로 살게 되었습니까?

율법주의에 빠져 있지 않은가?

예수님을 믿는 우리는 "주님의 이름을 부르는 사람"(13절)입니다. 이것은 구원 얻은 성도를 위한 정말 멋진 이름입니다. 너무나 복되고 중요한 정의(定義)입니다. 주님의 이름을 부른다는 말은 실제로 주님을 바라보고 있다는 뜻입니다. 함께 계시는 주님을 믿음으로 바라보니까 주님을 부르는 것입니다. 그렇게 주님을 부르는 사람은 구원을 얻을 것입니다. 그 사람이 누구든지 구원을 얻을 것입니다.

주 예수님의 이름을 부르는 것이 얼마나 놀라운 축복이며 능력인지 알아야 합니다. 우리는 항상 주 예수님의 이름을 부르며 살아야 합니다. 그러면 세상이 아무리 악하고 암울해도 낙망하지 않습니다. 오히려 사랑과 소망을 노래하게 됩니다. 이것이 십자가 복음을 믿고 구원받은 자의 삶입니다.

우리는 자신이 율법주의에 빠지지 않았는지 항상 조심해야 합니다. 만일 우리가 예수님의 십자가 복음을 듣기는 들었는데, 기쁨도 없고 감사도 없고 사랑도 없이 그저 열심히 교회만 다닌다면 어느새 율법주의적 신앙에 빠져 있는 것입니다. 유대인과 같이 되어 있는 것입니다. 유대인은 교만하고 정죄하는 사람들입니다. 겉으로는 하나님께 열심이 많았지만 그 내면은 메마른 사람이었습니다. 그런 사람이 되고 싶습니까?

우리가 율법주의에 빠지지 않도록 조심해야 하는 이유는 유대인들이 사도 바울을 핍박했듯이 율법주의자들이 언제나 은혜생활 하는 이들을 핍박하기 때문입니다. 이스마엘이 이삭을 핍박했습니다. 육신의 자녀가 약속의 자녀를 핍박했습니다. 기독교 역사가 내내 이것을 증언하고 있습니다.

"그러나 그때에 육체를 따라 난 자가 성령을 따라 난 자를 박해한 것같이 이제도 그러하도다"(갈 4:29).

우리는 교회가 율법주의에 빠지지 않도록 지켜야 합니다. 교회가 율법주의로 기울어지면 은혜의 눈이 뜨인 사람들이 쫓겨나게 되고, 어느새 교회가 율법적인 교회가 됩니다. 존 웨슬리 목사님은 영국 성공회의 목사였습니다. 그런데 그가 성령 체험을 하고 그를 따르던 많은 성도들이 성령을 받아 은혜의 눈이 뜨였을 때 율법생활에 매어 있던 성공회 교회가 그들을 쫓아냈습니다. 그래서 생겨난 것이 감리교회입니다.

안타까운 것은 한국 교회가 율법주의 경향을 띠고 있다는 사실입니다. 그 대표적인 현상이 교회 안에 다툼과 분열이 있는 것입니다. 교인끼리 싸우고 교회끼리 싸우는 것입니다. 싸우는 것이 왜 문제입니까?

그것은 예수님이 함께하시는 것을 믿지 못한다는 결정적 증거가 되기 때문입니다. 교회 안에 싸움이 생겼습니까? 왜 싸웠느냐가 중요한 것이 아닙니다. 예수님이 함께 계심을 바라보지 못할 정도로 이미 율법주의적인 신앙에 빠져 있다는 것이 문제입니다.

직분을 계급이라고 생각하는 것 또한 한국 교회의 율법주의 경향 중에 하나입니다. 권사는 집사보다 높고, 장로는 권사보다 높고, 목회자는 평신도보다 더 높다고 생각하는 것입니다. 그런데 이것은 완전히 세상적인 기준입니다. 이렇게 되면 교회는 종교 기관이 되고 은혜 받은 자는 숨이 막혀 견딜 수 없게 됩니다. 그 역시 마음에 임하신 주 예수님을 모른다는 결정적 증거입니다. 그동안 우리가 교회나 교인에게 실망하고 시험이 들었다면 바로 율법주의에 빠진 모습을 보고 실망했던 것입니다.

우리는 우리 자신의 모습을 모른다

한번은 미국 교포로 예멘(Yemen)에서 선교하다가 예멘을 극적으로 탈출한 선교사님이 산증과 믿음을 전해주셨습니다. 총성과 포성이 울려 퍼지고 폭탄이 떨어지고 거리에서 사람들이 죽어가는 상황에서도 선교사님들이 모여서 찬송하고 하나님을 예배하며 하나님이 주시는 기쁨, 감사와 평안을 경험하다가 예멘을 떠나게 되었을 때 그 땅의 영혼들을 두고 떠나야 하는 마음이 너무나 고통스러웠다고 합니다.

그런데 예멘의 선교사님들과 함께 한국에 와서 한국 교회에 처음 가 보았을 때 모든 것이 가식이고 거짓처럼 느껴질 때가 있었다는 것입니다. 여러분, 우리는 우리 자신의 모습을 정확히 보지 못합니다. 우리가 어떤 모습으로 신앙생활 하고 있는지 우리는 우리를 보지 못합니다. 그 선교사님의 눈에 비친 모습처럼 뭔지 모르게 가식적이고 거짓이 많이 섞여 있다면 우리는 우리도 모르는 사이에 상당히 율법주의화 된 것입니다.

우리는 우리 자신을 모릅니다. 주님이 보시는 우리는 우리가 느끼는 우리와 다를 수 있습니다. 노벨 문학상을 받았던 솔제니친이 조국을 버리고 미국으로 망명했다가 미국에 실망하여 다시 러시아로 돌아갔습니다. 그가 쓴 《서방세계에 대한 경고》(크리스천다이제스트)라는 책에서 그는 그 이유를 말하고 있습니다.

"나는 러시아의 혁명사만 50년 연구한 사람이다. 6천만 명의 희생자를 낸 러시아 혁명의 원인이 무엇이냐고 나에게 묻는다면 나의 대답은 분명하다. 러시아 사람들이 하나님을 잊어버렸기 때문에 온 비극이었다. 그래서 내가 실망해서 조국을 버리고 미국으로 왔는데 미국을 보니 과거 러시아가 갔던 길을 지금 열심히 따라가고 있다. 그러면 미국도 러시아와 같이 될 것이다."

겉으로는 자유롭게 하나님을 믿고 있는 것 같아도 실제로는 하나님을 잊어버리고 있는 것입니다. 정말 주님이 함께 계신 것을 믿고 주님과 함께하는 자에게 있는 기쁨과 감사와 사랑의 모습을 지켜야 합니다. 무슨 일이 있어도 교회가 율법주의에 빠지지 않도록 지켜야 합니다.

주님의 이름을 부르라

그러기 위해 우리가 항상 점검해야 할 것이 있습니다. 그것은 개인이든 교회든 "사랑으로 소문났느냐?" 하는 것입니다. 율법주의자는 열심은 있지만 사랑으로 소문날 수 없습니다. 반면 은혜생활을 하는 사람은 사랑으로 소문나지 않을 수 없습니다. '주님과 함께하는 성도', '주님이 함께하시는 교회'는 사랑으로 소문나지 않을 수가 없습니다. 우리 주님은 사랑 그 자체이시기 때문입니다.

미국에서 목회를 참 잘하시다가 은퇴하신 목사님 한 분이 계신데, 그 분이 교인 한 사람으로부터 마음 아픈 편지를 받았던 일이 있었습니다. 그 편지에 "당신은 바리새인이요! 한 입으로 두 말을 하기 때문에 입에서 악취가 난다"라고 써 있었습니다. 예수 믿는 사람에게 가장 가혹한 말이 있다면 아마 바리새인이라고 하는 말일 것입니다. 목사님은 다른 사람이 다 바리새인이라고 해도 자신은 절대로 아니라고 생각하며 살았기 때문에 이 말이 큰 충격이었습니다.

목사님은 편지를 읽고 밤새 잠을 이루지 못하고 괴로워했습니다. 처음에는 너무 화가 났고, 또 자신을 정당화시켜보기도 했고, 그 교인을 향해 노여워하기도 했습니다. 그 교인을 이해해보려고 애를 써보았지만 마음이 너무 아팠습니다. 그러다가 하나님께서 그 분을 통해 목사님에게 말씀하신 것이 깨달아졌습니다. 그리고 자신의 바리새적인 모습을 보기 시작했습니다.

"나는 그 분을 나의 가치관으로 보았고, 나의 취향대로 그 분을 대했습니다. 나는 그 분의 아픔을 느끼지 못했고, 오히려 그 분을 가르치려고 했습니다. 그런 내 모습에서 어찌 그 분이 바리새적인 모습을 보지 못했겠습니까? 설교는 번지르르하게 하면서 그 분을 대하는 나의 말은 그렇지 못했으니, 어찌 그 분이 나의 입에서 풍기는 악취를 맡지 못했겠습니까? 저는 잘 믿으며 산다고 하면서, 상대방의 입장을 헤아리지 못하여, 자신도 모르게 바리새인의 죄를 짓게 되었습니다. 저는 그 편지를 버리지 않고 아직도 가지고 있습니다. 너무 아파서 두 번 다시 읽을 마음이 없으면서도 저는 그 편지를 버리지 않고 있습니다. 그 편지가 저를 계속 깨우쳐줄 것이기 때문입니다. 그 편지가 저를 더욱 겸손하게 해줄 것이기 때문입니다."

저는 이 글을 통하여 이 목사님이 훌륭하게 목회를 마치신 이유를 알 수 있었습니다. 여러분, 예수님을 믿으면서도 실제로는 율법주의자가 되어버린 이들이 많습니다. 그러므로 자신의 삶을 돌아보시기 바랍니다. 우리 자신의 영적 상태, 신앙생활을 하나님 앞에 정직히 내놓아야 합니다. 우리는 우리가 바리새인인지 잘 모릅니다. 바리새인들은 항상 자기가 잘하고 있다고 생각하기 때문입니다. 내가 하나님을 가장 잘 믿는다고 생각합니다.

자기 삶을 돌아보십시오. 예수 그리스도 때문에 기쁨과 감사와 사랑이 충만하십니까? 가족들과 다른 사람들, 교인들로부터 정말 사랑으로 소문나셨습니까? 가정과 교회, 직장과 일터에서 은혜의 사람이 되어 있습니까? 천국 열차를 타고 가는 기쁨, 감사, 사랑이 넘치십니까? 혹시 기쁨도 감사도 사랑도 사라지고 열심만 남아 있는 신앙인이 되어 있지는 않습니까? 마음이 굳어 있어서 느껴지지도 않고 깨달아지지도 않는 상태입니까? 풀어지지 않은 응어리가 있고, 신앙생활조차 무거운 짐입니까?

그렇다면 주님의 이름을 부르시기 바랍니다. 정말 주님이 함께하심을 믿고 주님을 바라보면서 주님을 부르십시오. 그러면 구원을 얻을 것이라고 말씀하셨습니다. 주님은 우리 마음이 굳어진 것을 풀어지게 하십니다. 우리 속에 은혜의 샘, 기쁨의 샘이 터지게 하십니다. 우리에게 사랑이 흘러가게 하십니다. 우리도 살고 우리 주변에 있는 모든 사람이 살게 됩니다. 주님이 회복하게 해주십니다.

저도 수없이 "주님"을 불렀습니다. 힘들고 때때로 마음을 추스르기 어려운 순간이 올 때마다 계속해서 주님을 부릅니다. 그때마다 주님은 저에게 주님이 함께 계신다는 것을 깨우쳐주십니다. 그러면 모든 것이 해결됩니다. 여러분에게도 똑같이 하실 것입니다.

함께 계시는 주님을 믿음으로 "주님"이라고 부르십시오. 그러면 주님은 누구든지 구원해주십니다. 모두 종교생활, 율법생활에 빠지지 않고 주 예수님을 바라보며 살기를 축원합니다.

22

말씀에 순종할 때 믿음이 됩니다

롬 10:14-21

14 그런데 사람들은 자기들이 믿은 적이 없는 분을 어떻게 부를 수 있겠습니까? 또 들은 적이 없는 분을 어떻게 믿을 수 있겠습니까? 선포하는 사람이 없으면, 어떻게 들을 수 있겠습니까? 15 보내심을 받지 않았는데, 어떻게 선포할 수 있겠습니까? 성경에 기록한 바 "기쁜 소식을 전하는 이들의 발걸음이 얼마나 아름다우냐!" 한 것과 같습니다. 16 그러나 모든 사람이 다 복음에 순종한 것은 아닙니다. 이사야는 "주님, 우리가 전하는 소식을 누가 믿었습니까?" 하고 말하였습니다. 17 그러므로 믿음은 들음에서 생기고, 들음은 그리스도를 전하는 말씀에서 비롯됩니다. 18 그러면 내가 묻습니다. 그들은 들은 일이 없습니까? 물론 그렇지 않습니다. 성경 말씀에 "그들의 목소리가 온 땅에 퍼지고, 그들의 말이 땅 끝까지 퍼졌다" 하였습니다. 19 내가 다시 묻습니다. 이스라엘이 알지 못하였습니까? 이에 대하여 하나님께서 먼저 모세를 통하여 이렇게 말씀하셨습니다. "나는 내 백성이 아닌 사람들로 너희의 질투심을 일으키고, 미련한 백성들로 너희의 분노를 자아내겠다." 20 또한 이사야는 매우 담대하게 이렇게 말씀을 전하였습니다. "나를 찾지 않는 사람들을 내가 만나주고, 나를 구하지 않는 사람들에게 내가 나타났다." 21 또한 이사야는 하나님께서 이스라엘을 보고 "복종하지 않고 거역하는 백성에게, 나는 온종일 내 손을 내밀었다" 하신 말씀을 선포하였습니다.

예멘 선교사님의 간증 중에 한 여 선교사님이 아프가니스탄에서 사역할 때, 언어 선생이자 이슬람교도인 자매를 전도한 이야기를 하셨습니다. 1년 정도 친밀하게 교제해온 자매에게 예수님을 전했을 때 아니나 다를까 그 자매의 안색이 싹 변하며 그런 이야기를 할 거면 만나지 않겠다고 해서 더 이상 전도하지 못했다고 합니다.

그러던 어느 날 선교사님이 말씀을 묵상하고 있을 때 언어 선생인 자매가 약속된 수업 시간보다 일찍 도착하게 되어 방으로 안내한 뒤 차를 준비하고 있는데, 그 자매가 펼쳐진 선교사님의 묵상 노트를 보고 있었다고 합니다. 그러면서 "이 글이 당신의 생각이냐?"라고 묻기에 성경에 기록된 내용이라고 했더니 "참 좋다. 읽어보고 싶다"라고 해서 신약성경을 함께 읽기 시작했다고 합니다. 그런데 갑자기 아프간을 떠나게 되어 성경책만 선물로 주고 나올 수밖에 없었다는 것입니다.

1년쯤 지나서 안부 전화를 했을 때 그 자매는 선교사님에게 이렇게 말했습니다.

"나도 너와 같은 사람이 되었어!"

정말 놀라운 일이지 않습니까?

말씀에 순종하는 믿음이 있는가?

··· "기쁜 소식을 전하는 이들의 발걸음이 얼마나 아름다우냐!" ···

롬 10:15

말씀은 믿음을 갖게 해줍니다. 그러니까 복음을 전하는 일은 정말 복 있는 일입니다. 복음을 듣지 않고서야 어떻게 예수님을 믿을 수 있겠습니까? 우리는 예수님을 만나서 믿은 것이 아닙니다. 전도를 받고 말씀을 듣는 중에 예수님을 믿게 된 것입니다. 그래서 복음을 전하는 자가 가장 복된 사람입니다.

그러나 사도 바울이 이 본문에서 말하는 것은 믿음은 들음에서 난다거나 복음을 전하는 것이 얼마나 귀한 일인가에 대한 것이 아닙니다. 사도 바울이 말하는 핵심은 유대인의 문제입니다. 유대인들이 왜 예수님을 믿지 않았느냐 하는 것입니다. 그들이 말씀을 듣지 못해서 예수님을 안 믿었던 것입니까?

… 그들은 들은 일이 없습니까? … 롬 10:18

물론 그렇지 않습니다. 유대인들이 가진 성경에도 예수 그리스도에 대한 예언의 말씀이 정확하고 충분히 기록되어 있습니다. 예수님은 갑자기 오신 분이 아니라 '예언의 성취'이십니다. 예수님은 유대 땅, 유대 민족의 한 사람으로 오셨고, 유대 땅에서 사셨고, 거기서 천국 복음을 전하셨습니다. 따라서 믿음이 그리스도의 말씀을 들음에서 난다면 세상에서 예수 그리스도를 가장 잘 믿을 사람들이 유대인입니다. 그러면 말씀을 알고 있는 유대인들이 왜 예수님을 믿지 않고 배척한 것입니까? 사도 바울은 유대인들이 말씀에 순종하지 않았기 때문이라고 했습니다.

그러나 모든 사람이 다 복음에 순종한 것은 아닙니다. 이사야는 "주님, 우리가 전하는 소식을 누가 믿었습니까?" 하고 말하였습니다. 롬 10:16

사도 바울이 이사야의 말씀을 인용한 것처럼 유대 민족은 하나님이 보내신 선지자들의 말을 믿지 않았습니다. 오히려 선지자를 핍박하고 심지어 죽이고, 하나님의 말씀을 거절했습니다. 그들은 하나님의 말씀을 분명히 들었습니다. 하나님의 말씀을 가지고 있었습니다. 그러나 하나님의 말씀에 순종했는지 묻는다면 유대 민족은 할 말이 없을 것입니다.

예수 그리스도의 복음도 똑같습니다. 유대 민족은 예수 그리스도의 복음의 말씀을 이미 알고 있었지만 말씀에 순종하지 않았기 때문에 그 말씀이 믿음이 되지 못했다는 것입니다. 이것은 매우 충격적인 고발입니다. 그래서 하나님께서 유대인들의 마음에 질투와 분노를 일으키려고 이방인들이 먼저 복음을 받아들이도록 하셨다는 것입니다.

불순종의 영, 불순종의 죄

그런데 이 말씀은 우리에게도 동일하게 매우 중요한 말씀입니다. 아무리 성경을 읽고 설교를 들어도 예수님이 믿어지지 않는다는 분, 예배에 나왔지만 복음이 믿어지지 않아 고민이시라는 분들이 있다면 말씀을 듣기만 한 것은 아닌지, 순종해보았는지 반드시 확인하시기 바랍니다. 말씀에 순종하게 되는 것이 바로 믿음입니다.

"하나님을 믿습니까?"라고 질문하면 대부분 그렇다고 대답할 것입니다. 그런데 "하나님께 순종하십니까?"라고 질문하면 매우 당황해합니다. 믿음과 순종을 별개로 생각하는 것입니다. 그러나 그것은 스스로 속는 것입니다. 믿음은 순종하게 되어야 믿음입니다. 순종하지 않는데 믿는 경우는 없습니다. 믿음과 순종은 같은 것입니다.

죄라고 하면 어떤 것이 연상됩니까? 흔히 음란, 도둑질, 거짓말, 싸우고 시기한 일 등을 떠올립니다. 그러나 아담이 지은 죄가 무엇인지 생각해보십시오. 바로 하나님의 말씀에 불순종한 것이었습니다. 따라서 가장 악한 죄, 가장 근본적인 죄가 하나님의 말씀에 불순종하는 죄임을 명심해야 합니다.

그렇지만 안타깝게도 우리는 불순종을 그렇게 큰 죄로 여기지 않습니다. 요나는 니느웨로 가라는 하나님의 음성을 듣고도 다시스로 도망쳤습니다. 하나님의 음성을 분명히 들었는데도 불순종한 요나가 이해가 되지 않는다는 분이 많을 것입니다. 그렇다면 "용서하라", "사랑하라", "하나가 돼라", "기뻐하라", "감사하라", "전도하라", "거룩하라"고 하시는 말씀이 주님의 음성인지 몰라서 순종하지 않습니까? 요나만 하나님의 음성을 듣고도 불순종한 것이 아닙니다. 우리도 이미 하나님의 뜻인 줄 알고 있지만 불순종하고 있는 것이 너무 많습니다. 불순종이 얼마나 무서운 죄인지 개념이 없는 것입니다.

우리의 본성이 완악하다는 증거 중에 하나가 순종은 답답하고 어렵고 나를 구속하는 일이며, 불순종은 자유를 준다고 하는 생각입니다. 많은 분들이 그렇게 생각합니다. 순종을 싫어합니다. 부담스러워합니다. 반대로 불순종이 나를 자유롭게 해줄 거라고 생각하는데 아닙니다. 우리 속에 불순종의 영이 있기 때문에 그렇게 여기는 것입니다. 우리는 이것을 두려워해야 합니다. 속고 사는 것이기 때문입니다.

우리가 성령충만하면 이것이 완전히 반대로 믿어지게 됩니다. 순종하는 삶은 편하고 쉽고 안전하고 자유로운 반면 불순종하는 삶은 무섭고 고통스럽습니다. 암(癌)에 걸리면 우리는 식성까지 바꿉니다. 몸에 좋다는 음식만 먹고 몸에 안 좋다는 것은 금방 끊어버립니다. 새벽에 도저히 일어날 수 없다고 하던 사람도 암에 걸리면 새벽기도 체질이 됩니다. 암에 걸리고 나면 그다음부터 "순종만 하며 살겠습니다"라는 기도가 저절로 나옵니다. 순종만이 살길임이 너무나 분명히 믿어집니다. 불순종이야말로 위험하고 두렵고 고통스럽고 나를 힘들게 한다는 것이 깨달아집니다. 한번 병에 걸리기만 해도 이렇습니다.

성령충만하십니까? 순종과 불순종에 대한 자신의 생각이 어떤지 보면 금방 알 수 있습니다. 불순종의 영은 자기 마음대로 하고 싶은 영입니다. 이것이 우리 인생을 망친다는 것을 알아야 합니다. 우리는 행복하기 위해 애를 씁니다. 행복하게 살아보려고 아침부터 저녁까지 수고하고 고생합니다. 그런데 왜 행복한 사람을 찾아보기 어렵습니까? 이유는 바로 우리 속에 있는 불순종의 영, 마음대로 살려는 죄의 본성 때문입니다. 순종하고 순종하고 또 순종하는 삶을 살고 있습니까? 만일 그렇다고 대답할 수 없다면 우리는 매우 잘못된 길을 가고 있는 것입니다.

주님과 동행하는 순종

누가복음 16장에는 부자와 나사로의 이야기가 나옵니다. 부자가 죽어 지옥에 가서 말할 수 없는 고통 가운데 있었습니다. 그는 아브라함에게 이렇게 통사정을 합니다. 나사로를 자신의 형제들에게 보내어 그들만은 자신이 있는 지옥에 오지 않게 해달라는 것입니다. 죽었던 나사로가 다시 살아나서 하는 말을 그들이 듣고 회개하지 않겠느냐는 것입니다. 그러나 아브라함은 이를 거절합니다. 그들에게 모세와 선지자들이 있으니 그들의 말을 들으면 된다는 것입니다. 만일 그 말을 듣지 않는다면 비록 죽은 자가 다시 살아난다고 해도 그들이 믿지 않을 것이라고 합니다.

우리는 이 말씀이 이해가 되지 않을지도 모릅니다. 죽은 사람이 살아나서 천국과 지옥이 분명히 있다고 하면, 다들 깨닫고 돌아오지 않겠습니까? 물론 그렇습니다. 그러나 전혀 다른 반응을 보이는 사람도 있습니다. 바로 불순종의 영에 사로잡혀 있는 사람입니다. 불순종의 영을 작게 여기면 안 됩니다. 유대인들은 하나님의 말씀을 가지고 있었고 그 말씀 가운데 예수 그리스도의 예언이 있었는데도, 불순종의 영에 사로잡혀 있었기 때문에 구원의 말씀을 듣고도 믿음을 갖지 못했습니다.

신앙생활은 도를 닦는 것이 아닙니다. 주님과 동행하는 것입니다. 주님은 십자가에서 죽으셨을 뿐만 아니라 부활하셔서 지금 우리와 함께하십니다. 예수를 믿는다는 것은 예수님과 함께 사는 것입니다. 예수님과 동행하며 살려면 반드시 순종이 전제되어야 합니다. 순종이 없는 믿음은 없습니다. 가장 큰 믿음은 감사요, 믿음의 핵심은 순종입니다.

유대인들은 말씀을 가지고 있었습니다. 하지만 그들이 가진 것은 '죽은 문자(文字)'였을 뿐입니다. 그래서 순종이 없었습니다. 그러나 예수님은 말씀이 육신이 되어 우리 가운데 오신 분입니다. 우리에게는 인격이신 주님이 함께하십니다. 우리는 지금도 나와 함께 계시는 그 예수님을 믿는 것입니다. 주님과 동행하는 것, 그 자체가 순종입니다.

순종만이 살길이다

우리가 주님의 말씀을 듣기만 하고 순종하지 않으면 우리 주님은 우십니다. 누가 썼는지 알지 못하지만 유난히 생각나는 글이 하나 있습니다. 〈그러자 예수께서는 우셨다〉라는 글입니다.

그때 예수께서 제자들을 산으로 데리고 올라가 곁에 둘러앉히시고 이렇게 가르치셨다.

"마음이 가난한 사람은 행복하다. 하늘나라가 그들의 것이다. 온유한 사람은 행복하다. 슬퍼하는 사람은 행복하다. 자비를 베푸는 사람은 행복하다. 옳은 일에 주린 사람은 행복하다. 박해받는 사람은 행복하다. 고통받는 사람은 행복하다. 하늘나라에서의 보상이 크니 기뻐하고 즐거워하라."

그러자 시몬 베드로가 말했다.

"이 말씀을 글로 적어놓고 싶습니다."

그리고 안드레가 말했다.

"이 말씀을 외워야 하지 않을까요?"

그러자 야고보가 말했다.

"그걸 가지고 우리끼리 시험 쳐보겠습니다."

빌립보가 말했다.

"이 말씀을 더 자세히 알 수 있는 참고 서적이 있습니까?"

그리고 바돌로매가 말했다.

"이 말씀을 다른 사람들에게 전해줘야 할까요?"

그러자 요한이 말했다.

"다른 제자들한테 이런 걸 알려줄 필요가 있을까요?"

그러자 마태가 말했다.

"이제 하실 말씀이 다 끝나셨나요?"

그리고 유다가 말했다.

"이 말씀이 현실과 어떤 관계가 있는 걸까요?"

그리고 그 자리에 참석했던 바리새인 하나는 예수에게 앞으로 하실 수업 계획서를 달라고 요청하면서, 그 가르침의 최종적인 목표가 무엇이냐고 물었다.

그러자 예수께서는 우셨다.

하나님의 말씀에 대한 관심은 다양할 수 있습니다. 그런데 우리 주님이 정말 원하시는 것은 말씀을 들었으면 그 말씀에 순종하는 것입니다. 그런데 우리는 순종이 아닌 다른 것에 관심이 많습니다. 말씀을 듣기만 하지 순종하지 않는 것은 주님을 울게 하는 일입니다. 우리가 말씀에 순종하지 않고 그럴 생각조차 없을 때 우리 주님은 우리 속에 오셔서 근심하고 탄식하고 통곡하십니다.

본문에도 순종하지 않는 자기 백성을 향한 하나님의 눈물이 잘 드러나 있습니다.

또한 이사야는 하나님께서 이스라엘을 보고 "복종하지 않고 거역하는 백성에게, 나는 온종일 내 손을 내밀었다" 하신 말씀을 선포하였습니다.
롬 10:21

"복종하지 않고 거역하는 백성에게, 나는 온종일 내 손을 내밀었다", 이 말씀을 묵상하며 하나님의 심정을 생각해보았습니다.

'하나님은 대체 어떤 심정으로 손을 내미셨을까?'

그러자 정말 우시는 하나님의 모습이 그려졌습니다. 불순종하는 백성들에게 거듭거듭 손을 내밀며 "내 손을 붙잡고 가야 한다", "정말 순종해야 한다"라고 하는 말씀을 어떻게 눈물 없이 하실 수 있겠습니까?

주님은 지금도 우리에게 동일하게 말씀하십니다. 사는 길은 그 길 밖에 없습니다. 우리는 순종의 길을 가야 합니다. 그러나 우리는 순종을 싫어합니다. 부담스럽습니다. 그래서 주님이 안타까워하시는 것입니다.

순종과 아멘뿐!

저는 목회를 시작하면서 교회를 부흥시키려면 주님께 순종해야 한다고 생각했습니다. 그래서 주님께 순종하려고 애를 썼습니다. 그러나 순종은 언제나 쉽지 않았고, 주님과의 사이에 늘 뭔가 답답함이 있었습니다.

하루는 샤워를 하다가 참을 수 없는 애통함이 밀려와 울음이 터졌습니다. 그런 일은 처음이라 급히 몸을 닦고 나와 무릎을 꿇었습니다. 방언과 함께 눈물이 터져 나왔습니다. 기도하다가 화장실에 가서 씻고 나와서 울며 기도하다 다시 씻기를 반복했습니다. 마음에 큰 애통함이 있는데 그것이 무엇인지 알 수 없어서 답답했습니다.

그때 갑자기 제 순종이 진정한 순종이 아니라는 것이 깨달아졌습니다. 순종한다고 하면서도 제 마음은 온통 교회를 부흥 성장시키는 데 있었지 주님께 있지 않았습니다. 저는 계속해서 '왜 교회가 부흥하지 않는 거지?', '아직 이 정도밖에 성장하지 못한 거야?' 하며 목회하였습니다. 그런데 그런 순종은 온전한 순종이 아니었습니다. 주님이 제게 원하시는 것은 '순종'뿐이었습니다.

부흥은 분명히 주님의 역사이지만 그것을 목적으로 삼으면 순종하기 어려워질 때가 있습니다. 주께 순종하려면 어렵고 골치 아픈 일이 한두 가지가 아닙니다. 그날 주님은 제게 "부흥이 아니라 힘든 길이라도 순종할 수 있겠느냐?"라고 물으시는 것 같았습니다. 제가 드릴 대답은 "아멘"뿐이었습니다.

그때 깨달아지는 것이 있었습니다. 어렵고 힘들어도 주께 순종하고 있다면 그것이 성공이라는 것을 말입니다. 그 후 교회의 부흥 성장은 주께 완전히 맡겨버렸습니다. 제가 할 일은 온전히 순종만 하는 것임을 깨닫고 이렇게 기도하였습니다.

"하나님, 교회 부흥은 하나님께 맡깁니다. 이제 더 이상 그것이 목표가 아닙니다. 제가 원하는 것은 계속 순종하는 것입니다. 하나님께 순종하는 것이 저의 단 하나의 목표입니다."

순종 그 자체를 가장 기뻐하시는 하나님

때때로 우리는 선한 일은 다 하나님의 뜻이고 선한 일을 하면 하나님이 기뻐하실 거라고 생각합니다. 하지만 자기 몸을 불사르게 내줄지라도 그것이 사랑이 아닐 수 있듯이, 선한 일이라고 해도 하나님의 뜻이 아니라 자기 마음대로 하려는 고집일 수 있습니다.

아브라함에게도 자기 계획이 있었습니다. 그는 이스마엘을 낳아 후손을 이으려고 했습니다. 그의 계획이 특별히 나쁜 것은 아니었지만 그 때문에 지금까지 겪는 고통은 말할 수 없습니다. 비록 사람의 계획이 선해 보여도 그것이 하나님께 온전히 순종하는 것은 아닐 수 있습니다.

모세 역시 자신은 애굽의 왕자이지만 자신의 동족(同族) 히브리인들이 노예로 비참하게 살아가는 것을 깨닫고 주먹으로 동족을 구원하려 했습니다. 이런 모세가 잘못했다고 누가 말하겠습니까. 그러나 그는 그 후 40년이나 도망자 생활을 해야 했습니다. 하나님의 계획은 그것이 아니었기 때문입니다.

다윗은 하나님의 성전을 짓고 싶어 했습니다. 얼마나 아름다운 일입니까. 그러나 하나님께서는 많은 피를 흘리며 큰 전쟁을 치른 다윗이 성전 짓는 것을 원치 않으셨습니다.

하나님은 우리에게 큰일을 하도록 요구하신 적이 없습니다. 그분은 우리에게 대단한 것을 요구하시지 않습니다. 하나님을 위하여 어떤 선한 일을 하는 것이 아니라 오직 순종의 삶을 살라는 것입니다.

제가 잊지 못하는 단기 선교 간증이 하나 있습니다. 어느 여 집사님이 단기 선교를 가기 위해 모든 선교 훈련을 다 마쳤는데, 남편과 시어머니의 강한 반대에 부딪혔습니다. 처음에는 기도하면 주님이 남편과 어머니의 마음을 돌려주실 거라고 생각했는데, 파송예배를 드릴 때까지 반대는 더 강해져만 갔습니다. 그런데 그 집사님이 목사님과의 상담을 통해 자신이 가정에 파송된 선교사임을 깨달았습니다. 결국 집사님은 단기 선교에 참가하지 않았습니다. 그런데도 단기 선교 파송예배 때 간증자로 섰을 때 집사님의 간증이 많은 사람들에게 은혜를 끼쳤습니다.

"열방이 가장 가까운 곳에 있었습니다. 바로 가정이었습니다. 제가 선교 완성을 위하여 이 사명을 잘 감당할 수 있도록 기도해주십시오."

그 집사님은 남편과 시어머니에게 편지를 썼습니다.

"여보, 당신의 고집을 꺾기 위한 것도, 내 고집을 세우기 위함도 아니었습니다. 미안하고 사랑합니다. 어머니, 부담스럽게 해드려서 죄송합니다."

이 편지 한 통으로 온 가족의 마음이 눈 녹듯이 녹아졌답니다.

선교는 하나님이 기뻐하시는 일입니다. 그러나 선교조차 우리의 목적이 되어서는 안 됩니다. 하나님이 진짜 원하시는 것은 우리가 주님께 순종하는 것뿐입니다.

오스왈드 챔버스는 《주님은 나의 최고봉》(토기장이)에서 이렇게 말했습니다.

"우리는 예수님께 순종하면 큰 성공을 거둘 거라고 생각하는 경향이 있습니다. 그러나 우리가 바라는 것이 곧 하나님의 뜻이라고 단순히 생각하면 안 됩니다. 하나님의 목적은 정반대일 수 있습니다. 우리는 하나님께서 우리가 소원하는 어떤 특별한 목적을 이루어주실 것이라고 생각합니다. 하지만 특별한 목적을 달성하는 것은 그저 부수적인 일일 뿐입니다. 우리가 과정이라고 부르는 것을, 하나님은 '목적'이라고 부르십니다."

순종하면 하나님이 어떤 역사를 이루실 거라고 기대하지 마십시오. 우리가 순종하면 더 어려워질 수 있습니다. 포기해야 할 수도 있습니다. 그러나 그것은 정말 잘한 일입니다. 하나님이 원하시는 일은 순종 그 자체이기 때문입니다. 순종이 곧 성공입니다. 하나님이 가장 기뻐하시는 것은 순종입니다.

아버지의 원대로 하옵소서

주님을 바라보기 시작하면, 즉 주님과의 인격적인 관계에 눈이 뜨이고 나면 그때부터 예수 믿는 우리의 삶은 순종생활입니다.

영성일기를 쓰는 유익 중 하나도 순종이 쉬워진다는 것입니다. 남자 권사님 한 분이 주님을 바라보는 삶과 영성일기를 쓰면서 일어난 첫 변화를 이렇게 간증했습니다. 송구영신 예배를 마치고 집으로 돌아가 먼저는 주님께 용서를 구하고, 그동안 상처를 주어 마음고생이 심했던 아들을 위해 눈물로 기도하며 진심으로 용서를 빌었던 것이라고 말입니다. 그러자 아들이 깜짝 놀라며 "아버지, 왜 그러세요?"라고 의아해했습니다. 아들의 생일 때 편지를 통해서 다시 한번 진심으로 용서를 구했을 때 아들이 그제야 비로소 아버지가 변화된 것을 인정해주었다고 합니다.

다음은 어느 남자 집사님의 간증입니다.

영성일기를 쓰기 시작하고 얼마 뒤 지하철에서 어떤 장애 학생이 자신의 사정을 적은 종이를 한 장씩 나눠주며 도움을 요청했다. 전에는 외면했던 적이 많았는데 그를 보는 순간 긍휼의 마음이 생겨 천 원을 건네주었다. 일을 마치고 돌아오는 지하철에서 그 아이를 또 만났다. 순간 외면할까 하다가 '네가 나를 두 번이나 만난 것도 네 복이다' 싶어 또 천 원을 주었다. 10분쯤 지났는데 어디선가 또 다른 장애 청년이 도움을 요청했다. 순간 망설였지만 주님의 마음으로 그에게도 천 원을 주었다. 아깝다는 생각보다 적지만 줄 수 있다는 사실에 왠지 모를 기쁨이 넘쳤다.

지하철에서 나와 계단을 내려오는데 어느 노숙자이신 듯한 노인이 계단에 쭈그리고 앉아 도움을 요청했다. 그 분을 보는 순간 오늘은 베푸는 날인가 싶어 주저하지 않고 그 분에게 다시 천 원을 주었다. '다 합해도 4천 원밖에 안 되는 적은 돈이지만 평상시 같으면 인색한 마음으로 그냥 지나쳤을 일인데…. 이것이 목사님이 강력하게 추천하신 영성일기의 위력일까?' 하는 생각이 들었다. 삶 속에서 주님의 사랑을 실천하니 행함이 있는 믿음의 자녀라는 생각으로 기쁨이 충만했다.

주님과 동행하면 우리 삶이 바뀌기 시작합니다.
여러분은 다음 질문에 대답할 준비가 되어 있어야 합니다.
"첫째, 어디든지 주님을 따라갈 수 있는가?"
"둘째, 하나님의 뜻이라면 목숨까지도 버릴 각오가 되어 있는가?"
이 질문에 대답할 수 있어야 믿음이 있는 사람입니다. 우리가 이 질문이 부담스러운 것은 평소 순종의 삶을 살지 않았기 때문입니다. 순종의 기쁨을 경험해보지 못했기 때문입니다.
예수님은 십자가를 지시기 전에 겟세마네에서 기도하셨습니다.
"나의 원대로 마시옵고 아버지의 원대로 하옵소서"(마 26:39).
이것이 저와 여러분의 기도가 되어야 합니다. 아무것도 구하지 않은 것 같으나 사실 이 기도가 가장 강력한 역사를 일으키는 기도입니다. 반드시 주님이 함께하시는 삶을 살게 됩니다. 자신은 물론 가정과 교회와 일터를 살려내게 됩니다. 이 기도로 사시기 바랍니다. 가정이나 직장에서 교회에서 우리의 기도는 오직 하나입니다.

"나의 원대로 마시옵고 아버지의 원대로 하옵소서."

그러면 우리 인생 가운데 믿음의 삶이 무엇인지 그대로 드러나게 됩니다. 주님이 역사하시는 인생이 되는 것입니다. 간절한 마음으로 기도하십시오.

"하나님, 이제부터는 나의 원대로 마시고 아버지의 원대로 하소서. 주님이 말씀하시면 제가 온전히 순종하겠습니다."

그렇게 기도하며 결단하시기 바랍니다. 그러면 하나님께서 반드시 우리와 함께하신다는 것을 알게 하시고, 우리가 나아갈 길을 깨닫게 하시고, 우리의 인생 가운데 구원이 무엇인지를 경험하게 해주실 것입니다.

23

결코 포기하지 않으시는 하나님

롬 11:1-36

1 그러면 내가 묻습니다. 하나님께서 자기 백성을 버리신 것은 아닙니까? 그럴 수 없습니다. 나도 이스라엘 사람이요, 아브라함의 후손이요, 베냐민 지파에 속한 사람입니다. 2 하나님께서는 미리 아신 자기 백성을 버리지 않으셨습니다. 여러분은 성경이 엘리야를 두고 하신 말씀을 알지 못합니까? 그가 이스라엘을 고발하여, 하나님께 이렇게 호소하였습니다. 3 "주님, 그들은 주님의 예언자들을 죽이고, 주님의 제단들을 헐어버렸습니다. 남은 것은 나 혼자밖에 없는데, 그들은 내 목숨마저 찾고 있습니다." 4 그런데 하나님께서는 그에게 어떻게 대답하셨습니까? "내가, 바알에게 무릎을 꿇지 않은 사람 칠천 명을 내 앞에 남겨두었다" 하셨습니다. 5 이와 같이, 지금 이 시기에도 은혜로 택하심을 입은 사람들이 남아 있습니다. 6 은혜로 된 것이면, 행위에 근거한 것이 아닙니다. 그렇지 않으면, 그 은혜는 이미 은혜가 아닙니다. 7 그러면 무슨 결과가 생겼습니까? 이스라엘 백성은 찾던 것을 얻지 못하였지만, 택하심을 받은 사람들은 그것을 얻었습니다. 그리고 그 나머지 사람들은 완고해졌습니다. 8 성경에 이렇게 기록한 바와 같습니다. "하나님께서 그들에게는 혼미한 영을 주셨으니, 오늘까지 그들은, 눈이 있어도 보지 못하고 귀가 있어도 듣지 못한다." 9 다윗도 다음과 같이 말하였습니다. "그들의 밥상이 그들에게 올무가 되고 덫이 되게 하여 주십시오. 그들이 걸려 넘어지고, 보복을 받게 하여 주십시오. 10 그들의 눈이 어두워져서 보지 못하게 되도록 하여 주십시오. 그들의 등이 언제나 굽어 있게 하여 주십시오." 11 그러면 내가 묻습니다. 이스라엘이 걸려 넘어져서 완전히 쓰러져 망하게끔 되었습니까? 그럴 수 없습니다. 그들의 허물 때문에 구원이 이방 사람에게 이르렀는데, 이것은 이스라엘에게 질투하는

마음이 일어나게 하려는 것입니다. 12 이스라엘의 허물이 세상의 부요함이 되고, 이스라엘의 실패가 이방 사람의 부요함이 되었다면, 이스라엘 전체가 바로 설 때에는, 그 복이 얼마나 더 엄청나겠습니까? 13 이제 나는 이방 사람인 여러분에게 말합니다. 내가 이방 사람에게 보내심을 받은 사도이니만큼, 나는 내 직분을 영광스럽게 생각합니다. 14 나는 아무쪼록, 내 동족에게 질투심을 일으켜서, 그 가운데서 몇 사람만이라도 구원하고 싶습니다. 15 하나님께서 그들을 버리심이 세상과의 화해를 이루는 것이라면, 그들을 받아들이심은 죽은 사람들 가운데서 살아나는 삶을 주심이 아니고 무엇이겠습니까? 16 맏물로 바치는 빵 반죽 덩이가 거룩하면 남은 온 덩이도 그러하고, 뿌리가 거룩하면 가지도 그러합니다. 17 그런데 참올리브 나무 가지들 가운데서 얼마를 잘라 내시고서, 그 자리에다 돌올리브 나무인 그대를 접붙여 주셨기 때문에, 그대가 참올리브 나무의 뿌리에서 올라오는 양분을 함께 받게 된 것이면, 18 그대는 본래의 가지들을 향하여 우쭐대지 말아야 합니다. 비록 그대가 우쭐댈지라도, 그대가 뿌리를 지탱하는 것이 아니라, 뿌리가 그대를 지탱한다는 것을 명심해야 합니다. 19 그러므로 "본래의 가지가 잘려 나간 것은, 그 자리에 내가 접붙임을 받게 하시려는 것이었다" 하고 그대는 말해야 할 것입니다. 20 옳습니다. 그 가지들이 잘린 것은 믿지 않은 탓이고, 그대가 그 자리에 붙어 있는 것은 믿었기 때문입니다. 그러니 교만한 마음을 품지 말고, 도리어 두려워하십시오. 21 하나님께서 본래의 가지들을 아끼지 않으셨으니, 접붙은 가지도 아끼지 않으실 것입니다. 22 그러므로 하나님의 인자하심과 준엄하심을 생각해 보십시오. 하나님은 넘어진 사람들에게는 준엄하십니다. 그러나 그대가 하나님의 인자하심에 머물러 있으면, 하나님이 그대에게 인자하게 대하실 것입니다. 그렇지 않으면, 그대도 잘릴 것입니다. 23 그러나 믿지 않았던 탓으로 잘려나갔던 가지들이 믿게 되면, 그 가지들도 접붙임을 받게 될 것입니다. 하나님께서는 그들을 다시 접붙이실 수 있습니다. 24 그대가 본래의 돌올리브 나무에서 잘려서, 그 본성을 거슬러 참올리브 나무에 접붙임을 받았다면, 본래 붙어 있던 이 가지들이 제 나무에 다시 접붙임을 받는 것이야 얼마나 더 쉬운 일이겠습니까? 25 형제자매 여러분, 나는 여러분이 이 신비한 비밀을 알기를 바랍니다. 그것은 여러분이 스스로 현명하다고 생각하는 일이 없게 하려는 것입니다. 그 비밀은 이러합니다. 이방 사람의 수가 다 찰 때까지 이스라엘 사람들 가운데서 일부가 완고해진 대로 있으리라는 것과, 26 온 이스라엘이 구원을 받게 되리라는 것입니다. 그것은 성경에 이렇게 기록되어 있는 바와 같습니다. "구원하시는 분이 시온에서 오실 것이니, 야곱에게서 경건하지 못함을 제거하실 것이다. 27 이것은 그들과 나 사이의 언약이니, 내가 그들의 죄를 없앨 때에 이루어질 것이다." 28 복음의 관점에서 판단하면, 이스라엘 사람들은 여러분이 잘 되라고 하나님의 원수가 되었지만, 택하심을 받았다는 관점에서 판단하면, 그들은 조상 덕분에 하나님의 사랑을 받는 사람들입니다. 29 하나님께서 주시는 고마운 선물과 부르심은 철회되지 않습니다. 30 전에 하나님께 순종하지 않던 여러분이, 이제 이스라엘 사람의 불순종 때문에 하나님의 자비를 입게 되었습니다. 31 이와 같이, 지금은 순종하지 않고 있는 이스라엘 사람들도, 여러분이 받은 그 자비를 보고 회개하여, 마침내는 자비하심을 입게 될 것입니다. 32 하나님께서 모든 사람을 순종하지 않는 상태에 가두신 것은 그들에게 자비를 베푸시려는 것입니다. 33 하나님의 부유하심은 어찌 그리 크십니까? 하나님의 지혜와 지식은 어찌 그리 깊고 깊으십니까? 그 어느 누가 하나님의 판단을 헤아려 알 수 있으며, 그 어느 누가 하나님의 길을 더듬어 찾아낼 수 있겠습니까? 34 "누가 주님의 마음을 알았으며, 누가 주님의 조언자가 되었습니까?" 35 "누가 먼저 무엇을 드렸기에 주님의 답례를 바라겠습니까?" 36 만물이 그에게서 나고, 그로 말미암아 있고, 그를 위하여 있습니다. 그에게 영광이 세세에 있기를 빕니다. 아멘.

우리 삶 가운데 가장 행복한 순간은 하나님을 아는 눈이 뜨이는 순간입니다. 우리의 삶은 잔소리나 결심으로 변화되지 않습니다. 오직 하나님의 뜻을 알게 되고, 하나님의 사랑을 알게 되는 순간 변합니다.

저는 국내뿐 아니라 해외에서도 "24시간 주님을 바라보십시오", "영성일기를 써보십시오"라고 증거하며 다닙니다. 하지만 일기 쓰기를 대수롭지 않게 여기는 분들이 있었습니다. 무슨 능력이 나타나는 집회도 아니고, 천사의 말을 듣는 집회도 아니고, '일기'를 쓰라는 집회이니 참석하는 것조차 힘들어하는 이들도 있었습니다.

그러나 실제로 일기를 써보신 분은 깜짝 놀라십니다. 영성일기에 대한 말씀을 영상으로 접한 후 혼자서 6개월 동안 일기를 쓰고 계신 한 남자 권사님을 미국에서 만났습니다. 그 분의 삶이 완전히 달라졌습니다. 영성일기 세미나 소그룹 모임에서 그 분이 만나는 분들에게 얼마나 강력한 증인이 되어주셨는지 모릅니다. 늘 함께하시는 주 예수 님을 만나는 것은 이렇게 놀라운 일입니다.

은혜로 택하심을 입은 사람들

로마서 9,10,11장은 사실 사도 바울이 의도를 가지고 쓴 성경입니 다. 바로 유대인들의 구원 문제를 말씀합니다. "하나님께서 택하신 유 대인이 왜 예수 그리스도의 십자가 복음을 거부하였는가?"라는 질문 에 대한 대답입니다. 참으로 설명하기 어려운 문제입니다. 그런데 사 도 바울은 분명히 말씀합니다. 하나님께서 결코 자기가 택하신 백성 을 버린 것이 아니라고 말입니다.

사도 바울은 먼저 자기 자신을 보라고 말합니다. 그는 도저히 예 수 믿을 사람이 아니었습니다. 그는 히브리인 중에 히브리인이요 율법 으로는 바리새인이요 열심으로는 교회를 박해하고 예수 믿는 자를 핍 박하던 자였습니다. 그런 그가 지금 주 예수님의 사도가 되었습니다. 그러면서 엘리야의 예를 들었습니다.

열왕기상 19장 10-14절에서 엘리야가 "주님, 이스라엘 자손은 주 님과 맺은 언약을 버리고 주님의 제단을 헐었으며, 주님의 예언자들을 죽였습니다. 이제 나만 홀로 남아 있는데 그들이 내 목숨마저 빼앗으 려고 찾고 있습니다" 하고 부르짖을 때, 하나님께서는 "내가 이스라엘 가운데 바알에게 무릎을 꿇지 않은 칠천 명을 남겨두겠다"라고 말씀 하셨습니다.

이것은 유대인들 중에서도 은혜로 택하심을 입은 사람들이 있다는 것입니다.

> …이방 사람의 수가 다 찰 때까지 이스라엘 사람들 가운데서 일부가 완고해진 대로 있으리라는 것과, 온 이스라엘이 구원을 받게 되리라는 것입니다. … 롬 11:25,26

로마서 11장 25절을 보면 이스라엘 사람들 중에 일부가 완고해졌는데, 그것은 이방 사람의 수가 다 찰 때까지라고 합니다. 결국 온 이스라엘이 구원을 받게 될 것인데 사도 바울은 이것을 '신비한 비밀'이라고 했습니다. 하나님께서는 이방인들이 구원을 받고 유대인들이 복음을 받아들이게 되는 일을 계획하셨고, 그것을 사도 바울에게 계시해 주신 것입니다.

이방인의 때가 차다!

로마서 11장은 우리에게도 매우 신비한 말씀입니다. 이 말씀은 단순히 유대인을 위한 예언만이 아닙니다. 세상의 종말에 대한 예언입니다. 그래서 우리에게도 중요합니다.

사도 바울은 "이방인의 충만한 수가 들어오기까지 이스라엘이 더러는 우둔하게 되었다"라고 했는데, 이때 '이방인의 충만한 수'라는 개념이 중요합니다.

예수님께서도 같은 말씀을 하셨습니다.

"그들이 칼날에 죽임을 당하며 모든 이방에 사로잡혀 가겠고 예루살렘은 이방인의 때가 차기까지 이방인들에게 밟히리라"(눅 21:24).

이 말씀은 주후 70년에 로마의 디도(Titus) 장군에 의해 예루살렘이 멸망되면서 문자적으로 이루어집니다. 이때부터 '이방인의 때'가 시작됩니다. 유대인들은 복음을 거부함으로 나라가 없어지게 됩니다. 그리고 복음은 예루살렘을 떠나 안디옥으로 로마로 유럽으로 미국으로 한국으로 계속해서 전 세계에 전해집니다. 복음이 모든 민족에게 전해지는 이것이 '이방인의 때'입니다.

"이 천국 복음이 모든 민족에게 증언되기 위하여 온 세상에 전파되리니 그제야 끝이 오리라"(마 24:14).

예수님은 모든 민족에게 복음이 증거된 후 다시 오실 것이라고 하셨습니다. 이것이 "이방인의 때가 찬다"는 의미입니다. 이 말씀이 기록된 지 2천 년이 지났습니다. 그리고 우리는 그때가 이루어지고 있는 것을 보고 있습니다. 아직까지 자기 민족의 언어로 복음을 듣지 못하는 사람은 극소수에 불과합니다. 어떤 선교학자는 2020년이면 모든 족속의 언어로 성경이 번역될 것이라고 하기도 합니다. 그러니까 이 말씀이 매우 가까운 때에 이루어진다는 것입니다. 지금 역사가 그렇게 가고 있습니다.

그런데 극적인 인류 최후의 드라마가 하나 남아 있습니다. 이스라엘 백성들, 곧 유대인들이 예수님께 돌아오는 것, 바로 이스라엘의 회복입니다.

이와 같이, 지금은 순종하지 않고 있는 이스라엘 사람들도, 여러분이 받은 그 자비를 보고 회개하여, 마침내는 자비하심을 입게 될 것입니다.

롬 11:31

이스라엘 선교사님들은 지금 유대인들 중에 예수를 믿는 사람들이 급증하고 있다고 이구동성으로 이야기합니다. 2천 년 전 사도 바울이 이 말씀을 할 때만 해도 상상이 안 되는 일이었지만 지금은 너무나 놀라운 현실이 되어 있습니다. 사도 바울은 이 비밀을 깨닫게 되었을 때 큰 소리로 하나님을 찬양합니다.

하나님의 부유하심은 어찌 그리 크십니까? 하나님의 지혜와 지식은 어찌 그리 깊고 깊으십니까? 그 어느 누가 하나님의 판단을 헤아려 알 수 있으며, 그 어느 누가 하나님의 길을 더듬어 찾아낼 수 있겠습니까?

롬 11:33

자신도 유대인인 사도 바울은 하나님이 이와 같이 하실 것을 깨닫게 하셨을 때 너무나 감격스러웠습니다. 그러나 오늘 우리는 사도 바울보다 더할 것입니다. 왜냐하면 우리는 2천 년 전 사도 바울이 받았던 이 계시의 말씀이 놀랍게 이루어지는 때에 살고 있기 때문입니다. 복음이 모든 민족에게 전해지고, 유대인들이 예수님께로 돌아오는 이 일이 우리 주님이 재림하시기 전에 이루어질 일입니다.

하나님의 택한 백성

그런데 유대인들이 예수님의 십자가 복음으로 돌아오게 될 것이라는 이 메시지가 곡해되기 쉽다는 것이 참으로 조심스럽습니다. 1948년 5월 14일, 마침내 1900년 이상 나라 없이 떠돌던 유대인들이 이스라엘이라는 국가로 부활하였습니다. 그런데 이 이스라엘이라는 국가의 회복을 로마서 11장의 성취로 보는 견해가 있습니다. 특히 미국에 그런 의견을 가진 분들이 많고 한국 교회 안에도 있습니다.

그러나 그것은 정확한 해석이 아닙니다. 성경의 예언은 이스라엘이라는 나라의 독립과 회복에 초점이 있는 것이 아닙니다. 유대인들이 예수님을 믿게 될 것이라는 것입니다. 그들이 예수님의 복음으로 돌아오는 것과 지금의 이스라엘과 팔레스타인 문제를 서로 연결시키면 안 됩니다. 우리가 친(親) 이스라엘 입장을 취하거나 반(反) 팔레스타인 정책을 지지해야 하는 근거가 되는 것도 아닙니다.

우리는 유대인들도 예수님을 믿게 될 것을 확신하며 그들의 영적 회복을 위하여 기도해야 합니다. 전도도 해야 합니다. 그렇다고 유대인들이 예수를 믿게 되는지 아닌지 한번 지켜보자는 식의 흥미로운 예언으로 로마서 11장을 읽어서도 안 됩니다. 로마서 11장의 핵심 메시지는 '하나님의 사랑'입니다. 하나님은 택하신 자를 항상 지키고 보호하시며 반드시 구원하십니다. 출애굽기는 하나님께서 택한 백성을 반드시 구원하셨다는 메시지이고, 요한계시록 역시 택한 백성을 반드시 구원하신다는 예언입니다.

그러나 문제는 "누가 하나님이 택하신 자냐?" 하는 것입니다. 하나님께서 하나님이 택하신 자를 포기하지 않으시고 반드시 지키시고 구원하시는데, 그렇다면 과연 하나님이 택한 백성은 누구냐 하는 문제가 생깁니다. 우리는 과연 하나님이 택한 백성이라는 확신이 있습니까? 유대인들도 유대인의 혈통이라고 해서 다 유대인이 아니라고 했습니다. 우리도 교회를 다닌다고 해서 다 하나님의 택한 백성이라고 단정할 수는 없습니다. 따라서 우리 자신이 택함 받은 백성이라는 분명한 증거가 있어야 합니다.

주님은 결코 낯선 분이 아니다

택함 받은 백성이란 예수님과 온전히 연합된 자입니다. 우리가 예수님 안에 거하고 예수님이 우리 안에 거하시는 것입니다. 이런 사람이 구원받은 사람이고 택함 받은 사람입니다. 우리가 예수님과 온전히 연합된 자라면 두려워할 것이 없습니다. 종말은 우리를 두렵게 하려고 주시는 메시지가 아닙니다. 그것은 구원받지 못한 사람들에게나 두려운 것입니다. 구원받은 성도에게 우리 주님의 재림의 메시지는 항상 기쁜 것입니다.

"형제들아 너희는 어둠에 있지 아니하매 그 날이 도둑같이 너희에게 임하지 못하리니"(살전 5:4).

예수님이 재림해 오실 때 우리는 예수님의 재림을 결코 도둑같이 맞지 않습니다. 구원받지 못할 자들에게나 그렇지, 택함 받은 자에게 재림은 결코 도둑같이 임하는 것이 아닙니다. 저녁에 남편이나 아내, 또는 자녀가 직장이나 학교에서 돌아와 집에 들어오는 것을 보고 충격을 받아 깜짝 놀라는 사람이 있습니까? 마찬가지로 늘 같이 살았던 주님, 그 주님과 동행하는 사람에게는 주님이 도둑같이 임할 수 없는 것입니다.

"내가 알기에는 나의 대속자가 살아 계시니 마침내 그가 땅 위에 서실 것이라 내 가죽이 벗김을 당한 뒤에도 내가 육체 밖에서 하나님을 보리라 내가 그를 보리니 내 눈으로 그를 보기를 낯선 사람처럼 하지 않을 것이라"(욥 19:25-27).

택함 받은 사람은 재림하신 주님을 만날 때 결코 낯선 사람 만나듯 되지 않습니다. 낯선 사람처럼 주님을 만나게 된다면 그 사람은 택함 받은 사람이 아닙니다. 그러므로 지금 우리가 예수님 안에 있고 예수님이 우리 안에 계시는 이 삶이 얼마나 중요한지 모릅니다.

나는 죽고 예수로 살았어요!

성경은 주님과 우리가 연합한 자라고 계속 말하고 있습니다. 니코스 카잔차키스가 쓴 《성자 프란체스코》(열린책들)에 삽입된 짧은 우화입니다.

옛날에 평생 완전함에 도달하고자 애를 쓴 수도자가 있었습니다. 그는 자신이 가진 모든 것을 가난한 사람들에게 나누어주고 사막으로 들어가 늘 주님만 바라보기를 갈망하며 살았습니다. 그러다 마침내 죽음의 날에 천국 문을 두드렸습니다. 그때 안에서 목소리가 들렸습니다.

"거기 누구시오?"

수도자는 대답했습니다.

"접니다."

그러자 목소리가 대답했습니다.

"여기는 둘이 있을 자리가 없습니다. 돌아가세요!"

수도자는 다시 세상으로 돌아와 열심히 수도생활을 했습니다. 그러다 다시 운명의 시간이 되어 하늘로 올라가 천국의 문을 두드렸습니다.

"거기 누구시오?"

똑같은 목소리가 들렸습니다.

"접니다."

수도자가 대답하자 목소리가 다시 대답했습니다.

"여기는 둘이 있을 자리가 없습니다. 돌아가세요!"

수도자는 다시 세상에 떨어져 전보다 더 치열하게 수도를 하다가 백 살 노인이 되어 죽어 다시금 천국의 문을 두드렸지요.

"거기 누구시오?"

또다시 같은 목소리가 들려왔습니다. 그때 수도자는 황급히 대답했지요.

"당신입니다. 주님, 당신이에요!"

그러자 즉시 문이 열렸습니다.

우리가 예수 믿고 사는 것은 "나는 죽고 예수로 사는 것"이라는 말을 많이 들었습니다. 그러나 그것이 들어서 아는 지식에 불과할 뿐 실제가 아니라면 주님을 만났을 때 "나는 죽고 예수님으로 살았어요!"

라고 대답할 수 없을 것입니다. 십자가의 복음은 우리가 세례받을 때 예수님과 연합하여 옛사람이 죽고 이제는 새 사람이 예수님과 함께 주님의 생명으로 사는 것입니다.

예수님과 연합한 자의 증거

종말이 가까울수록 더욱 우리는 예수님과 연합한 자가 되었는지를 점검해야 합니다. 예수님과 연합한 자의 증거는 사랑입니다.

"너희가 서로 사랑하면 이로써 모든 사람이 너희가 내 제자인 줄 알리라"(요 13:35).

누가 택함 받은 사람인지, 누가 마지막에 구원받을 사람인지 세상 사람들이 다 압니다. 무엇을 보고 압니까? 우리가 서로 사랑하는 것을 보고 압니다. 하나님은 사랑이십니다. 하나님의 택함 받은 자녀 역시 사랑이어야 합니다. 성경은 모든 것이 다 사라지더라도 사랑은 영원히 남는다고 했습니다.

"사랑은 언제까지나 떨어지지 아니하되 예언도 폐하고 방언도 그치고 지식도 폐하리라"(고전 13:8).

사랑하지 못하고 산다면 죽어도 남는 것이 없지만 우리가 사랑하고 산다면 그 사랑은 죽어도 영원히 없어지지 않습니다.

안타깝게도 종말을 외치고 자신을 순결한 주님의 신부라고 주장하는 이들 중에 영적으로 거친 이들이 많습니다. 인터넷에도 주님의 재림을 준비하라는 메시지를 던지는 사이트들이 있는데, 주님의 정결한 신부가 돼라는 식의 표현이 매우 신앙적인 것처럼 보여도 그 주장이 두렵고 어둡고 염세적이고 분리주의적인 경우가 있습니다.

그러나 주님의 거룩한 신부는 분위기가 그렇지 않습니다. 핵심은 사랑입니다. 기쁨이고 감사입니다. 성경을 근거로 한다고 하면서 날짜와 징조만 따지거나 자신들과 함께하지 않는 자들은 다 가짜 신자라고 하거나 "구원받은 사람들끼리 모여 살아야 한다!"고 주장하는 종말론은 조심해야 합니다. '거룩한 신부'라는 집단이 따로 있는 것이 아닙니다. 잘못된 시한부 종말론에 미혹되어서는 안 됩니다. 두려움을 심어주고 사람을 옭아매는 것은 주님의 뜻이 아닙니다.

구원받은 자는 주님이 다시 오신다는 소식을 들으면 마음속으로부터 기뻐합니다. 그들은 늘 사랑하고 살았습니다. 사랑이 택함 받은 자의 증거입니다.

유대인을 품으라

하나님께서 결국 유대인들도 다 구원하실 것을 말씀하시는 이유는 이방인들이 교만한 마음을 품고 유대인들을 멸시하지 말라는 것입니다. 지금은 복음을 거부하지만 그들을 사랑하고 품으라는 것입니다. 구원의 뿌리는 유대인에게서 비롯되었으며 이방인들은 원 가지가 아닌 접붙임을 받은 가지임을 명심하라는 것입니다.

더 두려운 말씀도 하셨습니다.

하나님께서 본래의 가지들을 아끼지 않으셨으니, 접붙은 가지도 아끼지 않으실 것입니다. 롬 11:21

이렇게까지 하나님이 경고하시는 이유는 판단하고 정죄하고 분리하는 것에 대해 말씀하시는 것입니다. 이방인들은 하나님의 인자하심으로 구원받았으니 항상 하나님의 인자하심에 머물러 있어야 합니다. 그렇지 않으면 이방인에게 무서운 일이 일어납니다.

…그대가 하나님의 인자하심에 머물러 있으면, 하나님이 그대에게 인자하게 대하실 것입니다. 그렇지 않으면, 그대도 잘릴 것입니다. 롬 11:22

로마서 11장의 메시지는 결국 마지막 날에 될 일들을 내다보며 이방인이 유대인을 멸시하지 말고 사랑하라는 메시지입니다.

"유대인들을 품으라, 섬기라, 아끼라."

지난 2천 년 동안 우리가 이 말씀대로 했다면 유대인들은 벌써 구원받았을 것입니다. 그러나 안타깝게도 사도 바울이 우려한 일이 지난 2천 년 동안 일어났습니다. 기독교인들이 유대인들을 무자비하게 핍박했던 것입니다. 2차 세계 대전 당시 나치에 의해 6백만 명의 유대인이 학살당한 것은 그 뿌리에 유대인을 혐오하는 기독교인들의 생각이 자리 잡고 있었기 때문입니다. 이렇듯 이방인 기독교인들이 복음을 거절하는 유대인들을 미워하고 멸시하고 교만한 마음으로 대할까 봐 사도 바울이 그렇게 안타까워했던 것입니다. 하나님의 계획은 그렇지 않았지만 안타깝게도 기독교 역사는 그렇게 흘러갔습니다.

주님 맞을 준비

"진정 주님을 맞이할 준비가 되었습니까?"

준비된 주님의 신부는 주 예수님과 동행하는 사람입니다. 그 열매는 사랑으로 소문나는 것입니다. 이것이 종말을 준비하고 사는 사람입니다.

코스타 30주년 감사대회 때, 〈순교〉 영화를 보았습니다. 그 영화에 고(故) 배형규 목사님 이야기가 나옵니다. 그런데 폐회예배 때, 설교자이신 김창근 목사님께서 제주 영락교회에서 목회할 당시 배형규 목사를 만났던 이야기를 하셨습니다. 목사님은 고통스런 얼굴로 영화를 보는 내내 그때 배 목사님을 섬겨주지 못한 것이 너무나 마음 아팠다고 했습니다.

당시 교회에서는 아이들과 학생들이 와서 공부할 수 있도록 공부방을 열어주었는데, 교회에 와서 공부는 하지 않고 노는 아이들이 너무 많아 공부방을 닫게 되었다고 합니다. 그때 청년이었던 배형규 목사가 와서 자신은 어디에도 공부할 데가 없다고 항의하며 울었는데, 그 청년 배형규를 품어주지 못했다는 것입니다. 너무 부끄럽고, 왜 사랑하고 품지 못했는지 깊이 후회가 된다는 고백이었습니다.

저는 하기 힘든 고백을 하시는 그 목사님을 뵈며 깊이 존경하게 되었습니다. 그러면서 저 역시 후배 목사님과 전도사님들 생각이 났습니다. 마음에 들지 않는 이들도 있습니다.

'나는 그 분들을 잘 품어주고 있는가?'

내 생각에 안 맞고 내 마음에 안 든다고 그들을 품지 못했다가 나

중에 주님 앞에 섰을 때 정말 피를 토하는 회개를 할지도 모르는 일입니다. 나는 정말 품어주고 사랑하는 자인지, 주님이 오실 날이 가까울수록 더 그렇게 해야 합니다. 그렇기 때문에 제가 할 일 역시 오직 사랑만 하는 것입니다.

서로 사랑만 하라

여러분, 주님을 맞을 때 후회될 일을 하고 살지는 않습니까? 모든 사람들과 화평하지 못하면 주님을 뵙지 못할 것입니다.

"모든 사람과 더불어 화평함과 거룩함을 따르라 이것이 없이는 아무도 주를 보지 못하리라"(히 12:14).

여러분은 문제없습니까? 주님을 만나 뵐 때가 가까웠습니다. 모든 사람과 화평함을 이루지 못하면 주님을 뵐 수 없을 것입니다. 유대인과 이방인의 문제가 우리 가정에, 우리 교회 안에 있습니다. 주님 오실 때가 가까운 줄 안다면 정말 다른 사람을 판단하고 정죄하는 일을 조심해야 합니다.

"나는 너희에게 이르노니 형제에게 노하는 자마다 심판을 받게 되고 형제를 대하여 라가라 하는 자는 공회에 잡혀가게 되고 미련한 놈이라 하는 자는 지옥 불에 들어가게 되리라"(마 5:22).

화날 일이 있으니 화를 내고 잘못했으니까 비판하는 것이지만 정말 조심해야 합니다. 어떤 분이 저를 찾아오셔서 "절대 그 사람을 용서할 수 없어요! 목사님이 뭐라고 하셔도 저는 용서하지 않을 겁니다"라고 하였습니다. 그래서 제가 그 분에게 말씀드렸습니다.

"주님이 내일 재림하신다고 해도 용서 못하시겠습니까?"

그러자 그 분이 말했습니다.

"그렇다면 용서해야겠지요!"

내일 주님이 오신다고 생각하고 모든 사람과 관계를 맺으시기 바랍니다.

"너희 관용을 모든 사람에게 알게 하라 주께서 가까우시니라"(빌 4:5).

여러분, 우리 모두가 "서로 사랑하라", "네 이웃을 네 몸과 같이 사랑하라"는 이 말씀만 제대로 지키고 살았다면 벌써 세상을 구할 수 있었을 것입니다. 우리의 가정, 일터, 교회에 엄청난 역사가 일어났을 것입니다. "서로 사랑하라"고 하신 이 계명 하나만 끝까지 지키며 삽시다. 그것이 우리가 택함 받은 자라는 증거입니다. 그러면 하나님께서 결코 우리를 포기하지 않으십니다.

우리가 사랑하려고 하기만 하면 하나님께서 그 사람에게 계속해서 사랑을 부어주십니다. 하나님의 사랑이 부어지는 사람만이 다른 사람을 사랑할 수 있습니다. 사랑만 하며 살기 위해서 우리가 더 큰 사랑을 받아야 하기 때문입니다.

그렇기 때문에 24시간 주님을 바라보라는 것입니다. 영성일기를 쓰면서 일어난 변화는 주님과 친밀해지고 주님과 하나가 되고 주님을 사랑하게 되는 것입니다. 사람을 바라보는 눈이 달라집니다. 여기저기서 종말이 가까웠다고 말하는 지금이야말로 24시간 예수님을 바라보며 살아야 할 때입니다.

너희는 이 세대를 본받지 말고
오직 마음을 새롭게 함으로 변화를 받아
하나님의 선하시고 기뻐하시고 온전하신 뜻이
무엇인지 분별하도록 하라

롬 12:2

예수님으로 사십니까?

24

마음을 새롭게 함으로
변화를 받으라

롬 12:1,2

1 형제자매 여러분, 그러므로 나는 하나님의 자비하심을 힘입어 여러분에게 권합니다. 여러분의 몸을 하나님께서 기뻐하실 거룩한 산 제물로 드리십시오. 이것이 여러분이 드릴 합당한 예배입니다. **2** 여러분은 이 시대의 풍조를 본받지 말고, 마음을 새롭게 함으로 변화를 받아서, 하나님의 선하시고 기뻐하시고 완전하신 뜻이 무엇인지를 분별하도록 하십시오.

산부인과 의사 한 분이 재미있는 이야기를 하였습니다. 자연 분만을 하지 못해 수술을 해야 하는 산모가 있어서 마취를 시키기 위해 심호흡을 하라고 했더니 그 산모가 너무 긴장한 나머지 "심호흡, 심호흡"이라고 하더랍니다. 그 이야기를 들으며 많이 웃었지만 깊이 생각하게 하는 것이 있었습니다. 예수 믿는 우리의 모습이 그와 같지 않은가 하는 것입니다.

하나님께서 우리에게 원하시는 것은 단순히 십자가의 복음을 아는 것이 아니라 그 복음으로 사는 것입니다. 세상 사람들이 예수 믿는 사람들을 빈정거릴 때 자주 하는 말이 "말은 잘한다"는 것입니다. 모든 것을 말로만 때우려고 하는 기독교인들의 모습이 그 이야기 속에 담겨 있지 않나 하는 생각이 들었습니다. 사도 바울이 바로 이 이야기를 하고 있습니다. 나는 죽고 십자가의 복음을 알고 있다는 성도들이 어떻게 살아야 하는지 그 삶에 대한 문제를 다루고 있습니다.

삶이 예배입니까?

십자가 복음을 정확히 아는 것은 매우 중요합니다. 그러나 더욱 중요한 것은 십자가 복음으로 사는 것입니다.

"오직 너희는 그리스도의 복음에 합당하게 생활하라"(빌 1:27).

복음에 합당하게 사는 것, 이것이 진짜 복음을 아는 것입니다. 사도 바울은 로마서 12장부터 마지막까지 그 말씀을 하고 있습니다. 나는 죽고 예수로 사는 복음을 알았으면 그 복음으로 살라는 것입니다.

> …여러분의 몸을 하나님께서 기뻐하실 거룩한 산 제물로 드리십시오.
>
> 롬 12:1

이 말씀은 우리의 몸을 하나님께 바치라는 것입니다. 즉, 자신의 몸을 하나님의 것이라 여기고 살라는 것입니다. '산 제물'이란 "살아 있는 제물"이라는 뜻입니다. 제물은 본래 산 짐승을 죽여서 번제로 바치는 것입니다. 그러니까 살아 있을 수가 없는데 제물이면서 여전히 살아 있다는 것을 보면 하나님께 제물로 바쳐졌는데 살아 있다는 것입니다. 즉 "살아 있는 죽음"이라는 의미입니다. 이것이 로마서 6장에 나오는 '나는 죽고 예수로 사는 사람'의 정확한 표현입니다.

예수 믿는 사람은 자신을 하나님께 완전히 바쳐서 살았다고 하지만 죽은 자요, 죽었다고 하지만 살아 있는 자의 삶을 살아가는 사람입니다. 사도 바울은 이것이야말로 진정한 예배라고 말합니다.

이것이 여러분이 드릴 합당한 예배입니다. 롬 12:1

이것은 예배하는 우리가 깊이 새겨야 할 말씀입니다. 요한복음 4장 23절에서는 하나님께서 아버지께 참되게 예배하는 자를 찾으신다고 했는데, 그렇다면 하나님이 찾으시는 예배자는 어떤 사람입니까? 그 예배자란 예배 시간에 예배당에 앉아 있는 사람이 아닙니다. 하나님이 찾으시는 예배, 합당한 예배는 자신의 몸을 하나님께 산 제물로 바치는 것입니다. 삶의 모든 영역에서 자신의 몸을 하나님의 것이라 여기며 사는 사람입니다.

저는 어릴 때부터 예배를 많이 드렸습니다. 하지만 제가 가지고 있던 예배를 잘 드리는 기준은 떠들지 않는 것이었습니다. 예배 시간에라도 떠들지 않는 것을 하나님이 기뻐하시고 하나님이 다 보고 계신다고 하며 매를 들고 예배를 감독하는 선생님이 계셨고, 떠들면 예배 중에라도 뒤로 나가서 벌을 서곤 했습니다. 예배를 잘못 배운 것입니다. 무엇이 예배인지 아무도 제대로 가르쳐주지 않았습니다.

오래전 한국 교회에 철야기도가 한창이던 때가 있었습니다. 한번은 철야기도가 유명하다는 어느 교회에 한 기자가 취재를 갔습니다. 그런데 철야기도를 마치고 나온 교인들이 도로를 무단 횡단하여 길 건너편에 주차되어 있는 차를 타러 가는 것이었습니다. 바로 옆에 육교가 있는데도 말입니다. 그러면서 철야기도 하면 무엇하느냐 하는 조롱 섞인 기사를 읽은 적이 있습니다. 선한목자교회도 진정한 예배의 모습은 주차장과 엘리베이터 앞과 식당에 가봐야 알 수 있습니다. 여러분의 삶이 하나님께 합당하게 드려지는 예배입니까? 여러분의 삶은 예배입니까?

누구에게 바치겠습니까?

자신의 몸을 하나님께 산 제물로 바치라는 것이 너무 지나친 요구라고 여길 분들이 있을 것입니다. 솔직히 저도 이 구절은 설교하기가 부담스러웠습니다. 그런데 이 말씀을 붙들고 기도하면서 깨달아지는 것이 있습니다. 이 말씀의 주제는 우리가 하나님께 "우리 자신을 바쳐야 하느냐, 바치지 않아도 되느냐?" 하는 것이 아니라 "우리 자신을 어디에 바칠 것이냐? 하나님이냐, 세상이냐?" 하는 것입니다.

여러분은 이 시대의 풍조를 본받지 말고 … 롬 12:2

하나님께 우리 몸을 산 제물로 바치라는 말씀은 우리에게 주시는 구원과 축복의 메시지입니다. 우리는 우리 몸을 세상에 바치며 살았습니다. 그래서 우리 인생이 이렇게 어려운 것입니다. 교회에 가서 예배를 드려도 세상 풍조를 따라 삽니다. 우리 몸을 세상에 맡기고 사니까 우리 삶의 문제가 그만큼 심각한 것입니다.

하나님께 바쳐지지 않는 사람은 이 시대의 풍조를 따라 세상에 바쳐진 삶을 산다는 것을 알아야 합니다. 이 시대의 풍조가 무엇입니까? 주님은 마태복음 12장 39절에서 이 시대가 "악하고 음란하다"고 말씀하셨습니다. 여러분, 마귀는 우리가 악하고 음란한 세상 풍조를 본받고 따르게 하게 위해 엄청난 힘으로 역사하고 있습니다. 우리가 보고 듣는 것을 통해 아주 교묘하게 우리 마음을 사로잡습니다. 그렇게 해서 자기가 원하는 길로 끌고 가는 것입니다.

지난 한 주간 어떻게 사셨습니까? 자신의 삶을 진지하게 돌아보십시오. 우리도 모르는 사이에 어떤 힘에 끌려가 1년, 10년, 30년을 산다면 그 결과가 어떨지 상상이 갑니까? 성령께서 사도 바울을 통하여 우리에게 말씀합니다. 속히 구원의 길로 들어서라고 말씀합니다. 진짜 하나님이 주시는 행복한 삶으로 들어서라는 것입니다.

하나님께 자신을 바치지 않는 사람은 세상에 자신을 바치고 사는 것입니다. 이것을 알면 우리 몸을 거룩한 산 제물로 하나님께 드리라는 것은 구원의 메시지요, 놀라운 축복임을 깨닫게 됩니다. 그래서 사도 바울이 이것을 하나님의 자비하심으로 권면하는 것입니다.

…나는 하나님의 자비하심을 힘입어 여러분에게 권합니다. … 롬 12:1

사랑하면 할 수 있는 일

사도 바울은 말만 하지 않았습니다. 자기 자신이 그렇게 살았습니다.

"내가 그리스도와 함께 십자가에 못 박혔나니 그런즉 이제는 내가 사는 것이 아니요 오직 내 안에 그리스도께서 사시는 것이라"(갈 2:20).

바울 자신이 그렇게 살아보니 이것이야말로 인생의 모든 문제에 대한 구원이요, 축복임을 깨달았고 그래서 권하는 것입니다. 다윗은 참 특별한 사람이었습니다. 다윗은 하나님 마음에 맞는 사람(행 13:22)이라고 했습니다. 다윗은 왕이 되려고 하지 않았습니다. 하나님께서 가만있는 다윗을 왕으로 세우신 것입니다. 그러나 다윗은 왕이 되는 것보다 하나님을 더 원했습니다.

"내가 여호와께 바라는 한 가지 일 그것을 구하리니 곧 내가 내 평생에 여호와의 집에 살면서 여호와의 아름다움을 바라보며 그의 성전에서 사모하는 그것이라"(시 27:4).

다윗은 어릴 때부터 들판에서 아버지의 양을 쳤습니다. 한밤중에도 다윗은 홀로 양들을 지켜야 했습니다. 그때 다윗은 악기를 꺼내 들고 하나님께 찬양을 올렸습니다. 그 깊은 밤 들판에서 다윗이 하나님을 찬양할 때 하나님의 마음이 어떠셨을까요? 하나님께서 왜 그토록 다윗을 좋아하셨는지 알 것 같습니다.

그런데 하나님을 믿는다고 해서 다 다윗과 같은 마음을 갖는 것은 아닙니다. 다윗은 혼자 있을 때, 외롭고 힘들 때에도 하나님을 찬양하고 싶어 했습니다. 다윗은 하나님의 법궤가 예루살렘으로 올라올 때 너무 좋아서 춤을 추었습니다. 하나님 앞에서라면 막춤도 출 수 있었던 사람이었습니다.

"다윗이 여호와 앞에서 힘을 다하여 춤을 추는데 그 때에 다윗이 베에봇을 입었더라"(삼하 6:14).

몸이 드러나도록 뛰놀며 춤추는 다윗을 그의 아내 미갈도 이해하지 못했습니다. 아니 비웃었습니다. 그래도 다윗은 좋았습니다. 그토록 하나님을 좋아하고 사랑했습니다. 이렇게 하나님을 믿는 사람에게는 자신의 몸을 산 제물로 하나님께 바치는 것이 기쁨이고 행운이고 감사입니다. 다윗과 같은 하나님의 사람들은 다 그랬습니다. 자신의 몸을 산 제물로 바치는 것을 모두 다 부담스러워하는 것은 아닙니다.

결혼식에 모인 사람들은 한결같이 모두 기뻐하고 결혼하는 사람들을 축복합니다. 그런데 사실 결혼은 자신을 배우자에게 완전히 바치는 행위입니다. 만약 사랑이 없다면 결혼은 두려운 일이고 어리석은 일일 것입니다. 한 남자가 한 여자에게 자기 인생을 다 맡기고, 한 여자가 한 남자에게 자기 인생을 다 맡깁니다. 얼마나 무모한 일입니까? 그러나 서로 사랑하기 때문에 부부로 살아가게 된 것을 함께 기뻐하고 축복하는 것입니다.

하나님께 자신을 산 제물로 드리는 것도 마찬가지입니다. 사랑이 없다면 우리 몸을 하나님께 산 제물로 바치는 것이 두렵고 부담스럽습니다. 이 말씀이 자비로운 권면으로 들리지 않습니다. 이것이 하나님을 믿지만 하나님의 사랑은 모른다는 증거이기도 합니다. 우리 안에 하나님을 향한 눈이 뜨이고 하나님을 사랑하는 마음이 일어나지 않으면 우리는 절대로 이 말씀에 순종할 수 없습니다.

변화를 받으라!

그래서 사도 바울이 "마음을 새롭게 함으로 변화를 받으라"고 하는 것입니다.

여러분은 이 시대의 풍조를 본받지 말고, 마음을 새롭게 함으로 변화를 받아서, 하나님의 선하시고 기뻐하시고 완전하신 뜻이 무엇인지를 분별하도록 하십시오. 롬 12:2

"목사님, 우리가 정말 자기 십자가를 지고 주님을 따라갈 수 있겠습니까?"라고 묻는 사람이 있습니다. 그렇습니다. 십자가의 길을 가는 것은 참으로 어렵습니다. 그러나 너무 쉬운 길이기도 하다는 사실을 알아야 합니다. 너무 행복한 길입니다. 주님은 분명히 "내 멍에는 쉽고 내 짐은 가볍다"고 말씀하셨습니다.

"이는 내 멍에는 쉽고 내 짐은 가벼움이라 하시니라"(마 11:30).

어떻게 십자가를 지고 주님을 따르는 것이 쉽고 가벼울 수 있을까요? 예수님과 함께하기 때문입니다. 사랑하는 사람과 함께라면 힘들고 어려운 길을 가더라도 사랑하기 때문에 힘들고 어렵게 느껴지지 않는 것입니다. 그러니 내 안에 예수님이 함께 계시고 내가 그 주님을 사랑하도록 내 마음이 변하는 것, 그것이 열쇠입니다. 하나님은 우리에게 우리 삶을 구원해주시는 놀라운 길을 보여주셨습니다. 그것은 내 몸을 하나님께 산 제물로 바치는 것입니다.

'하지만 내 마음은 아직 준비 안 됐어. 내 몸을 하나님께 산 제물로 바치는 것이 기쁨이고 구원이고 행복이라고 느껴지지 않아.'

아직까지 이런 분들이 많을 것입니다. 그러나 그런 마음이 든다고 낙심하지 마십시오. 죄책감에 사로잡힐 필요도 없습니다. 단 그 때문에 이 말씀을 외면하지는 마십시오. 아직까지 우리 마음에 아무 변화가 없을지라도 우리는 이제 곧 우리 몸을 하나님께 산 제물로 바치는 것이 축복이고, 행복이고, 구원이고, 하나님이 내게 주신 선물이라고 여겨질 때가 오리라는 것을 기대해야 합니다. 그렇게 될 것입니다. 하나님이 하실 것입니다. 우리 마음을 바꾸시는 분은 하나님이십니다.

하나님께서 얼마나 놀라운 일을 이미 이루어놓으셨는지 성경이 말씀하고 있습니다.

"우리가 알거니와 우리의 옛사람이 예수와 함께 십자가에 못 박힌 것은 죄의 몸이 죽어 다시는 우리가 죄에게 종노릇하지 아니하려 함이니"(롬 6:6).

우리의 옛사람은 예수님이 십자가에 못 박히셨을 때 죽었습니다. 이미 하나님이 하셨습니다. 우리의 옛사람이 예수님과 함께 죽었습니다. 하나님이 다 이루어놓으셨습니다.

"그런즉 누구든지 그리스도 안에 있으면 새로운 피조물이라 이전 것은 지나갔으니 보라 새 것이 되었도다"(고후 5:17).

하나님이 다 하셨고 저와 여러분에게 이미 이루어진 일입니다. 우리에게 하라고 하신 것이 아닙니다. 하나님께서 다 이루어놓으셨습니다.

"마음을 새롭게 하라"(2절)고 하였는데 우리 마음을 새롭게 하시는 분 역시 하나님이십니다.

"너희 육신에서 굳은 마음을 제거하고… 또 내 영을 너희 속에 두어 너희로 내 율례를 행하게 하리니 너희가 내 규례를 지켜 행할지라"(겔 36:26,27).

성령을 우리 가운데 보내주셔서 우리 속의 굳은 마음을 제거하고 부드러운 마음을 주실 것입니다. 그래서 "변화를 받으라"(2절)고 하시는 것입니다. 하나님이 우리에게 변화를 주실 테니 그것을 받으라고 말씀하신 것입니다.

하나님이 하시는 일

저는 아버지를 닮아서 성격은 온순한 편이지만 마음속에 분노가 많았습니다. 대단히 비판적인 사람이었습니다. 잘못하는 사람들을 보면 마음이 불편했고 속으로 정죄하였습니다. 사람들 보기에 반듯하게 사는 것처럼 보여도 하나님의 은혜와는 거리가 멀었습니다.

그런데 1984년 회심을 경험했을 때, 저의 죄가 깊이 깨달아졌습니다. 하나님께서 제가 어떤 죄인인지 보게 하셨습니다. 그러자 죄 사함의 은혜, 하나님의 사랑에 대한 확신이 제 마음이 들어왔습니다. 그리고 완전히 바뀌었습니다. 사람을 보는 눈도, 나를 바라보는 눈도 달라졌습니다. 하나님께서 제 마음을 터치하기 시작하시니까 삶이 완전히 달라졌습니다.

제가 목사가 되고 난 다음 어떻게든 교회를 크게 성장시키는 목회를 하고자 몸부림치던 어느 날, 하나님께서는 제게 십자가의 예수님 앞에 서는 체험을 하게 해주셨습니다. 그때 저는 십자가에 달리신 예수님의 양손과 발, 머리에서 흐르는 피, 옆구리와 심장에서 쏟아지는 피를 보았습니다. 저는 그 십자가 앞에 고꾸라져 울었습니다. 우는 것 말고는 할 것이 없었습니다.

그런데 그 체험을 하고 난 뒤, 제 마음 안에 무엇인가 꺾어진 것을 느꼈습니다. 성공에 대한 열망이 꺾어진 것입니다. 주님의 십자가를 바라보고 하나님의 사랑이 얼마나 놀라운지 알고 나니까 더 이상 성공해야겠다거나 큰 교회를 이루어야겠다는 마음이 없어져버렸습니다. 마음의 소원은 오직 하나님을 더 알고 싶고, 주님과 온전히 하나가 되고 싶은 것밖에 없었습니다.

하나님이 하시니까 되었습니다. 그것은 전적으로 하나님이 하셨습니다. 사람의 마음을 완전히 뒤바꿔주시는 분은 하나님이십니다. 하나님이 그렇게 하십니다. 마음 깊이 십자가의 은혜를 느낀 것뿐인데, 제 안에 엄청난 변화가 일어났습니다. 저를 향한 하나님의 사랑이 무엇인지, 또 얼마나 큰지 알았습니다. 감사만 나왔습니다. 목회에 대한 생각도, 사람을 보는 눈도 달라졌습니다.

내 마음을 주께 활짝 엽니다

하나님은 우리 마음을 바꾸어주시는 분입니다. 그러나 가만있으면서 마음에 변화가 오기만 기다리라는 것은 아닙니다. 우리가 세상만 바라보고 사는데 주님이 우리 마음을 바꾸실 수는 없습니다. 우리가 해야 할 일이 있습니다. 그것은 우리가 주님께 마음을 여는 것입니다. 예수님을 마음에 영접하고, 주님이 왕이심을 진짜 믿고 고백하며 나아가는 것은 전적으로 우리가 해야 할 일입니다.

"볼지어다 내가 문 밖에 서서 두드리노니 누구든지 내 음성을 듣고 문을 열면 내가 그에게로 들어가 그와 더불어 먹고 그는 나와 더불어 먹으리라"(계 3:20).

문은 주님이 열어주시지 않습니다. 우리가 열어야 합니다. 주님께 마음의 문을 활짝 열었는지 아닌지는 우리가 잘 압니다.

"예수님, 제 마음에 오세요. 제가 기쁨으로 영접합니다. 저의 왕이 되어주세요."

주님을 마음에 영접하십시오. 그것을 믿음으로 고백해야 합니다. 그러면 주님의 뜻이 무엇인지 분별력이 생깁니다.

…하나님의 선하시고 기뻐하시고 완전하신 뜻이 무엇인지를 분별하도록 하십시오. 롬 12:2

우리가 마음에 예수님을 영접하고, 그 예수님을 왕으로 모시고 살기를 갈망하면, 마음에 놀라운 일이 일어납니다.

스티븐 메트카프 선교사님의 전기인 《어둠 속에 빛나는 등불을 들고》(쿰란출판사)라는 책이 있습니다. 이 선교사님은 영국인으로 중국에서 태어나 십대 때 2차 대전을 겪으며 일본 포로수용소에서 말할 수 없이 고생스런 시절을 보낸 분입니다. 일본군의 잔혹함을 보며 일본인을 증오하였는데, 그 수용소에서 에릭 리들 선교사를 만나면서 인생이 바뀝니다.

에릭 리들 선교사님은 1924년 파리 올림픽의 금메달리스트입니다. 잘 아시는 《불의 전차, 그리고 그 후》라는 영화와 책도 있습니다. 그는 육상 100미터가 주종목이었고 가장 유력한 금메달 후보였는데도, 결승전이 주일에 열려서 경기를 포기한 것으로 유명합니다. 그런데 그의 재능을 아까워한 이들이 400미터 경기에 출전하도록 하여 세계 신기록으로 금메달을 땄습니다. 그러나 그는 모든 명예와 부를 포기하고 중국 선교사로 헌신하였고 일본 포로수용소에서 뇌종양으로 세상을 떠나게 됩니다.

메트카프 선교사는 그런 그와 성경공부를 하다가 "원수를 사랑하라"는 말씀으로 논쟁하게 되었습니다. 메트카프 선교사에게 원수는 일본입니다. 자신과 가족을 힘들게 하고 무서운 죄를 짓는 일본을 사랑할 수가 없는 것입니다. 그때 에릭 리들 선교사님이 메트카프에게 일본인을 사랑하라고 가르쳤습니다. 도저히 할 수 없다고 했을 때 그들을 위해 기도해보라고 권합니다. 기도도 하기 싫었지만 그것도 못한다고 할 수 없어 억지로 일본 사람을 위해 기도하다가 그의 마음이 뒤집어지고 말았습니다. 전쟁이 끝나고 난 뒤 그는 일본 선교사로 가게 되었습니다.

주님이 내 속을 바꾸십니다. 우리가 그것을 경험해야 합니다. 그때 비로소 '내 몸을 하나님께 산 제물로 바치는 것이 진짜 내가 살길이구나! 왜 그것을 몰랐을까? 내가 정말 바보같이 살았구나!' 하고 깨닫게 됩니다.

가장 복된 삶

참 은혜로운 세례 간증문을 읽은 적이 있습니다.

"왕국이 있었습니다. 지혜롭고 전능하신 힘을 가진 왕이 다스리고 있었습니다. 그 왕국에 성곽을 지키는 장수 중 무술이 뛰어나고 지혜와 능력을 갖춘 사람이 있었습니다. 자신의 능력과 지혜에 감사할 줄 알았고 맡겨진 일에 성실했으며 행복한 가정을 이루며 살았습니다.

그러던 어느 날 왕의 부름을 받았습니다. 왕에게 충성을 맹세했고 적으로부터 왕국을 지키라는 명령을 받았습니다. 그런데 왕은 그에게 칼을 버리라고 하셨습니다. 갑옷을 벗으라고 하셨습니다. 성곽 밖으로 나가 적을 물리치되 주어진 권세를 쓰지 말고 다만 사랑으로 적을 물리치라고 하셨습니다. 자신의 무기와 능력과 지혜를 쓰면 쉽게 적을 물리칠 수 있는데도 이것을 사용하지 말고 단지 사랑으로 적을 승복시키라고 하십니다.

저는 성령을 의지합니다. "선으로 악을 이기라", "너희를 박해하는 자를 위하여 기도하라"고 하시는 말씀에 순종하는 것은 고통이 따르는 일입니다. 하지만 저는 하나님의 군병으로서 하나님의 명령에 승복하겠습니다."

이 분은 진짜 예수를 믿은 사람입니다. 예수를 믿는 것은 이렇게 마음이 뒤바뀌는 것입니다. 여러분, 사도 바울이 하나님의 자비하심으로 권하는 이 권면 "너희 몸을 하나님이 기뻐하시는 산 제물로 드리라", 이 삶이 가장 복된 삶입니다. 그러나 우리 마음에 변화가 없으면 도저히 깨닫지 못하고 실천할 수도 없습니다. 예수님을 마음에 왕으로 영접하고 24시간 주님을 바라보며 살아야 주님이 우리 마음을 새롭게 변화시켜주실 수 있습니다.

평생 24시간 주님을 바라보는 일에 자신이 없는 분이 있을 것입니다. 그렇다면 하루만 해보시기 바랍니다. 하루는 다 하실 수 있습니다.

마크 배터슨 목사님이 《올인》(규장)에서 이렇게 말했습니다.

"여러분이 알코올 중독이나 거식증을 평생 잘 이겨낼 수 있을지 저는 잘 모릅니다. 그러나 오늘 딱 하루 동안은 그 싸움에서 이길 수 있다는 것을 믿을 수 있을 것입니다. 그렇습니다. 다음 주나 다음 해를 걱정하지 마십시오. 오늘 하루를 충실하게 살아보십시오. 24시간 동안 유혹을 뿌리칠 수는 없겠습니까? 유혹과의 싸움에서 오늘 하루 동안은 이길 수 없겠습니까? 저는 당신이 분명히 이길 수 있다는 것을 압니다. 그것은 당신도 알고 원수 사탄도 압니다. 내일 일은 내일에 맡기십시오!"

여러분, 하루만 온전히 주님을 바라보며 살아보시기 바랍니다. 오늘 하루만 자신의 몸을 하나님께 산 제물로 바쳐보십시오. 그러면 자신의 몸을 하나님께 맡기고 사는 것이 얼마나 놀라운 삶인지 알게 될 것입니다. 한 번도 경험해보지 못한 삶, "이것이 구원이구나! 이것이 살길이구나!" 하는 감이 올 것입니다. 오늘 하루만 주님을 의식하며 살아보십시오. 하루는 할 수 있을 것입니다. 그러면 계속해서 주님만 바라보며 살고 싶어질 것입니다. 그 다음에는 주님이 이끄실 것입니다. 여러분 안에 갈망이 일어나게 될 것입니다.

내일 일은 내일의 주님께 맡기십시오. 내일은 내일 주님이 역사하실 것입니다.

25

우리는 예수님 안에서 한 몸입니다

롬 12:3-8

3 나는 내가 받은 은혜를 힘입어서, 여러분 각 사람에게 말합니다. 여러분은 스스로 마땅히 생각해야 하는 것 이상으로 생각하지 말고, 하나님께서 각 사람에게 나누어주신 믿음의 분량대로, 분수에 맞게 생각하십시오. **4** 한 몸에 많은 지체가 있으나, 그 지체들이 다 같은 일을 하는 것이 아닙니다. **5** 이와 같이, 우리도 여럿이지만 그리스도 안에서 한 몸을 이루고 있으며, 각 사람은 서로 지체입니다. **6** 하나님께서 우리에게 주신 은혜를 따라, 우리는 저마다 다른 신령한 선물을 가지고 있습니다. 가령, 그것이 예언이면 믿음의 정도에 맞게 예언할 것이요, **7** 섬기는 일이면 섬기는 일에 힘써야 합니다. 또 가르치는 사람이면 가르치는 일에, **8** 권면하는 사람이면 권면하는 일에 힘쓸 것이요, 나누어주는 사람은 순수한 마음으로, 지도하는 사람은 열성으로, 자선을 베푸는 사람은 기쁜 마음으로 해야 합니다.

저는 어려서부터 교회에서 자랐습니다. 그러니 교회가 어떤 곳인지 얼마나 잘 알겠습니까? 그런데 제가 알고 있는 교회는 언제나 문제가 많았습니다. 교회가 이 땅에 있는 천국이라고 도저히 믿을 수가 없었습니다. 저는 큰 교회가 좋은 교회인 줄 알고 너무나 부러워했습니다. 그러나 아니었습니다. 작은 교회든 큰 교회든 똑같았습니다. 오히려 큰 교회는 문제가 더 많은 교회일 뿐이었습니다. 그때까지 교회가 무엇인지 몰랐던 것입니다.

교회의 DNA, 예수님

교회에 다니는 분들 중에 지금도 교회가 무엇인지 모르는 분들이 많습니다. 그런데 예수님은 마태복음 16장 16-18절에서 "주는 그리스도시요 살아 계신 하나님의 아들입니다!"라고 고백한 베드로에게 "내 교회를 세우리라"고 하셨습니다. 교회의 주인이 누구인지 명확히 밝히신 것입니다. 교회는 본질적으로 예수님의 교회입니다. 교회의 씨, 교회의 DNA는 예수님입니다. 교회는 예수님을 그리스도이자 하나님의 아들이라고 분명히 고백하는 사람들이 모인 곳입니다.

오순절 마가의 다락방에 120명이 모여서 기도하다가 성령이 임하여 생긴 것이 교회입니다. 예수 그리스도께서 영으로 성도들의 마음에 임하면 교회가 되는 것입니다. 그러니까 교회는 기도하는 성도들의 마음에 예수 그리스도가 영으로 임하실 경우에 이루어지는 것입니다. 그것이 교회입니다. 교회는 예배당의 크기나 교인 수가 중요하지 않습니다. 주 예수님이 함께하시느냐가 중요합니다.

그동안 우리는 로마서 1장부터 8장까지 예수 믿는 것이 무엇인지, 십자가 복음이 무엇인지 살펴보았습니다. 예수 믿는 것이 무엇입니까? 예수님과 함께 나의 옛사람이 십자가에서 죽고 예수님과 함께 부활의 생명으로 사는 것입니다. 그것이 사실이라면 누구든지 하나님께 자신을 산 제물로 바치게 됩니다. 그들이 가장 먼저 그런 삶을 실천하는 곳이 바로 교회입니다.

하나님께 자신을 산 제물로 바쳤는지 안 바쳤는지는 그 사람이 이룬 교회를 보고 알 수 있습니다. 하나님은 우리에게 교회의 크기에 대하여 말씀하지 않으셨습니다. 성경을 아무리 뒤져보아도 그런 개념이 없습니다. 장로교단, 감리교단 같은 교파 개념도 없습니다. 하나님이 원하시는 교회는 하나밖에 없습니다. 예수님께서 그 사람 마음의 중심에 임하셔서 그 사람이 '예수님의 사람'이 되고, 그런 두세 사람이 모이면 그것이 '교회'입니다.

사도 바울은 본문 로마서 12장 3-8절에서 우리가 '나는 죽고 예수로 사는 복음'으로 살기 위하여 자신의 몸을 하나님께 산 제물로 드렸다면, 그 첫째 증거가 성도들과의 관계, 곧 교회에서 나타나야 한다고 말씀합니다. 우리가 우리 자신을 하나님께 산 제물로 바친다는 것은 정말 놀라운 일입니다. 그 사람은 완전히 뒤바뀐 인생을 살 것입니다. 그렇다면 그런 사람 두셋이 모이면 어떻게 되겠습니까? 한 사람의 인생이 바뀌는 것과 또 다른 놀라운 역사가 일어납니다. 이것이 예수님이 주님이신 공동체, 교회의 원형입니다.

소그룹 공동체

"두세 사람이 내 이름으로 모인 곳에는 나도 그들 중에 있느니라"(마 18:20).

모든 사람이 우리 안에 예수님이 함께 계신다는 것을 알게 됩니다. 이것이 분명하면 훌륭한 교회입니다. 성경이 말하는 교회 크기는 두세 사람이면 충분합니다. 성경이 묻는 것은 단순합니다.

"교인들이 다 하나님께 산 제물로 자신을 바쳤느냐?"

"예수님이 정말 그들의 주님이시냐?"

한 장로교회에서 장로 후보 한 사람이 면접 질문을 받았습니다.

"교회의 주인은 누구입니까?"

이분이 즉시 대답했습니다.

"장로입니다."

그는 바로 시험에서 떨어졌습니다. 그 분이 나오면서 혼잣말로 중얼거렸습니다.

"목사인가?"

이렇게 교회의 주인이 누구인지 모르는 사람이 많습니다. 말은 예수님이 주인이라고 해도 실제로 교회 주인이 예수님인지 아닌지 구분이 안 되는 경우가 많습니다. 우리는 큰 교회를 세우려고 하지 말고 진정한 교회를 세우기 위해 힘써야 합니다.

엄밀히 말하면 '속회'(구역, 순, 목장)가 교회입니다. 선한목자교회는 연합교회일 뿐입니다. 그렇기 때문에 반드시 속회에 들어가도록 권하는 것입니다. 이제부터 교회에 대한 말씀을 들을 때, 여러분이 속한 속회를 생각하시기 바랍니다. 속회는 정말 놀라운 교회입니다. 예수님이 마음의 중심에 계신 것을 믿고, 그 예수님을 왕으로 고백하는 사람들이 두세 명만 모인다면, 우리 속회는 놀라운 천국 공동체가 될 것입니다. 그리고 그런 천국 공동체가 있으면 선한목자교회는 좋은 교회입니다.

아무리 사람들이 많이 모여도 속회 공동체가 예수님이 주인이신 공동체로 형성되지 않았다면 껍데기일 뿐입니다. 하나님이 이 교회를 기뼈 받으시지 않습니다. 그래서 저는 여러분이 속해 있는 속회가 진짜 교회가 되도록 돕기 원합니다. 여러분 중에 속회 공동체에 참여하지 않는 분이 있습니까? 그렇다면 그 분은 엄밀히 말해서 교인이 아닙니다. 여러분에게 진짜 교회가 없는 것입니다. 소그룹 공동체가 있어야 비로소 그 사람은 교회에 속한 사람입니다.

한 몸 공동체

예수님이 주인이신 교회의 가장 큰 특징은 성도가 연합하고 하나 되는 것입니다. 진짜 교회인지 아닌지는 여기에서 결정됩니다. 그렇다 면 연합의 정도가 어디까지입니까? 사도 바울은 "한 몸을 이루는" 것 이라고 말씀합니다.

> …우리도 여럿이지만 그리스도 안에서 한 몸을 이루고 있으며, 각 사람 은 서로 지체입니다. 롬 12:5

어떻게 별개의 사람들이 한 몸일 수 있습니까? '그리스도 안'에서는 가능합니다. 이것이 바로 교회의 비밀입니다. 복음은 예수님과 우리가 한 몸이라는 것입니다. 우리가 예수님과 연합하여 옛사람이 십자가에 죽고 이제는 부활의 생명으로 살아가는 것입니다. 이 사실을 진짜 믿 는다면, 오히려 나와 똑같이 예수와 함께 죽고 예수님으로 사는 그 사 람과 내가 한 몸이 되지 않는 그 일이 불가능한 것 아닐까요?

십자가의 복음은 예수님과의 관계만을 말하는 것이 아닙니다. 같은 예수님을 믿는 모두가 하나가 되는 것입니다. 이것이 예수님이 주인이신 교회, 왕이신 교회의 특징입니다. 그래서 교회 안에 놀라운 연합이 일어나는 것입니다.

십자가에서 우리가 예수님과 한 몸이 된 것을 믿는 것이 구원받을 믿음입니다. 이 믿음이 진실하다면 같은 믿음을 가진 성도들끼리도 한 몸이라는 것이 믿어져야 옳을 것입니다. 그때 교회는 이 땅에서 경험하는 천국이 됩니다.

'야, 교회라는 건 이런 거구나. 이렇게 아름다운 거구나. 이렇게 능력 있는 거구나. 이런 기적을 만들어낼 수 있구나.'

우리는 이 은혜를 성찬식에서 회복합니다. 성찬의 은혜는 주님과 하나가 되는 것입니다. 주님의 살과 피를 먹고 마시면서 주님과 내가 한 몸이라는 것을 다시 회복하는 것입니다. 뿐만 아니라 한 떡과 한 포도주를 마시는 우리 모두가 한 몸이라는 것입니다. 따라서 성찬을 받을 때 믿음의 형제끼리 갈등하고 싸우면 성찬을 받을 자격이 없습니다. 어떻게 내 몸을 깨뜨리고 주님과 하나라고 하는 믿음의 예식에 참여할 수 있겠습니까? 그래서 성찬을 받기 전에 제일 먼저 주님과 내가 한 몸인 것을 회복하고 확인하는 시간을 가져야 합니다. 주님께 지은 죄도 회개해야 하지만 믿음의 형제와 다툰 것도 회개해야 합니다.

선한목자교회는 새가족으로 등록하면 10주라는 비교적 긴 등록 기간을 갖습니다. 이것을 힘들어하는 분들이 있지만 다 까닭이 있습니다. 이전에 저는 교인을 백화점이나 보험회사의 고객처럼 생각했습니다. 교회가 마치 회원을 많이 모아야 하는 회사 같았습니다. 그때는 어떤 사람이든지 교회에 오기만 하면 붙잡아야 한다고 생각했습니다. "우리 교회는 좋은 교회이니 다른 교회에 가지 말고 우리 교회에 등록하세요!"라고 하듯이 예배도 설교도 교회 프로그램도 다 고객 만족이 목적이었습니다. 교인들에게 세일즈를 한 것입니다.

그러나 교회가 예수님의 몸인 것과 성도들이 한 몸인 것을 알고 나니, 한번 온 사람을 무조건 교인이라고 할 수 없음을 알았습니다. 결혼도 얼마나 신중하게 합니까? 생전 모르던 남녀가 교제하고, 알아가고, 부부가 되기로 약속하고, 양가에 인사하고, 결혼식 준비를 하고, 결혼식을 합니다. 그다음 한 남자와 한 여자가 한 몸을 이룹니다. 따라서 주님이 이 교회에 그 사람을 보내셨는지 확인하는 것은 교회와 그 사람에게 서로 유익한 일입니다. 그래서 10주라는 특별한 등록 절차를 만든 것입니다. 새가족 환영의 시간은 마치 결혼식과 같은 시간입니다.

진정한 교회 세우기

처음 예수를 믿은 사람은 어떻게 해서든지 교회가 도우려고 합니다만 다른 교회를 다니던 분들에게는 우리 교회에 등록하라고 권하기 어렵습니다. 좋은 교회를 찾아다니는 분들이 많은데 이것은 좋은 태도가 아닙니다. 좋은 가정을 찾아다니는 사람이 있습니까? 좋은 가정은 만드는 것입니다. 헌신하고 기도하는 만큼 좋은 가정이 되는 것입니다. 교회는 가정과 같습니다. 힘들고 어려운 여건 속에서 헌신하고, 믿음으로 연합하고, 주님 안에서 교회를 세워가야 그 교회가 진짜 내 교회가 되는 것입니다. 좋은 교회, 진정한 교회는 세워가야 할 대상이지 찾아다닐 대상이 아닙니다.

우리 교회가 힘든 이유는 일이 많거나 헌금을 강요하기 때문이 아닙니다. 어디서나 가장 힘든 것은 사람입니다. 어느 교회나 좋은 사람, 사랑스러운 사람만 있지는 않습니다. 너무 실망스럽고 심지어 화가 나는 사람도 있습니다. 그러나 가족이기 때문에 서로 있는 모습 그대로를 나눠야 합니다. 어느 집안이나 대책 없는 삼촌도 있고 속 터지는 이모도 있지만, 그렇다고 삼촌이 아니고 이모가 아니라고 할 수 없는 것처럼 가족은 선택이 아닙니다.

우리가 예수님을 잘 믿는지 여부는 정말 싫은 사람, 함께하기 싫은 사람과 어떻게 하나가 되느냐에 달려 있습니다. 좋은 사람하고만 다닌다면 그것은 예수님을 잘 믿는 증거가 아닙니다. 하나 되기 부담되는 사람, 좋은 사람이 아닌 사람을 향해 내가 어떤 태도를 갖느냐가 중요합니다.

자신이 하나님께 어떤 사람이었는지 생각해보십시오. 우리는 지옥에 갈 수밖에 없는 죄인이었습니다. 예수님께서 우리를 위해 십자가에서 죽으시고, 우리는 그분의 자녀가 되는 은혜를 받았습니다. 그러면 우리도 당연히 그렇게 해야 합니다. 어떤 사람을 보니 수준이 낮고, 경우도 없고, 생각하는 것도 비뚤어져 있습니까? 그렇다면 바로 기도해 보아야 합니다. 하나님이 그를 사랑하시고, 예수님이 그를 위해 십자가에서 죽으셨다면 나도 그를 사랑해야 하는 것입니다. 예수님께서 나 같은 죄인을 십자가에서 용서하시고 나와 한 몸이 되어주신 것을 정말 믿는다면 문제가 많은 사람이라도 달리 대하게 됩니다.

"주님이 그도 사랑하실까?"

그 답이 "아멘"이라면 우리도 그를 사랑해야 합니다.

우리 주님께 하라!

마가의 다락방에 모인 사람들에게 성령이 임한 후에 생긴 교회는 천국 같았습니다.

"믿는 사람이 다 함께 있어 모든 물건을 서로 통용하고 또 재산과 소유를 팔아 각 사람의 필요를 따라 나눠주며"(행 2:44,45).

천국에서나 가능한 일이 어떻게 일어날 수 있습니까? 주님이 그들의 마음에 임하셨기 때문입니다. 예수님이 그들의 마음에 오시고 나니 사람들과의 관계가 달라졌습니다. 주님을 향하여 눈이 뜨였는데, 기적은 사람들 사이에서 일어난 것입니다.

마태복음 25장에는 사람들이 주님 앞에 가면 주님은 그들을 오른쪽, 왼쪽에 세우신다고 했습니다. 그리고 오른쪽에 있는 사람들에게 말씀하십니다.

"내가 주릴 때에 너희가 먹을 것을 주었고 목마를 때에 마시게 하였고 나그네 되었을 때에 영접하였고 헐벗었을 때에 옷을 입혔고 병들었을 때에 돌보았고 옥에 갇혔을 때에 와서 보았느니라"(마 25:35,36).

그러자 의인들이 당황하여 말했습니다.

"주여 우리가 어느 때에 주께서 주리신 것을 보고 음식을 대접하였으며 목마르신 것을 보고 마시게 하였나이까 어느 때에 나그네 되신 것을 보고 영접하였으며 헐벗으신 것을 보고 옷 입혔나이까 어느 때에 병드신 것이나 옥에 갇히신 것을 보고 가서 뵈었나이까"(마 25:37-39).

그때 임금이 대답합니다.

"내가 진실로 너희에게 이르노니 너희가 여기 내 형제 중에 지극히 작은 자 하나에게 한 것이 곧 내게 한 것이니라"(마 25:40).

이 말씀은 그저 가난한 사람, 헐벗은 사람, 옥에 갇힌 사람을 예수님께 하듯이 섬기라는 말씀이 아닙니다. 물론 그렇게 하는 것은 매우 중요한 가치가 있는 일입니다. 그렇게 함으로써 하나님께 영광을 올려 드려야 합니다. 그렇지만 여기서 말하는 것은 그런 뜻이 아닙니다. 가난한 사람, 헐벗은 사람, 옥에 갇힌 사람은 교인들을 지칭하는 것입니다. 교인들 중에 가난한 자에게 하는 것이 곧 주님께 하는 것이라는 말씀입니다.

나만 예수님과 하나가 된 것이 아니라 모든 교인이 그 은혜의 축복을 받았습니다. 그러므로 어떤 교인이 헐벗었을 때, 나그네 되었을 때, 병들었을 때 내가 그를 사랑으로 섬긴 것이 곧 예수님에게 한 것입니다. 예수님이 그렇게 받으십니다. 이 눈이 뜨여야 합니다. 예수 믿는 성도는 나에게 한 몸과 같습니다. 교인의 존재는 더 이상 어떤 사람이 아닙니다. 바로 '주님'입니다.

사도 바울은 예수님을 처음 만났을 때 이것을 깨달았습니다. 사도행전 9장 1-9절에서 바울은 예수님을 만난 간증을 했습니다. 그는 다메섹 도상에서 갑자기 하늘에서 태양보다 더 밝은 빛으로 주님을 만났습니다. 그때 주님이 말씀하십니다.

"사울아 사울아 네가 어찌하여 나를 핍박하느냐."

사실 사울은 예수님을 만난 적도 없고, 예수님을 대놓고 욕한 적도 없습니다. 단지 예수 믿는 사람을 핍박했을 뿐입니다. 그런데 예수님께서는 교회를 박해하는 것, 믿는 자를 욕하는 것이 바로 주님 자신을 핍박하고 욕하는 것이라고 말씀하십니다. 예수님께서 교회와 자신을 동일시하신 것입니다.

주신 은사로 섬겨라

교회는 예수님이 주님이시고 예수님을 주님으로 모신 사람들의 연합입니다. 우리는 우리의 생각을 예수님께 초점을 맞추어 살아야 합니다.

> …스스로 마땅히 생각해야 하는 것 이상으로 생각하지 말고, 하나님께서 각 사람에게 나누어주신 믿음의 분량대로, 분수에 맞게 생각하십시오. 롬 12:3

"스스로 마땅히 생각해야 하는 것 이상으로 생각하지 말고"라는 말은 무슨 뜻입니까? 예수님이 항상 나와 함께 계시고, 예수님이 주님이고 생명이시라는 것을 잊지 말고 모든 것을 생각하라는 것입니다. 자신을 과대평가하지 말라는 것입니다. 우리에게는 다른 교인들이 필요합니다.

자신을 과소평가하지도 말아야 합니다. '나는 쓸모없어. 나는 아

무엇도 할 수 없어' 이렇게 생각하면 안 됩니다. 예수님이 나와 하나이시고 그분이 나의 생명이신데 자신을 왜 그렇게 생각합니까? '마땅히 생각해야 하는' 그 생각으로만 생각해야 합니다. 교인들에게는 우리가 필요합니다. 예수님을 바라보면 주님이 우리의 생각을 지켜주십니다. 이것이 '믿음의 분량대로', '분수에 맞게' 생각하는 것입니다.

하나님께서는 우리 모두에게 교회를 세우는 데 필요한 은사를 주셨습니다.

하나님께서 우리에게 주신 은혜를 따라, 우리는 저마다 다른 신령한 선물을 가지고 있습니다. … 롬 12:6

교회가 되기 위하여 서로 다른 선물을 가지고 모인 것입니다. 따라서 절대로 서로 판단하고 비판하면 안 됩니다. 상대가 나와 같아지게 요구해서도 안 됩니다. 우리는 각각 공동체를 이루기 위하여 적합한 은사를 받아서 모인 것입니다. 몸에 머리, 손, 발, 눈, 코, 입이 있듯이 교회 안에는 다양한 은사를 가진 교인들이 몸을 이룹니다. 우리는 이 은사대로 교회를 섬겨야 합니다.

가령, 그것이 예언이면 믿음의 정도에 맞게 예언할 것이요, 섬기는 일이면 섬기는 일에 힘써야 합니다. 또 가르치는 사람이면 가르치는 일에, 권면하는 사람이면 권면하는 일에 힘쓸 것이요, 나누어주는 사람은 순수한 마음으로, 지도하는 사람은 열성으로, 자선을 베푸는 사람은 기쁜 마음

으로 해야 합니다. 롬 12:6-8

항상 예수님을 바라보면서 섬기라는 뜻입니다. 섬기되 '믿음의 정도에 맞게', '힘써', '순수한 마음으로', '열성으로', '기쁜 마음으로' 해야 합니다. 이것은 주님을 바라볼 때 이루어집니다. 교회에 등록만 하고, 교회를 세우는 일에 참여하지 않는 분들은 너무나 귀한 축복을 외면하고 있다는 것을 알아야 합니다. 교회를 위하여 섬겨야 합니다. 그러기 위해 주신 은사가 있습니다.

진정한 교회에 헌신하라

가정을 행복하게 꾸리는 것이 수고스럽지만, 행복한 가정이 인생에 얼마나 큰 영향을 끼칩니까? 교회는 가정보다 더 귀한 은혜 공동체입니다. 그러므로 교회에 다니면서도 아무런 섬김이 없다면 그 분들은 편한 것이 아니라 불쌍한 분들입니다. 속회 공동체가 없는 분들은 믿음을 지키기가 점점 더 어렵습니다. 교회가 없어서 그렇습니다. 교회가 있는 분들은 속회가 노아의 방주 같아서 아무리 세상이 어려워져도 믿음을 지킬 수 있습니다. 마지막 때, 우리가 믿음을 지키는 비결은 진정한 교회 안에 있는 것입니다. 이것이 여러분이 사는 길이고, 다른 교우가 사는 길이고, 우리 자녀가 사는 길이자 우리 사회와 민족을 변화시키는 길입니다.

내 은사가 무엇인지 몰라 섬기지 못한다고 하시는 분이 있습니까? 자신의 은사가 무엇인지 알게 해달라고 기도해보셨습니까? 남보다 잘하는 것이 은사입니다. 일하고 기쁘면 은사요 열매가 맺어지면 은사입니다. 한편 잘못하는 것이 보이는 것이 은사고, 내 마음에 안 들고 답답한 것, 내가 상처받은 것이 은사입니다. 다른 사람들은 상처받지 않는데 나는 상처가 된다면 그 공동체에 그런 상처가 생기지 않도록 섬기는 은사를 받은 것입니다. 지금 하나님 앞에 기도해보세요.

"나를 왜 이 교회 공동체에 보내셨습니까?"

하나님이 우리에게 하게 하시는 일이 있습니다.

제가 선한목자교회에 부임해 왔을 때 교회는 건축 중이었고 마무리하는 것은 도무지 불가능해 보였습니다. 더욱 마음이 힘들었던 것은 40대 중반인 제가 건물 짓는 일에 제 모든 열정을 쏟아 부어야 한다는 것이었습니다. 그래서 저는 기도했습니다.

"주님, 저는 건물을 세우지 않겠습니다. 저는 예수님이 주인이신 교회를 세우겠습니다. 그다음은 하나님이 해주세요. 건물은 교회가 세워져서 감당하게 해주옵소서."

하나님께서는 지금 건물을 다 지어주셨습니다. 그러나 건축 부채가 남았습니다. 또 기도합니다.

"하나님, 저는 빚 갚는 일을 하지 않겠습니다. 진정한 교회를 세우겠습니다. 교회가 빚을 다 갚게 해주옵소서."

당신도 교회를 세우는 일에 헌신하시기 바랍니다. 자신이 속한 속회를 진정한 교회가 되게 하는 것입니다. 속회원들이 십자가에서 예수님과 하나 될 때, 속회는 진정한 교회로 세워집니다. 한 사람이 사명으로 바로 서면 전 속회원이 변화됩니다. 그러면 분속(分屬)하는 것입니다. 이것이 개척입니다. 분립개척 광고를 듣고 심쿵하셨다면 순종하시기 바랍니다. 가장 행복한 일입니다.

26

거짓 없는 사랑

롬 12:9-21

9 사랑에는 거짓이 없어야 합니다. 악한 것을 미워하고, 선한 것을 굳게 잡으십시오. 10 형제의 사랑으로 서로 다정하게 대하며, 존경하기를 서로 먼저 하십시오. 11 열심을 내어서 부지런히 일하며, 성령으로 뜨거워진 마음을 가지고 주님을 섬기십시오. 12 소망을 품고 즐거워하며, 환난을 당할 때에 참으며, 기도를 꾸준히 하십시오. 13 성도들이 쓸 것을 공급하고, 손님 대접하기를 힘쓰십시오. 14 여러분을 박해하는 사람들을 축복하십시오. 축복을 하고, 저주를 하지 마십시오. 15 기뻐하는 사람들과 함께 기뻐하고, 우는 사람들과 함께 우십시오. 16 서로 한 마음이 되고, 교만한 마음을 품지 말고, 비천한 사람들과 함께 사귀고, 스스로 지혜가 있는 체하지 마십시오. 17 아무에게도 악을 악으로 갚지 말고, 모든 사람이 선하다고 생각하는 일을 하려고 애쓰십시오. 18 여러분 쪽에서 할 수 있는 대로 모든 사람과 더불어 화평하게 지내십시오. 19 사랑하는 여러분, 여러분은 스스로 원수를 갚지 말고, 그 일은 하나님의 진노하심에 맡기십시오. 성경에도 기록하기를 "'원수 갚는 것은 내가 할 일이니, 내가 갚겠다'고 주님께서 말씀하신다" 하였습니다. 20 "네 원수가 주리거든 먹을 것을 주고, 그가 목말라 하거든 마실 것을 주어라. 그렇게 하는 것은, 네가 그의 머리 위에다가 숯불을 쌓는 셈이 될 것이다" 하였습니다. 21 악에게 지지 말고, 선으로 악을 이기십시오.

고대 그리스의 3대 비극 시인 중 한 사람인 소포클레스는 "내가 헛되이 보낸 오늘은 어제 죽어간 이가 그토록 바라던 내일이다"라는 유명한 말을 남겼습니다. 그런 그가 여든 살의 고령에 재산 상속권 때문에 아들로부터 고소를 당했습니다. 아들은 소장(訴狀)에 아버지인 소포클레스가 "노망이 들었고 악령에 사로잡혔으므로 재산 관리 능력이 없다"라고 적었습니다.

친아들로부터 미치고 귀신 들렸다고 고소를 당한 소포클레스는 얼마나 비참했을까요. 결국 소포클레스는 법정에 서게 되었습니다. 그러나 아들과 큰 소리로 싸울 수는 없었습니다. 그러면 사람들이 '과연 그렇구나!' 하고 아들의 말을 믿을 것이기 때문입니다. 하지만 그렇다고 침묵한다면 아들의 주장을 따를 수밖에 없게 될 것입니다.

그때 소포클레스는 자신의 작품 '크로노스의 오이디푸스'를 낭송했다고 합니다. 노(老) 시인의 입술에서 나오는 맑은 샘물과 같은 시, 모든 사람의 가슴을 적시는 사랑의 이야기가 울려 퍼졌을 때 누가 그가 악마에 사로잡힌 늙은이라고 생각하겠습니까? 결국 돈에 눈이 멀어 아버지를 고소했던 아들의 간계가 드러났을 뿐이었습니다.

진짜 사랑

예수 믿는 사람은 소포클레스와 같은 상황에 늘 처합니다. 명절에 오랜만에 가족들이 한 자리에 모였을 때 믿지 않는 가족과 친지들로부터 근거 없는 비난을 받기도 합니다.

"네가 교회 다니면서 이상해진 거 아니냐."

"예수 믿는 사람 중에 나쁜 사람이 많아."

"너 때문에 우리 가족이 하나가 안 된다."

예수님을 주님으로 영접한 우리도 억울한 누명을 쓸 때가 많습니다.

"넌 너무 광신자야."

"미쳤다, 무식하다."

그때마다 우리도 소포클레스처럼 내가 미친 것이 아니라 구원받아 거듭난 천국 백성이라는 것을 증명해야 합니다. 무엇으로 우리 자신을 증명할 수 있겠습니까? 오직 하나, 오직 사랑만 하며 사는 것입니다. 그리스도인을 그리스도인답게 하는 이 사랑은 거짓 없는 사랑입니다.

사랑에는 거짓이 없어야 합니다. … 롬 12:9

우리 주변에 수많은 사랑 이야기들이 있지만, 성경적 기준에서 보면 그것은 거짓이 있는 사랑입니다. 예수 믿는 사람이 가진 사랑만이 거짓이 없는 사랑입니다. 어떤 사랑이 거짓이 없는 사랑입니까?

…악한 것을 미워하고, 선한 것을 굳게 잡으십시오. 롬 12:9

예상치 않은 설명입니다. '거짓이 없는 사랑'의 정의를 "악한 것을 미워하고 선한 것을 굳게 잡는" 것이라고 설명합니다. 잊으시면 안 됩니다. 사랑만 하며 사는 놀라운 축복의 삶을 살아가는 이 사랑은 악한 것을 미워하고 선한 것을 굳게 잡는 것입니다.

요즘 교회 청년들 중에도 결혼하지 않고 동거하는 경우가 있다는 이야기를 들었습니다. 이것은 진정한 사랑이 아닙니다. 예수님을 믿는다고 하면서 사랑한다는 핑계로 결혼하지 않은 상태에서 육체관계를 허용하는 것은 거짓 사랑입니다. 정말 안타까운 일입니다. 사랑은 악을 미워하는 것입니다.

마태복음 7장 22-24절에 보면 "주여, 주여" 하면서 주의 이름으로 선지자 노릇하며 주의 이름으로 귀신을 쫓아내며 주의 이름으로 많은 권능을 행하던 자에게 주님이 "내가 너희를 도무지 알지 못하니 불법을 행하는 자들아 내게서 떠나가라"고 하시는 장면이 나옵니다. 불법을 용납하는 것은 거짓 사랑입니다. 불법을 행한다는 것은 진짜가 아니라는 뜻입니다. 우리가 하나님의 사랑을 믿는지, 우리 안에 사랑이 있었는지 검증하는 기준은 '불법'의 유무입니다.

이것은 중요합니다. 그러므로 우리 안에 있는 사랑은 악을 미워하는 사랑입니다. 사랑한다면서 악한 것과 죄를 용납한다면 그것은 거짓입니다. 그러나 악을 미워하는 것만으로는 충분하지 않습니다. 악을 미워하는 데서 끝나는 것은 아직 진짜 사랑이 아닙니다. 선한 것을 굳게 잡아야 진정한 사랑입니다.

사랑하기 때문에?

그 구체적인 표현이 10절에 나옵니다.

형제의 사랑으로 서로 다정하게 대하며, 존경하기를 서로 먼저 하십시오. 롬 12:10

빌리 그레이엄 목사님이 어느 교회에서 설교를 마치고 나오는데 그 교회 교인이 질문을 했습니다.

"목사님, 우리 교회 교인 중에 자주 술에 취해 덕을 세우지 못하는 사람이 있습니다. 그런 사람을 어떻게 하는 것이 좋겠습니까?"

빌리 그레이엄 목사님은 이렇게 대답했습니다.

"성경에 술 취하지 말라고 했으니 성경대로 권면해서 들으면 좋지만 듣지 아니하면 책벌을 해야지요. 그러나 성경은 술 취하지 말라고만 하지 않고 성령충만함을 받으라고 했으니 성령충만함을 받지 못한 사람도 벌해야 합니다."

성령충만하지 못해 남을 판단하고 정죄하는 것이 더 큰 죄라는 것을 알아야 합니다.

"술 취하지 말라 이는 방탕한 것이니 오직 성령으로 충만함을 받으라"(엡 5:18).

우리는 죄를 미워해야 합니다. 악을 미워해야 합니다. 그러나 선을 굳게 잡아야 합니다. 흔히 교회 안에서 다른 사람의 죄를 지적할 때, 그 사람을 사랑하기 때문에 그렇다는 말을 듣습니다. 어떤 사람을 사랑해서 그 사람의 잘못을 고쳐주려고 지적하는 것은 필요합니다. 그렇다면 다시 한번 점검해야 합니다. 자신이 그를 '형제의 사랑으로' 보고 있는지 돌아보아야 합니다. 자기 부모나 형제, 자녀에게 하듯 태도에 일관성이 있느냐 하는 것입니다. 잘못을 지적하기 전에 먼저 상대를 존경하였는지 대답해야 합니다. 그렇지 않으면서 사랑하니까 죄를 지적한다면 그것은 거짓 사랑입니다.

원수를 사랑하는 사랑

거짓 없는 사랑은 믿음의 형제뿐 아니라 모든 이들에게 한결같아야 합니다. 성도들끼리 사랑하는 것으로 끝나서는 안 됩니다. 예수 믿지 않는 사람들에게도 동일해야 합니다. 그것이 거짓 없는 사랑입니다.

> 성도들이 쓸 것을 공급하고, 손님 대접하기를 힘쓰십시오. 롬 12:13

성도들을 사랑하기에 힘써야 할 뿐 아니라 손님을 대접하기에 소홀해서도 안 됩니다.

점심시간이면 항상 손님으로 북적이는 작은 식당에서 있었다는 일입니다. 식당이 한창 바쁠 때 여승(女僧)이 문을 열고 조용히 들어서서 말없이 목탁을 두드렸습니다. 그러자 종업원이 불쑥 나오더니 "우리는 예수 믿어요"라고 쏘아붙였습니다. 그런데 들었는지 못 들었는지 여승은 미동도 없이 목탁을 치며 염불을 외웠습니다. 그러자 그 종업원이 여승을 문 밖으로 밀쳐내며 악을 썼습니다.

"아, 왜 이래요. 우리는 예수 믿는단 말이에요."

그러자 여승은 아무 말 없이 절을 하고 돌아섰습니다.

이것이 사랑일까요? 우리가 믿음의 형제들을 대하는 태도와 예수 믿지 않는 자들을 대하는 태도가 같아야 그것이 거짓 없는 사랑입니다. 귀한 손님은 사랑할 수 있습니다. 믿음의 형제들은 만나기만 해도 반갑습니다. 그러나 성경은 여기서 더 나아갑니다.

여러분을 박해하는 사람들을 축복하십시오. 축복을 하고, 저주를 하지 마십시오. 롬 12:14

교인을 사랑할 수 있고 손님도 사랑할 수 있지만, 원수를 사랑할 수 없다면 아직 예수님의 사랑은 아닙니다. 십자가 복음을 믿지 않는 사람들도 그런 사랑은 얼마든지 합니다. 그렇다면 십자가가 무슨 의미가 있습니까? 십자가의 은혜를 모르는 사람도 자신이 아는 사람과 손님은 대접합니다. 그럼 도대체 십자가의 은혜가 우리를 변화시켰다는 증거가 무엇입니까? 핍박하는 자, 나를 어렵게 하는 자, 의도적으로 나를 해코지하는 자를 볼 때 "내가 그도 사랑하는가?" 하는 것이 우리가 진짜 예수를 믿는 사람인지 아닌지 알 수 있는 기준입니다.

악에게 지지 말라
거짓 없는 사랑에 대한 결론입니다.

악에게 지지 말고, 선으로 악을 이기십시오. 롬 12:21

악에게 지지 않는 것은 악한 일을 당했을 때, 악하게 앙갚음하지 않는다는 말입니다. 악한 일을 당해도 자신은 악한 자에게 선하게 행하는 것이 거짓 없는 사랑입니다. 이것이 선으로 악을 이기는 것입니다.

아무에게도 악을 악으로 갚지 말고, 모든 사람이 선하다고 생각하는 일을 하려고 애쓰십시오. 여러분 쪽에서 할 수 있는 대로 모든 사람과 더불어 화평하게 지내십시오. 롬 12:17,18

악을 악으로 갚지 말라는 것은 악과 싸우다가 자신도 악해질 수 있기 때문입니다. 이것이 마귀의 목표입니다. 마귀의 목표는 우리를 고통스럽게 하는 것이 아닙니다. 우리를 자신과 같이 악하게 대응하도록 만드는 것입니다.

예수를 믿고 살다보면 이상하게 우리를 미워하는 사람들이 있습니다. 우리가 예수 믿는 것을 도저히 못 보는 사람들이 있습니다. 마귀는 그런 사람들을 통하여 우리를 고통스럽게 합니다. 우리에게 아주 악하게 합니다. 너무 괴로운 일입니다. 이때 우리는 '마귀가 우리를 괴롭게 하려고 이러는구나' 하고 생각합니다. 그러나 아닙니다. 마귀의 목표는 따로 있습니다. 우리도 같이 악하게 하는 것입니다. 내가 악한 일을 당했으니 나도 악하게 하는 것, 여기에 이르는 것이 마귀가 원하는 것입니다. 그래서 주님은 악을 악으로 갚지 말라고 하신 것입니다.

목회 초창기, 교단 정치에 휘둘려 어려움을 겪으며 화가 난 선배 목사님이 계셨습니다. 그 후 그는 작심하고 자신도 정치를 하여 대항하기로 결심하였습니다.

'내가 언제까지 이렇게 당하고만 있을 수는 없잖아!'

그때부터 그는 정치적인 문제에 반응하기 시작했습니다. 시간이 흐르고 나서 그를 다시 만났을 때 그 분은 자신이 그렇게 미워하고 싫어하던 정치하는 목사가 되어 있었습니다. 이것이 두려운 것입니다. 악한 자에게 대항하여 나도 모르게 악하게 하다가 내가 악해지는 것, 마귀는 바로 이것을 노리고 있습니다. 우리가 예수를 믿으며 살고, 특히 고백적인 신앙인이 되려고 하면 반드시 우리에게 악하게 하려는 자가 나올 것입니다. 가족, 친척, 친구, 직장 동료 중에 있을 수 있습니다. 그때 진짜 위기가 무엇인지 알아야 합니다. 우리가 고통을 당하는 것이 아닙니다. 우리가 같이 악해지는 것입니다.

원수 갚는 것은 하나님께 있다!

존 오트버그의 《예수는 누구인가?》(두란노)에 보면 《메시지》성경을 쓴 유진 피터슨에 대한 일화가 나옵니다. 유진 피터슨은 독실한 기독교 가정에서 자라나 늘 말씀을 묵상하고 기도생활을 했습니다. 그런 그가 초등학교 1학년 때 개리슨 존스라는 2학년 학생에게 괴롭힘을 당했습니다.

피터슨은 그때 상황을 이렇게 썼습니다.

그때까지 나는 그런 상황에서 어떻게 해야 하는지 몰랐습니다. 오직 "너회를 박해하는 자를 축복하라", "다른 뺨도 돌려대라"는 말씀만 암송하고 있었습니다. 개리슨 존스가 나의 그 점을 어떻게 눈치 챘는지, 거의 날마다 방과 후에 나를 붙잡아 때렸습니다. 나를 '예수 믿는 계집애'라고 놀렸습니다. 나는 거의 날마다 멍이 들어 집에 돌아왔는데, 어머니는 '예수 믿는 사람은 세상에서 이런 일을 당하는 거야. 이런 일을 당하다 보면 나중에는 잘 견딜 수 있게 돼. 너는 그 아이를 위해 기도해야 해'라고 하셨습니다.

하루는 내가 친구들과 함께 있는데 개리슨이 나를 때리기 시작했습니다. 일이 벌어진 건 그때였습니다. 뭔가가 번쩍 하면서 잠시 내 의식 속에서 성경 구절들이 사라졌습니다. 나는 개리슨을 움켜쥐었습니다. 둘 다 놀랐지만 내가 그보다 힘이 셌습니다. 나는 그를 바닥에 쓰러뜨린 뒤 가슴에 올라타고 앉아 무릎으로 두 팔을 찍어 눌렀습니다. 그는 고양이 앞의 생쥐 꼴이었습니다. 나는 너무 좋아 믿어지지 않았습니다. 주먹으로 그의 얼굴을 쳤습니다. 기분이 좋았습니다. 다시 쳤더니 코피가 확 뿜어 나왔습니다. 흰 눈밭을 적시는 빨간 색이 멋있어 보였습니다. 내가 개리슨에게 "삼촌이라고 불러봐"라고 했더니 그는 말하려 들지 않았습니다. 한 방 더 갈겼습니다. 피가 더 나왔습니다. 그때 내가 받은 기독교교육이 생각났습니다. 그래서 말을 바꾸었습니다.

"나는 예수 그리스도를 내 구주와 주님으로 믿습니다! 그렇게 말해 봐."
그는 말하려 들지 않았습니다. 다시 때렸습니다. 피가 더 나왔습니다.
"'나는 예수 그리스도를 내 구주와 주님으로 믿습니다'라고 어서 말해!"
결국 그는 따라 했습니다. 개리슨 존스는 내가 최초로 그리스도인으로 회심시킨 사람입니다.

이런 식의 이야기를 들으면 내심 재미있고 통쾌한 생각이 듭니다. 그러나 이것은 사랑이 아닙니다. 악에게 지지 않고, 선으로 악을 이기는 것은 마음에 예수님을 진짜 영접한 사람, 그 예수님이 왕이 된 사람만 그렇게 할 수 있습니다.

사랑하는 여러분, 여러분은 스스로 원수를 갚지 말고, 그 일은 하나님의 진노하심에 맡기십시오. … 롬 12:19

하나님이 진짜 살아 계신지 듣기만 해서는 알 수 없습니다. 내 안에 와 계심을 알아야 합니다. 그분은 심판주이십니다. 예수님이 함께 하심을 믿지 못하는 사람은 하나님께 원수 갚는 것을 맡길 수 없습니다.

…성경에도 기록하기를 "원수 갚는 것은 내가 할 일이니, 내가 갚겠다'고 주님께서 말씀하신다" 하였습니다. "네 원수가 주리거든 먹을 것을 주고, 그가 목말라 하거든 마실 것을 주어라. 그렇게 하는 것은, 네가 그의 머리 위에다가 숯불을 쌓는 셈이 될 것이다" 하였습니다.
롬 12:19,20

예수님의 사랑으로 사랑하기

하나님께서 자신에게도 로마서 12장 말씀을 주셨는데, 그 말씀대로 살기가 너무 힘들다고 하면서 "그러면 전 누구한테 사랑받아야 하나요?"라며 우시던 분이 있었습니다. 우리가 예수님으로부터 사랑받지 못하면 우리는 절대로 말씀대로 살지 못합니다. 나를 사랑하시는 주님을 내가 알고, 그 주님이 내 안에 계시고, 예수님이 나의 왕 되심이 분명한 사람만이 원수를 사랑할 수 있고 나를 핍박하는 사람을 위해 축복할 수 있습니다.

> 열심을 내어서 부지런히 일하며, 성령으로 뜨거워진 마음을 가지고 주님을 섬기십시오. 롬 12:11

"주님을 섬기십시오"라는 말씀이 핵심입니다. 13절에 나오는 '성도들이 쓸 것을 공급하고 손님 대접하는' 것이 본질적으로는 주님을 섬기는 것이라는 말입니다. 이런 사랑은 하나님께서 우리를 얼마나 사랑하시는지 깨닫게 하시는 "성령으로 뜨거워진 마음"에서만 나오는 것입니다.

우리가 악을 악으로 갚지 않고 박해하는 사람들을 오히려 축복할 수 있는 것은 우리 안에 사시는 예수님 때문입니다. 우리 안에 사시는 예수님께서 그런 사랑을 우리에게 주신 것입니다.

예수님은 십자가에 달려 죽으실 때, 자신을 십자가에 못 박는 자들을 향하여 이렇게 기도하셨습니다.

"이에 예수께서 이르시되 아버지 저들을 사하여주옵소서 자기들이 하는 것을 알지 못함이니이다 하시더라"(눅 23:34).

우리의 주님, 내 안에 오신 왕이신 예수님이 바로 이분입니다. 예수님을 마음의 왕으로 모신 스데반도 죽으면서 예수님처럼 기도했습니다.

"무릎을 꿇고 크게 불러 이르되 주여 이 죄를 그들에게 돌리지 마옵소서 이 말을 하고 자니라"(행 7:60)

손양원 목사님도 자신의 두 아들을 죽인 공산당 청년 안재선을 양자(養子)로 삼았습니다. 주 예수님이 마음의 왕이셨기 때문에 악에게 지지 않고 선으로 악을 이길 수 있었고, 그가 진정 그리스도인임을 증명한 것입니다.

예수님을 왕으로 모시고 살면 누구나 똑같은 경험을 합니다. 한번은 집회를 인도하러 지방에 갔는데, 낯익은 분이 자리에 앉아 계셨습니다. 생각해보니 제가 어렸을 때 무서워하던 장로님이셨습니다. 아버지가 목회하실 때 참 힘들게 하셨던 분이었는데, 그 분이 목사님이 되어 목회를 하시는데, 이제는 나이가 지긋이 들어 보이셨습니다. 저녁 집회가 끝나면 그 분과도 인사를 해야 한다고 생각하니 그때부터 마음이 떨리기 시작했습니다.

마침내 설교가 끝나고 그 지역 목사님들과 인사를 하는데, 그 분이 웃으며 제게 다가오셨습니다. 그런데 참 놀라운 일이 일어났습니다. 그 분과 악수를 하는데 마치 저희 아버지를 보는 것처럼 그 분이 사랑스럽게 느껴졌습니다. 이것은 제가 하는 일이 아니라고 생각합니다. 주님이 하신 일입니다. 우리 안에 계신 주님, 나의 생명이시고 나의 왕이신 주님, 그분이 우리로 하여금 거짓 없는 사랑을 하게 하시는 것입니다.

사랑만 하며 살 수 있는 공동체

이렇게 거짓 없는 사랑을 하려면 나 자신과 하나님의 관계가 좋아야 하지만, 또 하나 이제는 사랑만 하며 살겠다고 결단한 성도들의 공동체가 필요합니다.

> 기뻐하는 사람들과 함께 기뻐하고, 우는 사람들과 함께 우십시오. 서로 한 마음이 되고, 교만한 마음을 품지 말고, 비천한 사람들과 함께 사귀고, 스스로 지혜가 있는 체하지 마십시오. 롬 12:15,16

이 말씀대로 사는 공동체를 만들어야 합니다. 왜냐하면 그런 공동체가 있어야 끝까지 사랑만 하며 살 수 있기 때문입니다.

미국의 아미쉬(Amish) 공동체는 오직 한 말씀, 예수님이 십자가에 죽으실 때 자기를 못 박는 자들을 용서하고 사랑하신 것처럼 그 말씀을 그대로 지키기 위해 500년간 공동체를 이어 내려오고 있습니다. 독일에 부르더호프(Bruderhof)라는 기독교 공동체가 있습니다. 이곳은 300여 명이 공동체를 이루며 살고 있습니다. 그 공동체 사람들은 악마가 등 뒤에서 24시간 주시하고 있다가 누군가에게 가졌던 서운하고 섭섭한 마음을 당사자가 아닌 제삼자에게 표현할 때, 그들 사이에 들어가서 그 둘을 갈라놓고 분열시킨다는 것을 실제로 믿습니다.

그래서 부르더호프에서는 섭섭한 마음, 개선이 필요한 점을 당사자에게 직접, 그리고 반드시 사랑을 기초로 말해준다는 원칙을 가지고 있습니다. 이 단순한 원칙이 작은 마을에서 소박한 식사로 하루 두 끼만 먹고 제각기 많은 일들을 감당하면서도 천국을 사는 것 같은 행복을 경험하게 합니다. 이 공동체의 아이들은 성인이 되어서도 이곳을 떠나고 싶어 하지 않는다고 합니다. 행복하기 때문입니다.

저는 우리 교회가 이렇게 되었으면 좋겠습니다. 그러면 우리는 정말 사랑만 하며 살 수 있을 것입니다. 우리가 지금 아미쉬나 부르더호프 공동체처럼 모여 살 수는 없습니다. 그렇지만 하나님께서 우리에게 놀라운 길을 보여주셨습니다. 영성일기를 쓰고 마음을 나누며 살도록 하신 것입니다. 교회를 영성일기 공동체로 세울 수 있습니다. 우리가 영성일기를 쓰는 것은 예수님이 진정으로 우리 마음의 왕이 되셔서 "악에게 지지 않고, 선으로 악을 이기며, 사랑만 하며 살게 하기" 위해서입니다.

"사랑합니다!"

최근 선교사님들의 영성일기에 댓글 달기를 하지 못했다는 생각이 났습니다. 벌써 며칠째 못하고 있었습니다. 설교 준비를 마무리하고 선교사님들의 영성일기 방에 들어갔습니다. 파라과이 임동수 선교사님의 일기를 읽는데, 참 안타까운 내용이었습니다.

"아이가 학교에서 심한 괴롭힘을 당한 뒤 집에 돌아와 울며 자살하고 싶다고 쪽지를 남겼습니다. 들어보니 이미 오랜 시간 동안 반의 남자 아이들 전체한테 괴롭힘을 당해왔다고 합니다. 그것도 모르고 사역에만 바빴으니 그동안 힘들었을 아이의 마음을 헤아리지 못했다는 생각에 마음이 무너집니다. 부모는 사명감으로 선교지에 왔지만 자녀는 본인 동의 없이 일방적으로 당해야 하는 상황에 몰린 아이를 바라보는 마음….”

그러고는 마무리를 못하시고 마지막에 이렇게 한 줄을 쓰셨습니다.

“주님, 한 말씀만이라도 해주세요.”

파라과이 정글에 들어가 엄청난 사역을 하고 계신 분이 이런 고백을 하시는 것입니다. 선교사님의 마지막 말이 가슴을 쳤습니다. 그래서 주님이 선교사님의 영성일기에 댓글을 달라는 마음을 주셨다는 것이 깨달아졌습니다. 급히 댓글을 달았습니다.

“내일 설교 본문이 로마서 12장 9-21절인데, 그래서 선교사님의 일기를 읽게 하신 것 같습니다. 선교사님께도 로마서 12장 9-21절 말씀을 주시는 모양이고요. 저도 기도하겠습니다. 사랑합니다.”

임 선교사님은 제가 지금까지 보았던 선교사님 중에 가장 담대한 믿음을 가진 선교사님입니다. 그러나 아무리 믿음이 좋은 사람도 계속해서 악한 일을 경험하면 쓰러질 때가 있습니다. 이때 혼자 힘으로는 견디기 어렵습니다. 그런데 믿음의 공동체, 사랑의 공동체가 있으면 얼마든지 일어날 수 있습니다. 따라서 사랑만 하며 살기로 결단한 성도들이 이 사랑의 공동체를 만드는 일을 절대 작게 여기면 안 됩니다.

거짓 없는 사랑을 하며 주님 앞에 서는 일은 절대 혼자 힘으로 되지 않습니다. 예수님을 왕으로 모시고 살며 같은 믿음을 가진 하나 된 교회 공동체를 이루어 선으로 악을 이기는 성도, 거짓 없는 사랑만 하는 성도가 되시기를 축원합니다.

27

어둠을 탓하지 말고
세상의 빛이 되라

롬 13:1-7

1 사람은 누구나 위에 있는 권세에 복종해야 합니다. 모든 권세는 하나님께로부터 온 것이며, 이미 있는 권세들도 하나님께서 세워주신 것입니다. 2 그러므로 권세를 거역하는 사람은 하나님의 명을 거역하는 것이요, 거역하는 사람은 심판을 받게 될 것입니다. 3 치안관들은, 좋은 일을 하는 사람에게는 두려울 것이 없고, 나쁜 일을 하는 사람에게만 두려움이 됩니다. 권세를 행사하는 사람을 두려워하지 않으려거든, 좋은 일을 하십시오. 그러면 그에게서 칭찬을 받을 것입니다. 4 권세를 행사하는 사람은 여러분 각 사람에게 유익을 주려고 일하는 하나님의 일꾼입니다. 그러나 그대가 나쁜 일을 저지를 때에는 두려워해야 합니다. 그는 공연히 칼을 차고 있는 것이 아닙니다. 그는 하나님의 일꾼으로서, 나쁜 일을 하는 자에게 하나님의 진노를 집행하는 사람입니다. 5 그러므로 진노를 두려워해서만이 아니라, 양심을 생각해서도 복종해야 합니다. 6 같은 이유로, 여러분은 또한 조세를 바칩니다. 그들은 하나님의 일꾼들로서, 바로 이 일을 하는 데 힘쓰고 있습니다. 7 여러분은 모든 사람에게 의무를 다하십시오. 조세를 바쳐야 할 이에게는 조세를 바치고, 관세를 바쳐야 할 이에게는 관세를 바치고, 두려워해야 할 이는 두려워하고, 존경해야 할 이는 존경하십시오.

이 본문 말씀을 읽으면서 반감이 일어나는 분들이 있을 것입니다.

　　사람은 누구나 위에 있는 권세에 복종해야 합니다. 모든 권세는 하나

님께로부터 온 것이며, 이미 있는 권세들도 하나님께서 세워주신 것입니다. 롬 13:1

이 말씀은 마치 독재 권력, 부패한 권력, 부당한 권력을 옹호하는 것처럼 들립니다. 그래서 세상의 독재자들이 가장 좋아하는 성경 본문이기도 합니다. 실제로도 독재와 부정부패에 항거하는 그리스도인들에게 이 성경을 인용하면서 복종하도록 요구하기도 했고, 독재 정권에 대항하여 투쟁하던 많은 젊은이들이 이 성경 구절을 가지고 독재 정권을 옹호하는 것처럼 보이는 교회에 등을 돌리고 교회를 떠나기도 했습니다. 안타깝게도 세상 권력자들도 성경 말씀을 오해하였고, 목회자들과 교인들조차 복음의 능력이 무엇인지 믿지 않았기 때문에 일어난 일이었습니다.

권세에 복종하라

그러나 이 말씀은 히틀러나 김일성 같은 악한 사람들조차 하나님께서 세우셨다는 것이 결코 아닙니다. 예수님을 믿어 하나님나라의 시민이 되었다고 해서 세상 국가 권력을 무시하거나 부인해서는 안 된다는 것이 핵심입니다.

4절과 6절에서는 이 세상 정부나 국가, 혹은 관원에 대하여 '하나님의 일꾼'이라고 했습니다.

권세를 행사하는 사람은 여러분 각 사람에게 유익을 주려고 일하는 하나님의 일꾼입니다. 그러나 그대가 나쁜 일을 저지를 때에는 두려워해야 합니다. 그는 공연히 칼을 차고 있는 것이 아닙니다. 그는 하나님의 일꾼으로서, 나쁜 일을 하는 자에게 하나님의 진노를 집행하는 사람입니다. … 같은 이유로, 여러분은 또한 조세를 바칩니다. 그들은 하나님의 일꾼들로서, 바로 이 일을 하는 데 힘쓰고 있습니다. 롬 13:4,6

이것이 기독교에 우호적이지 않고 심지어 적대적이었던 당시 로마 정부를 향하여 하는 말씀이라서 좀 당황스럽습니다. 그 당시에도 로마 제국에 대항하는 무리들이 있었습니다. 그런데 사도 바울은 로마 권력을 하나님의 일꾼이라고 말했습니다.

물론 사도 바울도 로마 제국이 사탄의 도구가 된 것에 대해서는 분명 비판적이었습니다. 그렇지만 세상 정부가 선한 사람에게 상을 내리고 악한 사람에게 벌을 내리는 역할을 하고, 도둑을 잡고 치안 질서를 유지하는 일을 한다는 점에서 하나님의 일꾼이라고 한 것입니다. 바로 그런 기본적인 정부의 기능이 하나님이 허락하시는 영역입니다. 무정부 상태가 더 악하기 때문입니다. 그래서 그리스도인들에게도 로마의 통치자들에게 세금을 내고 의무를 다하도록 권하는 것입니다. 협력할 것은 협력하고 복종할 것은 복종하라는 것입니다.

그 점에서 보면 예수님의 이 말씀도 같은 맥락입니다.

"그런즉 가이사의 것은 가이사에게, 하나님의 것은 하나님께 바치라"(마 22:21).

고난을 각오하였는가?

예수님이 십자가를 지시기 전 빌라도에게 재판을 받으실 때 빌라도가 말했습니다.

"내가 너를 놓을 권한도 있고 십자가에 못 박을 권한도 있는 줄 알지 못하느냐"(요 19:10).

그때 예수님께서 대답하셨습니다.

"위에서 주지 아니하셨더라면 나를 해할 권한이 없었으리니"(요 19:11).

예수님을 잡아 십자가에 못 박는 권세라 할지라도 하나님께서 주신 권세라는 것입니다. 그리고 그 권세에 의하여 예수님께서는 십자가에 달려 죽으셨습니다. 그러면 그리스도인들은 "하나님을 대항하는 권력, 김일성이나 나치 정부 같은 악한 권세에도 굴복해야 하는 것입니까?"라고 물을지 모르겠습니다. 아닙니다. 그들이 악을 벌하고 선을 장려하고 도둑을 잡고 질서를 유지하는 데는 복종하지만, 하나님을 대적하는 일에 대하여는 당연히 불복종(不服從)해야 할 것입니다.

여기서 중요한 것은 불복종함으로 치러야 할 고난을 각오해야 한다는 것입니다. 그들에게 복종하지 않음으로 우리가 고난을 당해야 한다면 그것을 축복으로 여겨야 합니다. 다니엘의 세 친구 사드락과 메삭과 아벳느고는 느부갓네살 왕이 세운 금 신상 앞에 절할 것을 강요받았습니다. 그러나 세 사람은 우상에게 절하지 않으려고 왕의 명령에 불복종하여 결국 풀무불에 던져졌습니다. 그때 그들이 왕을 모욕하거나 저주한 것이 아닙니다. 절하지 않아서 받게 된 처벌을 달게 받았을 뿐입니다.

초대 교회 시절, 수많은 그리스도인들이 로마 황제를 경배하라는 요구에 불복종하여 순교했습니다. 일제 시대 때 일본 정부도 곳곳에 신사를 세워 참배하도록 함으로써 일본 천황을 살아 있는 현인신으로 숭배할 것을 강요했습니다. 한국 교회 기독교인들이 우상숭배인 신사 참배를 거부하다가 결국 수많은 사람들이 투옥되고 순교당하였습니다. 이것이 악한 권력에 대한 기독교인의 자세입니다. 선으로 악을 이겨야 하는 것입니다.

"악에게 지지 말고 선으로 악을 이기라"(롬 12:21).

지난 역사를 돌아볼 때 한국 교회가 뼈저리게 반성해야 할 것이 있습니다. 많은 그리스도인들이 있었고 또 요직에 두루 자리하고 있었는데도, 독재와 부정부패에 불복종함으로써 고난당하는 이들이 너무 적었다는 점입니다. 고난을 감수하며 하나님의 뜻대로 할 수 있는 용기가 없었습니다. 그 점이 우리에게 매우 부끄러운 역사가 되고 말았습니다.

세상을 보는 관점과 우리의 태도

때때로 우리는 절망합니다. 세상은 너무 악하고, 그에 반해 우리는 너무 약합니다. 그런데 어떻게 선으로 악을 이기라는 말입니까? 그렇기 때문에 우리가 예수님을 잘 믿어야 합니다. 우리가 예수님을 믿으면 죄에 종노릇하던 우리의 옛사람이 예수님과 함께 죽고 예수님의 생명으로 살게 됩니다.

"허물로 죽은 우리를 그리스도와 함께 살리셨고 (너희는 은혜로 구원을 받은 것이라) 또 함께 일으키사 그리스도 예수 안에서 함께 하늘에 앉히시니"(엡 2:5,6).

예수님과 연합한 자가 누리는 축복 중에 하나는 우리가 죽어서 하나님나라에 가는 것이 아니라, 예수를 믿을 때 이미 하나님나라에 간다는 것입니다. 우리가 예수님과 연합한 자가 되었기 때문에 부활 승천하신 예수님과 함께 이미 하늘에 앉게 하신다는 것입니다.

"그가 우리를 흑암의 권세에서 건져내사 그의 사랑의 아들의 나라로 옮기셨으니"(골 1:13).

그렇습니다. 우리는 이미 하나님의 나라로 옮겨진 사람이고 하늘에 가서 시민권을 받은 사람입니다.

"그러나 우리의 시민권은 하늘에 있는지라 거기로부터 구원하는 자곧 주 예수 그리스도를 기다리노니"(빌 3:20).

우리가 정말 예수님을 바로 믿게 되면 하나님의 나라를 바라보게 됩니다. 그것이 이 세상에서 살아가는 우리의 태도를 근본적으로 바꿉니다. 우리에게는 본향(本鄕)이 있습니다. 우리는 하나님나라에서 온 사람입니다. 우리는 그곳으로 다시 돌아갈 것입니다. 따라서 우리에게는 이 세상이 외국입니다. 이것을 분명히 깨달을 때 우리의 삶이 완전히 달라집니다. 세상을 바라보는 관점 역시 완전히 바뀝니다.

"이 사람들은 다 믿음을 따라 죽었으며 약속을 받지 못하였으되 그것들을 멀리서 보고 환영하며 또 땅에서는 외국인과 나그네임을 증언하였으니 그들이 이같이 말하는 것은 자기들이 본향 찾는 자임을 나타냄이라"(히 11:13,14).

하나님나라 영광의 차원

'하나님나라의 영광'이라는 말을 자주 하면서도 그 감을 잡기는 어렵습니다. 우리가 살고 있는 지구는 우주에 비해 한없이 작은 곳입니다. 그 속에 있는 내 문제는 또 얼마나 작은 것이겠습니까? 하나님나라의 영광도 이와 같습니다.

우리가 하나님나라의 영광에 대해 눈이 뜨이기 시작하면 그 어떤 문제도 달리 보입니다. 두려울 것도 낙심할 것도 없습니다. 고난이나 따돌림도 아무 문제가 되지 않습니다. 하나님나라의 영광을 알고 나면 얼마든지 인내할 수 있고, 언제나 찬양할 수 있습니다. 고난이 축복이라는 것이 결코 빈말이 아닙니다. 하나님의 뜻대로 살기 위해 고난당해야 한다면 그것은 내게 축복입니다.

한국인이 미국에 가도 한국인으로 사는 것처럼, 성도는 이 땅에서 천국 백성으로 살아갑니다. 그래서 성령이 임하였을 때 초대 교회의 모습이 이해가 됩니다.

"믿는 사람이 다 함께 있어 모든 물건을 서로 통용하고 또 재산과 소유를 팔아 각 사람의 필요를 따라 나눠 주며 날마다 마음을 같이하여 성전에 모이기를 힘쓰고 집에서 떡을 떼며 기쁨과 순전한 마음으로 음식을 먹고"(행 2:44-46).

하나님나라의 시민이기 때문에 이렇게 사는 것입니다. 하나님나라 시민이라는 분명한 믿음을 가졌기 때문에 같은 믿음을 가진 성도들의 존재가 얼마나 소중한지 아는 것입니다. 여러분, 한번 생각해보십시오. 원수도 사랑하는 사람, 하나님의 뜻대로 살려고 하다가 고난받아도 오히려 감사하는 사람, 어떤 환경에서도 항상 기뻐하고 범사에 감사하는 사람, 은밀한 죄조차 지을 수 없는 사람, 두려움과 염려가 없는 담대한 믿음을 가진 사람, 이런 천만 그리스도인들이 우리 사회 곳곳에 존재한다면 어떤 일이 벌어지겠습니까? 이것이 선으로 악을 이기는 것입니다.

진짜 예수쟁이

우리의 문제가 무엇입니까? 그리스도인들이 그리스도인다운 삶을 살지 못하는 것입니다. 예수를 믿는다고 하지만 진짜 예수를 믿는 것이 아니라는 것입니다. 진짜 예수를 믿으면 내가 변하고, 가정이 변하고, 교회가 변하고, 학교가 변하고, 직장이 변하고, 군대가 변하고, 우리 사회가 변화됩니다. 진정으로 예수님을 믿기만 하면 말입니다.

그런데 한국 교회는 진정으로 예수 믿는 사람을 길러냈습니까?

서열상 고종보다 위였지만 고종보다 늦게 태어나 왕이 되지 못한 조선의 왕손(王孫) 이재형이라는 분이 있었습니다. 그는 26세 되던 해에 과거에 합격하고 경상도 풍기 군수가 되었으나 을사보호조약이 체결되자 기울어가는 나라의 운명을 통탄하며 왕손의 특혜를 포기하고 평민이 되어 땅 문서까지 아내에게 내주고 방랑길에 올랐습니다.

그러다가 1904년 선영(先塋)에 성묘를 하러 가던 중 마부 엄귀현을 만나 친해졌습니다. 엄귀현은 그를 정성껏 모셨습니다.

그런데 하루는 이 마부가 자신에게 전도를 하는 것입니다.

"나리, 황송하오나 예수 믿으시지요! 하나님은 세상을 이처럼 사랑하사 독생자를 주셨으니 누구든지 그를 믿으면 영생을 얻으리라 했습니다. 나리도 예수를 믿으면 죄 사함을 받고 영생을 얻을 수 있습니다."

이재형은 마부가 괘씸하여 핀잔을 주었습니다.

"건방진 소리 말고 말이나 잘 몰거라!"

그러나 마부의 진정한 호소와 용기에 내심 놀라며 빈정대는 투로 물었습니다.

"예수를 믿으면 마부가 양반이라도 된다는 말이냐?"

그러자 엄귀현은 잠시 기도를 한 뒤 이렇게 대답했습니다.

"나리, 예수 믿는 도리는 그런 것이 아닙니다. 제가 양반 되기 위해 예수 믿는 것이 아니라 마부 노릇을 잘하기 위해 예수 믿는 것입니다. 나리께서 예수를 믿으시면 제가 평생 마부로 나리를 모시겠습니다."

이재형은 이 말에 놀랐습니다. 그리고 예수님에 대해 호기심이 생겼습니다.

'일개 마부의 입에서 어떻게 이런 말이 나올까? 예수를 믿는다는 것이 도대체 무엇이기에? 기독교가 그렇게 좋은 것인가?'

이재형이 방랑생활을 청산하고 집으로 돌아왔을 때 부인 정 씨는 부자가 되었을 뿐 아니라 승동교회 교인이 되어 있었습니다. 당시 1903년 원산에서 시작된 부흥 운동이 전국으로 번져가고 있었는데, 마침 승동교회에서 부흥사경회가 열려 이재형은 부인을 따라 부흥회에 참석하게 되었습니다.

그런데 그 교회에서 자신을 전도하던 마부 엄귀현을 만났습니다. 그는 교회의 영수(領袖)였습니다. 영수는 요즘으로 하면 장로에 해당하는데, 손수 교회를 짓고 교회를 내 집처럼 돌보며 교회를 위해 일생 수고하는 사람입니다. 이재형은 "내가 교회 밖에서는 왕손이지만, 교회에서 우리는 그리스도 안에서 한 형제일 뿐이다"라고 하면서 엄 영수를 "형님"이라고 부르며 깍듯이 모셨습니다.

이렇게 이재형은 왕손으로서 예수를 믿은 최초의 인물이 되었습니다. 1914년에 그는 승동교회의 장로가 되었고, 1918년에 평양신학교를 졸업하고 목사 안수를 받아 지금의 남대문교회 2대 목사로, 그 후 승동교회 담임목사로 시무하였습니다. 왕손 이재형이 이렇게 변화된 것은 마부 엄 영수가 진짜 예수쟁이였기 때문입니다.

세상을 변화시키는 빛

진짜 예수님을 믿는 것은 이렇게 놀라운 일입니다. 그 사람에게서 빛을 보게 됩니다. 따라서 우리가 할 일은 우리도 진짜 빛이 되는 것입니다. 예수 그리스도 그분이 바로 빛이십니다. 내가 예수님과 온전히 연합함으로 나를 통하여 빛이신 주님이 드러나게 되면 어둠의 세상이 그것을 감당할 수 없습니다.

왜 예수 믿으면 학교가 바뀌고, 직장이 바뀌고, 군대가 바뀌고, 사회가 바뀔 것이라는 확신을 갖지 못합니까? 예수 믿는 사람끼리 모인 가정이나 교회가 천국 같다고 느끼지 못하기 때문입니다. 예수 믿는 나 자신이 변화되었다고 확신하지 못하기 때문입니다. 그러나 여러분, 세상이 악하다고 탄식하지 말고 우리가 세상의 빛이 되어야 합니다. 우리가 세상의 빛이 되면 세상을 변화시킬 수 있습니다. 빛을 이길 어둠은 없기 때문입니다.

18세기 말 영국의 윌리엄 윌버포스는 이십 대에 의원이 되었지만, 회심한 후 당시 타락한 영국의 정치 현실을 보고 정치인으로 사는 것을 포기해야 하는지 심각하게 고민했습니다. 그러나 "영국 국회가 당신의 사역지다"라는 뉴턴 목사(찬송가 405장, Amazing Grace)의 조언에 따라 영국의 노예 제도를 폐지했고, 영국 사회의 악습 개혁에 헌신했습니다.

당시 영국은 노예 무역을 통해 국고의 상당 부분을 충당하였고, 노예 제도를 지지하는 영국의 왕족, 귀족, 상인, 재벌, 군인들이 거대한 세력을 이루고 있었습니다. 그러나 윌버포스는 150번이나 되는 대 국회 논쟁에서 담대하게 연설했습니다.

"영국이 진정으로 위대한 나라가 되고자 한다면 하나님의 법을 지켜야 하는데, 노예 제도는 분명 하나님의 분노를 자극하는 일이다. 기독교 국가를 자처하는 영국이 황금에 눈이 멀어 노예 제도를 갖고 있다니… 이러고도 오래 살아남은 제국은 역사에 없었다."

윌리엄 윌버포스가 죽기 얼마 전, 결국 영국 국회는 노예 제도를 영원히 폐지하는 법안을 통과시켰습니다.

우리는 세상을 능히 변화시킬 수 있는 빛입니다. 윌리엄 윌버포스가 이 일을 할 수 있었던 것은 그가 단지 옳은 주장을 했기 때문만은 아니었습니다. 그의 삶이 빛이었기 때문입니다. 사람들은 그를 '영국의 양심'이라 불렀고, 그 영향으로 영국의 젊은 국회의원 3분의 1이 복음주의 기독교인이 되었다고 합니다.

어떤 사람은 "내게는 세상을 변화시킬 만한 힘이 전혀 없습니다"라고 할지도 모릅니다. 아닙니다. 우리에게 정말 큰 힘이 있습니다. '기도'입니다. 모든 권세는 하나님께로부터 온 것입니다. 그러나 이것은 세상 권세를 운명론적으로 받아들이라는 것이 아닙니다. 하나님은 대통령과 국회의원, 시장, 시의원들을 주관하고 세우기도 하고 폐하기도 하시는 분입니다. 우리가 그것을 믿고 기도하라는 것입니다. 투표하라는 것입니다. 그리스도인들이 이렇게 할 때 세상은 바뀌게 됩니다.

예수를 믿는 거룩한 무리

지금 우리는 돈이 신(神)인 시대에 살고 있습니다. 모든 사람들이 돈 앞에 무릎을 꿇습니다. 이것이 옛 독재 정권보다 더 무섭습니다. 돈 때문에 많은 사람들의 인생과 가정이 망가지고 믿음을 잃어버린 채 타락의 길을 걷고 있습니다. 신앙이 뿌리부터 흔들리고 있습니다. 여러분은 세금을 정직하게 내고 있습니까? 하나님 앞에 정직한 십일조를 드리는 것처럼 우리는 세금도 정직하게 내야 합니다.

회사를 경영하는 한 집사님이 은혜의 눈이 뜨인 후 신앙적인 원칙으로 회사를 경영할 결심을 하였습니다. 그래서 사원들을 모아놓고 정직한 세금과 정직한 영업을 하기로 선포하였습니다. 그러자 핵심 중역들이 줄줄이 사표를 냈습니다. 그렇게 해서 영업할 자신이 없다는 것입니다. 그때 집사님은 한 가지를 절실히 깨달았다고 합니다. 자신이 창업하기는 했어도 이 회사가 자신의 회사가 아니라는 것을 말입니다. 회사의 진짜 주인이 따로 있다는 것을 안 것입니다. 바로 세상이었습니다.

한 남자 집사님이 억울하게 세금을 내야 하는 상황에 몰렸습니다. 그러자 주변에서 남아 있는 집이라도 건지려면 서둘러서 명의를 이전해두라고 부추겼습니다. 집사님은 저에게 그렇게 해도 되는지 물었는데, 저 역시 말하기 어려웠지만 이 말을 꼭 해야만 했습니다.

"집사님, 재물과 복을 하나님이 주시는 것을 믿습니까? 하나님이 어떻게 하는 것을 기뻐하시겠습니까? 그렇게만 하십시오."

그러자 집사님은 눈물을 흘리셨습니다. 답은 알겠는데 순종하기 어려운 것입니다. 물론 남은 집 한 채마저 억울하게 세금으로 물어야 한다면 그것은 너무 고통스러운 일입니다. 그런데 바로 거기서 우리의 믿음이 드러납니다. 내가 진짜 누구를 믿는지 드러납니다. 모든 그리스도인들이 이렇게 철저히 살아가면 악이 세상을 지배하지 못합니다.

영국 사회가 방탕하고 타락하였을 때 웨슬리의 신앙 부흥 운동이 일어났습니다. 그리스도인들이 거룩한 무리들로 일어났습니다. 그들이 예수를 잘 믿게 된 것입니다. 그렇기 때문에 영국은 유혈 혁명 없이 근대화의 길로 들어설 수 있었습니다. 통일을 앞두고 있는 지금, 우리

가운데도 거룩한 무리들이 일어나기를 바랍니다.

　여러분, 세상이 악하다고 한탄만 해서는 안 됩니다. 주 예수님을 바로 믿으시기 바랍니다. 그러면 세상을 바라보는 눈이 변하게 되어 있습니다. 이 세상에서 하나님의 부흥을 일으킬 거룩한 무리에 동참하시기를 축원합니다.

28

사랑은 율법의 완성입니다

롬 13:8-10

8 서로 사랑하는 것 외에는, 아무에게도 빚을 지지 마십시오. 남을 사랑하는 사람은 율법을 다 이룬 것입니다. 9 "간음하지 말아라. 살인하지 말아라. 도둑질하지 말아라. 탐내지 말아라" 하는 계명과, 그 밖에 또 다른 계명이 있을지라도, 모든 계명은 "네 이웃을 네 몸과 같이 사랑하여라" 하는 말씀에 요약되어 있습니다. 10 사랑은 이웃에게 해를 입히지 않습니다. 그러므로 사랑은 율법의 완성입니다.

"사랑하자"라는 주제의 설교는 많이 했고 또 이미 많이 들었습니다. 그런데도 계속해서 '사랑'에 대해 설교하고 계속 같은 말씀을 들어야 할 이유는 무엇입니까? 대답은 하나입니다. 우리가 여전히 사랑하지 못하기 때문입니다. 그러면 도대체 사랑해야 하는 줄 알면서도 왜 실천하지 못합니까? 여기에 "우리가 정말 예수님을 믿었느냐?" 하는 문제가 드러납니다. 말씀을 듣는 분마다 이제는 진짜 사랑하며 살아야겠다는 뜨거운 마음이 일어나게 되시기 바랍니다.

사랑하는 예수님의 제자

예수님은 사랑하는 것을 보면 누가 예수님의 제자인지 알 수 있다고 하셨습니다.

"너희가 서로 사랑하면 이로써 모든 사람이 너희가 내 제자인 줄 알리라"(요 13:35).

이것은 매우 중요한 말씀입니다. '하나님의 자녀'는 하나님의 말씀대로 사는 사람을 말합니다. 곧 "간음하지 말라, 살인하지 말라, 도둑질하지 말라, 탐내지 말라" 하는 십계명과 그 외 하나님께서 주신 계명들을 지키는 사람입니다. 그러면 어떤 사람이 이 모든 계명을 잘 지킬 수 있느냐, 어떤 기준으로 하나님의 계명을 잘 지킨다고 보아야 하느냐 하는 질문이 나올 수 있습니다. 그 기준은 '사랑'입니다. 사랑 속에 모든 계명이 들어 있다는 것입니다.

…남을 사랑하는 사람은 율법을 다 이룬 것입니다. 롬 13:8

그러므로 다른 사람을 사랑하지 않으면서 하나님의 말씀을 지킨다고 하는 말은 거짓입니다. 사랑만 하며 살지 않으면서 나는 구원받았다고 믿는 것도 착각입니다.

사도 바울은 다른 빚은 지지 말라 하면서 '서로 사랑하는' 것은 예외라고 하였습니다.

서로 사랑하는 것 외에는, 아무에게도 빚을 지지 마십시오. … 롬 13:8

사랑은 줄 줄도 알아야 하고 받을 줄도 알아야 합니다. 사랑은 빚이 아니라는 것입니다. 그런데 축의금은 빚의 개념인 것 같습니다. 축의금을 받으면 주어야 하고, 주면 받아야 한다고 생각하니까 말입니다. 그러나 사랑은 그렇지 않습니다. 그저 주는 것이고 그저 받는 것입니다. 주고도 잊어버리는 것입니다.

정말 그럴 수 있습니까? 얼마든지 그렇습니다. 우리가 다 그런 사랑으로 살아왔습니다. 가족의 사랑이 그렇습니다. 빚처럼 주고받지 않습니다. 부모가 자녀를 사랑하는 것이 훗날 되돌려 받기 위해서입니까? 자녀에게 뭘 해줬는지 장부에 일일이 기록해두는 부모가 있습니까? 그런 부모는 없습니다.

하나님의 가족

예수 믿으면 교인들은 한 가족입니다. 성경은 그리스도인들이 다 '하나님의 가족'이라고 했습니다.

"그러므로 이제부터 너희는 외인도 아니요 나그네도 아니요 오직 성도들과 동일한 시민이요 하나님의 권속이라"(엡 2:19).

우리가 이 사실을 명심하면 교회는 천국같이 됩니다. 가족 중에 누가 잘못했으면 소문을 내겠습니까? 입을 다물 것입니다. 공개적으로 말하거나 다른 사람에게 흉을 보겠습니까? 아무 말 없이 도와주려고 할 것입니다. 가족은 사랑하고 또 사랑합니다. 용서하고 또 용서합니다. 우리가 교인들을 정말 하나님의 가족이라고 여긴다면 잘못한 사람을 대하는 태도가 완전히 달라질 것입니다. 잘못한 사람이 아버지요 형이요 누이라면 어떻게 할까요? 육신의 가족과 교인을 대하는 태도가 다르다면, 그는 아직 영적인 눈이 온전히 뜨이지 않은 것입니다.

"목사님, 어떻게 교인들을 가족처럼 여긴다는 말입니까?" 하고 말씀하시는 분들이 있습니다. 육신의 가족은 100년도 같이 못 삽니다. 그러나 교인은 영원히 함께 사는 진짜 가족입니다. 천국에서의 우리 모습을 상상해보시기 바랍니다. 거기서는 미워할 사람, 시기할 사람, 시험에 들 일, 싸울 일이 없습니다. 사랑과 기쁨이 넘치는 삶을 살 것입니다. 교회는 바로 이 땅에서 그 천국을 경험하는 유일한 곳입니다. 하나님이 우리에게 이런 교회 공동체를 주시는 것은, 그래야 세상을 견디고 이겨낼 수 있기 때문입니다.

한번은 교회 탁구 대회에서 실력이 뛰어난 권사님이 1차전에서 탈락하셨습니다. 저는 '우리 교회에 굉장한 탁구 선수가 온 모양이네' 하고 생각했는데, 나중에 알고 보니 그런 것이 아니었습니다. 1차전 경기를 하는데 상대 선수로 나온 교우의 어린 두 아들이 아버지를 힘껏 응원하고 있었답니다. 아버지가 점수를 잃으면 세상을 잃은 것처럼 탄식하고, 점수를 따면 온 세상을 얻은 것처럼 좋아해서 그 모습을 본 권사님이 '내가 이 경기를 이기면 저 두 아들이 얼마나 크게 실망할까?' 하는 생각이 들어 저주었다는 것입니다.

저는 이 이야기를 듣고 마음이 뭉클했습니다. 하나님께서 우리에게 가정과 교회라는 축복을 주셨습니다. 우리는 이와 같은 교회 공동체를 이루며 살아야 합니다. 그 핵심이 사랑입니다. 이런 교회는 마귀가 틈타고 들어와도 머리가 깨어져 쫓겨나갈 수밖에 없습니다.

사랑 없는 율법주의

우리는 "간음하지 말라, 살인하지 말라, 도둑질하지 말라, 탐내지 말라" 하는 계명을 철저히 지키려고 애를 씁니다. 이것을 지키는 일에 목숨을 겁니다. 열심 또 열심입니다. 물론 하나님의 율법을 지키는 것은 성도의 마땅한 본분입니다. 그런데 사랑이 빠지면 율법주의입니다. 율법주의는 믿음이 좋은 것처럼 보이지만 사실은 가짜입니다. 우리가 하나님의 계명을 아무리 열심히 지키려고 해도 사랑이 빠지면 아무것도 아닙니다. 하나님과 전혀 상관이 없는 것입니다.

> …모든 계명은 "네 이웃을 네 몸과 같이 사랑하여라" 하는 말씀에 요약되어 있습니다. 롬 13:9

이 점을 분명히 기억해야 합니다. 주일예배를 드리는 것도 하나님의 말씀대로 살아보려고 하기 때문입니다. 그러나 사랑이 빠져 있으면 주일을 열심히 지키는 것조차 실은 율법주의에 빠지는 것입니다. 이처럼 사랑이 빠진 율법주의자들에게는 특징이 하나 있는데, 하나님의 계명을 열심히 지키면서 다른 사람들에게 상처를 주는 것입니다.

언제 상처를 가장 많이 받습니까? 어릴 때 가정에서 부모에게 상처를 많이 받습니다. 참으로 기막힌 일입니다. 나를 가장 사랑하는 부모님이 나에게 가장 큰 상처를 줍니다. 그것은 부모가 율법주의자이기 때문입니다. 율법적인 신앙생활을 하게 되면, 그 부모가 하나님을 잘 믿으려고 하면 할수록 자녀들이 상처를 받습니다. 이것이 우리가 율법주의적 신앙생활을 하지 말아야 할 이유입니다.

미국 철학계와 교육계에 엄청난 영향을 끼친 존 듀이는 하나님나라의 입장에서 보면 무서운 악영향을 끼친 사람입니다. 그는 무신론자였고 미국 인본주의 연합회의 창설자이자 초대 회장이었습니다. 그는 "어디에도 하나님은 존재하지 않으며 영혼도 존재하지 않는다"라고 말하기도 했습니다. 존 듀이는 진화론을 믿었고 전파했습니다.

진화론이나 창조론은 엄밀히 말해 과학이 아닙니다. 신앙입니다. 진화론은 무신론의 결론입니다. 하나님이 안 계신다고 믿기 때문입니다. 공산주의자들도 무신론자입니다. 따라서 그들 역시 진화론자입니다. 그래서 그는 공산주의자들에게도 지대한 영향을 주었습니다. 후일 소련 정부로부터 사회주의 훈장을 받기도 하였습니다.

그런데 존 듀이의 부모는 매우 열심히 신앙생활 하는 교인이었습니다. 그러면 그런 교인 부모에게서 어떻게 존 듀이 같은 철저한 무신론자 아들이 나온 것일까요? 부모가 율법주의적인 신앙생활을 하였기 때문입니다. 그의 부모는 어린 존 듀이에게 엄격한 신앙생활을 가르쳤다고 합니다. 철저하게 안식일을 지키도록 강요했고, 그와 동시에 가난한 동네 아이들과는 어울리지 말라고 주의를 주었습니다. 아들이 저녁 늦게 들어오면 어디서 무엇을 했는지 꼬치꼬치 캐물었습니다. 이런 부모의 이중적인 태도가 존 듀이에게 기독교에 대한 부정적인 생각을 품게 만든 것입니다.

존 듀이는 이렇게 주장했습니다.

"어떤 신이나 우리를 구원한다는 약속이나 영원한 심판에 대한 두려움들은 환상에 지나지 않거나 해로운 것들이다. 육체가 죽은 후에 생명이 영생하리라는 것에 대한 신빙성 있는 증거는 없다."

사랑이 빠진 율법주의 신앙은 이처럼 사랑하는 아들의 어린 영혼에 상처를 주었습니다.

미워할 수 없는 사랑

여러분은 이것도 지키고 저것도 지키는 식의 율법주의 신앙을 극복했습니까? 진정 사랑만 하는 사람입니까? 다른 사람들에게 참았던 화나 신경질을 배우자나 자녀들에게 쏟아 붓지는 않습니까? 이런 식으로 사는 것이 율법주의 태도입니다. 밖에서는 좋은 사람이라는 평가를 듣지만 사랑하는 사람이나 가족에게는 말할 수 없는 상처를 심어주게 됩니다.

부모의 사랑을 제대로 받지 못한 자녀는 사랑에 대해 성숙한 판단을 하지 못합니다. 그 마음에 사랑의 갈망이 너무 크기 때문에 누군가 "사랑한다"는 말로 꾀면 맥없이 넘어가버립니다. 그러므로 사랑을 주지 못하는 것은 자녀들에게 너무나 큰 아픔을 남기는 것입니다.

사랑은 이웃에게 해를 입히지 않습니다. … 롬 13:10

한번은 이 말씀이 제 마음을 깊숙이 찔렀던 적이 있습니다. 어느 작은 교회 목사님이 큰 교회를 보면 마음에 상처가 된다고 말했습니다. 그 이유를 물으니 교회 건물이 크고 교인 수나 재정이 많은 것도 부러운데 교인들의 믿음도 좋은 것을 보면 너무 속상하다는 것입니다. 그러면서 하나님이 불공평하시다는 생각이 든다고 했습니다. 저는 우리 교회를 보는 마음도 이럴 수 있다는 것을 깨닫고 깜짝 놀랐습니다. 우리가 특별히 잘못한 것이 없어도 상처를 줄 수 있다는 것입니다.

헐벗은 사람에게는 어떤 사람이 아주 좋은 옷을 입었다는 것만으로도 그것이 마음에 상처가 됩니다. 그러면 도대체 어떻게 살지요? 우리가 사랑으로 소문난 사람이 되면 이것이 더 이상 상처가 되지 않습니다. 그럴수록 정말 붙잡아야 할 것은 사랑으로 소문나는 것임을 알았습니다. 우리가 지향해야 할 목표는 사랑입니다. 이것이 하나님의 계획입니다. 사랑이 있으면 어떤 경우에도 상처를 주지 않습니다. 미워할 수 없는 사랑이 있어야 진짜 큰 교회입니다.

저절로 사랑하게 되는 법

문제는 어떻게 이런 사랑을 할 수 있느냐 하는 것입니다. 어쩌면 그 답이 전혀 엉뚱할지 모르겠습니다.

문삼석 시인이 쓴 〈그냥〉이라는 시가 있습니다.

엄만
내가 왜 좋아?
그냥

넌 왜
엄마가 좋아?
그냥

엄마는 아이가 그냥 좋고, 아이도 엄마가 그냥 좋은 것입니다. 그 것을 어떻게 설명하겠습니까? 사랑은 이처럼 그냥 되어져야 진짜입니다. 사랑하려고 애쓰고 노력하는 것은 이미 사랑이 아닙니다. 사랑이 가장 힘든데 그럼 어떻게 '그냥' 되어질 수 있습니까? 우리 힘으로는 결코 할 수 없습니다. 그러나 나는 죽고 예수로 살면 저절로 사랑하게 됩니다. 예수님 바로 그분이 사랑 그 자체이시기 때문입니다.

실직한 남편이 말이 없어져서 안타까워하는 아내가 있었습니다. 아내는 남편의 마음을 돌이켜보려고 갖은 애를 다 써보았지만 남편은 계속 말을 하지 않았습니다. 그렇게 6개월이 지나자 걱정이 된 아내가 남편에게 편지를 썼습니다. '당신이 자랑스러운 이유'를 써내려갔는데 무려 51가지나 되었습니다. 남편은 그 편지를 보고 눈물을 흘리며 처음으로 웃었고 그러면서 말문이 트였다고 합니다.

남편을 향한 아내의 사랑이 낙망한 남편을 웃게 만들었는데, 우리를 위해 십자가를 지신 예수님이 우리를 변화시킬 수 없겠습니까? 주 예수님을 바라보시기 바랍니다. 우리 힘으로는 사랑하지 못합니다. 그러나 우리는 예수님을 내 생명으로, 왕으로 모시고 사는 사람입니다. 내 안에 오신 예수님은 나를 사랑하는 사람으로 바꿔주실 수 있습니다.

이스라엘 백성들이 홍해를 어떻게 건넜습니까? 하나님이 하셨습니다. 오병이어의 기적은 어떻게 일어났습니까? 주님이 하셨습니다. 사랑도 마찬가지입니다. 우리 힘으로는 불가능합니다. 그러나 주님이 하시면 얼마든지 가능합니다. 사랑은 "나는 죽었습니다"라고 고백하는 것입니다. 사랑하려고 노력하는 것이 아닙니다. 사랑은 되어지는 것입니다. 이것이 진짜 예수 믿는 것입니다. 이것이 진정한 복음입니다.

사랑의 초대

···사랑은 율법의 완성입니다. 롬 13:10

우리는 이 말씀을 명심해야 합니다. 사랑하면 하나님의 말씀을 다 지킨 것입니다. 예수님은 우리가 사랑만 하며 살게 하시려고 십자가에 죽으셨고 우리 마음에 오셨습니다.

야구 못하는 야구선수 보셨습니까? 농구 못하는 농구선수 보셨습니까? 운전 못하는 운전기사 보셨습니까? 저는 한 번도 보지 못했습니다. 그럼 '사랑하지 못하는 그리스도인'은 어떻습니까? 이는 어불성설입니다. 그런데 그런 경우를 많이 봅니다. 예수님을 믿는다고 하면서 자신에게 아직 사랑이 없다고 느껴진다면, 운전 못하는 운전기사의 심정을 가져야 합니다.

오늘 운전기사로 운전을 해야 하는데, 운전을 못하면 얼마나 초조하고 답답하고 안타깝겠습니까? 우리가 사랑하지 못하는 것 때문에 이런 심정이 될 때 주님은 반드시 사랑하게 만드십니다. 사랑하게 만드시는 분은 주님이십니다. 우리가 하는 것이 아닙니다. 그러나 우리 마음속에 '사랑만 하며 살리라' 하는 갈망이 있어야 합니다. 그럴 때 반드시 구원받을 것입니다.

우리는 사랑으로 소문난 교회를 세워야 합니다. 최근 지방으로 이사를 간 교우 한 분이 아직도 교회를 정하지 못했다면서 "정말 내 영혼을 맡길 수 있는 그런 교회를 찾고 싶은데 그런 교회가 없어요" 하며 우셨습니다. 그 전화를 받고 얼마나 안타까웠는지 모릅니다.

우리 주위를 둘러보십시오. 교회에 처음 오신 분들은 서먹하니까 기존 교인들과 친해지면 얼마나 좋을까 하는 생각을 할 것입니다. 그러면 친해지기만 해도 좋은데 사랑하게 되면 얼마나 좋겠습니까? 꿈같은 일입니다. 그야말로 천국입니다. 이런 교회를 세워야 합니다.

성도들에 대한 섭섭함이나 원한을 품고 있는 일이 없습니까? 남의 죄를 보고 비판했던 일은 없습니까? 몇몇 사람들과 당을 짓지는 않았습니까? 불평불만을 퍼뜨렸던 일은 없습니까? 돕는 데 인색하고 베풀지 못했던 일은 없습니까? 우리가 그렇게 한 데는 분명 이유가 있을 것입니다. 그 사람이 잘못해서, 그 사람이 교만해서, 그 사람이 은혜를 모르는 사람이어서, 그 사람이 신용이 없어서 그랬을 것입니다. 그러나 솔직히 말하면 여전히 죽지 않은 나의 옛사람이 주인 노릇을 하고 있기 때문입니다. 우리가 예수님으로 인하여 거듭난 참 자아로 살면 사랑하지 못할 사람이 없습니다.

주 예수님은 우리를 사랑만 하며 사는 삶으로 초대하셨습니다. 우리는 어떻게 살까 하는 걱정을 주님께 다 맡겼습니다. 예수님과 함께 죽었으니 더 이상 무거운 짐을 지고 살 이유가 없어졌습니다. 이제 우리가 할 일은 오직 사랑만 하며 사는 것뿐입니다.

변호사 밥 고프는 말했습니다.

"거절하면 안 되는 초대가 딱 하나 있습니다. 오직 사랑만 하며 사는 삶을 살라는 초대입니다. 이 초대장은 봉투에 담겨오지 않습니다. 잠잠히 주님을 바라볼 때, 마음 깊은 곳에서 계속 일어나는 것입니다. 부유한 삶으로의 초대를 거절하는 사람은 없을 것입니다. 하지만 사랑으로 충만한 삶을 살라는 초대를 거절하는 사람은 많습니다. 더 놀라운 삶이자 지금 당장 살 수 있는데도 말입니다."

주님은 우리에게 "사랑만 하며 살라"고 초대하십니다. 이 놀라운 주님의 초대를 흘려보내지 마시기 바랍니다. 사랑하게 만들어주시는 분은 주님이시지만, 주님의 초대를 받아들이는 일은 우리가 해야 합니다.

"주님, 제가 그렇게 살고 싶습니다."

주님은 구하면 주시는 분입니다. 구하지 않으니 주시지 못하는 것입니다. 운전 못하는 운전기사의 심정으로 사랑만 하기를 갈망하십시오. 그러면 주님께서 반드시 그렇게 살도록 역사해주실 것입니다.

29

주 예수로 옷 입으라

롬 13:11-14

11 여러분은 지금이 어느 때인지 압니다. 잠에서 깨어나야 할 때가 벌써 되었습니다. 지금은 우리의 구원이 우리가 처음 믿을 때보다 더 가까워졌습니다. 12 밤이 깊고, 낮이 가까이 왔습니다. 그러므로 우리는 어둠의 행실을 벗어버리고, 빛의 갑옷을 입읍시다. 13 낮에 행동하듯이, 단정하게 행합시다. 호사한 연회와 술취함, 음행과 방탕, 싸움과 시기에 빠지지 맙시다. 14 주 예수 그리스도로 옷을 입으십시오. 정욕을 채우려고 육신의 일을 꾀하지 마십시오.

❦

본문은 어거스틴이 이 구절을 읽고 회심했다고 전해 내려오는 유명한 말씀입니다. 어거스틴처럼 이 말씀을 통해 하나님을 바라보는 눈이 뜨이는, 영적 전환점을 맞이하는 역사가 일어나기를 축복합니다.

어느 때까지

여러분은 지금이 어느 때인지 압니다. 잠에서 깨어나야 할 때가 벌써 되었습니다. ⋯ 롬 13:11

저는 지난 주 에스겔서를 묵상하며 이 말씀을 읽게 되었습니다.

"이같이 내가 이 땅에서 음란을 그치게 한즉 모든 여인이 정신이 깨어 너희 음행을 본받지 아니하리라"(겔 23:48).

이 말씀은 하나님의 심판에 대한 말씀입니다. 이스라엘 백성들이 스스로 우상숭배와 음란에서 떠나지 않으니, 하나님께서 강제로 음란을 그치게 만드시겠다는 것입니다. 정말 두려운 일입니다. 이 말씀이 두려운 이유가 있습니다. 지금 우리 사회에도 무서운 일이 벌어지고 있기 때문입니다. 이스라엘 백성들은 우상에게 자기 자식을 제물로 바치는 끔찍한 일을 행했습니다. 어떻게 부모가 자녀를 우상에게 내어주는 일을 할 수 있습니까?

그런데 지금 이 시대에도 부모가 자녀를 죽이는 일이 서슴지 않고 자행되고 있습니다. 낙태입니다. 더군다나 이 일이 얼마나 무서운 일인지 인식도 없습니다. 그 뿌리는 음란함입니다. 부부가 아닌 사람과의 사이에서 성관계를 맺고 그것을 재미로 여깁니다. 더 깊이 박힌 뿌리가 바로 우상숭배입니다. 오늘날 사람들은 우상을 섬깁니다. 돈이 신(神)입니다. 우리 사회의 죄악은 에스겔 당시 이스라엘보다 더 심각합니다. 그러니 무서운 것입니다.

우리가 정말 회개하고 돌이키지 않으면 하나님은 이 세상의 죄를 그치게 만드는 일을 하십니다. 그것이 무서운 것입니다. 하나님께서 이 땅의 죄악을 그치게 하시는 방법이 있습니다. 집 앞마당에 포탄이 떨어지고, 내 옆 사람이 죽어나가고, 식량을 구하기 위해 헤매고 다니는 상황이 벌어진다면 은밀한 죄도 끝이 납니다. 의사의 "암입니다"라는 말 한마디면 세상 재미가 유혹이 되지 않습니다. 이런 지경이 되어서야 죄를 버리겠습니까?

하나님은 우리가 죄짓지 않게 만드는 방법을 알고 계십니다. 그러나 결코 이런 방식으로 우리를 다루기를 원하지 않으십니다. 하나님이 심판에 대해서 계속 경고하시는 이유는 역설적으로 하나님이 심판하고 싶지 않으시다는 뜻입니다. 그러므로 아직 심판이 임하지 않았을 때, 우리는 죄에서 떠나야 합니다.

많은 사람들이 작은 죄는 어쩔 수 없이 짓고 사는 줄 아는데 결코 아닙니다. 음식에 독이 조금 들어가는 것은 괜찮습니까? 벌레 한 마리만 들어 있어도 기겁을 하고 그 음식을 쳐다보지도 않습니다. 그런데 왜 독보다 더 무서운 죄를 아무렇지도 않게 여깁니까?

시한부 인생

…잠에서 깨어나야 할 때가 벌써 되었습니다. 지금은 우리의 구원이 우리가 처음 믿을 때보다 더 가까워졌습니다. 밤이 깊고, 낮이 가까이 왔습니다. … 롬 13:11,12

이 말씀은 주님의 재림의 날이 가까웠다는 긴박감을 드러내고 있습니다. 모든 그리스도인에게 이런 긴박감이 있어야 합니다. 어느 전도사님이 "주님의 재림이 가까운 것이 맞습니까? 하고 질문하였습니다. 그러더니 "이 로마서가 2천 년 전에 기록된 것이 아닙니까?" 하고 말했습니다. 그 말은 마치 2천 년 내내 그런 위기를 조장해온 것이 아니냐는 의미로 들렸습니다.

어쩌면 성경을 읽으면서 이런 생각을 하는 분들이 계실지 모르겠습니다. 그러나 그것은 정말 바보 같은 생각입니다. 지금이 마지막 때가 아니라면 아무렇게나 살아도 된다는 말입니까? 주님이 내일 오시면 정신 차리고 살고, 몇 년 뒤에 오시면 더 즐기면서 살려고 하십니까? 무서운 미혹입니다.

베드로 사도는 "주님이 곧 오신다고 그래놓고 안 오시는 것을 보니 거짓말이잖아" 하고 말하는 이들에게 다음과 같이 말했습니다.

"주의 약속은 어떤 이들이 더디다고 생각하는 것같이 더딘 것이 아니라 오직 주께서는 너희를 대하여 오래 참으사 아무도 멸망하지 아니하고 다 회개하기에 이르기를 원하시느니라"(벧후 3:9).

하나님께서는 우리 모두가 구원받기 원하셔서 기다리시는 것이지 거짓말하시는 것이 아닙니다. 주님이 재림하시는 것이 사실이고 천국이 있고 영생이 있는 것이 사실이라면 우리는 어느 시대나 잠들어 있으면 안 되는 것입니다. 우리가 정말 구원받은 사람이라면 이 말씀이 우리의 잠을 깨웁니다.

어떤 목사님이 의사로부터 6개월밖에 살 수 없다는 선고를 받았습니다. 눈앞이 캄캄했습니다. 그래서 의사에게 2년만 더 살 수 없겠느냐고 물었습니다. '내가 적어도 2년은 정신 차리고 똑바로 살고, 제대로 목회를 한 다음 주님 앞에 가야지' 하는 생각이 들더라는 것입니다. 그 후 목사님은 하나님의 은혜로 고침을 받았고 훌륭하게 목회하다가 건강하게 은퇴하셨습니다.

그 목사님이 고백하기를, 6개월 시한부 판정이 자신의 잠든 영혼을 깨웠다고 했습니다. 자신이 무엇을 위해 살아야 하고, 목사가 되어서 어떻게 해야 하는지 그때 비로소 깨달았다는 것입니다. 우리도 시한부 인생을 살고 있습니다. 그것을 깨달은 사람이 있고 그렇지 않는 사람이 있을 뿐입니다.

공개적인 그리스도인

잠에서 깨어나라는 것은 어둠의 행실을 버리라는 것입니다.

> …우리는 어둠의 행실을 벗어버리고, … 롬 13:12

'어둠의 행실'은 사람들이 보지 않을 때 은밀히 짓는 죄입니다. 여러분에게 어둠의 행실이 있습니까? 혼자 있을 때 어둠 가운데 저지르는 누구도 예상치 못한 행실이 있다면 벗어버리십시오. 예수님을 믿고 나면 더 이상 어둠의 행실이 없어야 합니다.

> …호사한 연회와 술취함, 음행과 방탕, 싸움과 시기에 빠지지 맙시다.
> 롬 13:13

분에 넘치게 먹고 마시는 일, 술 취하는 일, 음행과 방탕, 싸우고 시기하는 일, 심지어 사람들 앞에 드러나면 너무나 창피한 일까지…. 예수를 믿고도 여전히 그런 생활을 하고 있다면 여러분은 영적인 잠을 자고 있는 것입니다. 이제 깨어나야 합니다. 예수님을 믿는 사람은 사람들이 보든 안 보든 똑같이 사는 사람임을 명심해야 합니다.

…빛의 갑옷을 입읍시다. 롬 13:12

주 예수 그리스도로 옷을 입으십시오. … 롬 13:14

예수님을 믿었으면 빛의 갑옷을 입어야 합니다. 14절에는 "주 예수
그리스도로 옷을 입으라"고 했습니다. 이것이 무슨 말입니까? 공개적
으로 예수 믿는 사람임을 드러내고 살라는 것입니다. 학생에게 교복
을 입히는 것은 학생임을 공개적으로 드러내어 학생다운 행동을 하도
록 하려는 것입니다. 군인에게 군복을 입히는 것도 공개적으로 군인임
을 드러내어 군인답게 행동하게 하려는 것입니다. 예수 그리스도로 옷
을 입는 것도 마찬가지입니다. 우리가 예수님을 믿는 것, 예수님의 사
람임을 공개하고 살라는 것입니다.

낮에 행동하듯이, 단정하게 행합시다. … 롬 13:13

'낮에 행동하듯이'라는 말은 "모든 사람들이 보는 곳에서 행동하듯
이"라는 뜻입니다. 우리가 예수님을 믿었으면 그다음에는 혼자 있을
때라도 모든 사람들이 보는 듯이 살아야 합니다. 더는 이중적인 삶의
자세가 있어서는 안 됩니다.
"나는 이곳의 빛이다."
가정이나 직장이나 어디서든지 항상 자신이 빛임을 명심해야 합니
다. 이것이 빛의 갑옷을 입는 것입니다. 누구를 만나든 "저는 예수님

을 믿는 사람입니다"라고 고백해야 합니다. 언제 어디서 식사를 하든 주님께 진실하게 기도하고, 사무실 책상에는 언제나 성경책이 있는 것입니다. 그러면 사람들이 "아, 저 사람은 예수 믿는 사람이구나" 하고 압니다. 사랑만 하며 살고, 언제든지 분명하게 복음을 전하며 사는 것입니다. 이것이 예수 그리스도로 옷 입는 것입니다.

흰옷 한 벌

물론 예수 그리스도로 옷 입고 사는 것은 대단히 부담스러운 일입니다. 그로 인해 손해를 볼 수도 있습니다. 어떤 자매가 상담하는 내내 울었습니다. 결혼까지 생각할 만큼 좋아하던 형제로부터 결별 선언을 들은 것입니다. 어느 날 그 형제가 육체관계를 요구했습니다. 항상 하나님이 기뻐하시는 뜻대로 하고 싶었던 자매는 하나님께서 그 일을 기뻐하지 않으신다고 생각했기에 형제의 요구를 거부했습니다. 그러자 형제가 "너는 나를 사랑하지 않는구나. 나를 믿지 않는구나" 하며 헤어지자고 한 것입니다.

"저는 하나님의 뜻대로 살려고 했는데, 하나님은 왜 저희 관계를 지켜주지 않으신 건가요? 하나님 뜻대로 살려고 하니까 원하는 형제를 떠나보내야 했어요."

저는 그 자매의 상한 마음을 위로하려고 애썼습니다. 그러나 속으로 생각했습니다.

'하나님이 딱 정리해주셨네. 그 형제는 아니야!'

저는 이 일이 오히려 자매에게 아주 잘된 일이며 그 자매도 결국 그것을 깨닫게 되리라는 것을 알았습니다.

어떤 형제가 취직 면접을 보는데 면접관이 "기독교인이군요. 우리 회사에서는 기독교인이 하지 말아야 한다고 생각하는 것을 해야 할 일이 많은데, 그럴 때는 어떻게 하겠습니까?" 하고 묻더랍니다. 그래서 그 형제는 이렇게 대답하고 불합격 통보를 받았다고 합니다.

"저는 하나님께서 시키시는 대로 하겠습니다."

하나님의 말씀대로 사는 일은 여러 가지 어려움을 가져옵니다. 예수님의 옷을 입은 순간부터 힘들고 부담스러운 일들이 생깁니다. 좋아하는 형제로부터 결별 통보를 받고, 들어가고 싶은 직장에서 나를 거부하는 일이 생길 수 있습니다. 그러나 이런 일 때문에 예수님의 옷을 입는 것을 부담스럽게 생각하는 것은 너무나 어리석은 일입니다.

이런 일을 당하게 되지만 예수님으로 옷 입고 사는 것이 정말 복된 일이라는 것을 명심해야 합니다. 요한계시록 7장 9절부터 17절을 보면, 하나님 앞에 각 나라와 족속과 백성과 방언에서 아무도 능히 셀수 없는 큰 무리가 나옵니다. 구원받은 무리들입니다. 그런데 그들이 한결같이 "흰옷을 입었다"고 했습니다. 그리고 "이 흰옷 입은 자들이 누구며 또 어디서 왔느냐?"라는 질문에 이렇게 대답합니다.

"이는 큰 환난에서 나오는 자들인데 어린 양의 피에 그 옷을 씻어 희게 하였느니라"(계 7:14).

예수의 옷을 입은 사람은 생명을 잃을 만큼 큰 환난을 거쳐 나온 무리입니다. 그들은 어린양의 보혈로 씻은 흰옷을 입었습니다. 그들이 하나님 앞에 서는 것입니다. 마음에 드는 사람으로부터 결별 통보를 받고 원하는 직장에서 거절당하는 정도가 아니라, 죽임을 당할지라도 예수님의 옷을 벗지 않겠다고 결단해야 합니다. 구원의 복보다 더 큰 복이 어디 있겠습니까?

우리는 명심해야 합니다. 여기 이 세상에서부터 예수님의 보혈로 씻음 받은 흰옷을 입고 살다가 주님 앞에 그 흰옷을 입은 모습으로 서야 합니다. 그 사람들이 그리스도인입니다. 그렇기 때문에 고난을 당할 것입니다. 마귀가 흰옷 입은 자들을 고통스럽게 할 것입니다. 그러나 마귀의 목표는 우리를 괴롭게 하는 것이 아니라 우리를 어둠의 자식으로 만들려고 하는 것입니다. 예수님으로 옷 입고 살지 못하게 하려는 것입니다. 어둠의 행실 가운데 묶어두려는 것입니다. 따라서 마귀의 목적대로 되지 않기 위해 우리는 고통을 감수해야 합니다. 그렇게 살다가 하나님 앞에 서야 합니다.

혹 여러 벌의 다른 옷을 준비해두고 살지 않습니까? 교회에서 입는 옷, 가정에서 입는 옷, 직장에서 입는 옷, 여행 가서 입는 옷이 다 따로 있는 것은 아닙니까? 그렇다면 정말 어리석은 자입니다. 우리는 단벌신사입니다. 예수님의 옷 하나만 입고, 하나님 앞에 나와 예배하고, 가정에서 가족들을 섬기고, 직장에서 일해야 합니다. 우리에게는 두 벌 옷이 없습니다.

죄를 이기는 길

어떤 목사님이 전철을 기다리면서 일흔이 넘어 보이는 남자 어르신 두 분이 하시는 말씀을 들었습니다. 한 분이 다른 한 분을 책망하고 있었습니다.

"너 인마, 예수 믿는 놈이 그러면 되겠냐?"

그러자 다른 분이 묵묵부답이었다고 합니다. 그런데 목사님의 마음에 계속해서 그 목소리가 들렸다고 합니다.

"너 인마, 예수 믿는 놈이 그러면 되겠냐?"

새겨들어야 합니다. 지금 주님이 우리에게 이렇게 말씀하고 계실지도 모릅니다. 마귀가 원하는 것은 우리를 어둠의 행실 가운데로 끌고 가는 것입니다. 예수 믿는다고 하면서 결국 겉 다르고 속 다르게 만들려고 하는 것입니다. 혼자 있을 때 은밀한 곳에서는 별의별 짓을 다하며 살게 만들려는 것입니다. 그것이 바로 마귀가 원하는 것입니다.

···정욕을 채우려고 육신의 일을 꾀하지 마십시오. 롬 13:14

육신을 가지고 사는 우리가 어떻게 육신의 죄를 이기고 살 수 있습니까? 어느 목사님이 아들의 거짓말을 고치기 위해 매를 들었습니다. 그리고 다음에 또 거짓말을 하면 곱절로 맞게 될 거라고 위협하였습니다. 그러나 아들의 거짓말은 고쳐지지 않았고, 어느 날 매가 100대를 넘게 되었습니다. 아들을 100대 때린 목사님이 고꾸라졌습니다. 주님의 음성을 들었기 때문입니다.

"내가 너를 이렇게 다루었느냐?"

매로는 죄를 이길 수 없습니다. 우리 육신의 정욕은 그 어떤 것으로도 이길 수 없습니다. 그런데 우리가 어떻게 육신의 정욕에 끌려 살지 않을 수 있습니까? 저 역시 도무지 죄를 이길 수 없다고 생각한 적이 있었습니다. 사람은 예수님을 믿어도 자기 성질대로 믿는다는 것을 의심 없이 믿은 적도 있었습니다. 그러나 지금은 다릅니다. 우리가 죄를 이기고, 성질도 이기고, 변화될 수 있다고 믿습니다. 주님은 하실 수 있기 때문입니다!

성경을 보니 예수님으로 옷 입으라는 말은 진정한 세례 받은 자로 살라는 것입니다.

"누구든지 그리스도와 합하기 위하여 세례를 받은 자는 그리스도로 옷 입었느니라"(갈 3:27)

옛사람이 죽고 예수님으로 사는 것, 이것만이 죄를 이기는 길입니다. 우리가 세례를 받았다면 이미 예수님과 함께 죽고 예수님으로 사는 사람입니다. 세례는 그리스도와 연합하는 것입니다. 그때 내 안에 사시는 예수님께서 내가 육신에 끌려가지 않도록 만드십니다.

부산 세계로교회 손현보 목사님께서 하신 말씀입니다. 어느 날 한 남자가 집에 찾아와 다짜고짜 목사님의 뺨을 때리더랍니다.

목사님이 마음속으로 주님께 물었습니다.

'주님, 어떻게 해야 합니까?'

그때 주님이 말씀하셨습니다.

"더 맞아라!"

그래서 아무 대항도 하지 않고 맞은 후 그 분의 말을 다 듣고 잘 대접해드렸다고 합니다. 훗날 그 분은 장로가 되었습니다.

음란과의 전쟁

우리 안에 오신 예수님은 정말 놀라우신 분입니다. 우리가 육신대로 살지 않게 만들어주십니다. 그러므로 주님을 분명히 믿어야 비로소 우리가 육신에 끌려가지 않는 자, 어둠의 행실을 하지 않는 자가 됩니다. 주님과 친밀한 사람만이 죄를 이길 수 있습니다. 항상 주님을 바라보는데 어떻게 죄를 지을 수 있겠습니까?

다윗은 항상 여호와를 자신의 앞에 모시고 살았습니다.

"내가 여호와를 항상 내 앞에 모심이여"(시 16:8).

이것이 다윗의 고백이며 갈망이었습니다.

요셉이 어떻게 보디발의 아내의 유혹을 거절할 수 있었을까요?

"…내가 어찌 이 큰 악을 행하여 하나님께 죄를 지으리이까"(창 39:9).

그는 주님을 바라보며 음란의 유혹을 이겼습니다. 하나님을 바라보는 눈이 열린 사람은 죄를 짓지 못합니다.

지금 한국 교회와 성도를 무너뜨리는 무서운 마귀의 공격이 바로 음란입니다. 지난 주간 저는 포르노와 전쟁을 선포하는 것이 주님의 뜻이라는 것을 여러 경로로 깨달았습니다. CCC의 조쉬 맥도웰도 현재 교회에 대한 가장 큰 도전이 포르노라고 했습니다. 교회에 와서 예배를 드려도 실제로는 마음에 음란의 종이 되어 있는 수많은 그리스도인들이 있고, 그로 인해 교회가 교회다운 힘을 잃어버리고 있다는 것입니다. 다시 말해 겉으로는 예수님의 사람처럼 보이지만, 속으로는 음란의 종으로 개인과 가정과 교회를 파괴시킨다는 것입니다. 예수 믿는 사람이나 예수 믿지 않는 사람의 구별이 없어졌습니다.

요즘 아이들은 네 살 때부터 포르노를 보기 시작한다고 합니다. 미국 통계에 의하면 그리스도인들 중 60퍼센트가 포르노를 보는데, 그중에서 20,30대는 90퍼센트가 포르노를 본다고 합니다. 술이나 마약보다 포르노중독이 훨씬 더 심각하고, 결혼하고 난 뒤에도 이것을 극복하기 힘듭니다.

저에게 오는 상담 메일 중 상당수가 음란 문제로 가정과 부부 관계가 깨어지고 목회자가 파멸당하는 것이었습니다. 기가 막히게도 나라별로 한 사람이 포르노에 쓰는 비용이 소개된 적이 있는데, 중국은 42달러, 미국은 47달러, 오스트리아는 123달러, 일본은 178달러, 한국은 무려 565달러라고 합니다. 현재 한국 사람들에게 음란물이 얼마나 무섭게 퍼져 있는지 상상이 안 될 정도이고, 그 비율 역시 젊은 사람들로 내려갈수록 심각합니다.

조쉬 맥도웰은 다음과 같이 말했습니다.

"한국의 기독교 영성을 파괴시키는 것은 포르노다. 포르노는 사역까지 파괴시킨다. 대부분의 기독교 목회자들이 사역을 그만둘 것을 요구받을 때 그것은 포르노 문제였을 것이다. 그러나 아무도 이야기하지 않았다.

향후 10년에서 15년 사이에 한국에서 예수님께 오는 사람들 중 거의 대부분이 포르노를 볼 것이다. 이 문제가 심각할 것이다."

정말 무섭지 않습니까? 지금도 예배드리러 몸은 교회에 나와 있어도 마음은 음란에 사로잡힌 사람이 많을 것입니다. 마귀는 이미 상당한 성공을 거두었고 마지막 승리가 눈앞에 있는 것처럼 보입니다. 이것이 음란과의 전쟁임을 깨달았습니다. 그러나 저는 하나님이 포르노와 싸울 무기를 이미 우리에게 주셨다는 것을 알았습니다. 24시간 예수님을 바라보는 영성일기로 훈련하는 것입니다.

문제는 많은 그리스도인들이 예수님을 바라보는 눈이 열리지 않는 것입니다. 음란물은 우리가 금방이라도 볼 수 있는데, 주 예수님은 바라봐지지 않는 것입니다. 그러나 음란의 영이 아무리 강해도 예수님께서 반드시 우리를 음란에서 건져내실 것이라고 믿습니다. 십자가 복음의 능력이 우리를 포르노와 음란의 영에서 능히 건져내실 수 있다고 믿습니다.

숨기고 감추면 우리는 죽는다

음란과의 싸움이 마치 다윗과 골리앗의 싸움 같습니다. 과연 포르노와의 전쟁에서 우리가 승리할 수 있을까요? 벌써부터 제 마음에 흥분이 일어나는 것은 할 수 있다고 생각되기 때문입니다. 특히 다음 세대, 즉 청년들, 십대, 어린아이들을 음란으로부터 지키고 음란을 이길 수 있도록 만들어주어야 합니다.

저는 복음만이 포르노를 이길 수 있다고 믿습니다.

"하나님께로부터 난 자는 다 범죄하지 아니하는 줄을 우리가 아노라"(요일 5:18).

주 예수님 때문입니다. 우리 안에 오신 예수님께서 우리를 지켜주시기 때문입니다.

"… 하나님께로부터 나신 자가 그를 지키시매 악한 자가 그를 만지지도 못하느니라"(요일 5:18).

예수님이 마음에 살아 계신 것을 아는 눈이 뜨이는 것만이 포르노를 이길 수 있는 유일한 능력입니다. 여러분이 증인으로 나서주어야 합니다. 주 예수님을 바라보는 눈이 뜨인 어른 성도들이 많아져야 다음 세대가 그 죄에서 벗어나는 놀라운 은총을 받게 됩니다.

'죄에서 벗어날 수 있구나! 우리 엄마, 아빠, 형들이 이 죄에서 벗어났다고 이야기하는구나!'

아직 자신도 극복되지 않았다면 다시 한번 복음을 붙잡고 주 예수님을 바라보아야 합니다. 다음 세대를 살리기 위해 교회 안에, 가정 안에 주님을 바라보는 영적 분위기를 만들어야 합니다. 20,30대뿐 아니라 10대 자녀들이 주님 안에 거하는 법을 배우도록 어른들이 도와야 합니다.

우리가 할 일은 어둠 속에 숨지 않는 것입니다. 숨기고 감추면 영원히 이기지 못합니다. 무너졌을 때 그 즉시 빛으로 나와야 살 수 있습니다. 그러면 반드시 주님이 이기게 하십니다.

영성일기가 부담스럽다는 것은 충분히 이해합니다. 그러나 이제는 분명히 해야 합니다. 예수님이 우리 마음에 오셨습니다. 그분을 우리 마음에 영접했다는 말입니다. 그런데 감출 것이 뭐가 있겠습니까? 예수님을 영접할 때 떠날 것은 떠나 보내고 버릴 것은 버려야 합니다. 그리고 성도들이 마음을 나누고 살아야 합니다. 빛의 갑옷, 즉 예수님의 옷을 입고 살아야 합니다.

예배드리고 난 다음 은밀한 곳으로 숨어 들어가면 안 됩니다. 교회에 나와 예배드리고 또 은밀한 곳, 어둠의 행실로 들어가버리기를 반복하면 우리의 영이 다 죽습니다. 마음을 공개하고 사는 것을 누가 좋아하겠습니까? 그러나 죄 무서운 줄 알아야 합니다. 죄의 힘은 은밀함에 있습니다. 그래서 사람은 본능적으로 다른 사람들이 안 보는 곳을 찾아갑니다. 이것이 무서운 것입니다. 마귀가 원하는 것은 우리를 '어둠의 자식'으로 만드는 것입니다.

예수님으로 옷 입은 성도

예수님으로 옷 입고 살려면 예수님이 마음에 임하셨음이 분명히 믿어져야 합니다.

어거스틴이 본문 말씀을 읽고 회심했다고 하는데, 그는 방탕한 사람이 아니었습니다. 진리를 찾아 방황하던 사람이었습니다. 그는 어머니의 영향으로 기독교 신앙을 가졌지만 회의를 느끼고 교회를 떠나 마니교에 깊이 빠져들었습니다. 그러나 마니교에 진리가 없다는 것을 깨닫고 다시 하나님께 돌아왔지만 살아 계신 하나님을 만나지 못해 괴로워했습니다.

어느 날 그가 밀라노의 한 정원에서 울며 기도하던 중이었습니다.

"내일이 아니라 오늘 진정한 구원의 길을 알게 해주세요."

그때 어린아이들이 "펴서 읽어라, 펴서 읽어라" 하며 노래하는 듯한 소리가 들려왔습니다. 무언가 자신을 이끄는 것을 느끼고 성경책을 펴서 읽는데, 바로 로마서 13장 13,14절 말씀이었습니다.

"낮에 행동하듯이, 단정하게 행합시다. 호사한 연회와 술취함, 음행과 방탕, 싸움과 시기에 빠지지 맙시다. 주 예수 그리스도로 옷을 입으십시오. 정욕을 채우려고 육신의 일을 꾀하지 마십시오."

어거스틴은 이 말씀을 읽는 순간 마음에 강한 빛이 들어오는 것 같았다고 했습니다.

"나는 그 이상을 읽으려 하지 않았으며 읽을 필요도 없었습니다. 왜냐하면 그 구절을 읽는 순간, 말하자면 안심의 빛이라 할 수 있는 그 무엇이 마음속에 스며들어 모든 의혹의 어둠이 말끔히 사라져버렸기 때문입니다."

"하나님이 내 기도를 들으시는구나. 하나님이 지금 내게 말씀하시는구나. 하나님이 지금 내 마음속에 들어오셨구나!"

그것으로 충분했습니다. 그것으로 어거스틴의 삶이 바뀌었습니다. 주님이 마음에 임하신 것을 체험한 것입니다. 그것이 그를 모든 방황에서 구원해냈습니다. 마음을 지키며 살려면 주님을 향하여, 그리고 성도들에게 마음을 열고 살아야 합니다. 이것은 해도 되고 안 해도 되는 것이 아닙니다. 만약 사람들에게 마음을 열지 않고 있다면 그것은 그 사람의 마음 안에 있지 말아야 할 것이 있다는 증거입니다. 우리가 음란과 싸우지 않는다면 하나님이 강제로 음란을 그치게 만들 때가 온다는 것을 명심해야 합니다.

아무리 죄가 이 세상을 지배하고 있어도 마귀는 결코 주 예수님으로 옷 입은 자를 삼킬 수 없습니다. 성도가 예수로 옷 입고 살면 마귀가 성도들을 고통스럽게 할 수는 있지만 어둠의 자식으로 만들지는 못합니다. "예수님! 예수님! 나는 예수님 믿는 사람입니다!"라고 계속 고백해야 합니다. 그러면 마귀는 우리를 건들지 못합니다.

성경은 마귀를 '우는 사자'에 비유하였습니다. 그러나 아무리 힘센 사자도 고슴도치는 잡아먹을 수 없습니다. 온몸이 가시로 되어 있기 때문입니다. 마찬가지로 마귀가 아무리 성도들을 집어 삼키려 해도 예수님으로 옷 입은 성도는 삼킬 수 없습니다. 우리가 영적으로 깨어나고, 예수님으로 옷 입고 살면서 교회와 다음 세대를 음란에서 건져내게 해달라고 기도합시다.

그러므로 그리스도께서 우리를 받아
하나님께 영광을 돌리심과 같이
너희도 서로 받으라

롬 15:7

하나 됨을 지킵니까?

30

어찌하여 남을 비판합니까?

롬 14:1-12

1 여러분은 믿음이 약한 이를 받아들이고, 그의 생각을 시비거리로 삼지 마십시오. 2 어떤 사람은 모든 것을 다 먹을 수 있다고 생각하지만, 믿음이 약한 사람은 채소만 먹습니다. 3 먹는 사람은 먹지 않는 사람을 업신여기지 말고, 먹지 않는 사람은 먹는 사람을 비판하지 마십시오. 하나님께서는 그 사람도 받아들이셨습니다. 4 우리가 누구이기에 남의 종을 비판합니까? 그가 서 있든지 넘어지든지, 그것은 그 주인이 상관할 일입니다. 주님께서 그를 서 있게 할 수 있으시니, 그는 서 있게 될 것입니다. 5 또 어떤 사람은 이 날이 저 날보다 더 중요하다고 생각하고, 또 어떤 사람은 모든 날이 다 같다고 생각합니다. 각각 자기 마음에 확신을 가져야 합니다. 6 어떤 날을 더 존중히 여기는 사람도 주님을 위하여 그렇게 하는 것이요, 먹는 사람도 주님을 위하여 먹으며, 먹을 때에 하나님께 감사를 드립니다. 그리고 먹지 않는 사람도 주님을 위하여 먹지 않으며, 또한 하나님께 감사를 드립니다. 7 우리 가운데는 자기만을 위하여 사는 사람도 없고, 또 자기만을 위하여 죽는 사람도 없습니다. 8 우리는 살아도 주님을 위하여 살고, 죽어도 주님을 위하여 죽습니다. 그러므로 우리는 살든지 죽든지 주님의 것입니다. 9 그리스도께서 죽으셨다가 살아나신 것은, 죽은 사람에게도 산 사람에게도, 다 주님이 되시려는 것이었습니다. 10 그런데 어찌하여 그대는 형제나 자매를 비판합니까? 어찌하여 그대는 형제나 자매를 업신여깁니까? 우리는 모두 다 하나님의 심판대 앞에 서게 될 것입니다. 11 성경에는 이렇게 기록되어 있습니다. "주님께서 말씀을 하신다. 내가 살아 있으니, 모든 무릎이 내 앞에 꿇을 것이요, 모든 입이 나 하나님을 찬양할 것이다." 12 그러므로 우리는 각각 자기 일을 하나님께 사실대로 아뢰어야 할 것입니다.

하나님께서는 우리가 서로를 비판하며 살지 말라고 하셨습니다. 그러나 우리는 끊임없이 서로를 비판하며 삽니다. 그로 인한 문제가 아주 심각합니다. 사람들에게 교회가 싸우는 곳이라는 인식을 심어준 것입니다. 교인이 교인을 무서워합니다.

상담을 하다보면 대부분은 마지막에 이렇게 말합니다.

"다른 분들은 모르게 해주세요."

소문이 무섭기 때문입니다. 교회 안에 자신에 대해 소문이 도는 것을 견딜 수 없어 합니다.

어떤 분들은 이 말씀을 불편하게 들을지도 모르겠습니다. 마치 교회 안에서 언로(言路)를 차단하는 것처럼 느낄 수 있습니다. 세상에도 '임금님 귀는 당나귀 귀'라는 이야기가 있듯이 할 말은 해야 한다고 생각하기 때문입니다.

내가 그것을 기뻐하지 않는다!

그러나 이 말씀은 매우 심각한 교훈입니다. 우리가 무심코 다른 사람을 비판하는 말을 하는데, 그 사람은 반드시 자신이 비판한 것으로 심판을 받을 것이라고 예수님께서 말씀하셨습니다.

"비판을 받지 아니하려거든 비판하지 말라"(마 7:1).

남을 잘 비판하는 사람일수록 자신이 비판받는 것을 견디지 못합니다. 비판받는 일이 얼마나 고통스러운지, 비판하는 것이 얼마나 큰 죄인지 모른다는 이야기입니다. 제가 겉으로는 온화한 성격처럼 보이지만, 속마음은 가시투성이에 비판적이었습니다. 그러면서도 그것이 얼마나 큰 죄인지 몰랐습니다.

한번은 친구 목사님들과 대화를 하다가 어떤 목사님에 대해 비판적인 이야기를 나눈 적이 있습니다. 그러면서도 그것이 조금도 문제라고 여겨지지 않았습니다. 그것이 사실이었기 때문입니다. 오히려 제가 분별 있고 똑똑하고 바른 생각을 가진 사람이라는 데 약간 우쭐하기까지 했습니다.

그날 저녁에 기도하는데 기도가 안 되고 답답하기만 했습니다.

"주님, 제가 회개할 것이 있습니까?"

주님은 제가 그 목사님에 대해 비판적으로 이야기한 것을 생각나게 하셨습니다.

"나는 오늘 목사들과 모인 자리에서 네가 그렇게 말한 것을 기뻐하지 않는다. 그도 내가 택한 종이다."

저는 깜짝 놀랐습니다. 그리고 곧바로 회개하였습니다. 그 후 저는 비판하는 죄를 짓지 말도록 성도들에게 가르치기 시작했습니다. 하나님께서 다른 사람을 비판하는 것을 너무너무 싫어하십니다. 자신이 비판한 그것으로 반드시 자신이 심판을 받게 됩니다.

40년간 은혜롭게 목회를 하신 한 목사님이 계셨습니다. 한번은 후배 목사님들이 그 비결에 대해 묻자 그 분이 검은색 노트 한 권을 꺼내셨습니다. 노트 표지에는 〈교인 불평록〉이라고 적혀 있었습니다. 교인들이 이따금 목사님을 찾아와 다른 교인들에 대해 불평하면 "잠시만 기다리세요" 하고는 교인 불평록을 펴고 나서 이렇게 말했다고 합니다.

"자, 지금부터 말씀하시는 불평의 내용을 다 적겠습니다. 다 쓰고 나면 읽어보시고 마지막에 이름과 사인을 남겨주십시오. 제가 확인한 후에 바로잡도록 하겠습니다."

그러면 대부분 당황해서 "목사님! 뭐 기록까지 남기고 사인까지 할 필요가 있겠습니까? 아무것도 아니에요" 하고는 가신다고 합니다. 그렇게 해서 교회가 40년간 평안했다고 합니다.

여러분이 누군가를 비판한 것이 다 기록되었다고 생각해보세요. 그래도 괜찮겠습니까? 하나님 앞에 다 기록되어 있습니다. 그것이 주님 앞에 섰을 때 정말 두려운 것입니다. 내가 한 말로 인하여 내가 심판을 받는 것입니다.

믿음이 약한 문제

사도 바울은 믿음의 형제를 비판하지 말아야 할 이유에 대해 그가 믿음이 약한 사람이기 때문이라고 했습니다.

여러분은 믿음이 약한 이를 받아들이고, 그의 생각을 시빗거리로 삼지 마십시오. 롬 14:1

여기서 믿음이 약한 사람이란 예수님을 믿으면서도 여전히 구약의 율법 규정을 철저히 지키려고 하는 이들을 말합니다. 그 당시 교회 안에 논쟁거리 중 하나가 고기를 먹어도 되느냐, 안 되느냐 하는 것이었습니다. 그 고기가 우상에게 바쳐진 고기일 가능성이 컸기 때문입니다. 우상에게 바쳐진 고기를 먹으면 율법을 어기는 것이므로 고기를 전혀 먹지 않는 사람들이 있었습니다. 그것이 예수를 잘 믿는 거라고 생각했습니다.

반면 예수님이 십자가에서 죽으심으로 구약의 모든 제사 규정은 폐하여졌기 때문에 율법을 지켜 구원받으려는 노력을 할 필요가 없고, 누구든지 주 예수님을 믿기만 하면 다 구원받게 되었으니 고기를 먹고 안 먹고는 구원의 문제와 아무 상관이 없다고 주장하는 이들도 있었습니다. 이 문제로 교인들끼리 상대를 비판하며 다툼이 일어난 것입니다.

이에 대하여 사도 바울이 분명히 정리해주었습니다. 예수를 믿고도 여전히 구약의 율법에 매여서 두려움에 고기를 먹지 못하는 사람이 믿음이 약한 사람이고, 우상에게 제물로 사용했던 고기라도 먹을 수 있는 자가 믿음이 강한 사람이라는 것입니다.

그러나 사도 바울은 믿음이 강한 자가 왜 믿음이 약한 자를 비판하느냐고 지적합니다. '비판하는 것'에 대해 책망하는 것입니다. 고기를 먹지 않은 자가 믿음이 약해서 그런 것일 뿐, 그 마음 중심으로 주님을 잘 믿기 위한 것임을 왜 모르느냐는 것입니다.

어떤 날을 더 존중히 여기는 사람도 주님을 위하여 그렇게 하는 것이요, 먹는 사람도 주님을 위하여 먹으며, 먹을 때에 하나님께 감사를 드립니

다. 그리고 먹지 않는 사람도 주님을 위하여 먹지 않으며, 또한 하나님 께 감사를 드립니다. 롬 14:6

당시에 안식일인 토요일에 예배를 드리느냐 부활의 날인 주일에 예 배를 드리느냐, 구약의 절기를 지켜야 하느냐 지키지 않아도 되느냐 하는 것 때문에 교회 안에 논란이 일어났습니다. 날짜를 지키는 사람 도 잘 믿자는 것이고, 이제는 그런 것에 구애받을 필요가 없다는 사람 도 신앙생활을 바르게 하자는 뜻이니, 서로 비판할 것이 없다는 말씀 입니다. 고기를 먹는 자나 먹지 않는 자나 마음은 주님을 위하여 죽 을 각오가 된 사람들입니다.

우리 가운데는 자기만을 위하여 사는 사람도 없고, 또 자기만을 위하여 죽는 사람도 없습니다. 우리는 살아도 주님을 위하여 살고, 죽어도 주 님을 위하여 죽습니다. 그러므로 우리는 살든지 죽든지 주님의 것입니 다. 롬 14:7,8

얼마나 귀한 믿음입니까? 로마서를 기록할 당시 교인들은 살아도 주님을 위하여 살고, 죽어도 주님을 위하여 죽는 그런 사람들이었습 니다. 그런데 믿음의 수준에 차이가 있다보니 고기를 못 먹는 사람도 있고 아무 거리낌 없이 고기를 먹는 사람도 있었다는 것입니다. 그런 견해 차이는 있을 수 있다는 말입니다.

우리는 정치 문제, 사회 문제, 교회 현안에 대해 의견이 갈릴 수 있습니다. 하나님을 잘 믿는 사람들 중에서도 어떤 사람은 여당이고 어떤 사람은 야당입니다. 본인이 옳다고 여기는 것이 있기 때문에 정치적인 견해가 달라질 수 있습니다. 우리가 주목할 것은 의견이 다른 것이 아닙니다. 그 마음의 중심이 살아도 주님을 위해 살고 죽어도 주님을 위해 죽는 사람인가 하는 것입니다. 그렇다면 비판하지 말라는 것입니다.

> 먹는 사람은 먹지 않는 사람을 업신여기지 말고, 먹지 않는 사람은 먹는 사람을 비판하지 마십시오. 하나님께서는 그 사람도 받아들이셨습니다. 롬 14:3

믿음이 약해서 생각이 짧은 사람이 있습니다. 그러나 걱정할 필요가 없습니다. 믿음은 자라고 성숙해집니다. 누구나 처음에는 약한 믿음으로 시작합니다. 시간이 지나고 말씀을 읽으면서 '아, 내가 잘못 생각했구나' 하고 깨달을 때가 옵니다.

주님의 소관

제가 어느 교회에 부임했을 때, 장로님 한 분이 영 못마땅했습니다.
'장로님이신데 왜 이러실까?'
한참 고민하다가 그 장로님에게 말씀을 드려야겠다고 생각했습니다. 그런데 그때 갑자기 떠오르는 생각이 있었습니다.
'그도 최선을 다하고 있다.'

이것이 무슨 생각인가 싶어 어리둥절해하다가 주님이 깨우쳐주시는 듯하여 주변 사람들에게 그 장로님에 대해 물어보았습니다. 그러자 이구동성으로 제가 부임하고 나서 신앙생활을 제대로 해보려고 노력하셔서 엄청나게 달라지셨다는 것입니다. 정말 큰일 날 뻔했지 뭡니까. 그 장로님의 이전 모습을 몰라서 얼마나 많이 변하셨는지 깨닫지 못한 것입니다. 물론 여전히 부족한 면이 있습니다. 그러나 만약 제가 그 점을 살피지 않고 그 분을 섣불리 비판했다면 관계에 큰 어려움이 생겼을 것입니다.

우리는 계속 변합니다. 생각도 달라지고 믿음도 달라집니다. 그 점을 내다볼 줄 알아야 합니다. 우리 모두 예수님의 종입니다. 그 말은 내가 비판하려고 하는 그 사람도 예수님의 종이라는 뜻입니다. 주인은 예수님이십니다. 그렇다면 그를 예수님께 맡겨야 하지 않겠습니까? 주님이 친히 그 종을 붙들어주시고, 고쳐주시고, 성장시키실 것을 믿어야 합니다. 주님이 하실 것을 믿으시기 바랍니다.

우리가 누구이기에 남의 종을 비판합니까? 그가 서 있든지 넘어지든지, 그것은 그 주인이 상관할 일입니다. 주님께서 그를 서 있게 할 수 있으시니, 그는 서 있게 될 것입니다. 롬 14:4

어느 목사님이 어려서부터 부모님이 다투시는 모습을 보고 자랐다고 합니다. 그래서 자신이 결혼할 때 "내 아내의 눈에 눈물이 나오지 않게 하리라" 하고 결심했습니다. 그러나 막상 결혼을 하고 나니 그것이 쉽지 않았습니다. 한번은 사모님과 크게 다투었는데 가만히 생각해보니 목사님 자신이 잘못했고 미안한 마음이 들어서 자존심을 죽이고 용서를 구했습니다. 그러자 사모님이 파르르 떨며 "용서 못해요!" 하고 단칼에 거부했습니다.

"제가 어떻게 당신을 용서할 수 있겠어요? 지난번에도 그랬고 이번에도 그랬는데, 용서하면 다음에 또 그럴 거 아니에요?"

사모님의 말은 비수처럼 목사님의 마음에 꽂혔습니다. 다음 날 목사님이 교회에서 기도하고 마음을 정리한 뒤 집으로 돌아왔습니다. 그리고 사모님에게 물었습니다.

"여보, 당신은 하나님을 진짜 믿어?"

사모님은 대답할 가치도 없다는 듯 대답도 하지 않았습니다. 목사님이 계속 말했습니다.

"하나님께서 10년 뒤에도 나를 이런 모습으로 놔두실까? 여보, 하나님을 믿고 나를 용서해주구려."

그때 사모님의 눈에서 눈물이 왈칵 쏟아졌습니다. 그리고 마음을 돌이켰습니다.

'사람을 보면 믿을 수 없지만 그의 주인이 되시는 하나님은 믿을 수 있으니 제가 하나님을 믿겠습니다.'

우리가 비판하는 그 사람이 하나님의 종입니다. 그도 하나님이 사랑하시는 사람입니다. 하나님께서 그를 왜 고치실 수 없겠습니까? 그것이 믿어지면 비판하지 말고 받아들여야 합니다. 주님을 믿으니 그

종을 용서하는 것입니다.

마귀에게 틈을 주지 말라

다른 사람을 비판하는 것은 믿음이 약한 것보다 더 나쁜 것입니다.

"분을 내어도 죄를 짓지 말며 해가 지도록 분을 품지 말고 마귀에게 틈을 주지 말라"(엡 4:26, 27).

미워하고 화를 내는 것은 마귀에게 문을 열어주는 것입니다. 여러분이 누구에게 분노합니까? 대부분 가족, 친척, 친구, 동료, 교우들입니다. 가장 사랑해야 할 사람들을 미워하게 되는 일인데, 이것이 마귀의 역사가 아니고 무엇이겠습니까? 속지 말아야 합니다.

화는 살아 있는 생명체처럼 자라납니다. 얼마나 급속하게 자라나는지 모릅니다. 그래서 하룻밤도 품지 말라는 것입니다. 하룻밤만 화를 품어도 그다음 날 살인을 할 만큼 무서운 복수심에 사로잡히기 때문입니다. 교도소에 가보십시오. 다들 착합니다. 그런데 분노를 품었다가 순간 엄청난 죄를 지은 것입니다. 마귀가 분노를 키웁니다. 그래서 화를 품으면 큰일 납니다.

이것이 마귀의 역사라는 결정적인 증거가 있습니다. 미워하는 사람을 위해 기도해보면 알 수 있습니다. 분노와 기도는 양립할 수 없습니다. 분노는 예수님과 전혀 어울리지 않으며 마귀와 딱 어울립니다. 그러므로 화가 날 때, 영 분별을 해야 합니다. 화나기 전에 새겨들어야 합니다.

…우리는 모두 다 하나님의 심판대 앞에 서게 될 것입니다. 롬 14:10

누군가 잘못하는 것을 보면 비판하지 말고 먼저 자신을 돌아보아야 합니다. 지금 다른 사람을 신경 쓸 여유가 없습니다. 우리 모두 하나님의 심판대에 서게 될 것이기 때문입니다.

그러므로 우리는 각각 자기 일을 하나님께 사실대로 아뢰어야 할 것입니다. 롬 14:12

누군가 잘못한 것이 보이면 즉각 자신을 돌아보아야 합니다. 누가 잘했는지 못했는지 남의 이야기를 할 필요가 없습니다. 하나님 앞에 내 이야기를 하는 것도 벅찹니다. 이 점을 반드시 알아야 합니다.

하나님의 종 모세의 죽을죄

모세는 120세에 가나안 땅을 바라보기만 하다가 들어가보지 못하고 죽었습니다. 왜 가나안 땅에 들어가지 못했습니까? 이스라엘 백성들에게 화를 냈기 때문입니다. 민수기 20장을 보면 이스라엘 백성이 모세와 아론에게 달려가 물이 없다고 따졌습니다. 성경에 "다투었다"라고 표현되어 있는데, 이 말은 서로 화가 났다는 뜻입니다.

모세가 하나님께 나아가 기도하자 하나님께서 모세에게 말씀하셨습니다. 이스라엘 백성들을 모아놓고 그들이 보는 앞에서 반석에게 명령하여 물을 내라는 것입니다. 그러면 하나님께서 그 반석에서 물을 내시겠다고 약속하셨습니다.

이스라엘 백성들이 모인 자리에서 모세가 이렇게 외쳤습니다.

"반역한 너희여 들으라 우리가 너희를 위하여 이 반석에서 물을 내랴"(민 20:10).

모세는 지팡이로 반석을 두 번 쳤습니다. 그러자 물이 많이 솟아나왔습니다. 여기서 우리는 모세가 대단히 화가 난 상태임을 알 수 있습니다. "반역한 너희여"라고 그들을 정죄했습니다. 심판이었습니다. 그러더니 "우리가 너희를 위하여"라고 하며 하나님을 감추었습니다. 지팡이를 들고 반석을 두 번 내리친 것 역시 다분히 분노의 감정이 들어 있는 행위입니다. 그는 이스라엘 백성들에게 단단히 화가 나 있었습니다.

반석에서 물은 나왔지만 모세는 하나님으로부터 깜짝 놀랄 말씀을 듣습니다.

"너희가 나를 믿지 아니하고 이스라엘 자손의 목전에서 내 거룩함을 나타내지 아니한 고로 너희는 이 회중을 내가 그들에게 준 땅으로 인도하여 들이지 못하리라"(민 20:12).

반석에서 물이 나오는 기적을 행했는데도 왜 하나님을 믿지 않았다고 말씀하십니까? 하나님이 함께하신다는 것을 무시했다는 뜻입니다. 하나님 앞에서 말하고 행동하는 것을 잊어버렸다는 말입니다. 어떻게 하나님이 명하신 일을 행하면서 혈기를 드러내느냐는 것입니다.

그날 이스라엘 백성들이 본 것은 하나님이 아니라 모세였습니다. 이스라엘 백성들에게는 화를 내면서 지팡이를 들고 반석을 내리치는 모세밖에 보이지 않았을 것입니다. 하나님을 완전히 가린 모세를 보신 하나님께서 '모세, 안 되겠구나' 하고 생각하셨을 것입니다. 그 후 이스라엘이 에돔 땅을 지나가려고 할 때 에돔 왕이 이를 거부하고 하나님도 도와주지 않으십니다. 아말렉 때와 달리 행하셨습니다. 그리고 바로 아론의 생명을 거두어가십니다. 모세는 가나안 땅에 들어가기 직전 느보산에서 그 생명을 거두십니다.

화를 내는 일은 정말 두려운 일입니다. 물론 이스라엘 백성들이 잘못했고 모세가 화날 만했습니다. 그러나 하나님의 종은 화내면 안 됩니다. 하나님의 일을 하면서 자기 혈기를 부리면 안 됩니다. 왜냐하면 그것이 하나님을 가리기 때문입니다. 따라서 하나님 앞에서 하나님의 일을 하면서 화를 낸 모세와 아론의 죄가 더욱 큰 것입니다.

그리스도의 몸을 살리는 일

명심해야 합니다. 예수님을 영접한 우리는 그리스도의 몸입니다. 그러므로 우리가 화를 내는 것은 우리 안에 임하신 주님 앞에서 화를 내는 것입니다. 그것이 얼마나 큰 죄인지 알아야 합니다. 두려워해야 합니다. 말을 함부로 하면 안 됩니다. 항상 주님 앞에서 말하듯이 해야 합니다. 어떻게 남을 함부로 비판하고 화를 낼 수 있습니까?

지금 우리나라의 온 땅에는 미움과 분노의 영이 가득합니다. 폭발 직전입니다. 사람들이 단단히 화가 나 있습니다. 그럴 때 그리스도인들이 가정과 교회, 직장에서 해야 할 일이 무엇입니까? 빛과 소금은 어떻게 해야 합니까? 용서와 사랑의 역사를 일으켜야 합니다. 용서하고 사랑하면서 우리나라의 영적 분위기를 바꾸어야 합니다.

가정에서부터 사람을 살리는 사랑의 일을 시작하시기 바랍니다. 그런데 정작 우리 자녀들이 분노에 차 있습니다. 부모가 자녀의 잘못을 바로잡아보고자 책망하면서 자녀의 마음에 상처를 주고 분노를 심어 주기 때문입니다.

"또 아비들아 너희 자녀를 노엽게 하지 말고 오직 주의 교훈과 훈계로 양육하라"(엡 6:4).

자녀들을 잘 양육해야 합니다. 가르쳐야 합니다. 바로잡아 주어야 합니다. 그러나 노엽게 하지 말아야 합니다. 부모의 말 때문에 자녀들이 마음에 노여움을 품습니다. 어렸을 때는 말하지 않아도 성장한 다음에 그것이 터져 나옵니다. 아이들의 잘못도 있지만 부모의 잘못 또한 크다는 것을 알아야 합니다.

성격이 불같으신 장로님 한 분이 계십니다. 한번은 아이가 예배당에서 뛰어다니는 것을 보시고 그 아이를 붙잡아 엄히 책망하셨습니다.

"어디 예배당에서 뛰어다니느냐!"

그런데 그날 이후로, 그 아이가 교회에 나오지 않을뿐더러 자라면서 교회를 비난하고 주변에 예수 믿는 사람을 얼마나 힘들게 했는지 모릅니다. 물론 장로님은 옳은 지적을 하셨습니다. 그러나 상대가 어린 아이임을 고려하지 않고 책망했기 때문에 그 아이를 실족하게 만든 것입니다. 아이를 품에 안고 부드럽게 타일렀다면 과연 그 아이가 교회를 떠났을까요?

부부 싸움도 마찬가지입니다. 누가 잘했나 잘못했나 이것만 따지니까 문제가 되는 것입니다. 옳고 그른 것보다 더 중요한 것은 부부가 한 몸이라는 것입니다. 배우자는 곧 자기 자신입니다. 그러므로 배우자가 잘못했으면 자신이 잘못한 것입니다. 그것을 인정하지 않기 때문에 싸우는 것입니다. 상대를 자신과 하나로 보지 않으면서 하는 모든 옳은 말은 틀린 말입니다.

주님의 통곡과 눈물

어떤 분은 이렇게 말할지도 모르겠습니다.

"그러면 잘못된 일이 있어도 아무 말도 하지 말아야 합니까?"

아닙니다. 마태복음 7장 5절에 분명히 "형제의 눈 속에서 티를 빼리라"라고 했습니다. 요한복음 8장에서 간음하다가 현장에서 붙잡힌 여인에게 예수님은 "돌로 치라"고 하셨습니다. 그러나 다른 사람의 눈 속에서 티를 빼려 할 때, 죄지은 자를 돌로 칠 때, 반드시 지킬 일이 있습니다. 내 눈 속에 들보가 있고, 내가 더 큰 죄인임을 인정해야 한다는 것입니다. 그러면 비판을 해도 다릅니다. 나 역시 죄인이기 때문에 누군가를 바로잡겠다고 화를 내거나 지적하거나 따지고 비판하듯이 말할 수 없습니다. 우는 것밖에 할 수 없습니다.

"당신 잘못이지 나는 잘못한 게 없어."

"나는 당신과 달라."

"그래도 난 당신보다 나아."

이런 태도로는 결코 잘못된 것을 고칠 수 없습니다. 눈물이 사람을 바꾸는 것입니다.

어떤 분은 예수님께서도 성전에서 화를 내시고 채찍을 드시지 않았느냐고 묻습니다. 그렇습니다. 주님은 정말 그렇게 하셨습니다. 사람과 짐승을 성전에서 내쫓으시고 성전 상을 엎기도 하셨습니다. 그러나 왜 그것만 보십니까? 예수님은 그 모든 죄를 지시고 십자가에서 죽으셨습니다. 그들의 죄를 당신의 죄로 삼으셨고 십자가에서 피 흘려 죽으셨습니다.

십자가는 지지 않으려고 하면서 옳고 그름만 따지고 비판합니까? 그러면 무서운 사람이 되고 맙니다. 하나님께서 우리를 책망하시고 징계하십니다. 그러나 하나님은 지옥에 가야 마땅할 우리를 당신의 자녀로 받아주셨습니다. 이런 사랑이 있으니 우리를 책망하기도 하신 것입니다. 우리는 하나님이 아니고 예수님이 아닙니다. 우리가 어떻게 잘못한 사람을 고칠 수 있습니까? 그렇기 때문에 우리가 나는 죽고 예수로 사는 십자가 복음을 분명히 믿고, 우리 안에 오신 주 예수님을 바라보는 것입니다. 예수님이 우리 안에 사시는 것에 눈이 뜨이면 비판하는 말이 다 없어집니다. 남을 비판하는 것이 가장 큰 죄라는 것이 깨달아집니다.

부정한 입술을 회개함으로

이사야는 거룩한 의분(義憤)에 사로잡혔던 선지자였습니다. 그는 하나님께 나아가 이스라엘 걱정을 많이 했습니다. 그러다가 성전에서 거룩하신 하나님을 만났습니다. 하나님의 보좌를 보자 고꾸라졌습니다. 나라가 문제가 아니었습니다. 자신이 얼마나 큰 죄인인가를 깨달고 부정한 자기 입을 붙잡고 데굴데굴 굴렀습니다.

"그 때에 내가 말하되 화로다 나여 망하게 되었도다 나는 입술이 부정한 사람이요 나는 입술이 부정한 백성 중에 거주하면서 만군의 여호와이신 왕을 뵈었음이로다 하였더라 그 때에 그 스랍 중의 하나가 부젓가락으로 제단에서 집은 바 핀 숯을 손에 가지고 내게로 날아와서 그것을 내 입술에 대며 이르되 보라 이것이 네 입에 닿았으니 네 악이 제하여졌고 네 죄가 사하여졌느니라 하더라"(사 6:5-7).

이사야가 거룩하신 하나님 앞에 서고 나서 가장 괴로웠던 것은 함부로 말한 것이었습니다.

"내가 이 입으로 어떻게 하나님을 뵐까."

이사야는 제단에서 타는 숯을 입에 대어 그의 죄를 용서받은 후 선지자로 부름을 받았습니다.

성찬은 주님이 우리와 하나가 되어주시는 은혜의 시간, 죄 많은 우리와 한 몸이 되어주시는 시간입니다. 제가 성찬식에서 처음으로 은혜를 받았을 때입니다. 누군가를 용서하지 못하고 미워하는 마음으로 성찬을 받았는데, 그때 이런 마음이 들었습니다.

'주님은 나를 받아주셨는데 내가 어찌 그를 용서하지 못한단 말인가?'

제가 그 성찬을 받으며 얼마나 회개하고 돌이켰는지 모릅니다.

사도 바울은 성찬을 받는 이들에게 다음과 같이 경고했습니다.

"그러므로 누구든지 주의 떡이나 잔을 합당하지 않게 먹고 마시는 자는 주의 몸과 피에 대하여 죄를 짓는 것이니라 사람이 자기를 살피고 그 후에야 이 떡을 먹고 이 잔을 마실지니 주의 몸을 분별하지 못하고 먹고 마시는 자는 자기의 죄를 먹고 마시는 것이니라 그러므로 너희 중에 약한 자와 병든 자가 많고 잠자는 자도 적지 아니하니"(고전 11:27-30).

사도 바울이 이렇게 말한 이유는 고린도교회에 파당이 있었기 때문입니다. 교인들끼리 파가 나뉜 채로 지내면서 계속 성찬을 받는 것이 두려운 일이라고 말하는 것입니다. 성찬은 미워하는 사람, 용서하지 못하는 사람은 받지 못합니다. 주님의 은혜를 가로막는 것은 우리의 문제입니다. 우리가 남을 쉽게 비판하는 것은 주님을 바라보지 못하기 때문입니다. 주 예수님은 우리가 비판하는 바로 그 사람을 위하여 십자가에서 피 흘려 죽으셨습니다. 주님이 바로 그 사람 안에 계십니다. 우리가 그 주님을 바라본다면 비판할 수 없습니다.

함부로 비판한 죄를 회개하십시오. 돌을 들고 있는 그 마음을 깨뜨려 회개하십시오. 다시 한번 십자가를 붙잡읍시다! 이사야처럼 눈을 열어 주님을 바라보게 해주소서!

31

하나님이 이루어놓으신 것을
망치지 말라

롬 14:13-23

13 그러므로 이제부터는 서로 남을 심판하지 마십시다. 형제자매 앞에 장애물이나 걸림돌을 놓지 않겠다고 결심하십시오. 14 내가 주 예수 안에서 알고 또 확신하는 것은 이것입니다. 무엇이든지 그 자체로 부정한 것은 없고, 다만 부정하다고 여기는 그 사람에게는 부정한 것입니다. 15 그대가 음식 문제로 형제자매의 마음을 상하게 하면, 그것은 이미 사랑을 따라 살지 않는 것입니다. 음식 문제로 그 사람을 망하게 하지 마십시오. 그리스도께서 그 사람을 위하여 죽으셨습니다. 16 그러므로 여러분이 좋다고 여기는 일이 도리어 비방거리가 되지 않도록 하십시오. 17 하나님의 나라는 먹는 일과 마시는 일이 아니라, 성령 안에서 누리는 의와 평화와 기쁨입니다. 18 그리스도를 이렇게 섬기는 사람은, 하나님을 기쁘게 해드리고, 사람에게도 인정을 받습니다. 19 그러므로 우리는 서로 화평을 도모하는 일과, 서로 덕을 세우는 일에 힘을 씁시다. 20 하나님이 이룩해 놓으신 것을 음식 때문에 망치는 일이 없도록 하십시오. 모든 것이 다 깨끗합니다. 그러나 어떤 것을 먹음으로써 남을 넘어지게 하면, 그러한 사람에게는 그것이 해롭습니다. 21 고기를 먹는다든가, 술을 마신다든가, 그 밖에 무엇이든지, 형제나 자매를 걸려 넘어지게 하는 일은 하지 않는 것이 좋습니다. 22 그대가 지니고 있는 신념을 하나님 앞에서 스스로 간직하십시오. 자기가 옳다고 생각하는 일을 하면서 자기를 정죄하지 않는 사람은 복이 있습니다. 23 의심을 하면서 먹는 사람은 이미 단죄를 받은 것입니다. 그것은 믿음에 근거해서 한 것이 아니기 때문입니다. 믿음에 근거하지 않는 것은 다 죄입니다.

저는 세상 사람들이 교회를 싸우는 곳으로 여기는 것이 너무 원통합니다. 교회가 그런 말을 들을 빌미를 제공했기 때문에 더 속상하고, 하나님께서 얼마나 마음이 아프실까 생각하면 저도 마음이 아픕니다. 더 안타까운 일은 교인들이 싸우는 데 익숙해져 있다는 것입니다. 교회 안에서 교인들끼리 서로 비난하고 다투고 대립하는 일에 무감각해져 있습니다. 심지어 다 잘해보자고 그러는 게 아니냐고 긍정적으로 보시는 분도 있습니다. 그러나 이런 것에 익숙해져서는 안 됩니다.

하나님의 교회? 마귀의 교회?

저는 어렸을 때 교회 어른들끼리 싸우는 모습이 이해가 되지 않았습니다. 그런 모습을 보고 교회를 떠난 친구들도 많이 있었습니다. 교회에 처음 나온 새가족들이 그 모습을 본다고 생각해보십시오. 먼저 예수 믿은 사람들이 남 이야기하고 서로 심판하고 다투는 모습을 보고도 그들이 신앙생활을 계속할 수 있을까요?

"하나님이 교회를 세우면 악마가 옆에다 예배당을 세운다"라는 독일 속담이 있습니다. 하나님의 교회, 마귀의 교회가 따로 있다는 말이 아닙니다. 한 교회가 어느 순간에 하나님의 교회였다가 어느 순간에 마귀의 교회가 될 수 있다는 말입니다.

그러므로 마귀에게 속으면 안 됩니다. 우리 안에 일어나는 일들이 하나님으로부터 온 역사인지, 마귀가 준 역사인지 잘 분별해야 합니다. 우리가 제대로 은혜받은 사람이라면 교회 안에서 다투는 일을 보았을 때 세상이 뒤집어질 일이 일어난 것으로 여겨져야 정상입니다. 마귀가 역사하는 것이기 때문입니다.

사도 바울은 로마서 14장 한 장 전체를 통하여 "교인들끼리 서로 심판하지 말라"고 교훈하고 있습니다. 이 권면이 중요하지 않다고는 아무도 말하지 않을 것입니다. 그러나 너무 많이 말씀하는 것 같은 느낌이 들기도 합니다.

제 설교 역시 비슷한 반응을 보이시는 분이 있을 것입니다.

"목사님도 매번 그 이야기 아니에요?"

"다루어야 할 현안이 얼마나 많은데 또 그 말씀이세요?"

그러나 이 말씀을 보면 마음이 달라질 것입니다.

> 하나님이 이룩해 놓으신 것을 음식 때문에 망치는 일이 없도록 하십시오. ··· 롬 14:20

저는 "하나님이 이룩해 놓으신 것"이라는 표현을 읽고 마음이 먹먹해졌습니다. 이 표현의 새번역성경 주(註)를 보니 '교회 공동체'를 말한다고 되어 있습니다. 교회가 하나님이 이룩해 놓으신 것이라는 말입니다.

어떻게 하다보니 교회가 생기고 사람들이 모인 것이 아닙니다. 하나님께서는 우리를 구원하시기 위해 독생자를 보내시고 십자가를 지시고 대속의 피를 흘리셨습니다. 십자가에서 핏값을 주고 사셨으며,

성령으로 임하셔서 하나 되게 하여 교회를 이루게 하셨습니다. 그런데 어찌 그리 쉽게 싸우고 깨뜨릴 수 있느냐 말입니다. 하나님께서 어떻게 구원하신 사람인데! 하나님께서 어떻게 세우신 교회인데! 우리가 교회에 모이는 일은 엄청난 하나님의 역사입니다.

만약에 누가 선한목자교회에 와서 "24시간 주 예수님을 바라보라는 것이 말이 되느냐?", "영성일기는 왜 쓰느냐?", "성령의 하나됨이 가능하냐?"라고 한다면 제 속이 얼마나 뒤집어지겠습니까? 지금까지 교회를 세우기 위해 얼마나 애써왔는데, 그것을 한순간에 뒤집으려고 하는데 제 마음이 어떻겠습니까? 하나님의 심정이 어떠하실지, 사도 바울이 왜 이렇게 말씀하는지 알 것 같았습니다.

얼마나 중요한 문제길래

이 일을 절대 작게 여기시면 안 됩니다. 실제로 교회 안에서 이런저런 문제 때문에 의견이 안 맞고 서로 비난하는 일들이 생길 수 있습니다. 그러나 그렇게 싸울 만한 일인지 모르겠습니다. 미국의 한 한인교회에서 싸움이 났는데, 사건의 발단은 파송 선교사가 보신탕을 먹었다는 것이었습니다. 그래서 그 선교사를 계속 후원할 것인가 말 것인가를 놓고 싸우다가 갈라졌다는 것입니다.

로마 교회가 겪은 교회 안의 다툼도 이방 신전에 바쳐졌던 고기를 먹어도 되느냐, 먹지 말아야 되느냐 하는 문제였습니다. 한번 생각해보십시오. 그것이 지금 우리에게 문제가 됩니까? 우리 입장에서 보면 싸울 일도 아닌 문제를 가지고 싸우는 듯합니다. 물론 실제로 어떤 문제에 휘말려 있어서 심각한 사람도 있을 것입니다. 그것을 함부로 이야기하기에는 조심스럽습니다. 다만 객관적으로 보았을 때, 또 시간이 지나고 나면 정말 싸울 일도 아닌 것을 가지고 싸울 때가 얼마나 많은지 모릅니다.

그러니 우리가 교회 안에서 서로 다투고 얼굴 붉힐 일이 있으면 명심해야 합니다. 그 문제가 하나님께서 십자가와 성령으로 이루신 교회를 분열시킬 만큼 중요한 문제인가 하는 것입니다.

해방 후에 한국 교회는 신사참배 문제로 교회가 분열되는 큰 아픔을 겪었습니다. 일제 시대 때 신사참배를 한 교인과 그렇지 않은 교인 사이에 주도권 싸움이 생긴 것입니다. 당시에는 굉장히 심각한 문제였지만, 세월이 지나고 난 뒤 그 일은 부끄러운 일이 되어버렸습니다.

그런데 2005년 4월 8일, 한국복음주의협의회 월례 조찬기도회에서 충현교회를 담임하셨던 김창인 원로목사님의 공개 회개가 있었습니다.

"1945년 해방 후 개신교는 일제 시대 때 신사참배 문제를 놓고 장로교와 고려파로 분열했는데, 이를 막지 못한 책임이 나에게 있습니다. 광복 직후 평양 부산 등에서 몇몇 옥중 성도들이 모여 재건교회를 하면서 함부로 입을 열어 다른 사람들을 저주했습니다. 우리가 교만해지면서 판단력이 어두워졌고 사랑이 없어져 우리와 뜻이 다른 사람과는 밥도 같이 먹을 수 없다고 생각했습니다. 그들을 '마귀당'이라고 공격했습니다."

백발이 성성한 원로목사님이 목멘 소리로 "하늘나라는 회개한 자만 간다고 했습니다. 저를 용서해주시기 바랍니다" 하며 고백을 마쳤습니다.

어느 때는 강한 확신으로 한 일들도, 지나고 보면 그럴 문제가 아니었다는 것을 깨달을 때가 많습니다.

그러므로 이제부터는 서로 남을 심판하지 마십시다. 형제자매 앞에 장애물이나 걸림돌을 놓지 않겠다고 결심하십시오. 롬 14:13

이제 우리는 신앙생활을 할 때 남을 심판하지 않겠다고 분명히 결단해야 합니다.

형제를 걸려 넘어지게 하는 일을 하지 않을 결단

21절에서는 다음과 같이 권면하고 있습니다.

고기를 먹는다든가, 술을 마신다든가, 그 밖에 무엇이든지, 형제나 자매를 걸려 넘어지게 하는 일은 하지 않는 것이 좋습니다. 롬 14:21

지금 우리는 고기 문제로 다투지는 않습니다. 하지만 술을 마시는 문제에는 여전히 예민합니다. 예수를 믿는다고 하면서 술을 마시는 사람을 볼 때 마음이 불편해지는 것입니다.

'저 사람이 진짜 구원받은 사람일까?'

특히 중직자나 목회자가 그런 모습을 보면 그를 정죄하는 마음을 갖습니다. '저 사람은 진짜 예수 믿는 사람이 아니야' 하기가 쉽습니다. 그러나 하나님께서 사람이 되시고, 예수님께서 십자가에 달려 죽으심으로 구원하신 그 영혼을, 술 마신 것 때문에 정죄하고 그의 구원을 부인할 만큼 그것이 그렇게 심각한 문제입니까?

한국의 보수적인 교회는 음주를 금기시하지만, 전 세계 교회 중에는 자연스럽게 술을 마시는 교인들이 있습니다. 그들은 이 문제에 대해 그렇게 심각하게 생각하지 않습니다. 우리도 음주에 대한 나름의 생각이 있습니다. 그러나 생각해보아야 합니다. 술을 마신 것이 지옥에 갈 자처럼 정죄할 문제일까요? 주님은 그를 위하여 십자가에서 피 흘려 죽으셨는데 말입니다.

술을 마시는 사람들은 나름대로 논리를 가지고 있습니다. 음주는 구원과 상관없는 문제라고 봅니다. 일종의 문화라고 생각하기 때문에 죄책감이 없을 뿐만 아니라 오히려 술을 안 마시는 사람을 믿음이 약한 사람이라고 생각합니다. 왜 그런 문제에 매여 있느냐면서 다른 사람에게 강제로 술을 마시게 하기도 합니다.

그러나 이것이야말로 난센스입니다. 하나님께서 술 마시는 것을 기뻐하시지 않는다고 생각하는 사람에게 억지로 술을 권하는 것은 그로 인해 무서운 죄를 짓게 만드는 것입니다.

내가 주 예수 안에서 알고 또 확신하는 것은 이것입니다. 무엇이든지 그 자체로 부정한 것은 없고, 다만 부정하다고 여기는 그 사람에게는 부정

한 것입니다. 롬 14:14

부정하다고 여기는 그 사람에게 그것을 강요하는 일은 그를 매우 타락시키는 것입니다.

의심을 하면서 먹는 사람은 이미 단죄를 받은 것입니다. 그것은 믿음에 근거해서 한 것이 아니기 때문입니다. 믿음에 근거하지 않는 것은 다 죄입니다. 롬 14:23

마음속으로 '꺼림칙해. 이것은 하면 안 돼. 이 고기는 먹으면 안 돼' 하고 생각하는 사람에게 억지로 먹일 이유는 없습니다. 하나님이 기뻐하시는 뜻대로 한다고 믿는다면 그것을 존중해주어야 합니다.

음주에 대해 자유하신 분이 있습니까? 그러나 우리가 어떻게 구원받았는지 생각해보십시오. 술 마시는 것이 죄가 아니라고 믿더라도 하나님께서 독생자를 십자가에 달려 죽게 하심으로 구원해주신 삶인데, 음주의 문제로 시험을 받는 사람이 있다면 술 하나 끊을 수 없다는 말입니까? 꼭 그렇게 다른 사람을 실족시켜야 할까요?

하나님이 이루어놓으신 일을 붙잡아라

15절에 '비판'은 "마음을 상하게 하는" 것이라고 했습니다.

그대가 음식 문제로 형제자매의 마음을 상하게 하면, 그것은 이미 사랑을 따라 살지 않는 것입니다. 음식 문제로 그 사람을 망하게 하지 마십시오. 그리스도께서 그 사람을 위하여 죽으셨습니다. 롬 14:15

비판을 받는 것은 정말 두려운 일입니다. 자신이 잘했든 못했든 비판하는 말을 들으면 누구나 마음이 상합니다. 형제자매의 마음을 상하게 하지 마십시오. 그리스도께서 그 사람을 위하여 죽으셨습니다. 여기에 우리가 받은 은혜가 있습니다. 바로 정죄받지 않는 은혜입니다. 우리가 주님 앞에 설 때 빛 가운데 모든 것이 환하게 드러나는데, 여러분은 어떨 것 같습니까? 감추어진 허물이 드러나고 자신도 미처 깨닫지 못했던 죄가 드러나는 순간 정말 두려울 것입니다. 그래서 심판이 무서운 것입니다.

그러나 우리는 그런 두려움에서 구원받은 사람입니다. 우리의 옛사람이 예수님과 함께 십자가에서 죽었기 때문입니다. 우리는 죄를 숨기고 사는 자가 아닙니다. 죄인인 나는 죽었습니다. 그 증거로 내 안에 성령께서 임하신 것입니다. 이것이 바로 정죄받지 않는 은혜입니다. 이 은혜를 깨닫는 것은 정말 놀라운 일이요, 감격스러운 일이요, 행복한 일입니다. 일평생 기뻐하고 찬양하며 노래하고 춤출 일입니다. 그런 은혜를 내가 받았는데 어떻게 다른 사람을 판단하고 정죄하겠습니까?

하나님께서 나만 심판에서 면죄해주신 것이 아닙니다. 나만 판단받는 데서 구원해주신 것이 아닙니다. 내가 비판하는 그 사람도 그렇게 해주셨습니다. 이 자리에 계신 분 중에 속죄의 은혜를 받지 않은 사람은 한 명도 없습니다. 그런데도 다른 사람의 허물을 들추어서 그 사람을 지적해야 옳을까요? 하나님이 어떻게 구원해내신 영혼입니까?

그리스도인이 된 가장 분명하고 놀라운 특징은 '용서'와 '용납'입니다. 그것을 통해 이 사람이 진짜 용서받은 사람인지 알게 됩니다. 한국 교회는 진통 중에 있습니다. 거듭나야 합니다. 그런데 서로 비판하지 말라고 하면 어떻게 변화될 수 있느냐 하는 질문이 나올 수 있습니다. 그러나 우리는 알아야 합니다. 교회는 비판으로 변화되지 않습니다. 한국 교회가 잘못을 지적하는 사람이 부족해서 아직도 변화되지 않은 것입니까? 그렇지 않습니다.

진정한 변화는 하나님께서 이룩하시는 것입니다. 오직 하나님이 이룩해 놓으신 것을 붙잡을 때 변화됩니다. 그러면 하나님이 이루어 놓으신 것이 무엇입니까? '나는 죽고 예수로 사는 십자가 복음'입니다. '성령이 임하셔서 하나 되게 하신 교회'입니다. '우리 마음에 임하신 주 예수님'입니다. 여기에 한국 교회의 답이 있습니다. 바로 이 일에 분명하게 눈이 뜨이고 주 예수님을 바라보며 살게 될 때 변화가 시작됩니다.

자기 점검

"내가 사람의 방언과 천사의 말을 할지라도 사랑이 없으면 소리 나는 구리와 울리는 꽹과리가 되고"(고전 13:1).

사랑이 없어도 천사의 말을 할 수 있습니다. 하나도 틀리지 않는 기가 막힌 말이라도 사랑이 없으면 아무 능력 없는 울리는 꽹과리가 될 뿐입니다. 사랑이 없이 사람도 가정도 교회도 절대 변화되지 않습니다. 그러면 우리가 고쳐주어야 할 사람이 생겼을 때 어떻게 해야 합니까? 교회 공동체를 바로 세워야 할 때 어떻게 해야 합니까?

> 그러므로 여러분이 좋다고 여기는 일이 도리어 비방거리가 되지 않도록 하십시오. 롬 14:16

내가 누구를 고쳐주려고 하고, 공동체를 바로 세우려고 하는 그 일이 비방거리가 됩니다. 좋은 의도로 잘해보려고 한 일이 비방거리가 될 수 있다는 것입니다. 언제 그렇습니까? 그것으로 싸우기 때문입니다. 그러면 비방거리가 되지 않으려면 어떻게 해야 합니까? 자신을 먼저 점검해야 합니다. 자신 안에 성령 안에서 누리는 의와 평화와 기쁨이 있어야 합니다.

> 하나님의 나라는 먹는 일과 마시는 일이 아니라, 성령 안에서 누리는 의와 평화와 기쁨입니다. 롬 14:17

저 사람은 바로잡아야 할 것 같고, 이 교회는 고쳐야 할 것 같은 마음이 듭니까? 그렇다면 먼저 자신이 성령 안에서 의와 평화와 기쁨을 누리고 있는지 점검해보십시오. 하나님의 나라는 거기 있습니다. 그래야만 내가 하나님이 역사하실 수 있는 도구가 되어 하나님이 그 일을 하십니다.

그리스도를 이렇게 섬기는 사람은, 하나님을 기쁘게 해드리고, 사람에게
도 인정을 받습니다. 롬 14:18

우리가 하나님을 기쁘시게 할 뿐만 아니라 사람들에게 인정을 받을
때 사람들이 "당신은 정말 하나님의 사람이시군요. 당신의 말은 하나
님이 내게 주신 말씀입니다"라고 고백하게 되는 것입니다.

원수에게도 인정받은 사람

사무엘상 24장에서 사울 왕은 엔게디 광야에 다윗이 숨어 있다는
말을 듣고 군사 3천 명을 거느리고 온 광야를 수색합니다. 그러던 중
용변을 보려고 굴에 들어갔는데, 마침 그곳은 다윗이 숨어 있던 곳이
었습니다. 다윗에게는 사울 왕을 죽일 수 있는 절호의 기회였습니다.
그러나 다윗은 사울 왕의 옷자락만 베고 나서 후에 사울 왕에게 그것
을 보여주며 이렇게 말합니다.

"어떤 사람이 나를 권하여 왕을 죽이라 하였으나 내가 왕을 아껴
말하기를 나는 내 손을 들어 내 주를 해하지 아니하리니 그는 여호와
의 기름 부음을 받은 자이기 때문이라 하였나이다."

그때 사울 왕이 대답합니다.

"…내 아들 다윗아 이것이 네 목소리냐 …나는 너를 학대하되 너는
나를 선대하니 너는 나보다 의롭도다 네가 나 선대한 것을 오늘 나타
냈나니 여호와께서 나를 네 손에 넘기셨으나 네가 나를 죽이지 아니
하였도다 사람이 그의 원수를 만나면 그를 평안히 가게 하겠느냐 네

가 오늘 내게 행한 일로 말미암아 여호와께서 네게 선으로 갚으시기를 원하노라 보라 나는 네가 반드시 왕이 될 것을 알고 이스라엘 나라가 네 손에 견고히 설 것을 아노니 그런즉 너는 내 후손을 끊지 아니하며 내 아버지의 집에서 내 이름을 멸하지 아니할 것을 이제 여호와의 이름으로 내게 맹세하라 하니라"(삼상 24:16-21).

다윗의 위대함이 여기에 있습니다. 그는 원수에게도 인정받은 사람이었던 것입니다. 우리가 정죄하거나 판단하거나 심판하지 않고 눈물과 사랑으로 섬기면, 서로가 서로를 변화시킵니다. 교회가 단단히 서갑니다.

십자가 사랑으로 변화되는 교회

진정으로 교회 공동체를 바로 세우고 싶습니까? 그렇다면 '사랑'으로 해야 합니다. 그것만이 유일한 방법입니다. 하나님이 우리를 어떻게 거듭나게 하셨습니까? 십자가 사랑, 대속해주신 사랑이 아닙니까? 하나님께서 우리에게 계속 매를 드셨다면 우리는 변화되지 않았을 것입니다. 십자가의 사랑 때문에 우리가 변화되었듯이 우리도 똑같이 해야 합니다.

그러므로 우리는 서로 화평을 도모하는 일과, 서로 덕을 세우는 일에 힘을 씁시다. 롬 14:19

우리가 진정 사랑으로 한다고 인정하면 어떤 말이든 받아들이게 됩니다. 그러므로 우리는 서로 화평하는 것과 서로 덕을 세우는 일에 힘써야 할 것입니다. 어떤 사람을 볼 때 그 사람의 허물이 보이고 지적해야 할 일이 있습니까? 그럴 때 먼저 우리의 눈을 열어 하나님께서 그 사람에게 행하신 일을 볼 수 있기를 바랍니다. 하나님께서 하나님이 내게 주신 은혜와 똑같은 은혜를 그 사람에게도 주셨습니다. 그 사람을 위하여 하나님이 대신 죽으셨습니다. 그를 하나님의 자녀로 받으셨습니다.

아직까지 그의 육신이 연약하고 믿음이 약할지라도 하나님께서 그 사람에게 주신 은혜는 비교할 수 없이 큽니다. 내가 그 사람에게 함부로 말하거나 그의 심령을 상하게 할 수 있는 일을 정말 조심해야 합니다. 그의 연약함을 보기보다 그에게 역사하시는 하나님의 은혜를 보고 감탄할 수 있어야 합니다.

교회 공동체를 볼 때도 마찬가지입니다. 공동체 가운데 못마땅한 일이 있고 잘못된 일이 있으면 바로잡아야 합니다. 하지만 그전에 성령께서 하고 계시는 일에 먼저 눈이 뜨여야 합니다. 예배당에 성도들이 가득 모이게 하시고, 우리가 예배를 드리는 그 일 자체만으로도 우리는 교회에서 이루시는 놀라운 성령의 역사를 보고 있는 것입니다. 하나님이 하시는 일을 먼저 보고 감탄하며 '아, 이것은 하나님이 바로잡으라고 하시는구나!' 깨달아질 때 우리는 그다음 말을 해야 합니다.

이것은 가정 문제에도 똑같이 적용됩니다. 우리 힘으로 할 수 있는 일이 아닙니다. 하나님이 이룩해 놓으신 것을 분명히 붙잡아야 할 수 있습니다. 십자가에서 자아가 죽은 사람, 24시간 주님과 동행하는 사람, 성령 안에서 하나 된 교회를 믿어야 합니다.

주님을 바라볼 때 판단 정죄가 사라진다

저는 좋은 교회를 세우고 싶었습니다. 그러나 좋은 교회를 세우려고 애를 쓰면 쓸수록 제 마음에 사람들에 대한 판단이 더 커져갔습니다.

'저 사람은 왜 저래? 저 교회는 왜 그래?'

저는 은혜로운 설교자가 되고 싶었습니다. 교인들에게 감화 감동을 주는 설교를 하고 싶었습니다. 그러나 그럴수록 교인들에 대한 판단은 더 커져갔습니다.

'그렇게 설교를 해도 저 사람은 왜 안 변하는 거야?'

제 마음속에 사람에 대한 정죄와 판단이 커져갔습니다.

저는 계속 좋은 교인, 유능한 부교역자를 찾았습니다. 그러면 목회가 잘될 줄 알았기 때문입니다. 사람을 좋고 나쁨으로 가르는 것이 판단입니다. 어느 날 기도를 하는데 '내가 너무 초라한 예수님을 믿는 것이 아닌가?' 하는 생각이 들었습니다. 예수님께는 좋은 교인, 나쁜 교인이 없다는 것을 깨달았습니다. 그때 저는 제가 진정 예수님을 믿는 것이 아님을 알았습니다. 제가 바라보아야 할 것은 주 예수님이셨습니다.

24시간 주님을 바라보면서 비로소 사람에 대한 판단과 정죄가 사라졌습니다. 주님이 다 품으시는 것을 알게 되었고, 교회가 근본부터 바뀌는 것을 경험했습니다. 우리 안에 오신 주님이 성도가 성도 되게, 교회가 교회 되게 만드십니다. 우리가 다 주님만을 바라볼 때, 그때 주님이 하십니다.

여러분, 교회가 문제가 있다고 말하고 싶을 때, 교회를 하나 되도록 역사하시는 성령님을 바라보시기 바랍니다. 항상 명심합시다.

"하나님께서 이루어 놓으신 것을 망치지 말라!"

32

하나됨의 기적

롬 15:1-13

1 믿음이 강한 우리는 믿음이 약한 사람들의 약점을 돌보아 주어야 합니다. 우리는 자기에게 좋을 대로만 해서는 안 됩니다. **2** 우리는 저마다 자기 이웃의 마음에 들게 행동하면서, 유익을 주고 덕을 세워야 합니다. **3** 그리스도께서도 자기에게 좋을 대로만 하지 않으셨습니다. 성경에 기록하기를 "주님을 비방하는 자들의 비방이 내게 떨어졌다" 한 것과 같습니다. **4** 무엇이든지 전에 기록한 것은, 우리에게 교훈을 주려고 한 것이며, 성경이 주는 인내와 위로로써, 우리로 하여금 소망을 가지게 하려고 한 것입니다. **5** 인내심과 위로를 주시는 하나님께서, 여러분이 그리스도 예수를 본받아 같은 생각을 품게 하시고, **6** 한 마음과 한 입으로 하나님 곧 우리 주 예수 그리스도의 아버지께 영광을 돌리게 해주시기를 빕니다. **7** 그러므로 그리스도께서 하나님의 영광을 드러내시려고 여러분을 받아들이신 것과 같이, 여러분도 서로 받아들이십시오. **8** 내가 말하는 것은 이러합니다. 그리스도께서는 하나님의 진실하심을 드러내시려고 할례를 받은 사람의 종이 되셨으니, 그것은 하나님께서 조상에게 주신 약속들을 확증하시고, **9** 이방 사람들도 긍휼히 여기심을 받아서, 하나님께 영광을 돌리게 하시려고 한 것입니다. 기록된 바 "그러므로 내가 이방 사람들 가운데서 주님께 찬양을 드리며, 주님의 이름을 찬미합니다" 한 것과 같습니다. **10** 또 "이방 사람들아, 주님의 백성과 함께 즐거워하여라" 하였으며, **11** 또 "모든 이방 사람들은 주님을 찬양하여라. 모든 백성들아, 주님을 찬양하여라" 하였습니다. **12** 그리고 이사야가 말하기를 "이새의 뿌리에서 싹이 나서 이방 사람을 다스릴 이가 일어날 것이니, 이방 사람은 그에게 소망을 둘 것이다" 하였습니다. **13** 소망을 주시는 하나님께서, 믿음에서 오는 모든 기쁨과 평화를 여러분

에게 충만하게 주셔서, 성령의 능력으로, 소망이 여러분에게 차고 넘치기를
바랍니다.

✵

로마서 15장은 로마서의 결론 부분으로, 사도 바울이 로마 교회에 정
말 하고 싶었던 말씀이 나옵니다. 복음 안에서 하나 된 교회가 세상
을 향해 담대히 복음을 전파해야 한다는 것입니다.

'복음 안에서 하나 된 교회', 이것은 교회 공동체가 가진 가장 중요
한 특징입니다. 저는 '하나 된 교회'라는 주제로 자주 설교했습니다.
그런데 설교를 할 때마다 제 마음을 무겁게 하는 두 가지 생각이 있었
습니다. 하나는 '교회가 굳이 하나가 되어야 하느냐?'이고, 다른 하나
는 '교회가 정말 하나 될 수 있겠느냐?' 하는 것입니다.

주님의 간절한 소원

그동안 교회가 하나가 되었나요? 하나 되지 않고도 잘 지내지 않
았습니까? 솔직히 때로 싸우고 살등하기도 했지만 그렇다고 교회가
전도를 못한 것도, 예배를 쉰 것도 아닙니다. 하나 된 교회를 찾아보
기도 어렵습니다. 물론 놀라울 정도로 하나 된 교회가 있기도 합니다.
하지만 그런 교회는 대부분 비난을 당하며 목사나 장로가 독재하는
교회라는 평가를 받습니다. 이단 논란이 있는 교회는 하나같이 일사
불란하기까지 합니다.

우리는 악한 일에 쉽게 하나가 됩니다. "하나 되자"라는 말을 교묘하게 악용하는 이들까지 있습니다. 그래서 하나 되는 것이 꼭 좋은 것인지 거부감마저 들 수 있습니다. 교회 안에 여러 의견이 있을 수 있고, 어떤 상황에서는 오히려 반대 의견이 있는 것이 더 건강하다고 생각하는 이들도 있습니다. 물론 민주적인 사회에서 누구든지 자기 의견을 이야기할 수 있습니다. 그러나 그것은 세상에서 통하는 이야기입니다.

우리가 하나님을 믿는 교회 공동체라면 문제는 달라집니다. 성경이 어떻게 말씀하는지가 더 중요합니다. 예수님께서 십자가에 달리시기 전에 제자들을 위하여 마지막 기도를 하셨습니다. 성경에 예수님이 기도하셨다는 내용은 여러 군데 나오지만 구체적으로 어떤 기도를 하셨는지는 흔히 볼 수 없는데, 요한복음 17장에는 예수님의 기도가 정확히 기록되어 있습니다.

"내가 비옵는 것은 이 사람들만 위함이 아니요 또 그들의 말로 말미암아 나를 믿는 사람들도 위함이니 아버지여, 아버지께서 내 안에, 내가 아버지 안에 있는 것같이 그들도 다 하나가 되어 우리 안에 있게 하사 세상으로 아버지께서 나를 보내신 것을 믿게 하옵소서 내게 주신 영광을 내가 그들에게 주었사오니 이는 우리가 하나가 된 것같이 그들도 하나가 되게 하려 함이니이다 곧 내가 그들 안에 있고 아버지께서 내 안에 계시어 그들로 온전함을 이루어 하나가 되게 하려 함은 아버지께서 나를 보내신 것과 또 나를 사랑하심 같이 그들도 사랑하신 것을 세상으로 알게 하려 함이로소이다"(요 17:20-23).

교회가 굳이 하나가 되지 않아도 된다면 예수님께서 제자들이 하나 되게 해달라고 이처럼 기도하셨을 리 없지 않겠습니까? 교회의 하나됨 은 주님의 간절한 소원이셨습니다.

싸움이 익숙한가?

하루는 6.25 전쟁에 대해 너무나 다른 시각을 가진 교인들을 만난 적이 있습니다. 만약 6.25 전쟁 직후였다면 서로 총부리를 겨누었을 것입니다. 그런데 이와 같은 일이 지금 우리 교회 안에도 있다는 것입 니다. 바로 우리 안에 전쟁의 씨앗이 있는 것입니다.

다음 날 새벽, 나라와 민족을 위하여 기도하는데 발을 구르고 온몸 을 비틀며 통곡하였습니다.

"주님, 우리가 하나 되게 해주옵소서. 우리 모두 진정으로 주님을 바라보게 해주옵소서!"

통일의 때가 점점 다가오는데, 과연 통일이 우리에게 유익하기만 할 까요? 갑작스런 해방이 전쟁으로 이어졌듯이 준비되지 않은 통일은 위기의 시작일 수 있습니다. 정말 두려운 일입니다. 마음이 하나 되지 못하는 것도 지금은 큰 문제가 아닌 듯 보일 수 있습니다. 그러나 상 황이 달라지면 어떤 결과를 가져올지 모릅니다. 마귀는 결코 만만치 않은 존재입니다. 가정과 교회가 깨어지는 일이 남의 일이 아닙니다. 우리가 하나됨을 힘써 지키지 않으면 어느 순간 마귀에게 당하고 맙 니다.

프랭크 루박은 《권능의 통로》(규장)에서 이렇게 말했습니다.

"이 세상에서 우리 대부분 지옥에 너무 익숙해져 있어서 천국이 임하여 지옥을 몰아내기 전까지 우리가 지옥에 있다는 것을 모른다."

익숙하다고 괜찮은 것이 아닙니다. 우리는 아직까지 진짜를 못 보고 있는지도 모르겠습니다.

"하나가 안 될 수도 있지 뭐."

이렇게 받아들이기 때문에 하나가 되지 않는 것입니다.

제가 전도사로 처음 지방회에 참석했을 때 지방 회원들이 싸우는 것을 보며 너무너무 괴로웠습니다. 서로 얼굴이 벌겋게 되도록 싸우다가도 예배 시간이 되니 다 같이 찬송을 불렀습니다. 그리고 예배가 끝나자 다시 싸웠습니다. 마음이 비통하였습니다. 싸움에 익숙해지면 이렇게 무서운 사람이 되고 맙니다.

하나님께서는 우리가 한 마음일 때만 영광을 받으십니다.

한 마음과 한 입으로 하나님 곧 우리 주 예수 그리스도의 아버지께 영광을 돌리게 해주시기를 빕니다. 롬 15:6

명심해야 할 말씀입니다. 예배를 드릴 때 한 마음과 한 입으로 예배 드려야 하나님께서 받으실 수 있습니다. 부부 싸움을 할 수 있지만 예배드리기 전에 화해해야 합니다. 어떻게 부부가 마음이 갈라진 채 하나님 앞에 나와 예배를 드릴 수 있겠습니까? 토요일 교회 모임에서 다투거나 의견이 나뉘는 일이 있을 수 있습니다. 그러나 주일예배를 드리기 전에는 해결해야 합니다. 예배드릴 수 없는 마음으로 주일을 맞이해서는 안 됩니다. 싸움이 익숙해지면 화인(火印) 맞은 영이 될 수 있습니다.

전적인 성령의 역사

"과연 교회가 하나 될 수 있겠습니까? 사람의 생각이 백이면 백 다 다른데, 어떻게 하나가 될 수 있습니까?"

너무 무리한 요구처럼 느껴집니까? 그래서 믿음의 역사가 필요한 것입니다. 우리 생각으로는 도무지 될 것 같지 않은 일입니다. 그러나 교회를 하나 되게 하실 분은 우리가 아니라 주님이십니다. 우리는 교회가 하나 될 수 있음을 믿어야 합니다. 우리의 가정도 그렇습니다. 우리에게는 오직 주님이 하신다는 믿음만 필요합니다.

성경은 우리가 하나 되는 것이 전적으로 성령의 역사라고 했습니다.

"주 예수 그리스도의 은혜와 하나님의 사랑과 성령의 교통하심이 너희 무리와 함께 있을지어다"(고후 13:13).

우리 안에 오신 성령께서 배우자 안에도, 다른 사람 안에도 계십니다. 그러면서 우리가 하나 되도록 교통하십니다. 우리를 연합하게 하십니다.

"평안의 매는 줄로 성령이 하나 되게 하신 것을 힘써 지키라 몸이 하나요 성령도 한 분이시니 이와 같이 너희가 부르심의 한 소망 안에서 부르심을 받았느니라"(엡 4:3,4).

하나님이 교회를 하나 되게 하셨습니다. 우리 안에 계신 성령님이 우리를 교회로 인도하셔서 함께 예배드리게 하십니다. 성령께서 하신 일입니다. 우리는 그 성령께서 하나 되게 하신 것을 힘써 지켜야 합니다.

믿음이 강한 자가 약한 자를 섬기라

그래서 사도 바울은 우리가 해야 할 일에 대해 이렇게 권면합니다.

> 믿음이 강한 우리는 믿음이 약한 사람들의 약점을 돌보아주어야 합니다. … 롬 15:1

교인들끼리 성경의 진리를 가지고 싸우지 말아야 합니다. 한국 교회는 그로 인해 교파 분열이 일어났습니다. 옳다 그르다고 본 것입니다. 그러나 교회 안에서 서로 생각이 다른 것은 믿음이 있고 없고, 옳고 그른 것 때문이 아닙니다. 믿음이 강하고 약한 차이가 있을 뿐입니다.

그러므로 믿음이 강한 자가 믿음이 약한 자들의 약점을 돌보아주어야 합니다. 약한 자를 돌보아주라는 것은 강요하거나 지적하거나 공격하거나 조롱하지 말라는 것입니다. 몸이 약한 사람이나 어린아이를 보면 어떻게 합니까? 도와줍니다. 우리가 교회 안에서 이렇게 한다면 믿음 때문에 서로 싸우고 갈라지지 않습니다. 복음은 싸우는 것이 아닙니다. 근본은 사랑이고 하나됨입니다.

브리스가와 아굴라는 아볼로의 설교를 듣고 그가 주 예수님의 십자가 복음을 정확히 알지 못한다는 것을 알았습니다. 그러나 그 부부는 아볼로를 공개적으로 비판하거나 가르치려고 하지 않았습니다. 조용히 그를 부른 다음 진정한 복음을 전해주었습니다.

"그렇군요. 그것이 십자가 복음이군요! 그것이 궁금했습니다."

그 후 아볼로는 강력한 말씀 사역자가 되었습니다. 교회 안에서 진리에 대한 논란이 생기면 이렇게 해야 합니다. 이것이 믿음이 강한 것입니다. 신념이 강하고 똑똑해서, 리더십이 강해서가 아닙니다. 그러면 오히려 싸움이 됩니다. 브리스가와 아굴라가 그랬듯 믿음이 강한 자는 믿음이 약한 자를 섬겨야 합니다. 그것이 성령의 하나됨을 지키는 것입니다.

서로 받으라

…우리는 자기에게 좋을 대로만 해서는 안 됩니다. 롬 15:1

예수 믿는 사람은 자신에게 좋을 대로 하는 사람이 아닙니다. 기준이 항상 상대에게 있어야 합니다.

우리는 저마다 자기 이웃의 마음에 들게 행동하면서, 유익을 주고 덕을 세워야 합니다. 롬 15:2

이것이 예수 믿는 사람이 해야 할 일이고 교회 공동체를 하나 되게 만드는 비밀입니다. 우리가 교회 안에서 이렇게 하면 시험될 일이 없습니다.

사도행전 6장을 보면 예루살렘 교회에 큰 시험이 생겼습니다. 헬라파 유대인이 구제 사역에 차별을 받는 문제로 분란이 일어나자 다수인 히브리파 유대인들이 스데반을 비롯한 헬라파 유대인들을 집사로 선출하여 사역을 맡긴 것입니다. 이것이 교회다운 결정입니다. 내 쪽에서 생각하지 않고 항상 상대의 입장에서 생각하는 것입니다. 그러면 시험 들 일이 없습니다.

사도 바울이 이렇게 권하는 것은 이것이 주님의 마음이기 때문입니다.

> 그리스도께서도 자기에게 좋을 대로만 하지 않으셨습니다. 성경에 기록하기를 "주님을 비방하는 자들의 비방이 내게 떨어졌다" 한 것과 같습니다. 롬 15:3

주님은 자기 유익을 구하지 않으셨고 우리를 위하여 죽기까지 복종하셨습니다. 그러면서도 온갖 비방을 받으셨습니다. 우리는 그 주님을 마음에 영접한 것입니다. 예수님이 우리의 생명이고 우리의 주님이십니다. 그러니 예수 믿는 사람은 어떤 사람이겠습니까? 자신이 아니라 항상 남을 위하는 사람, 곧 어떤 사람도 받아들일 수 있는 사람입니다.

그러므로 그리스도께서 하나님의 영광을 드러내시려고 여러분을 받아들

이신 것과 같이, 여러분도 서로 받아들이십시오. **롬 15:7**

교회, 온 열방이 하나 되는 곳

당시 초대 교회는 유대인과 이방인의 관계 문제가 심각했습니다. 유대인과 이방인들은 도무지 하나가 될 수 없는 사람들이었습니다. 그러나 유대인도 이방인도 예수를 믿고 교회 안으로 들어왔습니다. 예수님 안에서 하나가 되었습니다. 이것이 초대 교회의 능력이었습니다.

예수님은 유대인을 구원하시려고 유대인의 종이 되셨습니다.

…그리스도께서는 하나님의 진실하심을 드러내시려고 할례를 받은 사람의 종이 되셨으니, … **롬 15:8**

또한 이방인을 구원하시려고 이방인도 받아들이셨습니다.

이방 사람들도 긍휼히 여기심을 받아서, 하나님께 영광을 돌리게 하시려고 한 것입니다. … **롬 15:9**

예수님은 유대인도 이방인도 다 받아들이셨습니다. 그렇기 때문에 10, 11절 말씀처럼 유대인과 이방인이 예수님 안에서 다 하나가 되어 하나님을 찬양하는 것입니다. 이것이 주님의 뜻입니다. 더욱이 우리는 같은 민족입니다. 우리에게는 이방인의 문제가 그리 심각하지 않습니다. 그런데도 이렇게 싸움이 많은 것은 정말 부끄러운 일입니다. 많은 나라와 민족이 하나가 되는 곳이 바로 교회이기 때문입니다.

아직까지 우리 안에 여전히 갈등의 요소가 있지만, 예수님 안에서는 부자와 가난한 사람, 지식인과 무식한 사람, 나이 든 사람과 젊은 사람, 남자와 여자, 정치적인 견해가 다른 사람까지 용납하지 못할 사람이 없습니다. 그래서 우리가 예수님을 바로 믿기만 하면 예수님은 교회가 하나 되게 하시는 것입니다.

예수님께서 우리의 죄를 다 짊어지시고 십자가에서 죽으심으로 우리 죄가 사함 받은 것을 믿습니까? 우리의 옛사람이 예수님과 함께 죽고 이제는 예수님의 생명으로 사는 것을 믿습니까? 믿어지는 것이 기적입니다. 성령께서 하셨습니다. 그렇다면 예수님께서 교회를 하나 되게 하실 것도 믿습니까? 아멘입니다. 성령께서 믿어지게 하실 것입니다.

예수님과 한 몸 되기

이필찬 교수님은 예수님께서 함께 밥 먹는 것을 자주 언급하였다고 말씀하셨습니다. 그것은 매우 중요한 의미가 있다는 것입니다. 예수님은 제자들과 마지막 성찬을 하셨고, 부활하신 후에도 제자들을 찾아오셔서 "와서 조반을 먹으라"고 하셨습니다.

"볼지어다 내가 문 밖에 서서 두드리노니 누구든지 내 음성을 듣고 문을 열면 내가 그에게로 들어가 그와 더불어 먹고 그는 나와 더불어 먹으리라"(계 3:20).

그러면 예수님께서 밥을 같이 먹는 것을 왜 이리 자주 말씀하셨을까요? 예수님이 밥을 같이 먹자고 하신 것은 우리가 한 몸이라는 뜻입니다. 유대인들은 아무하고나 식사를 하지 않습니다. 유대인의 전통에 따르면 밥은 가족과 친구와만 먹습니다. 음식 규례가 까다롭기 때문입니다. 따라서 밥을 먹자고 하는 것은 한 가족이자 한 형제라는 것을 인정하는 것입니다.

우리는 늘 주님의 식탁에 초대받은 사람입니다. 예수님께서는 우리를 한 몸으로 받으셨습니다. 로마서 6장에서 우리가 예수님과 함께 죽었고 예수님과 함께 산다고 분명히 말씀하셨습니다. 이것을 믿는 것이 예수님을 믿는 것입니다. 그리고 성찬을 통해 우리가 여전히 주님과 하나임을 확인합니다. 이 은혜가 놀라운 것입니다. 주님과 우리가 하나 되었기에 우리는 구원받은 자입니다.

그런데 성찬은 주님과 나의 하나됨만을 확인하는 시간이 아닙니다. 한 떡을 나누어 먹은 우리도 하나임을 계속 확인해주는 의식입니다. 나만 예수님과 한 몸이 된 것입니까? 예수님을 믿는 모든 사람이 예수님과 한 몸이 되었습니다. 그래서 성도들이 모인 교회가 하나가 되는 것입니다.

2006년 9월 교역자 퇴수회(退修會, 일종의 리트릿) 때 제가 목사님들에게 이런 제안을 했습니다.

"우리는 예수님 안에서 한 몸입니다. 우리가 이 믿음을 분명히 하십시다. 교회가 한 몸이 되어야 하는데 목사가 한 몸이 안 되면 어떻게 교인들에게 한 몸이라고 할 수 있겠습니까?"

이것은 엄청난 믿음의 싸움이었습니다. 선포는 했지만 앞이 캄캄했습니다. 부목사님들을 볼 때마다 '내가 저분과 한 몸인가?' 하는 생각이 들었습니다. 아마 부목사님들은 더 힘들었을 것입니다. 그러나 느껴지기 때문에 한 몸이 되는 것은 아닙니다. 느껴질 때까지 기다리면 평생 한 몸이라는 것을 경험하지 못합니다. 먼저 믿음으로 취해야 하나 되는 경험을 하게 됩니다.

그렇게 10년이 흘렀습니다. 영성일기를 쓰고 24시간 주님을 바라보니 주님과만 친밀해지는 것이 아님을 알게 되었습니다. 목사님들과도 진정으로 하나 되는 교제가 이루어지는 것을 경험했습니다.

그동안 성도들 사이에 하나됨이 믿어지지 않았던 것은 주님과 하나됨이 없었기 때문이었습니다. 우리의 목적은 하나됨 그 자체가 아닙니다. 오직 한 분, 예수 그리스도와 하나 되는 것입니다. 우리가 예수님과 온전히 하나가 되면 교회가 하나 됩니다. 따라서 교회가 하나 되기 위해 우리는 계속 주님을 바라보고, 영을 분별하고, 인내해야 합니다.

하나 되는 교회가 부흥의 시작이다

제가 이전 교회에서 목회할 때 교회 안에 큰 다툼이 일어난 적이 있었습니다. 교회의 비전을 함께 나눌 사역자 모임을 가진 날, 그동안 교회의 변화에 대해 거부감을 가지고 계시던 장로님 두 분이 하나둘 불만을 내놓으셨고, 이를 나무라는 한 장로님으로 인해 몸싸움에 가까운 불상사가 일어나고 말았습니다. 고성이 난무하는 가운데 폐회기도도 하지 못한 채 모임은 끝이 났습니다. 얼마나 좌절했는지 모릅니다. 어린 시절의 악몽이 되살아나는 것 같았습니다. 제 목회도 끝이 났다고 생각하여 한참을 울었습니다.

"하나님, 더는 못하겠습니다."

그날 저는 잠도 이루지 못한 채 새벽을 맞았습니다. 목회를 내려놓더라도 당장 새벽기도회를 인도해야 한다는 책임감 때문에 무거운 발걸음으로 교회를 향해 가는데 번뜩 깨달아진 것이 있었습니다. 어젯밤의 일이 우리 교회의 부흥을 저지하려는 마귀의 역사라는 것입니다.

'아, 마귀가 교묘하게 우리를 무너뜨리려고 하는구나!'

마귀가 가만있을 리 없었던 것입니다. 저는 교회 앞에 다다랐을 때 이렇게 기도했습니다.

"하나님, 아무리 괴로워도 마귀가 원하는 대로는 하지 않겠습니다!"

마귀가 원하는 각본이 보였습니다. 교회 안에 의견이 대립되게 만들고, 서로 미워하고 싸우게 만들어서 그것 때문에 교회가 나뉘기를 기대하는 것입니다.

"너를 반대하는 장로님이 하자는 대로 하라."

기도하던 중에 성령님께서는 제가 죽어야 한다는 것을 알게 하셨습니다. 저는 제가 부임한 이후 하나둘 교회 체질을 바꾸어왔던 것들을 다시 원위치로 환원시켰습니다. 마귀가 틈타지 못하게 하는 길은 이 길밖에 없었습니다. 그러자 교인들이 웅성거리기 시작했습니다. 몇몇 분은 저를 찾아와 문제가 된 장로님을 징계하거나 내보내야 한다고 했습니다.

"목사님, 흔들리시면 안 됩니다. 목사님 편이 훨씬 많습니다. 우리가 뒤에 있습니다."

한마디로 물러서지 말고 싸워야 한다는 것입니다. 그러나 그 속에서 저는 무서운 마귀의 역사를 또 한 번 보았습니다. 그것은 바로 미움과 정죄와 분노였습니다.

저는 그들에게 간곡히 요청했습니다.

"모든 미움이 사랑으로 바뀔 때까지 기도하고 기다려주십시오. 미움이 사랑으로 바뀔 때까지 반대하는 사람 편에 서십시오."

그렇게 3개월이 흘렀습니다. 저는 오직 성령께서 장로님들과 온 교인들의 마음이 하나 되게 만들어주시기를 계속 기도했습니다. 주님의 역사가 이루어지고 마귀의 훼방이 떠나가게 해달라고 기도했습니다. 처음에는 잔뜩 긴장한 채 모든 면에서 경직되어 있던 두 장로님도 이제는 제 진심을 이해하시는 것 같았습니다. 교인들의 마음에도 미움과 원망이 떠나갔음을 느꼈습니다.

저는 장로회를 다시 소집했습니다. 그리고 그 자리에서 장로님들께 우리 교회가 나아가야 할 방향에 대하여 성령 안에서 일치를 구하자고 제안했습니다. 그날 우리는 함께 기도하고 토의하였습니다. 모두 자기 생각을 내려놓고 오직 우리 교회를 향한 주님의 뜻이 어디 있는지만 찾았습니다. 성령의 인도하심을 받기를 진심으로 원했습니다. 그날 밤 저를 비롯해서 모든 장로님들이 우리 교회가 나아갈 7가지 기본 방향에 대해 일치된 마음을 가졌습니다. 그다음 주일예배 때 7가지 교회 방향에 대해 교인들에게 발표한 후 눈물과 감격으로 일치의 성찬식을 가졌습니다. 우리는 결국 성령의 인도를 받아 하나가 되었습니다. 그날 이후 교회는 급성장하기 시작했습니다.

우리 마음이 하나 되지 못할 때 우리는 영혼을 품을 수 없습니다. 우리가 하나 되기 시작하면 수많은 사람들이 복음을 듣게 되고 구원을 받습니다. 교회가 분열의 위기를 맞았을 때 주님을 바라보지 못했다면 어떻게 되었을까 생각하면 지금도 아찔합니다.

하나됨의 훈련과 축복

어떤 일이 있어도 가정과 교회 공동체의 하나됨을 지켜야 합니다. 이것을 명심하시기 바랍니다. 주님을 의지해야 합니다. 조급해서는 안 됩니다. 마귀는 교회가 하나 되도록 내버려둘 리 없습니다. 그렇기 때문에 강한 확신과 인내가 필요합니다.

> 인내심과 위로를 주시는 하나님께서, 여러분이 그리스도 예수를 본받아 같은 생각을 품게 하시고, 롬 15:5

우리가 같은 생각을 품는 것이 하나님의 역사입니다. 그런데 이것은 인내심이 필요합니다. 하나님의 위로하심이 있어야 같은 생각을 품을 때까지 믿음의 길을 걸을 수 있습니다.

교회에는 참 다양한 사람들이 모여 있습니다. 재산, 학력, 직업, 출신 지역, 정치적 견해 등 정말 다양합니다. 이것은 자랑이자 큰 축복입니다. 그러나 마음이 하나 되지 못하면 이 축복이 오히려 약점이 될 수 있습니다. 한번 문제가 생기면 크게 휘둘릴 수 있기 때문입니다.

그러므로 하나됨을 훈련하시기 바랍니다. 이것은 결심으로 되지 않습니다. 정말 주님만 바라보고 살아야 합니다. 그래야 주님과 진정으로 연합할 수 있습니다. 하나 되어서 기쁨과 평화가 충만한 가정과 교회 공동체가 되는 것, 이것이 악한 세상을 사는 우리의 소망입니다.

소망을 주시는 하나님께서, 믿음에서 오는 모든 기쁨과 평화를 여러분에게 충만하게 주셔서, 성령의 능력으로, 소망이 여러분에게 차고 넘치기를 바랍니다. 롬 15:13

33

주님이 하셨습니다!

롬 15:14-33

14 나의 형제자매 여러분, 나는, 여러분 마음에 선함이 가득하고, 온갖 지식이 넘쳐서, 서로 권면할 능력이 있음을 확신합니다. **15** 그러나 내가 몇 가지 점에 대해서 매우 담대하게 쓴 것은, 하나님께서 내게 주신 은혜를 힘입어서, 여러분의 기억을 새롭게 하려고 한 것입니다. **16** 하나님께서 이 은혜를 내게 주신 것은, 나로 하여금 이방 사람에게 보내심을 받은 그리스도 예수의 일꾼이 되게 하여, 하나님의 복음을 전하는 제사장의 직무를 수행하게 하시려는 것입니다. 그리하여 이방 사람들로 하여금 성령으로 거룩하게 되게 하여, 하나님께서 기쁨으로 받으실 제물이 되게 하시려는 것입니다. **17** 그러므로 나는 하나님을 섬기는 일을 그리스도 예수 안에서 자랑스럽게 생각합니다. **18** 그리스도께서 이방 사람들을 복종하게 하시려고 나를 시켜서 이루어 놓으신 것밖에는, 아무것도 감히 말하지 않겠습니다. 그 일은 말과 행동으로, **19** 표징과 이적의 능력으로, 성령의 권능으로 이루어졌습니다. 그래서 나는, 예루살렘에서 일루리곤에 이르기까지 두루 다니면서, 그리스도의 복음을 남김없이 전파하였습니다. **20** 나는 이와 같이, 그리스도의 이름이 알려진 곳 말고, 알려지지 않은 곳에서 복음을 전하는 것을 명예로 삼았습니다. 나는 남이 닦아 놓은 터 위에다가 집을 짓지 않으려 하였습니다. **21** 성경에 이렇게 기록한 바, "그의 일을 알지 못하던 사람들이 보게 될 것이요, 듣지 못하던 사람들이 깨닫게 될 것이다" 한 것과 같습니다. **22** 그래서 내가 여러분에게로 가려고 하였으나, 여러 번 길이 막혔습니다. **23** 그러나 이제는 이 지역에서, 내가 일해야 할 곳이 더 없습니다. 여러 해 전부터 여러분에게로 가기를 바라고 있었으므로, 내가 스페인으로 갈 때에, **24** 지나가는 길에 여러분을 만나 보고, 잠시 동안만이라도 여러

분과 먼저 기쁨을 나누려고 합니다. 그다음에 여러분의 후원을 얻어, 그곳으로 가게 되기를 바랍니다. 25 그러나 지금 나는 성도들을 돕는 일로 예루살렘에 갑니다. 26 마케도니아와 아가야 사람들이 기쁜 마음으로, 예루살렘에 사는 성도들 가운데 가난한 사람들에게 보낼 구제금을 마련하였기 때문입니다. 27 그들은 기쁜 마음으로 그렇게 하였습니다. 그들은 정말로 예루살렘 성도들에게 빚을 진 사람들입니다. 이방 사람들은 그들에게서 신령한 복을 나누어 받았으니, 육신의 생활에 필요한 것으로 그들에게 봉사할 의무가 있습니다. 28 그러므로 나는 이 일을 마치고, 그들에게 이 열매를 확실하게 전해 준 뒤에, 여러분에게 들렀다가 스페인으로 가겠습니다. 29 내가 여러분에게 갈 때에, 그리스도의 충만한 복을 가지고 갈 것으로 압니다. 30 형제자매 여러분, 내가 우리 주 예수 그리스도를 힘입어서, 그리고 성령의 사랑을 힘입어서 여러분에게 부탁합니다. 나도 기도합니다만, 여러분도 나를 위하여 하나님께 열심으로 기도해주십시오. 31 내가 유대에 있는 믿지 않는 자들에게서 화를 당하지 않도록, 그리고 또 내가 예루살렘으로 가져가는 구제금이 그 곳 성도들에게 기쁘게 받아들여지도록 기도해주십시오. 32 그래서 내가 하나님의 뜻을 따라 기쁨을 안고 여러분에게로 가서, 여러분과 함께 즐겁게 쉴 수 있게 되도록 기도해주십시오. 33 평화를 주시는 하나님께서 여러분 모두와 함께 하시기를 빕니다. 아멘.

로마서를 읽고 로마서 강해 설교를 들으셨는데 그렇다면 로마서는 우리에게 어떻게 살라고 말씀합니까? 사도 바울은 로마서에서 십자가 복음의 핵심이 무엇인지 명확히 밝혀주었습니다. 로마서 1장부터 8장까지는 죄의 종노릇하던 우리 옛사람이 예수님과 함께 십자가에 못 박혀 예수님이 죽으실 때 우리도 함께 죽었으며, 이제부터는 부활하신 주 예수님의 영으로 산다는 것입니다. 9장부터 11장까지는 유대인의 문제에 대하여 언급했고, 12장부터 15장까지는 예수님의 새 생명으로 사는 자는 어떻게 살아야 하는지 말씀하였습니다.

마지막 부분에서 사도 바울은 십자가 복음을 자신의 삶에 어떻게 적용했는지 지극히 개인적인 간증을 하고 있습니다. 그리고 우리에게도 도전합니다. 이제 십자가 복음을 듣고 알았으니 그러면 우리의 삶은 복음으로 어떻게 변화되었는지를 묻습니다.

이방인의 사도 된 바울

사도 바울은 자신이 복음 때문에 이방인에게 복음을 전하는 사도가 되었다고 고백합니다.

하나님께서 이 은혜를 내게 주신 것은, 나로 하여금 이방 사람에게 보내심을 받은 그리스도 예수의 일꾼이 되게 하여, 하나님의 복음을 전하는 제사장의 직무를 수행하게 하시려는 것입니다. 그리하여 이방 사람들로 하여금 성령으로 거룩하게 되게 하여, 하나님께서 기쁨으로 받으실 제물이 되게 하시려는 것입니다. 롬 15:16

이방인의 사도가 되었다는 것은 매우 놀라운 일입니다. 왜냐하면 정상적으로는 이렇게 할 사람이 없기 때문입니다. 지금도 선교사로 헌신한 사람들은 가족, 친지, 친구들로부터 이해받기 어렵습니다. 하물며 당시에 사도 바울이 이방인을 위한 사도로 헌신한다는 것은 정말 이해받기 힘들었습니다. 이방인에 대한 인식이 너무 나빴기 때문입니다. 특히 유대인들은 하나님께서 이방인들을 지옥의 불쏘시개로 만드셨다고 여길 정도였습니다.

예수님의 수제자였던 베드로가 로마 백부장인 고넬료의 가정에 복음을 전했을 때 그들에게 성령이 부어지는 것을 보고 깜짝 놀랐습니다. 그 정도로 유대인들은 이방인들이 구원받을 수 없다고 생각했습니다. 그런데 사도 바울은 자기 인생을 이방인 선교에 바치겠다고 했습니다. 이방인에게 복음을 전하다가 로마에서 목 베임을 당하여 순교합니다. 사도 바울은 자신이 이런 일을 당할 것을 몰랐을까요? 아닙니다. 그는 이방인의 사도가 되면 자신이 어떻게 될지 이미 잘 알고 있었습니다.

"그러나 무엇이든지 내게 유익하던 것을 내가 그리스도를 위하여 다 해로 여길뿐더러 …내가 그를 위하여 모든 것을 잃어버리고 배설물로 여김은 그리스도를 얻고"(빌 3:7,8).

잘 알고도 그 길을 간 것입니다. 여기서 우리는 사도 바울이 이방인의 사도가 된 것이 자기 생각이나 계획에서 나온 것이 아님을 알 수 있습니다. 전적인 주님의 부르심이었습니다. 사도 바울 안에 계신 예수님께서 그를 그렇게 쓰신 것입니다. 사도 바울이 '나는 죽고 예수로 사는 사람'이었기 때문에 이방인의 사도가 된 것입니다. 지금은 어떤 세상이 되었습니까? 유대인의 입장에서 보면 이방인의 세상이 되었습니다. 우리도 이방인입니다. 지금 기독교는 온 세상에 전파되었습니다. 이런 세상이 올는지 사도 바울이 어떻게 알았겠습니까?

사도 바울은 예수님께 붙잡혀 살았습니다. 로마서 6장 8절에 "만일 우리가 그리스도와 함께 죽었으면 또한 그와 함께 살 줄을 믿노니"라는 말씀처럼 사도 바울이 바로 그 사람이었던 것입니다.

주님이 하셨습니다

그는 18절에서 매우 중요한 고백을 합니다.

그리스도께서 이방 사람들을 복종하게 하시려고 나를 시켜서 이루어 놓으신 것밖에는, 아무것도 감히 말하지 않겠습니다. … 롬 15:18

주(主)의 일을 하는 사역자는 두 가지 유형으로 나뉩니다. 똑같이 주의 일을 해도 주님을 위해 자신이 일하는 사람이 있고, 예수님이 그를 통해 역사하시는 사람이 있습니다. 사도 바울은 후자였습니다. 그는 "그리스도께서 나를 통하여 역사하신 것 외에는 내가 감히 말하지 아니하노라"라고 말했습니다. 이것이 로마서를 쓴 사도 바울의 삶이었고, 로마서를 읽은 우리 가운데 하나님이 이루시려는 삶입니다. 우리가 로마서 복음을 제대로 읽고 들었다면 우리도 이렇게 살아야 합니다. 예수님께서 나를 통해 역사하시는 삶, 우리가 일생을 살고 나서

"주님이 하셨습니다"라고 고백하는 삶을 살아야 합니다.

사도 바울은 20절에서 분명한 사역의 한 가지 원칙을 말씀합니다.

나는 이와 같이, 그리스도의 이름이 알려진 곳 말고, 알려지지 않은 곳에서 복음을 전하는 것을 명예로 삼았습니다. 나는 남이 닦아놓은 터 위에다가 집을 짓지 않으려 하였습니다. 롬 15:20

이 말씀은 사도 바울의 자존심이 강하다는 것을 보여주는 것이 아닙니다. 사도 바울은 복음을 듣지 못한 족속에게 복음을 전하고자 하는 간절한 열망으로 살았던 사람입니다. 그렇기 때문에 아무도 복음을 전하지 않은 민족에게 가겠다는 것입니다.

이방인 선교는 당시 시대 여건상 불가능한 일이었고, 무모한 일이었으며, 늘 중단될 위기에 놓여 있었습니다. 그러나 하나님께서는 복음이 요원의 불길처럼 세계로 퍼져나가게 하셨습니다. 세계사가 그것을 증거합니다. 이렇게 우리도 예수님을 믿게 되었습니다.

사도 바울이 2천 년 뒤에 이렇게 되어질 것을 미리 알았을까요? 만약 그가 이방인에 대한 편견을 가지고 있었다면 지금의 기독교가 있었을까요? 정말 꿈같은 일입니다. 오직 하나님만이 하실 수 있는 일입니다. 사람이 하는 일은 잘될 것 같은데 항상 좌절하지만, 하나님의 일은 도저히 안 될 것 같은데 역사가 일어납니다.

영성일기 세미나를 인도하러 갈 때마다 느끼는 것이 있습니다. 솔직히 지금 같은 시대에 "일기를 쓰고 살아라", "이제부터는 마음까지 열고 살아라" 하고 말하는 따분할 것 같은 세미나에 누가 오겠습니까? 초등학교 때나 쓰던 일기를 다시 쓰라고 하니 말입니다. 그런데 싫어할 것 같은 세미나의 열기가 매우 뜨겁습니다. 정말 주님이 하시는 일이라고 여겨집니다.

우리가 후회 없는 삶을 살려면 이렇듯 주님이 이끄시는 삶을 살아야 합니다. 우리가 하고 싶은 것, 우리의 계획대로 살면 좌절할 수밖에 없습니다. 자기 생각에 옳거나 좋아 보이는 삶이 아니라 예수님이 이끄시는 삶을 살아야 합니다. 부부관계나 자녀교육, 직장생활이나 교회생활에서 오직 주 예수님께 순종하며 사는 것입니다. 그러면 우리도 "그리스도께서 나를 통해 역사하셨다"라고 간증할 수 있게 됩니다.

주님이 이끄시는 삶

본문 22절부터 24절까지 보면 사도 바울은 이방인에게 복음을 전하기 위해 로마로 가기 원했고 스페인까지 가는 것을 염두에 두고 있었습니다. 당시 스페인은 땅끝이라고 여겨졌던 곳입니다. 그러나 지금은 예루살렘으로 간다고 말합니다.

그러나 지금 나는 성도들을 돕는 일로 예루살렘에 갑니다. 롬 15:25

이제 막 이방인 선교를 시작한 마당에 갑자기 왜 예루살렘 교회에 간다는 것입니까? 여기서 우리는 사도 바울이 항상 주 예수님의 인도하심을 받고 있었음을 알 수 있습니다. 만약 사도 바울이 자기 마음대로 했다면 그는 바로 로마로 달려갔을 것입니다. 로마는 당시 세계의 수도였습니다. 그러나 사도 바울은 예루살렘에 먼저 들렀습니다. 예수님께서 사도 바울을 예루살렘으로 인도하신 것입니다. 이것은 사도 바울이 자기 마음대로 하는 사람이 아니라 철저히 주님께서 이끄시는 삶을 살았음을 말해줍니다.

그는 예루살렘에 큰 기근이 들었다는 말을 들었습니다. 예루살렘 교회 성도들이 굶어 죽을 정도였으니까요. 그래서 마게도냐와 아가야 지역의 이방인 교회가 모은 구제 헌금을 전달하기 위해 예루살렘 교회로 가는 것입니다. 그렇지만 이것은 단순히 구제 문제가 아니었습니다. 먹을 것이 없어 고통스러워하는 예루살렘 교인들을 도와주자는 뜻만 있던 것이 아니었습니다.

당시 유대인 중심의 예루살렘 교회는 이방인들에 대하여 아직 마음의 문이 열려 있지 않았습니다. 여전히 이방인 선교에 대해 의심하는 분위기가 강했습니다.

"정말 주님의 역사일까? 쓸데없는 일을 하는 거 아니야?"

게다가 이방인 교인들에게도 할례를 받게 해야 한다는 등 율법을 지키도록 해야 한다는 주장도 강했습니다.

주님은 이방인에게 복음이 전해지는 것도 원하셨지만 먼저는 예루살렘 교회와 이방인 교회가 하나 되기를 원하셨습니다. 한 마음과 한 입으로 하나님을 찬양하기를 원하셨습니다. 사도 바울이 이것을 알았습니다. 그래서 흉년이 든 예루살렘에 이방인 교회의 헌금을 가지고 가는 것입니다. 하나됨을 이루려고 하는 것입니다.

그런데 이 길은 매우 힘든 길입니다. 여행이 힘들다기보다 이방인에게 마음이 닫혀 있는 유대인들이 힘든 것입니다. 얼마나 힘들었으면 30절부터 32절에서 사도 바울이 로마 교회 교인들에게 자신이 예루살렘에서 화를 당하지 않도록 기도해달라고 부탁했겠습니까?

솔직히 사람의 생각으로는 갈 길이 아니었습니다. 그런데 주님이 가라고 하시니 가게 된 것입니다. 자신이 가고 싶다, 가기 싫다는 것이 기준이 아니라 오직 주님이 함께 계셔서 가라 하시면 가고, 가지 말라 하시면 가지 않는 것입니다. 주의 성령께서 강권하셨기 때문에 간 것입니다. 이것이 사도 바울의 삶이었습니다. 그런데 결국 어떻게 되었습니까? 우리가 잘 알듯이, 사도 바울은 기가 막힌 하나님의 방법으로 로마 군인들의 보호를 받으며 안전하게 로마로 오게 됩니다.

이제 우리에게도 "너희들은 어떻게 할 것이냐?"라고 묻습니다. 로마서를 읽었다면 우리도 사도 바울처럼 살아야 마땅한 것입니다.

그리스도께서… 나를 시켜서 이루어 놓으신 것밖에는, 아무것도 감히 말하지 않겠습니다. … 롬 15:18

주님은 우리가 일생을 살고 난 후에 그렇게 고백하기 원하십니다.

"예수님께서 나를 통해 역사하신 삶이었습니다. 우리 부부 사이도, 아이를 기르는 것도, 직장생활도, 교회를 섬기며 봉사한 것도 주님이 나를 통해서 역사하신 것이었습니다. 저는 주님이 하라는 대로 했습니다. 주님이 시키는 대로만 살았습니다."

주님은 이렇게 고백되어지는 삶을 원하십니다. 이런 고백이 있는 삶은 정말 복된 삶입니다.

순종의 걸음걸음

물론 주님께만 순종하고 산다는 것에 두려움이 있을 것입니다.

'주님 뜻대로만 살 수 있을까? 그렇게 살면 정말 복될까?'

저 역시 나는 죽고 예수님으로 사는 복음을 알게 되고, 어떻게 해서든지 주님을 바라보고 주님께 순종해보려고 애쓰면서 제 삶이 너무나 불안해지는 것 같았습니다. 이제는 예수님으로 산다고 결단하고 나니 어려움이 더 많아지는 것처럼 보였습니다. 대학원에서 공부하던 시절, 하나님께서 "석사 학위를 내게 바쳐라" 하셨기에 대학원을 포기했습니다. 그때 저는 '이제 나는 죽고 예수님으로 사는데, 주님이 그것을 원하시면 바쳐야지. 이제 나는 주님만 믿고 살 거야' 하는 심정이었습니다. 그러나 실제로 대학원을 자퇴하자 혼란스러워졌습니다.

'대체 내 인생은 어떻게 될까?'

그런데 그것이 계기가 되어 부산제일교회 담임목사로 부임하여 갔습니다. 10년간 목회를 살하고 있는데 갑자기 안산관린교회에서 초청을 받게 되었을 때 하나님이 저를 그곳으로 부르시는 것인지 도무지 판단이 서지 않았습니다. 그래서 부산제일교회 교인들에게 먼저 허락을 구했습니다.

"여러분이 결정해주세요. 여러분이 가라고 하면 가고, 안 된다고 하면 안 가겠습니다."

그렇게 해서 결국 안산광림교회로 가게 되었습니다. 정말 저는 주님이 인도하시는 대로만, 주님이 원하시는 길로만 가고 싶었습니다. 그 전에는 옥토밭만 찾아다녔습니다. 고생하는 것이 싫었어요. 그런데 창천교회 부흥회를 인도할 때 하나님께서는 돌짝밭을 간 일이 있는 사람이 하나님 앞에 설 자격이 있다고 하셨습니다. 그래서 "돌짝밭 길을 외면하지 않겠습니다"라고 고백하고 선한목자교회로 오게 된 것입니다.

지금 제 삶을 돌아보니 순간순간 두려운 일들의 연속이었습니다. 그러나 오직 주님만 따라 살려고 했기 때문에 지금 여기 서 있다는 것을 깨닫습니다. 주님이 나와 함께 계심을 믿으며 순종의 걸음을 걷는 것은 두려워 보입니다. 실제로 두렵습니다. 그런데 그 길을 갈 때 비로소 "주님이 하셨습니다"라는 고백이 가능해집니다.

나의 고백

5살짜리 아이의 엄마가 고민을 상담해왔습니다. 아이가 유치부 예배를 드리는데 계속 눈물을 흘린다는 것입니다.

"엄마, 나 왜 그래? 왜 눈물이 나는 거야?"

어린아이가 은혜를 받는 것이 감격스러운 나머지 엄마는 "네 안에 예수님이 계셔서 그런 거야"라고 대답해주었는데 아이가 너무 실망하더랍니다.

"엄마는 만날 예수님이 내 마음에 계신다고 해. 엄마는 그 말만 해!"

아이 엄마는 저에게 이렇게 물었습니다.

"예수님이 우리 안에 계시고 5살짜리 아이의 마음에도 계셔서 예배를 드릴 때 눈물이 흐르게 역사하시는 것이 얼마나 놀라운 일입니까? 그런데 제 아들은 왜 전혀 놀라지 않고 그저 따분하게 듣는 것일까요?"

그런데 사실 제가 그랬습니다. 고등학생 때 주님이 제 안에 계신다는 사실을 듣고 은혜를 받기보다 좌절했습니다. 도저히 믿어지지 않아서 믿는 척할 뿐이었습니다. 신학교에 들어가서 주님이 "다시는 음란한 것을 보지 않겠다고 약속하라" 하셨을 때, 한 시간 동안 괴로워하다가 "죄송해요" 하고 일어나버리고 말았습니다. 복음을 듣고도 깨닫지 못하니 그 복음이 그토록 귀한 줄 몰랐습니다.

주 예수님께서 내 안에 계신다는 복음을 들었다는 것이 얼마나 놀라운 일인지 아십니까? 그러나 우리는 흘려듣고 맙니다. 5살 어린아이도 아니고 고등학생도 아닌데 말입니다. 언제까지 이 놀라운 복음을 듣는 것으로 만족하시렵니까? 주 예수님이 지금 내 안에 오셨습니다. 우리는 이 복음을 믿고 반응할 것이냐, 아니면 들은 것으로 넘어갈 것이냐, 선택의 기로에 서 있습니다. 이제는 우리의 고백을 올려드릴 때가 되었습니다.

보고 있어도 보고 싶은 마음

영남권 영성일기 세미나가 열렸던 대구 칠성교회의 장로님 한 분이 손주를 보시면서 "보고 있는데도 보고 싶구나"라고 고백하셨다는 말을 들었습니다. 어느 유행가 가사 같은 이 표현이 너무나 가슴에 와 닿았습니다.

'얼마나 손주가 사랑스러우셨으면 손주를 보고 있는데도 보고 싶다고 하시는 걸까?'

장로님이 손주의 손을 만지고 뺨을 비비었다고 하는 말을 듣자 '이것이 사랑하는 사람의 마음이지!'라고 생각했습니다.

주님을 향한 저의 마음이 그렇습니다.

"주여, 24시간 주님을 바라보려고 하는데도 여전히 주님을 보고 싶습니다. 저는 주님을 더 분명히 보아야 살 것 같습니다."

그렇게 기도하다가 우리를 향한 주님의 마음이 그렇다는 것이 깨달아졌습니다.

"정말 그럴까요? 우리가 정말 그렇게 사랑스러울까요?"라며 믿어지지 않는다는 분이 있을 것입니다. 저는 어린 손주를 너무나 사랑스러워하시는 그 장로님을 통해 과연 그렇다는 것을 깨달았습니다. 손주가 할아버지에게 해드린 것이 무엇일까요? 계속 돌봐주어야 하고, 어리광이나 부리고, 해달라는 것만 많은 손주인데 그렇게 사랑스러우니 신비한 일입니다.

우리 주님이 우리를 사랑하시는 것 역시 이해할 수 있는 일이 아닙니다. 그러나 말씀으로 확증해주셨습니다.

"너의 하나님 여호와가 너의 가운데에 계시니 그는 구원을 베푸실 전능자이시라 그가 너로 말미암아 기쁨을 이기지 못하시며 너를 잠잠히 사랑하시며 너로 말미암아 즐거이 부르며 기뻐하시리라 하리라"(습 3:17).

이 말씀이야말로 보고 있는데도 보고 싶다는 그 마음이 아닐까요?

하나님은 우리를 보실 때 그렇다고 고백하셨습니다. 이 말씀의 열쇠는 "너의 하나님 여호와가 너의 가운데에 계시니"입니다. 로마서는 이 말씀이 저와 여러분에게 이루어졌음을 증거해주는 것입니다. 우리 옛 사람이 십자가에서 죽고 주 예수님이 내 안에 오셨습니다. 그래서 하나님께서 우리를 보시면서 기쁨을 이기지 못하시며, 우리를 잠잠히 사랑하시며, 우리로 말미암아 즐거이 부르며 기뻐하실 것입니다.

우리는 하나님과 이런 사랑의 교제를 하며 살게 되었습니다. 주님과 뜨거운 사랑의 교제를 나누기에 매일 반복되는 것 같은 일상을 인내할 수 있습니다. 견딜 수 없을 것 같은 시련의 때에도 찬송할 수 있습니다. 그러다가 어느 순간에 고난의 시간이 지나가버린 것을 깨닫게 됩니다.

로마서는 놀라운 성경입니다. 주님과 친밀하고 사랑이 넘치는 교제의 눈을 열어줍니다. 순종의 삶을 사는 것에 대한 두려움을 없애줍니다. 예수 믿고 사는 것은 단순하고 쉽습니다. 예수님의 제자들처럼 주님을 따르기만 하면 됩니다. 주님이 이끄시는 대로 살아야 합니다. 이해하기 어려운 길, 반대가 많은 길, 고생스럽고 두려운 길이라도 생명이시고 왕이신 주님께 순종만 하십시오. 그러면 나의 삶도 "주님이 하셨습니다"라고 간증하게 됩니다.

나의 복음과 예수 그리스도를 전파함은
영세 전부터 감추어졌다가
이제는 나타내신 바 되었으며

롬 16:25,26

나의 복음이 있습니까?

34

무엇이 우리를 하나 되게 하는가?

롬 16:1-16

1 겐그레아 교회의 일꾼이요 우리의 자매인 뵈뵈를 여러분에게 추천합니다. **2** 여러분은 성도의 합당한 예절로 주님 안에서 그를 영접하고, 그가 여러분에게 어떤 도움을 원하든지 도와주시기 바랍니다. 그는 많은 사람을 도와주었고, 나도 그에게 신세를 많이 졌습니다. **3** 그리스도 예수 안에서 나의 동역자인 브리스가와 아굴라에게 문안하여 주십시오. **4** 그들은 생명의 위험을 무릅쓰고 내 목숨을 구해 준 사람들입니다. 나뿐만 아니라, 이방 사람의 모든 교회도 그들에게 감사하고 있습니다. **5** 그리고 그들의 집에서 모이는 교회에도 문안하여 주십시오. 나의 사랑하는 에배네도에게 문안하여 주십시오. 그는 아시아에서 그리스도를 믿은 첫 열매입니다. **6** 여러분을 위하여 수고를 많이 한 마리아에게 문안하여 주십시오. **7** 나의 친척이며 한때 나와 함께 갇혔던 안드로니고와 유니아에게 문안하여 주십시오. 그들은 사도들에게 좋은 평을 받고 있고, 나보다 먼저 그리스도를 믿은 사람들입니다. **8** 주님 안에 있는 나의 사랑하는 암블리아에게 문안하여 주십시오. **9** 그리스도 안에서 우리의 동역자인 우르바노와 나의 사랑하는 스다구에게 문안하여 주십시오. **10** 그리스도 안에서 인정을 받는 아벨레에게 문안하여 주십시오. 아리스도불로의 가족에게 문안하여 주십시오. **11** 나의 친척인 헤로디온에게 문안하여 주십시오. 주님 안에 있는 나깃수의 가족에게 문안하여 주십시오. **12** 주님 안에서 수고한 드루배나와 드루보사에게 문안하여 주십시오. 주님 안에서 수고를 많이 한 사랑하는 버시에게 문안하여 주십시오. **13** 주님 안에서 택하심을 받은 루포와 그의 어머니에게 문안하여 주십시오. 그의 어머니는 곧 내 어머니이기도 합니다. **14** 아순그리도와 블레곤과 허메와 바드로바와 허마와, 그들과 함께 있는 형제자매들에

게 문안하여 주십시오. **15** 빌롤로고와 율리아와 네레오와 그의 자매와 올름바와, 그들과 함께 있는 모든 성도에게 문안하여 주십시오. **16** 거룩한 입맞춤으로 서로 문안하십시오. 그리스도의 모든 교회가 여러분에게 문안합니다.

2015년 한 해 동안 로마서를 강해하면서 저는 큰 은혜를 받았습니다. 놀라운 구원의 복음, 나와 함께하시는 생명의 주님을 더 놀랍게 경험하였습니다. 물론 1년 동안 로마서 강해를 준비하며 힘이 많이 들었습니다. 마치 긴 터널을 빠져나오는 기분입니다. 그러나 하나님이 주신 은혜가 너무 커서 말씀을 준비하며 1년 내내 로마서를 묵상해온 지금, 로마서가 다시 한번 제 삶을 뒤집어 놓고 있음을 느낍니다.

고난당하는 성도에게 인사를

로마서의 마지막 장인 16장은 로마에 있는 성도들에게 인사하는 내용입니다. 본문에서 바울은 26명의 이름을 거론하며 문안 인사를 하고 있습니다. 바울이 언급하는 사람들은 대부분 생소한 이름입니다. 그러나 이 인사를 통하여 로마 교회가 어떤 교회였는지 알 수 있고, 교회에 대한 중요한 교훈을 얻을 수 있습니다.

사도 바울은 제일 먼저 뵈뵈라는 여성을 언급합니다. 놀라운 일입니다. 사도 바울이 쓴 로마서 편지를 직접 로마로 가지고 가서 교회에 전해준 사람이 뵈뵈입니다. 바울은 특별히 뵈뵈를 천거하며 로마 교회가 뵈뵈를 따뜻하게 맞아주고 잘 대접해달라고 간곡히 부탁합니다.

특히 본문에는 총 9명의 여성이 등장합니다. 전체 3분의 1이 여성입니다. 바울이 살던 시대에는 유대인 남자들이 아침마다 여자로 태어나지 않은 것을 감사하며 기도하던 시대였다는 것을 생각하면 참으로 놀라운 일입니다. 그러나 교회 공동체는 달랐습니다. 이렇듯 교회는 어느 때나 세상과 구별되는 공동체여야 합니다.

4절에서는 브리스가와 아굴라 부부에 대해 "그들은 생명의 위협을 무릅쓰고 내 목숨을 구해준 사람들입니다"라고 했습니다. 7절에 나오는 안드로니고와 유니아는 바울과 함께 감옥에 갇혔던 사람이었습니다. 이것이 핍박의 시대, 고난의 시절을 함께 보낸 당시 성도들의 분위기였습니다. 함께 고난을 받았다는 것이 어떤 느낌인지 이해할 수 있겠습니까?

아마 지금이 그런 핍박의 시대라면 우리는 예배를 드리러 교회에 나올 때마다 서로 끌어안고 감격의 눈물을 흘릴 것입니다. 우리가 서로 어떤 핍박과 고난을 이기고 한 주를 살았는지 알기 때문에 만난 것만으로도 기쁠 것입니다. 중국 교회 지도자들을 만나거나 일본 교인들을 만나면 정말 좋습니다. 이유는 고난 때문입니다. 그들이 겪었던 고난이 그 분들을 사랑하게 만들었습니다. 훗날 북한 지하 교회 교인들을 만나게 되면 울 것 같습니다. 고난당하는 성도의 이야기는 우리의 가슴을 움직입니다.

지금도 다르지 않습니다. 현재 드러나는 핍박과 고난이 없는 것 같아도 예수님을 제대로 믿기 원하는 사람들은 모두 고난을 당합니다. 예수님을 바로 믿기 원하면 어려움을 각오해야 합니다. 이 시대의 영적인 어려움은 핍박의 시대보다 결코 못하지 않습니다. 그런 의미에서 우리가 정말 한 주를 믿음으로 살았다면 교회에 와서 예배당에 들어서는 순간 그 자체만으로 눈물이 나고 성도들을 바라볼 때 감사할 것입니다.

수고했다, 내 종아!

영성일기를 읽으면서 울컥할 때가 있습니다. 치열하게 믿음으로 살고자 하는 싸움을 보기 때문입니다. 만약 교회에서 성도들을 만나도 데면데면하다면 치열하게 믿음으로 살지 못했다는 의미입니다. 우리는 주님 앞에 설 때를 생각하고 살아야 합니다. 주님 앞에서는 주님으로 인하여 고난당한 사람이 복이 있습니다. 편안하게 사는 것은 복이 아닙니다. 고생하지 않고 산 것도 꼭 복받은 것은 아닙니다.

로마 교회에서 고난당한 성도가 어떤 대접을 받았습니까? 불쌍하게 여겨졌습니까? 가장 귀하게 여겨졌을 것입니다. 브리스가와 아굴라, 안드로니고와 유니아는 고난당한 성도로서 어느 공동체에서나 존귀히 여김을 받는 사람들입니다.

여러분을 위하여 수고를 많이 한 마리아에게 문안하여 주십시오. 롬 16:6

여기 나오는 마리아가 누구인지는 알 수 없습니다. 그 당시 마리아라는 이름은 너무나 흔했습니다. "수고를 많이 한"이라는 칭찬 역시 흔히 듣는 칭찬 같습니다. 12절에서 드루배나와 드루보사는 "주 안에서 수고한"이라는 말을 들었고, 버시는 "주 안에서 많이 수고하고 사랑하는"이라는 말을 들었습니다.

> 주님 안에서 수고한 드루배나와 드루보사에게 문안하여 주십시오. 주님 안에서 수고를 많이 한 사랑하는 버시에게 문안하여 주십시오.
>
> 롬 16:12

우리는 흔히 "수고 많으셨습니다"라고 인사합니다. 어느 때는 정말 인사처럼 하기도 하는데, 그러나 "수고했다"는 이 평가와 칭찬은 매우 귀한 것입니다.

저는 1984년 군목 훈련 중에 다리가 부러지는 중상을 입어 수술을 하게 되었는데, 그 수술 바로 전날 회심을 하였습니다. 만약 장애인이 된다 해도 그조차 감사했습니다. 그래서 오른쪽 다리를 주님께 바치겠다고 했습니다. 하나님 앞에 섰을 때 한 마디만 듣게 해달라고 구했습니다.

"수고했다, 내 종아."

이것이 저의 유일한 소원이었습니다.

《성채》, 《천국의 열쇠》의 저자 A. J. 크로닌 박사의 본래 직업은 의사로, 가난한 사람들을 위해 광산촌에서 일했던 적이 있었습니다. 그러던 어느 날 한 그리스도인 간호사가 억울한 일로 오해를 받고 그 광산촌으로 쫓겨왔습니다. 그런데 이 자매는 월급은 쥐꼬리만큼 받으면서도 늘 기쁘게 웃고 찬양하며 정성껏 환자를 간호했습니다. 진료가 끝나도 제일 늦게까지 남아 환자를 돌보곤 했습니다.

하루는 크로닌 박사가 그 자매에게 말했습니다.

"당신은 당신이 지닌 가치만큼 여기서 대우를 못 받고 있는데, 알고 있나요? 하나님은 이것을 다 알고 계실 텐데 말이에요."

그때 그 자매가 크로닌 박사에게 다음과 같이 대답했습니다. 그 대답은 크로닌 박사의 일생을 바꾸는 말이 되었다고 합니다.

"박사님, 제가 가치 있는 존재라는 걸 하나님이 알고 계신다면 그것으로 족하지 않은가요? 더 이상 뭐가 더 필요한가요? 그분이 알고 계시고 그분이 함께하시면 된 것 아닌가요? 박사님, 저는 그분과 함께 있음에 감사할 따름이에요."

여러분도 교회 역사에 이렇게 쓰임받기를 바랍니다.

억지로 진 십자가

사도 바울의 인사에 나오는 사람들의 면면을 보면 로마 교회가 인종이나 계층, 성별 등 참으로 다양한 구성원으로 이루어졌음을 알 수 있습니다. 유대인도 있고, 많은 이방인들이 있었고, 노예, 귀족들도 있었습니다. 많은 학자들이 10절에 나오는 아리스도불로를 헤롯 대왕의 손자라고 보고 있고, 11절의 헤로디온 역시 헤롯 대왕 가문과 연결

되어 있는 인물로 보고 있습니다. 한마디로 가장 어울릴 수 없고 도저히 하나 되기 어려운 사람들이 한 교회, 하나 된 공동체를 이루고 있었습니다.

그러나 이것이 교회입니다. 교회는 하나 되기 어려운 이들이 하나 되는 곳입니다. 교회가 어떤 곳인지 정확히 알아야 합니다. 우리가 지금까지 경험해본 교회, 나름대로 생각하고 있던 교회를 지우십시오. 우리가 경험한 교회는 진짜 교회가 아닙니다. 교회는 성경에 나와 있는 대로 만들어가야 합니다.

13절에 루포라는 이름은 낯이 익습니다. 예수님의 십자가를 대신 졌던 구레네 사람 시몬의 아들이 루포였습니다.

"마침 알렉산더와 루포의 아버지인 구레네 사람 시몬이…"(막 15:21).

복음서에서 구레네 시몬을 말할 때 왜 굳이 아들들의 이름을 언급한 것일까요? 그것은 그 아들들이 초대 교회 당시 교인들 사이에서 유명한 사람이었기 때문일 것입니다. 그래서 구레네 시몬의 아들 루포가 바로 로마서에 나오는 루포일 가능성이 있다고 보는 것입니다.

구레네 시몬은 억지로 십자가를 졌습니다. 때때로 우리도 억지로 십자가를 질 때가 있습니다. 너무 억울하고 봉변을 당한 심정일 때가 있습니다. 그런데 그 십자가가 복일 수 있다는 사실을 알아야 합니다. 구레네 시몬은 억지로 십자가를 졌지만 그 아들들과 가족들이 교회에서 얼마나 귀하게 쓰임 받았는지 우리는 성경에서 읽게 됩니다. 억지로 진 십자가라도 십자가가 얼마나 귀한 은혜인지 명심해야겠습니다.

원수까지 받아들이는 사랑

15절에 나오는 네레오라는 사람에 대하여 전해지는 이야기가 있습니다. 네레오는 도미티안 황제의 사촌인 집정관 클레멘스의 비서였습니다. 클레멘스의 아버지는 네로 황제 때 로마 대화재의 책임을 기독교인들에게 덮어씌워 무자비하게 박해했던 사람입니다.

그런데 그의 아들 클레멘스는 기독교인들이 고문을 당하고 죽어가는 모습을 보며 큰 충격을 받았습니다. 원형 경기장에서 사자에게 던져져 몸이 갈기갈기 찢기면서도, 또 활활 타오르는 횃불로 죽어가면서도 그리스도인들이 찬양하고 감사했기 때문입니다. 도대체 무엇이 이들로 하여금 죽어가면서도 찬양하고 기뻐하게 하는지 이해할 수 없었습니다. 고민하던 클레멘스는 기독교인들을 만나 복음을 듣게 되었고 예수를 구주로 영접합니다. 그런데 이 일을 뒤에서 주선한 사람이 네레오였던 것입니다.

이처럼 로마 교회에는 아내와 남편, 자녀를 잡아가고 죽이던 원수까지 받아들이는 사랑이 있었습니다. 한국 교회에도 기독교인이 어떤 사람인지 그 표상이 되는 분이 계십니다. 두 아들을 죽인 원수를 양자 삼은 손양원 목사님입니다. 그렇다면 기독교인은 어떤 사람입니까? 바로 용서와 사랑의 사람입니다. 그리고 이 말씀이 이루어진 곳이 교회입니다. 교회는 도무지 하나 될 수 없는 사람들이 하나 되는 곳, 한 몸 공동체입니다.

나는 죽고 예수로 사는 사람

로마 교회에 이런 일이 가능하게 된 요인이 무엇일까요? 도대체 무엇 때문에 모든 것을 초월해서 하나가 될 수 있었고, 서로 사랑할 수 있었을까요? 열쇠는 예수 그리스도입니다. 본문을 보면 '주 안에서', '그리스도 안에서', '예수 안에서'라는 말이 9번이나 반복됩니다. 그렇습니다. 로마 교회는 그저 하나의 기관이나 조직체가 아니었습니다. '주님 안에' 있는 사람들의 모임이었습니다. 예수님이 죽으시고 부활 승천하셔서 우리 가운데서 사라지신 것이 아니라, 로마 교회 안에 여전히 살아 계셨습니다. 실제로 예수님께서 함께하시는 교회였다는 것입니다.

로마 교회 교인들은 로마서를 읽기 전에 이미 예수님과 함께 죽고 예수님으로 사는 복음을 알고 있었습니다.

> 그러나 내가 몇 가지 점에 대해서 매우 담대하게 쓴 것은, 하나님께서 내게 주신 은혜를 힘입어서, 여러분의 기억을 새롭게 하려고 한 것입니다.
>
> 롬 15:15

로마 교회가 이처럼 놀랍게 하나가 된 것은 바로 그들이 '나는 죽고 예수로 사는' 사람들이었다는 증거입니다. 우리가 정말 십자가 예수님 안에 있는 사람인지는 교회를 통해 드러납니다. 어떤 사람이 진정 예수님을 믿는다고 말할 때, 그것이 진짜인지 가짜인지는 그 사람이 공동체 내에서 어떻게 행동하는지를 보면 금방 알 수 있습니다.

"이와 같이 우리 많은 사람이 그리스도 안에서 한 몸이 되어 서로 지체가 되었느니라"(롬 12:5).

"너희는 유대인이나 헬라인이나 종이나 자유인이나 남자나 여자나 다 그리스도 예수 안에서 하나이니라"(갈 3:28).

너무나 다른 사람들이 하나 되는 열쇠는 '주님 안에' 거하는 것입니다. 다른 어떤 것으로도 이루어지지 않습니다.

만약 교회에 싫어하는 교인이 생기면 어떻게 해야 합니까? 해답은 사도 바울이 빌립보 교회에 서로 마음이 안 맞았던 두 여성 지도자 유오디아와 순두게에게 하신 말씀에 있습니다.

사도 바울이 그들에게 권했습니다.

"주 안에서 같은 마음을 품으라"(빌 4:2)

그렇습니다. '주 안에' 있으면 누구와도 하나 되는 것입니다. 주님이 그렇게 만드시기 때문입니다.

내 안에 거하라

예수님은 "내 안에 거하라"고 말씀하시면서 우리가 영적으로 메마르게 되는 원인이 주님 안에 거하지 못하기 때문이라고 하셨습니다.

"사람이 내 안에 거하지 아니하면 가지처럼 밖에 버려져 마르나니 사람들이 그것을 모아다가 불에 던져 사르느니라"(요 15:6).

사람과의 관계가 왜 깨집니까? 부부 사이가 왜 어렵습니까? 가족들끼리 왜 힘들어합니까? 교인들이 왜 갈라집니까? 사람이나 환경 때문이 아닙니다. 영적으로 메말랐기 때문에 사람들과의 관계가 깨어지고 율법주의자가 비판하고 정죄하게 되는 것입니다.

"교회가 변화될 수 있을까요?"

"교회가 천국 공동체가 될 수 있나요?"

"저는 포기했으니 망정이지 교회에 대한 기대가 있었다면 벌써 교회를 떠났을 겁니다."

이렇게 생각하는 분이 계실 것입니다. 저 역시 교회에 대한 절망이 있었습니다. 그런데 선한목자교회에서 목회를 하며 '내가 보고 경험했던 교회가 아니라, 성경에 나와 있는 교회를 설계도 삼아 교회를 세워보자'라고 결단했습니다. 그렇게 10년간 목회를 하며 사도행전 말씀으로 믿음의 실험을 했던 기록이 바로 《주 임재 안의 교회》(예수전도단)라는 책입니다.

한국 교회를 위하여 기도하는 것은 참 고통스러운 일입니다. 기도할 때면 너무 큰 장벽이 앞에 서 있는 것 같고, 무거운 돌덩어리에 눌리는 느낌이 듭니다. 과연 이 땅에서 하나님이 기뻐하시는 교회, 그리스도의 몸인 교회를 세울 수 있을까 하는 갈급함으로 기도할 때, 하나님께서 교회가 새로워지는 비밀을 깨우쳐주셨습니다.

"주 안에 거하기를 힘쓰라!"

그래서 책 제목을 '주 임재 안의 교회'라고 지은 것입니다. 이것이 답입니다. 우리 모두 주님 안에 거하기 시작하면 놀라운 일들이 벌어지기 시작합니다.

한 몸으로서의 교회

초대 교회는 문제가 많았던 교회였습니다. 유대인과 이방인들에 의한 핍박, 아나니아와 삽비라 사건, 구제로 인한 히브리파 그리스도인과 헬라파 그리스도인의 갈등, 잘못된 가르침을 전하는 이단 등으로 계속 위기가 있었습니다. 그런데 오히려 교회는 더욱 든든하게 세워졌습니다. 오직 부활의 주 예수님이 함께하셨기 때문입니다. 그래서 그 많은 문제를 통하여 오히려 복음의 영광이 강하게 드러났던 것입니다. 한국 교회가 회복해야 할 점이 이것입니다. 이것은 돈이 많이 드는 일이 아닙니다. 교인 수의 문제도 아닙니다. 우리가 진짜 예수님 안에 거하면 주님의 영광이 나타납니다.

당회는 교회 리더들을 세우는 중요한 회의입니다. 교회 일꾼을 세우는 것은 내적인 교회를 건축하는 일입니다. 예배당 건물을 건축하는 것과 비교할 수 없이 중요한 일입니다. 우리 교회가 어떤 교회가 될지는 어떤 리더를 세우느냐에 따라 결정됩니다. 물론 큰 교회를 세우려면 행정의 은사가 있는 성도, 말을 조리 있게 잘하는 성도, 리더십이 있는 성도, 공부를 많이 한 사람, 사회적인 지위가 있는 사람이 필요합니다. 이런 사람들이 많으면 많을수록 세상에서 영향력을 행사하는 것처럼 보이기도 하고, 교인 수가 더 많아질 가능성도 있습니다.

그러나 한 몸인 교회를 세우겠다고 하면 문제가 달라집니다. 그러기 위해서 어떤 일꾼을 뽑아야 합니까? 주님 안에 있는 성도를 뽑아야 합니다. 어쩌면 재능이나 능력 있는 교인들이 없어서 답답할지 모르겠습니다. 그러나 재능과 능력은 많아도 주님 안에 거하지 못하는 지도 자들 때문에 문제가 되는 교회가 너무 많습니다. 예수님의 열두 제자 중에 가장 똑똑하고 유능한 사람을 꼽으라면 가룟 유다일 것입니다. 사람을 잘 뽑지 않으면 교회는 금방 어려워집니다.

주님 안에 거하는 삶

우리가 예수님 안에 거하는 사람인지 항상 확인해야 합니다.

"여러분은 행복하십니까?"

"여러분은 사랑으로 소문났습니까?"

이것은 우리가 예수님 안에 거하고 있는지 묻는 것입니다.

많은 그리스도인들이 쉽게 "힘들다", "어렵다", "답답하다"고 말합니다. 하버드대학교 교육대학원의 조세핀 김 교수는 왜 다들 죽겠는지, 미치겠는지 모르겠다고 하면서, 그래서 자살자와 정신병 환자가 많다고 안타까워했습니다.

사랑하는 사람이 생기면 고생이 고생인지 모르고 삽니다. 예수님을 믿으면서도 "힘들다", "죽겠다"는 말을 입에 달고 있는 것은 예수님을 교리로만 믿지 사랑하지 못하고 있다는 증거입니다. 주님 안에 거하고 있는 것이 아닙니다. 우리가 주님 안에 거하면 우리의 삶은 완전히 달라집니다.

김범석 목사님이 수요예배에서 이렇게 말씀했습니다.

"여자가 임신하면 자궁에 태아가 착상되는 순간부터 여자의 몸에 엄청난 변화가 일어납니다. 감정에도 큰 변화가 생깁니다. 그렇다면 우리 안에 주님이 임하시면 어떤 변화가 일어나겠습니까? 몸에 변화가 일어나는 것이 아니라 삶이 변화됩니다. 마음에 변화가 일어납니다. 이것은 감출 수도 없고 꾸밀 수도 없습니다. 만약 주님을 영접하고도 마음의 변화, 삶의 변화가 없다면 그것은 죽은 믿음입니다."

우리가 예수님 안에 거하면 모든 삶이 달라집니다. 우리가 살아 계신 주 예수님과 동행할 때 환경, 여건과 상관없이 행복한 사람이 되는 것입니다. 원수도 용서하고 사랑하게 됩니다. 더 이상 염려하지 않게 되고 은밀한 죄가 사라집니다. 고난이 축복이라고 여겨지게 됩니다.

이런 성도들이 모일 때 성경은 그 공동체를 그리스도의 몸, 그리스도의 신부, 성령의 전(殿)이라고 말하는 것입니다. 교회에 주님이 임재해 계신다는 것입니다. 이런 교회 공동체 속에서 우리 신앙이 성장하도록 하나님께서 계획하셨습니다. 그러니 이 축복을 지켜내야 합니다. 이 세상에 사는 동안 천국을 경험하라고 교회를 주셨습니다. 우리가 이 축복을 받았다는 사실을 믿고, 예수님 안에 거하기 위해 힘써야 합니다.

거룩한 입맞춤으로 서로 문안하십시오. 그리스도의 모든 교회가 여러분에게 문안합니다. 롬 16:16

바울은 인사를 하되 '거룩한 입맞춤'으로 하라고 하였습니다. 거룩한 입맞춤은 무엇입니까? 주 예수님의 사랑이 드러나는 입맞춤, 곧 입맞출 수 없는 이를 향한 입맞춤입니다. 예수님 안에 거하는 자의 인사입니다.

혹시 가정이나 직장, 교회에서 인사할 수 없는 사람, 도저히 받아들이기 어려운 사람이 있습니까? 누구든지 자신에게 아픔과 상처를 준, 마치 원수 같은 대상이 있을 것입니다. 이렇듯 도무지 가까이할 수 없고 인사를 나눌 수 없는 사람을 가까이하고 인사하는 것입니다. 여러분은 어떻습니까? 도무지 하나 될 수 없는 사람과 하나 된 간증이 있습니까? 교회에 와서 예배만 드리고 갑니까? 거룩한 인사를 나눕니까? 주님이 원하시는 대로 한번 해보십시오. 그럴 때 공동체가 완전히 달라집니다.

인도 선교사 스탠리 존스는 우리가 하나 되려면 '그 무엇'이 아니라 '그 누구'를 목표로 해야 한다고 말했습니다. 그분이 바로 예수님입니다. 그렇습니다. 교육, 봉사, 찬양, 선교 등 그것이 제아무리 훌륭하고 고귀한 것이라도, 그것만으로 모이면 반드시 분열을 가져옵니다. 기독교 역사가 말해주고 있으며 우리가 지금 겪고 있는 일입니다.

그러나 예수 그리스도를 중심으로 모이면 놀라운 연합이 이루어집니다. 서로 다른 것은 오히려 아름다운 조화를 경험하게 해줄 뿐입니다. 그러므로 우리에게 필요한 것은 우리 모두 주님 안에 거하기를 힘쓰는 것입니다.

교회의 영광
어떤 교인이 물었습니다.

"왜 영성일기를 쓰게 하시나요?"

제 대답은 분명합니다.

"교인들이 복음서와 사도행전, 서신서에서 읽는 그대로 주님과 동행하며 살게 해드리기 위해서입니다. 우리와 함께 계시는 예수님, 우리 안에 계신 예수님, 우리가 예수님 안에 거하는 그 생활을 경험하게 해드리려고 권하는 것입니다."

선한목자교회에서 영성일기를 쓰자고 한 지 5년(2015년 기준)이 지났습니다. 현재 주 3회 이상은 505명, 주 1회 이상은 1,080명이 일기를 쓰고 계십니다. 이 정도의 교인이 영성일기를 쓰면서 주님과 동행하고 있습니다. 그렇다면 만약 2,000명이 영성일기를 쓰게 되면 어떤 분위기가 될까요? 3,000명은 어떻겠습니까? 이것은 정말 황홀한 일입니다. 우리 모두 주님 안에 거하기 시작하면 교회 공동체에 상상할 수 없는 은혜가 있습니다.

저는 한국 교회가 새롭게 부흥될 수 있다고 믿습니다. 어느 날 고(故) 하용조 목사님께서 목회자들에게 말씀하신 녹음을 들었습니다.

"우리 온누리교회에서 주일예배 때, 교인들이 손을 들고 찬양하게 하기까지 7년이 걸렸습니다. 큐티를 하게 만드는 일은 또 얼마나 오래 걸렸는지 모릅니다. 일대일 양육은 포기하려고 했어요, 너무 힘들어서⋯. 안 따라오니까. 남자 성도들을 구역장으로 세우는 것도 너무 힘들었어요. 내가 잘못 생각하고 있는 게 아닌가 고민했을 정도예요. 어떤 사람은 남자 구역장을 시키면 다른 교회로 가겠다고 했어요. 그런데 일대일 양육의 벽이 뚫렸어요. 남자 리더십을 세우는 벽이 뚫렸어요. 큐티가 정착되었습니다. 그리고 오늘날 같은 교회가 가능해진 거예요."

선한목자교회가 놀라워지는 것을 보며 앞으로 하나님이 얼마나 더 놀라운 일을 하실지 저도 기대가 됩니다. 성경에서만 보던 그 교회의 영광을 보고 싶은 것입니다. 이것은 교회에만 해당되는 것이 아니라 가정도 마찬가지입니다. 가정이 하나 되는 역사는 오직 가족 모두 주님 안에 거할 때 일어납니다. 속회와 교회 내 모든 소그룹 공동체도 마찬가지입니다. 오직 주님 안에 거하기만 힘쓰시기 바랍니다.

우리가 온전히 서게 될 때 다른 교회와 사람들에게 희망을 주게 됩니다. 주 안에서 다른 사람의 상처를 품어주고, 복수하고 싶은 사람을 용서할 뿐만 아니라 사랑해주는 공동체가 세워지는 것이 불가능해 보입니까? 그러나 주님이 그것을 이루어주십니다. 여러분의 가정과 우리 교회가 바로 그 교회가 되기를 축복합니다.

35

'나의 복음'은 무엇인가?

롬 16:17-27

17 형제자매 여러분, 내가 여러분에게 권합니다. 여러분이 배운 교훈을 거슬러서, 분열을 일으키며, 올무를 놓는 사람들을 경계하고, 멀리하십시오. **18** 이런 사람들은 우리 주 그리스도를 섬기는 것이 아니라, 자기네 배를 섬기는 것이며, 그럴듯한 말과 아첨하는 말로 순진한 사람들의 마음을 속이는 것입니다. **19** 여러분의 순종은 모든 사람에게 소문이 났습니다. 나는 여러분의 일로 기뻐합니다. 나는 여러분이 선한 일에는 슬기롭고, 악한 일에는 순진하기를 바랍니다. **20** 평화의 하나님께서 곧 사탄을 쳐부수셔서 여러분의 발밑에 짓밟히게 하실 것입니다. 우리 주 예수의 은혜가 여러분과 함께 있기를 빕니다. **21** 나의 동역자 디모데와 나의 친척 루기오와 야손과 소시바더가 여러분에게 문안합니다. **22** 이 편지를 받아쓰는 나 더디오도 주님 안에서 여러분에게 문안합니다. **23** 나와 온 교회를 잘 돌보아주는 가이오도 여러분에게 문안합니다. 이 도시의 재무관인 에라스도와 형제 구아도도 여러분에게 문안합니다. **24** (없음) **25** [하나님께서는 내가 전하는 복음 곧 예수 그리스도에 관한 선포로 여러분을 능히 튼튼히 세워주십니다. 그는 오랜 세월 동안 감추어두셨던 비밀을 계시해주셨습니다. **26** 그 비밀이 지금은 예언자들의 글로 환히 공개되고, 영원하신 하나님의 명을 따라 모든 이방 사람들에게 알려져서, 그들이 믿고 순종하게 되었습니다. **27** 오직 한 분이신 지혜로우신 하나님께, 예수 그리스도로 말미암아 영광이 영원무궁 하도록 있기를 빕니다. 아멘.]

사도 바울은 편지 마지막 부분에서 로마 교회에 다가올 위기에 대해 경고하고 있습니다. 교회 안에 교회를 의도적으로 분열시키는 영적인 분열과 미혹이 있을 것이라고 말씀합니다.

> …여러분이 배운 교훈을 거슬러서, 분열을 일으키며, 올무를 놓는 사람들을 경계하고, 멀리하십시오. **롬 16:17**

어떤 사람들이 그런 일을 한다는 것입니까?

> 이런 사람들은 우리 주 그리스도를 섬기는 것이 아니라, 자기네 배를 섬기는 것이며, 그럴듯한 말과 아첨하는 말로 순진한 사람들의 마음을 속이는 것입니다. **롬 16:18**

18절을 보면 겉으로는 예수 그리스도를 섬기는 사람처럼 보이지만 실제로는 '자기네 배를 섬기는 사람'이라고 했습니다. 자기네 배를 섬기는 사람이란 주인이 자신이라는 의미입니다. 예수님을 믿는다고 하지만 여전히 "나, 나" 하며 사는 사람입니다. 이런 사람들이 말을 잘합니다. 사도 바울 역시 그들이 '그럴듯한 말'과 '아첨하는 말'을 한다고 했습니다. 그래서 순진한 사람들이 속아 넘어가기 쉽습니다.

여기서 '순진하다'는 말은 은혜받은 초신자와 같은 사람을 말합니다. 은혜받은 초신자들은 교회에 오는 것이 기쁘고 신앙생활에 열심을 내며, 말씀을 사모하여 모든 말씀에 다 순종하려고 합니다. 당시 초대 교회 교인들이 그랬습니다.

두려워하지 말라

사도 바울은 다음과 같이 칭찬합니다.

> 여러분의 순종은 모든 사람에게 소문이 났습니다. 나는 여러분의 일로 기뻐합니다. … 롬 16:19

그러나 은혜받은 새신자와 같은 사람은 미혹에 넘어가기 쉬운 약점이 있습니다. 그래서 사도 바울이 이렇게 권면한 것입니다.

> …나는 여러분이 선한 일에는 슬기롭고, 악한 일에는 순진하기를 바랍니다. 롬 16:19

순종하는 것은 좋지만 순진하게 속아 넘어가서는 안 됩니다. 모든 교훈을 무조건 받아들이지 말고, "이것이 정말 복음인가? 하나님의 말씀인가?" 하는 기준으로 받아들여야 합니다. 왜냐하면 사탄이 작정하고 교회를 흔들기 위해, 이미 구원받은 교인들조차 미혹해서 넘어뜨리려고 우는 사자처럼 우리 주위를 돌아다니고 있기 때문입니다.

사도 바울은 이처럼 복음을 훼방할 이들의 배후가 '사탄'이라고 지적합니다.

평화의 하나님께서 곧 사탄을 쳐부수셔서 여러분의 발밑에 짓밟히게 하실 것입니다. ⋯ 롬 16:20

우리는 사탄이 얼마나 강하게 교회를 넘어뜨리려고 하는지, 2천 년 교회 역사를 통해 잘 알고 있습니다. 지금도 신천지와 같은 이단들이 역사하고 있지 않습니까? 결코 신앙적으로 방심하면 안 됩니다. 아무 교훈을 따라가거나 아무 데나 가서 성경공부를 해서도 안 됩니다. 항상 분별해야 합니다.

그러나 두려워하지는 마시기 바랍니다. 바울도 사탄이 시험하겠지만 두려워하지 말라고 했습니다. 하나님께서 우리가 사탄을 이기게 하시기 때문입니다.

하나님께서는 내가 전하는 복음 곧 예수 그리스도에 관한 선포로 여러분을 능히 튼튼히 세워주십니다. ⋯ 롬 16:25

그렇습니다. 하나님은 마귀의 궤계에 속절없이 당하시는 분이 아닙니다. 그분은 우리가 마귀의 궤계를 능히 대적할 수 있도록 우리를 튼튼히 세워주십니다. 그것을 믿으시기 바랍니다.

이 말씀은 20절 말씀을 다시 확인시켜주고 있습니다.

평화의 하나님께서 곧 사탄을 쳐부수셔서 여러분의 발밑에 짓밟히게 하실 것입니다. 우리 주 예수의 은혜가 여러분과 함께 있기를 빕니다. 롬 16:20

마귀가 우리를 삼키려고 우는 사자처럼 두루 다니며 찾아도, 우리는 주님께서 하나님의 자녀인 우리를 능히 지켜주실 것을 믿어야 합니다. 정확한 복음을 알고 예수님을 바로 믿으면 됩니다. 그러기 위해서 사도 바울이 로마서를 쓴 것입니다.

내가 전하는 복음

사도 바울은 25절에서 "내가 전하는 복음 곧 예수 그리스도에 관한 선포"라고 했는데, 이때 '내가 전하는 복음'이라는 말에 주목해야 합니다. 우리가 복음을 듣지만, 아직까지 복음을 듣는 입장에 있을 때는 정확한 복음을 안다고 할 수 없습니다. '내가 전하는 복음'이 되어야 정말 복음을 아는 사람인 것입니다.

그렇다면 사도 바울이 전한 복음이 무엇입니까? 한마디로 예수 그리스도, 바로 그분입니다. 교리는 우리를 지켜주지 못합니다. 복음은 예수 그리스도이십니다. 내가 정말 예수 그리스도를 알면 예수님은 내가 죄짓지 않고 살게 해주십니다.

예수님은 우리의 죄를 사하시기 위하여 십자가에서 죽으셨습니다.

"우리가 아직 죄인 되었을 때에 그리스도께서 우리를 위하여 죽으심으로 하나님께서 우리에 대한 자기의 사랑을 확증하셨느니라"(롬 5:8).

정말 놀라운 복음입니다. 그러나 이 속죄의 복음을 교리로만 알면 우리는 죄를 짓지 않고는 살 수 없습니다. 우리를 위하여 죽으신 예수님이 우리와 함께하셔서 우리를 죄에서 지켜주신다는 것을 알아야 죄짓지 않고 살게 되는 것입니다.

"하나님께로부터 난 자는 다 범죄하지 아니하는 줄을 우리가 아노라 하나님께로부터 나신 자가 그를 지키시매 악한 자가 그를 만지지도 못하느니라"(요일 5:18).

어느 목사님께서 아들이 너무 말을 안 들어서 매를 들었습니다.

"너, 맞아야겠다. 종아리 걷어."

그런데 사색이 되어 덜덜 떨고 있는 아이를 보니 차마 때리지 못하고 자신의 발을 때렸습니다. 아들이 충격을 받은 듯 회개하고 진심으로 잘못을 고백했습니다. 그런데 며칠 후 아들이 방에서 엄마에게 혼이 나고 있었습니다. 그때 아들이 "아빠!" 하고 크게 부르길래 방문을 열어보니 아내가 회초리를 들고 아들을 때리려 하고 있었습니다.

아들이 아빠를 보고 말했습니다.

"아빠, 대신 맞아줘요!"

순간 너무 당황했지만 아들 앞에서 일관성 있게 행동해야 된다고 생각하여 결혼 후 처음으로 아내에게 맞았다고 합니다.

웃고 지나칠 이야기가 아닙니다. 우리가 이렇게 예수님을 믿고 있습니다. 내가 죄를 지었고 주님이 그런 나를 대신하여 십자가를 지셨다니까 처음에는 감동도 되고 은혜를 받습니다. 그런데 언젠가부터 나는 또 죄를 짓고, 그 죗값은 예수님께서 치르셨습니다. 이제는 그것이 내게 익숙해졌습니다. 분명한 복음을 알고 있지만 이제 더는 그것이 내가 죄짓지 못하게 만들지 못합니다. 예수님께서 내 죄를 사해주셨다고 믿으면서 나는 여전히 죄의 종노릇하는 것입니다. 이것이 교리로만 믿는 신앙입니다.

사도 바울이 전한 복음의 핵심은 우리가 십자가에서 예수 그리스도와 연합하였다는 것입니다.

그러므로 우리는 세례를 통하여 그의 죽으심과 연합함으로써 그와 함께 묻혔던 것입니다. 그것은, 그리스도께서 아버지의 영광으로 말미암아 죽은 사람들 가운데서 살아나신 것과 같이, 우리도 또한 새 생명 안에서 살아가기 위함입니다. 롬 6:4

정말 놀라운 선언이 아닐 수 없습니다. 세례를 받았다는 것은 예수님과 하나가 되었다는 의미입니다. 예수님과 하나 되었다는 것은 예수님이 십자가에서 죽으실 때 나도 죽고, 예수님이 부활하실 때 나 역시 부활의 생명으로 다시 살게 되었음을 의미하는 것입니다. 우리가 세례를 받았다면, 우리는 예수님과 함께 연합하여 십자가에서 죽었고 부활의 삶을 살고 있는 것입니다. 이것이 복음입니다. 이것을 한마디로 요약하자면 '나는 죽고 예수로 사는 사람'입니다.

나는 죽었습니다!

이제 로마서 설교를 다 들으셨는데 그러면 "나는 죽었습니다!"라고 고백할 수 있습니까? 이 고백을 하지 못하는 분들이 있습니다. 어떤 분은 "제가 아직 안 죽어서 그런가 봐요. 언젠가 완전히 죽을 때가 오겠지요"라고 하셨습니다. 이 분이 복음을 모르는 것일까요? '나는 죽고 예수로 사는 복음'을 알고 있으니 이런 말도 하는 것입니다. 그러나 과연 정말 복음을 알고 있는 것일까요? 아닙니다. 그 분은 십자가 복음의 지식은 있지만, 아직 자신의 복음이 없는 것입니다. 그래서 내가 죽었다는 고백을 못하는 것입니다.

누가 "아무개의 아들, 딸이 맞습니까?"라고 물을 때 내가 아무리 부족한 자식이라도 언제나 "예" 하고 대답할 것입니다. "당신은 대한민국 국민입니까?"라고 물을 때 내가 부족해도 언제나 "예" 하고 대답할 것입니다. 그렇다면 누구 아들, 어느 나라 국민과 비교할 수 없이 중요한 구원의 문제에는 왜 대답이 애매합니까?

"나는 죽었다"는 말은 육신이 죽었다는 것이 아닙니다. 육신이 죽으면 여기 이 자리에 있을 수 없습니다. 우리가 구원받아도 죄 덩어리인 육신은 여전합니다. 음란, 욕심, 거짓, 성질 모두 그대로입니다. 그러나 달라진 것이 있습니다. 죄의 종노릇하던 옛사람이 죽은 것입니다. 예수님께서 십자가에서 죽으실 때 나의 옛사람도 함께 죽었고, 부활하신 예수님의 생명으로 살게 되었다는 것을 믿는 것입니다. 그래서 이제는 육신을 따라 살지 않고 주님을 따라 사는 자가 되었습니다. 예배를 드리러 나온 것이 그 증거 중에 하나입니다.

이와 같이 여러분도, 죄에 대해서는 죽은 사람이요, 하나님을 위해서는 그리스도 예수 안에서 살고 있는 사람이라는 것을 알아야 합니다. 롬 6:11

그래서 로마서를 통해서 복음을 안 사람은 "여러분은 죽었습니까?"라는 질문 앞에서 "아멘" 하고 고백하게 되는 것입니다. 아는 것이 아니라 믿어야 합니다. 그것이 바로 '나의 복음', '내가 전하는 복음'입니다.

이 복음이 분명하지 않으면 온갖 시험에 허덕이게 됩니다. 교회 공동체 안에 분쟁이 일어나고 다툼이 일어나는 것은 결국 예수님과 연합하여 '나는 죽고 예수로 사는 복음'에 분명히 서 있지 않기 때문입니다. 그래서 겉으로는 주님을 위하는 종이라고 하지만 실제로는 '자기네 배를 섬기는' 삯꾼 같은 목회자도 나오는 것입니다.

사도 바울이 전한 복음은 단순한 교리가 아니라 자신의 체험이었습니다. 사도 바울은 자신의 옛사람의 실상을 솔직하게 고백했습니다.

…나는 육정에 매인 존재로서, 죄 아래에 팔린 몸입니다. 롬 7:14

그리고 자신의 죄성으로 인해 절망하였습니다.

아, 나는 비참한 사람입니다. 누가 이 죽음의 몸에서 나를 건져주겠습니까? 롬 7:24

옛사람으로 사는 사람은 이렇듯 절망할 뿐입니다. 죄를 안 짓고 싶어도 안 지을 수 없습니다.

그러나 사도 바울은 절망 한가운데서 구원을 발견하고 이를 찬양합니다.

> 우리 주 예수 그리스도를 통하여 나를 건져주신 하나님께 감사를 드립
> 니다. … 롬 7:25

자신의 힘으로는 도무지 이길 수 없던 죄와 육신을 예수 그리스도
께서 이기게 하셨음을 깨달은 것입니다. 이것이 예수님과 함께 옛사람
이 죽고 새 사람으로 사는 사도 바울의 복음입니다. 그리고 이것이 여
러분의 고백이 될 수 있기를 축복합니다.

나의 좋은 아빠, 나의 귀한 자녀

나는 죽고 예수로 사는 사람 안에는 사랑의 기적이 일어납니다. 성
령 안에서 하나님의 자녀가 된 은혜가 부어지기 때문입니다.

"너희는 다시 무서워하는 종의 영을 받지 아니하고 양자의 영을 받
았으므로 우리가 아빠 아버지라고 부르짖느니라"(롬 8:15).

우리가 예수님을 진짜 믿게 되면 하나님이 나의 좋으신 아빠가 되
셨다는 믿음이 생기는데, 이것이 곧 양자가 되었다는 뜻입니다.

제임스 패커는《하나님을 아는 지식》(IVP)에서 하나님의 은혜가 어
떤 것인지 알려면 입양된 자의 심정을 알아야 한다고 했습니다. 옳은
말입니다. 진정한 복음으로 사는 자는 하나님 아버지께 양자로 입양
된 은혜로 사는 자입니다. 입양된 심정을 아십니까?

리 스트로벨의 《은혜, 은혜, 하나님의 은혜》(두란노)에는 6.25 전쟁 중 미군 아버지와 한국인 어머니 사이에 혼혈아로 태어난 한 소녀의 이야기가 나옵니다.

아버지의 얼굴조차 모르고 네 살 때 어머니에게도 버림받은 아이는 결국 산과 들에서 들쥐를 잡아먹으며 짐승 같은 삶을 살았습니다. 하지만 사람들은 그런 아이를 죽이려 했습니다. 아이가 살아 있다는 것이 기적이었지요.

7살 무렵에는 대전에서 부랑아들 무리 속에 지내며 온갖 학대와 강간의 고통을 당했고, 콜레라에 걸려 죽어갈 무렵 한 고아원에 들어가게 되었는데 거기서 갓난아이를 입양하러 온 한 선교사를 만납니다.

선교사는 영양실조에 온몸이 상처투성이이고 성격도 매우 거친 9살 된 이 여자아이를 보는 순간 그 아이가 마음에 들어왔습니다. 그래서 아이의 얼굴을 쓰다듬기도 하고 감싸 안아주었습니다.

소녀는 너무 황홀했지만 이런 대접을 처음 받아보았기에 자신도 이해하지 못할 행동을 하였습니다. 손을 뿌리치고 그 분의 눈을 쳐다보며 침을 뱉었고 옷장으로 달아나 숨기도 했습니다. 그럼에도 불구하고 선교사는 이 소녀를 입양하여 '스테파니'라는 이름도 지어주었습니다.

스테파니는 선교사가 자기를 식모로 데려가는 줄 알았습니다. 그러나 사람들의 대우가 달랐습니다. '튀기'라고 놀리지도 않고 공주 취급을 하는 것입니다. 하루는 동네의 한 여자아이에게 말했습니다.

"이 미국인 부부는 정말 웃겨. 아직도 나한테 일을 안 시켜. 그냥 정말 잘해주기만 한다니까?"

"스테파니, 넌 그 집 딸이야! 그걸 몰랐어?"

"아니야, 난 그 집 딸이 아니라 식모야."

그러자 동네 아이가 흥분해서 말했습니다.

"너는 그 집 딸이야. 그 집 딸이라고!"

스테파니는 그 길로 집에 달려가 의자에 앉아 있던 미국인 엄마에게 한국말로 외쳤습니다.

"엄마! 나는 엄마의 딸이에요!"

통역사에게 그 말을 전해 들은 엄마의 눈에서 눈물이 주르르 흘러내렸습니다. 스테파니에게 그때 느꼈던 감정이 어땠는지 물었을 때 스테파니는 마땅한 말을 찾을 수 없었다고 합니다.

그녀가 양부모를 따라 미국에 간 후 17세 되던 해였습니다. 겉으로는 미국생활에 잘 적응하는 것 같았지만 스테파니의 마음에는 계속 두려움이 있었습니다. 엄마 아빠가 자신의 과거를 알면 도로 고아원에 보낼 것 같고, 주위 사람들에게 이런 내면의 고통을 보이면 부모님에게 이를 것 같았기 때문입니다. 완벽한 미국 여자가 되기 위해 애썼지만 매일 밤 잠자리에 들 때마다 모든 것이 발각되어 부모님의 사랑을 잃지 않을까 두려워했습니다.

열일곱 번째 생일을 앞둔 어느 날, 스테파니는 엄마에게 짜증을 부리다가 지적을 받자, 자기 방문을 닫은 채 침대 이불 속으로 들어갔습니다.

잠시 후 아빠가 문을 열고 들어와 말했습니다.

"엄마와 내가 너를 한없이 사랑한다는 걸 알았으면 좋겠구나. 하지만 너는 그 사랑을 받아들이기 힘든 것 같구나. 이제 우리가 너를 하나님께

맡겨드릴 때가 된 것 같구나."

그리고 아빠가 "스테파니, 내가 예수님에 대해 말해도 괜찮겠니?"라고 했을 때 조금 망설여졌지만 "네"라고 대답했습니다.

"예수님을 바라보렴. 지금도 예수님은 너와 함께하신단다. 그분만이 널 도울 수 있어."

아빠는 그 말을 남기고 방을 나갔습니다. 그때까지 스테파니는 예수님을 하나님의 아들 정도로만 생각했지, 자신과 특별한 관계가 있다는 것은 몰랐습니다. 그분이 이 땅에 오신 것은 당연히 알았지만 그분이 자신을 이해하신다는 생각이 든 것은 그날 밤이 처음이었습니다.

그리고 생각해보니 예수님은 자신과 비슷한 점이 있었습니다. 예수님도 버림받은 처지였습니다. 이 땅의 아버지가 친아빠가 아니었던 것도, 어렸을 때 짚더미를 덮고 잠을 자고 사람들로부터 조롱과 학대를 당한 것도, 사람들이 그분을 죽이려고 쫓아다닌 것도 자신과 같았습니다.

그제야 스테파니는 '아, 예수님이 나를 이해하시겠구나' 하는 생각에 예수님께 기도했습니다.

"하나님, 당신이 우리 엄마 아빠가 말한 그런 분이라면 지금 당장 뭔가 해주세요!"

그러자 예수님은 정말 그렇게 해주셨습니다. 눈물이 터진 것입니다. 그녀는 그동안 울지 않고 살았습니다. 무슨 일이 있어도 울지 않고 견뎠습니다. 하지만 그날 밤 마음속에서 뭔가 차갑게 굳어 있던 것이 무너져 내렸습니다. 하나님과 자기 사이를 가로막던 벽이 무너졌고 마침내 그분이 눈물을 흘리게 해주셨습니다.

스테파니의 통곡을 듣고 방으로 온 엄마 아빠가 스테파니의 손과 발을 잡은 채 말없이 주님께 기도했습니다. 그때 초자연적인 임재를 경험했습니다. 그리고 문득 '예수님이 나를 아신다. 그런데도 나를 사랑하신다!'는 것이 깨달아졌습니다. 그분이 내 모든 수치를 아시고, 내 모든 죄를 아시고, 내 모든 두려움을 아시고, 내 모든 외로움을 아시면서도 날 사랑하신다는 것이 깨달아진 것입니다.

그 뒤로 스테파니는 달라졌습니다. 이전에는 '하나님의 사랑'이라고 하면 모든 사람을 위한 사랑으로만 여겼습니다. 사랑받으려면 자격이 있어야 된다는 생각 때문에 양부모님이 하나님의 사랑에 대해 말할 때도 이런 생각을 했습니다.

'하나님이 나를 사랑하실 수는 없잖아. 나는 실수로 태어난 아이니까! 죄의 결과물인 나를 어떻게 사랑하시겠어? 혼혈아를 어떻게 사랑하시겠어? 나는 강간당했는데, 학대받았는데, 여전히 마음속에 지독한 분노가 있는데 사랑하실 리 없어! 아빠는 나더러 용서해야 한다는데 나는 용서할 마음이 없으니, 이런 나를 하나님이 어떻게 사랑하시겠어?'

그런데 그날 밤 하나님이 그런 자신을 사랑하신다고 믿어진 것입니다! 그 믿음이 그녀를 속속들이 바꾸어놓았습니다. 무엇보다 가장 큰 기적은 그동안 자신을 미워해왔는데 이제는 자신을 사랑하게 된 것입니다. 그리고 끔찍했던 과거까지 감사하게 되었습니다.

"솔직히 고백하건대 제 삶에 없었으면 더 좋았을 뻔한 사건은 하나도 없습니다. 왜냐하면 제 삶의 모든 일이 저를 예수님께 인도했기 때문입니다."

믿어지지 않는 일입니다. 정말 기적입니다. 이 간증으로 그녀는 지금 상처받은 젊은 여성들을 상담하는 사역을 훌륭하게 감당하고 있습니다.

정확한 복음을 믿고 살자

스테파니에게는 두 번의 입양이 있었습니다. 한번은 선교사였던 양부모로부터, 또 한번은 하나님 아버지로부터입니다. 우리는 스테파니처럼 입양아 출신이 아닐 수 있습니다. 그러나 영적으로 우리는 하나님 아버지께 입양되었습니다. 우리 안에 예수님이 임하심으로 하나님이 아버지가 되신 은혜를 받은 것입니다.

육신의 아버지가 우리의 영적인 아버지 역할까지 해줄 수 없습니다. 육신의 아버지가 있어도 우리는 여전히 외롭고 힘들고 제대로 보살핌을 받지 못한 상처투성이였습니다. 우리는 죄의 종노릇을 하며 살았습니다. 하나님께서 그런 우리를 받아주신 것입니다.

"내가 너희를 고아와 같이 버려두지 아니하고 너희에게로 오리라"(요 14:18).

예수님을 믿었습니까? 그러면 우리는 하나님께 입양된 것입니다.

로마서 강해 설교를 마치며 한번 묻고 싶습니다.

"이제 정확한 복음을 아셨습니까?"

"그 복음이 자신의 복음이 되었습니까?"

우리는 복음이 정말 사람을 변화시키는지, 회의에 빠진 시대를 살아가고 있습니다. 이것은 어쩌면 우리 자신의 이야기일 수 있습니다. 복음이 부족하기 때문일까요? 아닙니다. 많은 그리스도인들이 진정한 복음을 모르기 때문에 일어나는 일입니다. 그러므로 우리는 정확한 복음을 믿고 있는지 계속 점검해야 합니다.

인천공항에서 일본행 비행기가 이륙했는데, 잠시 후 조종사는 비행기가 항로를 조금 벗어나 있다는 것을 알았다고 합시다. 그런데도 아주 작은 차이라고 여기고 그냥 내버려두면 어떻게 되겠습니까? 비행기는 일본이 아니라 필리핀 상공을 날아가고 있을 것입니다. 마찬가지로 우리가 정확한 복음을 믿으며 살고 있지 않다는 것에 대해 간단히 생각하면 안 됩니다. 그렇지 않으면 우리는 완전히 다른 삶을 살게 됩니다.

잘해보자고 싸우는 사람들이 있습니다. 가정이나 교회에서 잘 믿어보자고 다투고 싸우고 미워하고 판단한다면 그것은 이미 복음에서 벗어나 있는 것입니다. 하나님의 은혜에 감격하여 신앙생활을 열심히 하고 잘 살아가는 것은 정말 좋은 일입니다. 그러나 잘 믿는 것처럼 보이려니 힘들고, 다른 사람들이 미워서 분노하고 다툰다면 복음에서 벗어나 있는 것입니다. 다시 복음으로 돌아와야 합니다.

예수 그리스도, 복음의 비밀

"나는 죽고 예수로 사십니까?"

"나는 하나님 아버지의 사랑하는 아들과 딸로 살아가고 있습니까?"

확인하고 또 확인하며 사시기 바랍니다. 그렇지 않으면 구원받았다고 해도 전혀 구원받은 사람답지 않은 삶을 살게 될 것입니다. 복음에 문제가 있는 것이 아닙니다. 우리가 정확한 복음으로 살지 않기 때문입니다.

복음은 놀라운 것입니다. 예수 그리스도께서 그 복음의 비밀을 열어주셨습니다.

> …그는 오랜 세월 동안 감추어 두셨던 비밀을 계시해주셨습니다. 그 비밀이 지금은 예언자들의 글로 환히 공개되고, 영원하신 하나님의 명을 따라 모든 이방 사람들에게 알려져서, 그들이 믿고 순종하게 되었습니다.
>
> 롬 16:25,26

주 예수님과 연합한 사람은 더 이상 염려 걱정하지 않습니다. 다투고 싸우지 않습니다. 주님을 믿기 때문입니다. 오직 하나님을 사랑하고, 이웃을 사랑만 하며 살 뿐입니다. 그리고 그 삶 속에 우리 주님의 열매가 풍성하게 맺어집니다. 이것이 우리에게 주어진 복음입니다.

모든 분들에게 '나는 죽고 예수로 사는 복음', '하나님 아버지의 자녀로 사는 복음'이 '내가 전하는 나의 복음'이 되기를 축복합니다. 말할 수 없는 하나님 아버지의 사랑 가운데 살며, 그것을 '나의 복음'이라고 담대하게 전할 수 있는 성도들이 되시기를 축원합니다.

"주님, 이제는 제가 복음으로 살기 원합니다. 나는 죽고 예수로 사는 그 복음으로, 말할 수 없는 하나님 아버지의 사랑으로 살기 원합니다. 주 예수님, 저를 그렇게 인도하여주옵소서. 저를 그렇게 이끌어주옵소서."

복음에 합당한 삶을 살게 하는
참 복음의 능력

저에게는 꿈이 있습니다.

그것은 한국 교회 성도들이 십자가에서 죽으시고 또한 부활하셔서 지금도 우리와 함께하시는 주 예수님과 동행하는 것이 자연스러워지는 날이 오는 것입니다. 그것이 제가 꿈꾸는 부흥이요 교회 개혁입니다.

그러나 이 개혁은 저 자신으로부터 시작되어야 했습니다. 이것은 목회하면서 교회를 고쳐보려고, 교인을 고쳐보려고 애를 쓰다가 수없이 좌절하고 낙심한 후에야 깨달은 것입니다. 십자가 복음이 무엇인지 알았을 때, 개혁의 대상은 저 자신이었음을 비로소 깨달았습니다.

로마서와 갈라디아서를 강해하면서, 예수님을 믿으면 누구나 주 예수님과 함께 십자가에 못 박혔으며 그 안에 예수님께서 사신다는 복음을 알게 되었습니다. 십자가의 복음은 죄책감만 없애주는 나약하고 값

싼 복음이 아니었습니다. 죽고 다시 사는 처절할 만큼 선명하고 강력한 복음이었고, 삶을 완전히 변화시키는 복음이었습니다.

이 복음을 깨달았을 때 엄청난 충격이었고, 이것을 어떻게 믿어야 할지, 어떻게 살아내야 하는지 솔직히 자신이 없었습니다. 제가 이미 죽었다고 고백하는 것이 두려웠습니다. 이상한 사람 취급받을 것만 같았습니다. 성경의 진리이고 분명한 복음인데도 "꼭 그렇게 믿어야 하느냐?" 하는 말도 많이 들었습니다.

그러나 열매가 놀라웠습니다. 복음이 사람과 공동체를 변화시키는 것을 보았습니다. 가장 큰 변화는 저 자신이었습니다. 거역할 수 없는 힘에 이끌려 이 복음을 증거하고 또 증거하였는데, 복음을 전하면서 저 자신이 완전히 바뀌었습니다. 그때 전했던 메시지를 담아 출간한 책이 《나는 죽고 예수로 사는 사람》(규장)입니다.

그 후 주님과 인격적이고 친밀하게 동행하는 눈이 뜨이면서 다시 시작한 로마서 강해를 통하여 복음의 비밀과 영광을 바라보는 눈이 더욱 분명히 열렸습니다. 그것은 제 믿음과 삶을 다시 한번 변화시켜놓았습니다.

아름다운 열매가 있는가?

로마서 강해 중 로마서 1장부터 8장까지를 담아 책으로 출간했습니다. 그것이 《나는 죽고 예수로 사는 복음》입니다. 이어진 책 《나는 죽고 예수로 사는 삶》은 로마서 9장부터 16장까지 담은 것입니다.

제가 출간한 책도 그러했지만, 흔히 로마서를 두 부분으로 나눕니다. 구원론을 중심으로 복음을 말씀하는 1~8장과 구원받은 성도의 삶을 말씀하는 9~16장입니다. 그러나 로마서를 깊이 묵상해보면 로마서 전체가 한 가지 주제만 말씀하고 있음을 깨닫게 됩니다.

예수 그리스도께서 요한복음 15장 5절에서 하신 말씀을 풀이한 것입니다.

> 나는 포도나무요 너희는 가지라 그가 내 안에, 내가 그 안에 거하면 사람이 열매를 많이 맺나니 나를 떠나서는 너희가 아무것도 할 수 없음이라 요 15:5

예수님은 마태복음 7장 17,18절에서 다음과 같이 말씀하셨습니다.

> 이와 같이 좋은 나무마다 아름다운 열매를 맺고 못된 나무가 나쁜 열매를 맺나니 좋은 나무가 나쁜 열매를 맺을 수 없고 못된 나무가 아름다운 열매를 맺을 수 없느니라 마 7:17,18

그러나 안타깝게도 많은 그리스도인들이 이 말씀을 그대로 믿지 않습니다. '나쁜 열매'를 맺으면서도 자신은 '좋은 나무'라고 생각하는 것입니다. 혼자 있을 때, 가정이나 일터에서, 심지어 교회 공동체 안에서 자신의 말이나 행동에 문제가 많다는 것을 스스로 잘 압니다. 그런데도 자신은 예수님을 믿고 '좋은 나무'가 되었다고 철석같이 믿는 것입니다. 여전히 '나쁜 열매'가 맺히는 것은 어쩔 수 없다고 말합니다.

아닙니다. 주님께서는 분명히 "좋은 나무가 나쁜 열매를 맺을 수 없다"고 말씀하셨습니다. 어떤 나무가 나쁜 열매를 맺는다면 그 나무 자체에 문제가 생긴 것입니다. 좋은 나무인데 나쁜 열매를 맺을 수 없습니다. 이것을 인정해야만 문제가 해결될 수 있습니다.

주님과 연합한 자의 합당한 삶의 열매

'나는 죽고 예수로 사는 십자가 복음'을 통하여 우리는 주님 안에 거하고 주님은 우리 안에 거하시게 됩니다. 모든 그리스도인들은 이것을 체험해야 하며, 모든 사람들 앞에서 온유하지만 단호하고 확고하게 이것을 증거해야 합니다. 우리가 진정 주님 안에 거하고 주님이 우리 안에 거하시면, 주님께서 우리를 통해 열매를 맺으십니다.

그러나 안타깝게도 많은 그리스도인들이 주님과의 연합의 관계를 바로 하려고 하기보다, 말이나 행위를 고쳐서 좋은 열매를 맺어보려고 노력합니다. 그러면서 서로를 향해 "행위를 바로 하라!"고 외칩니다. 그러나 '나는 죽고 예수로 사는' 십자가 복음이 분명하지 않으면, 아무리 이것을 개혁하자, 저것을 바로잡자 하여도 교회도, 우리 자신도 변화될 수 없습니다. 더 큰 좌절과 분열에 빠질 뿐입니다.

주님과의 연합과 그 삶의 열매는 밀접하게 연결되어 있습니다. 뿌리와 열매가 분리될 수 없는 것처럼 말입니다. 우리가 만약 나쁜 열매를 맺는다면 노력이나 배움이나 결단이 부족해서가 아닙니다. 예수님과 우리의 관계가 포도나무와 가지의 관계가 아니라는 것을 보여줄 뿐입니다.

우리가 '나는 죽고 예수로 사는 십자가 복음'을 정확히 알고, "나는 죽었습니다"라고 분명히 고백하면서 24시간 주 예수님을 바라보며 살기를 힘쓸 때, 자연스럽게 나 자신으로부터 공동체에 이르기까지 진정한 개혁이 일어납니다.

우리에게 필요한 메시지는 "복음에 합당한 삶을 살라"가 아닙니다. 진정한 복음을 받아들이면 누구나 "복음에 합당한 삶을 살게 된다"는 것입니다. 이것이 로마서가 말씀하는 진리입니다.

설교자로서 언제나 저의 한계를 절감하기에 선한목자교회 교인들에게 했던 로마서 강해 설교를 책으로 출판하는 일은 저에게 대단한 용기가 필요했습니다.

오직 이 책이 진정한 십자가 복음을 더 명확히 깨닫게 하고, 주님과 동행하는 눈을 열어주어, 그리스도인들의 삶을 변화시키고 한국 교회가 새롭게 부흥하는 데 조금이라도 도움이 되기를 바랄 뿐입니다.

유기성

나는 죽고 예수로 사는 로마서

초판 1쇄 발행	2017년 9월 18일
초판 6쇄 발행	2023년 6월 12일

지은이　유기성

펴낸이　여진구
책임편집　안수경 최현수
편집　이영주 박소영 김도연 김아진 정아혜
책임디자인　노지현 | 마영애 조은혜 이하은
홍보 · 외서　진효지
마케팅　김상순 강성민　　　　　　마케팅지원　최영배 정나영
제작　조영석　　　　　　　　　　경영지원　김혜경 김경희 이지수

303비전성경암송학교 유니게 과정　박정숙
이슬비전도학교 / 303비전성경암송학교 / 303비전꿈나무장학회

펴낸곳　규장

주소　06770 서울시 서초구 매헌로 16길 20(양재2동) 규장선교센터
전화　02)578-0003　　팩스　02)578-7332
이메일　kyujang0691@gmail.com　　　　　홈페이지 www.kyujang.com
페이스북 facebook.com/kyujangbook　　　인스타그램 instagram.com/kyujang_com
카카오스토리 story.kakao.com/kyujangbook
등록일　1978.8.14. 제1-22

ⓒ 저자와의 협약 아래 인지는 생략되었습니다.
이 출판물은 저작권법에 의해 보호를 받는 저작물이므로 무단 전재와 무단 복제를 할 수 없습니다.

책값　뒤표지에 있습니다.
ISBN　978-89-6097-496-8　03230

규 | 장 | 수 | 칙

1. 기도로 기획하고 기도로 제작한다.
2. 오직 그리스도의 성품을 사모하는 독자가 원하고 필요로 하는 책만을 출판한다.
3. 한 활자 한 문장에 온 정성을 쏟는다.
4. 성실과 정확을 생명으로 삼고 일한다.
5. 긍정적이며 적극적인 신앙과 신행일치에의 안내자의 사명을 다한다.
6. 충고와 조언을 항상 감사로 경청한다.
7. 지상목표는 문서선교에 있다.